Studieren, aber was?

Dieter Herrmann
Angela Verse-Herrmann

Studieren, aber was?

Die richtige Studienwahl für optimale Berufsperspektiven

berufsstrategie

Eichborn

Die Autoren

Dr. Dieter Herrmann, mehrjährige Tätigkeit als Studienberater für deutsche und ausländische Studierende an der Universität Bonn, ist Geschäftsführer einer Wissenschaftsorganisation.

Dr. Angela Verse-Herrmann war mehrere Jahre Mitarbeiterin in der Zentralen Studienberatung der Universität Trier. Sie arbeitet als Autorin, Redakteurin und Seminarleiterin im Bereich Studien- und Berufsplanung und ist Inhaberin des Instituts für Bildungs- und Wissenschaftsdienste (*www.bw-dienste.de*).

Diverse gemeinsame Veröffentlichungen, zuletzt: *Der große Studienwahltest*, 2. Auflage, 2003; *Der große Berufswahltest*, 2. Auflage, 2003; *Studieren, aber wo? Der Städtecheck: Alle deutschen Hochschulen im Überblick*, 5. Auflage 2005.

1 2 3 06 05

Lektorat: Kai Beuerbach, Marburg
Umschlaggestaltung: Christina Hucke
Gesamtherstellung: Fuldaer Verlagsanstalt, Fulda
ISBN 3-8218-3894-9

Verlagsverzeichnis schickt gern:
Eichborn Verlag, Kaiserstraße 66, D-60329 Frankfurt am Main
www.eichborn.de

Inhalt

Vorwort

Liebe Leserin, lieber Leser,

Autoren stellen sich, wenn sie die Idee haben, ein Buch zu schreiben, die idealen Leser vor.

Wenn Sie unsere ideale Leserin oder unser idealer Leser sind, dann werden Sie in den nächsten ein bis drei Jahren Ihr Abitur oder Ihre Fachhochschulreife ablegen. Sie sind sich noch nicht sicher, ob Sie studieren wollen, ob Sie eine andere Ausbildung, zum Beispiel eine Lehre, machen wollen oder ob Sie vielleicht erst eine Berufsausbildung anstreben und dann ein Studium aufnehmen wollen. Sie sind sich auch möglicherweise unschlüssig, welches Studienfach für Sie das richtige ist, nach welchen Überlegungen Sie die Auswahl treffen sollen, welche Fächerkombination Sie anstreben möchten und ob das, was Sie sich möglicherweise überlegt haben, auf dem Arbeitsmarkt, auf den Sie einmal kommen, gefragt oder weniger gefragt sein wird. Außerdem werden Sie gehört haben, dass vor einigen Jahren neue Studienabschlüsse – Bachelor und Master – eingeführt worden sind. Deshalb ist momentan bei Studieninteressenten eine wichtige Frage: Soll ich mich für einen der alten Studienabschlüsse (Diplom, Magister, Staatsexamen) oder einen neuen einschreiben?

Wir laden Sie ein, einen Einblick in das Studium zu gewinnen, und möchten Ihnen helfen, den für Sie optimalen Weg einzuschlagen. Wir werden verschiedene Fragen zum Thema Studium und Studienwahl erörtern und uns dabei aber auf die wichtigen Dinge konzentrieren. Mit sehr dicken, langweiligen und kompliziert geschriebenen Büchern werden Sie im Studium noch früh genug traktiert.

Den Autoren geht es nicht darum, aus Ihnen einen Studienexperten zu machen. Wenn Sie dieses Buch durchgelesen haben, werden Sie aber die wichtigen Begriffe kennen und einen Überblick über das Studium haben. Sie werden wissen, wie Sie sich anschließend weitere Informationen beschaffen und wie Sie die richtige Studienwahl treffen können. Vielleicht wird bei dem einen oder anderen von Ihnen die Lust aufs Studium geweckt. Dies ist nicht zuletzt auch beabsichtigt, aber überlesen Sie dennoch bitte nicht die Kapitel, in denen es um die Klippen, Hürden und Stolpersteine geht, die ein Studium auch beinhaltet.

Unsere Idealleser sind außerdem Eltern, die ihrer Tochter oder ihrem Sohn helfen wollen, die richtige Entscheidung zu fällen. Die vielfältigen Bedenken oder gar Sorgen sind begründet, wenn man all dem Glauben schenken will, was tagein und tagaus in den Medien über das Studium, vor allem über überfüllte Hörsäle, Studienabbrecher und Arbeitslose mit Hochschulabschluss, zu hören ist. Derzeit gibt es in der Tat in manchen Studiengängen eine Massenausbildung, aber es sind auch falsche Gerüchte im Umlauf. Das Studium ist lang und birgt Gefahren, aber es ist nach wie vor eine Zukunftsinvestition. Daran wird sich trotz Schwarzfärberei nichts ändern.

Zu den Lesern, die mit dem Ratgeber angesprochen werden sollen, gehören auch Lehrer oder Personen, zu deren Aufgabe die Erziehung oder Beratung junger Menschen gehört. Auch Sie laden wir ein, sich mit einem trockenen, aber niemals langweiligen Thema, dem Studium, zu beschäftigen und Anregungen für Ihre Arbeit aufzunehmen.

Die beiden ersten Ausgaben dieses Buches 1998 und 2001 stießen auf eine sehr gute Resonanz. Aus diesem Grunde haben wir die Informationen aktualisiert und auch die aktuellen Entwicklungen, vor allem die Einführung der Bachelor- und Master-Studiengänge, die vielen neuen internationalen Studienangebote und, ganz aktuell, die ab 2005 für viele Fächer geltenden neuen Zulassungsbedingungen mit aufgenommen.

Die Informationen in diesem Buch wurden sehr gründlich zusammengetragen und geben den aktuellen Stand Ende Oktober 2004 wieder. Da sich im Bereich Ausbildung und Studium jedoch immer wieder sehr schnell Veränderungen ergeben können, bitten wir um Verständnis, dass für die tagesaktuelle Vollständigkeit und Richtigkeit des Inhalts keine Gewähr übernommen werden kann. Autoren und Verlag freuen sich über Anregungen.

Dieter Herrmann und Angela Verse-Herrmann Nackenheim, im Oktober 2004

Studium und interessante Alternativen: Ausbildungsmöglichkeiten nach dem Abitur und der Fachhochschulreife

Die Entscheidung für eine bestimmte Ausbildung, gleichgültig ob für eine berufliche Ausbildung oder für ein Studium, ist eine der wichtigsten im Leben. Sie ist mit entscheidend für den späteren beruflichen Werdegang. Zumindest wird damit die Richtung festgelegt. Sie ist auch prägend für die künftige Entwicklung der Persönlichkeit. Der Freundeskreis ändert sich, es werden neue intellektuelle Fähigkeiten erworben, und häufig finden sich im neuen Umfeld neue Freunde und spätere Partner. Es ist verständlich, dass sich viele Jugendliche mit der Wahl eines bestimmten Berufes schwer tun. Andererseits entsteht in Zeiten, in denen Arbeits- und Ausbildungsplätze zu einem knappen Gut geworden sind, bei vielen der Eindruck, überhaupt keine Wahlmöglichkeiten zu haben. Viele glauben, sofort zugreifen zu müssen, wenn sich eine Ausbildungsmöglichkeit eröffnet, auch wenn diese in Anbetracht der eigenen Interessen und Fähigkeiten nur einen leidlichen Kompromiss darstellt. Entscheidungsfreude ist zum richtigen Zeitpunkt sicherlich geboten, zuvor sollte man allerdings wissen, welche Möglichkeiten das Abitur oder die Fachhochschulreife überhaupt bieten. Entscheiden kann man sich nur dann richtig, wenn einem alle Optionen bekannt sind. Aber nur wenige Abiturienten wissen um ihre Möglichkeiten. Die meisten glauben, mit dem Abitur könne man entweder eine Lehre machen oder studieren. Es gibt aber, wie wir gleich sehen werden, erheblich mehr und auch interessante Alternativen.

Deshalb lautet der erste Schritt zur optimalen Entscheidung: Informationsvorsprung erarbeiten und in Erfahrung bringen, was zur Auswahl steht.

Welche Ausbildungsmöglichkeiten gibt es überhaupt nach dem Abitur oder der Fachhochschulreife?

Nach dem Abitur:

Studium	Dauer in Jahren durchschnittlich
• an Universitäten	5 – 7 (in Studiengängen mit den Abschlüssen Diplom, Staatsexamen, Magister Artium)
• an Technischen Universitäten/Hochschulen	5 – 7 (in Studiengängen mit den Abschlüssen Diplom, Staatsexamen, Magister Artium)
• an Kunst-, Sport-, Musikhochschulen	4 – 6
• an Fachhochschulen	4 – 4 1/2 (ohne Vorpraktikum, in Studiengängen mit Abschluss Diplom)

Untersuchungen zur durchschnittlichen Studiendauer der Absolventen von Bachelor- und Masterstudiengängen, die an Universitäten, Technischen Universitäten/Hochschulen und Fachhochschulen angeboten werden, gibt es noch nicht.

Ein Bachelorstudiengang ist an **Universitäten** und **Technischen Universitäten/Hochschulen** in der Regel auf eine Studiendauer von drei Jahren angelegt, ein darauf aufbauender Master-Studiengang dauert zwei weitere Jahre. Für ein *konsekutives Bachelor-Masterstudium*, das heißt ein dreijähriges Bachelorstudium und ein anschließendes zweijähriges Masterstudium müssen also mindestens fünf Jahre Studienzeit veranschlagt werden.

An **Fachhochschulen** ist ein Bachelorstudiengang in der Regel auf drei oder dreieinhalb Jahre angelegt. Die sich anschließenden Masterstudiengänge auf weitere ein, eineinhalb oder zwei Jahre.

Die Studiendauer liegt also zwischen mind. drei (Bachelorabschluss) bis fünfeinhalb Jahren (bei anschließendem Masterstudium).

Berufliche Ausbildung	Dauer in Jahren durchschnittlich
• in einem anerkannten Ausbildungsberuf	2 1/2 – 3 1/2
• durch Sonderausbildungsgänge der Wirtschaft	2 – 3
• an einer Berufsakademie	3 – 3 1/2
• im öffentlichen Dienst (gehobener Dienst)	3 – 3 1/2

Die Fachhochschulreife bietet folgende Möglichkeiten:

Studium	Dauer in Jahren durchschnittlich
• an Fachhochschulen	4 – 4 1/2 (ohne Vorpraktikum, in Studiengängen mit Abschluss Diplom, zur Dauer in Bachelor- und Masterstudiengängen s. o.)
• an Kunst- und Musikhochschulen	4 – 6

Berufliche Ausbildung	Dauer in Jahren durchschnittlich
• in einem anerkannten Ausbildungsberuf	2 1/2 – 3 1/2
• durch Sonderausbildungsgänge der Wirtschaft (nur eingeschränkt)	2 – 3
• an einer Berufsakademie (nur eingeschränkt)	3 – 3 1/2
• im öffentlichen Dienst (gehobener Dienst)	3 – 3 1/2

Aus dieser Übersicht wird deutlich:

1. Abiturienten steht in etwa jede Ausbildung offen. Einzige Einschränkung: Es gibt keine Garantie, den Ausbildungsplatz zu bekommen.
2. Mit dem Abitur kann man theoretisch an allen Hochschulen studieren, mit der Fachhochschulreife sind die Möglichkeiten eingeschränkt.
3. Bei den beruflichen Ausbildungen sind die Möglichkeiten mit Abitur und Fachabitur praktisch gleich.
4. Es gibt neben dem Studium viele Möglichkeiten, eine berufliche Qualifikation für den Arbeitsmarkt zu erwerben.

Rund 350 Angebote: Betriebliche Ausbildungen

Fast alle Hauptschüler/innen, die meisten, die die Schule mit einem mittleren Bildungsabschluss verlassen, und über ein Drittel der Abiturienten eines Jahrgangs entscheiden sich für einen der rund 350 anerkannten Ausbildungsberufe. Begehrt sind bei Hauptschülern vor allem technische und handwerkliche Berufsausbildungen, bei Realschülern technische (einschl. Informatik) und kaufmännische Ausbildungen sowie Gesundheitsberufe, bei Schülern mit Abitur oder Fachhochschulreife kaufmännische Ausbildungen in Banken, Versicherungen, Tourismusunternehmen und Ausbildungen im Bereich der Informatik, im Bereich der Medien, soziale Berufe und einige handwerkliche Berufe. Besonders viele Lehrverträge wurden von den rund 88.000 Abiturienten, die jedes Jahr eine Ausbildung beginnen, als Bankkaufmann/frau, Buchhändler/in, Fachinformatiker/in, Industriekaufmann/frau, Kaufmann/frau für audiovisuelle Medien, Kaufmann/frau im Groß- und Außenhandel, Kaufmann/frau in der Grundstücks- und Wohnungswirtschaft, Mediengestalter/in Bild und Ton bzw. Mediengestalter/in für Digital- und Printmedien, Servicekaufmann/frau im Luftverkehr, Steuerfachangestellter/e, Verlagskaufmann/frau, Versicherungskaufmann/frau und Werbekaufmann/frau abgeschlossen.

Egal, für welche Ausbildung man sich entscheidet, sie läuft nach einem bestimmten Schema ab. Die Ausbildung wird nach dem so genannten dualen System durchgeführt: Das heißt, praktische Ausbildung im Betrieb wechselt mit theoretischem Unterricht in der Berufsschule (ein bis zwei Tage pro Woche oder in entsprechenden Blöcken). Das Verhältnis Praxis und Theorie beträgt etwa drei Viertel zu einem Viertel. Die meisten Ausbildungen sind auf drei Jahre angelegt. Eine wichtige Information für Abiturienten: Für sie besteht die Möglichkeit einer Verkürzung auf zwei bis zweieinhalb Jahre, wenn die Leistungen im Betrieb und in der Berufsschule stimmen und wenn der Ausbildungsbetrieb damit einverstanden ist.

Die Ausbildung endet mit einer Prüfung vor der Industrie- und Handelskammer oder vor der Handwerkskammer. Was an Prüfungsleistungen erbracht werden muss, ist genau geregelt und wird vom Staat kontrolliert. Während der Ausbildung wird generell eine Ausbildungsvergütung gezahlt, die – je nach Beruf und Ausbildungsjahr, ansteigend mit dem Ausbildungsjahr – zwischen 300 und 1.000 € liegt. Die praktische Ausbildung steht bei der betrieblichen Ausbildung eindeutig im Vordergrund.

Interessant ist eine betriebliche Ausbildung also für all diejenigen, die einen möglichst raschen Berufseinstieg und damit schnelle finanzielle Unabhängigkeit sowie einen großen Praxisanteil in der Ausbildung anstreben. Die Bewerbung um einen Ausbildungsplatz beginnt etwa ein Jahr vor dem Abitur oder der Fachhochschulreife. Vor allem bei großen Unternehmen (u. a. bei Banken und Versicherungen) sollte man sich bis zu eineinhalb Jahre vor Ausbildungsbeginn (1. August/1. September eines Jahres) bewerben.

Die Auswahl erfolgt anhand der eingereichten Bewerbungsunterlagen. Wer zum Vorstellungsgespräch eingeladen wird, hängt vom letzten Schulzeugnis, vom Gesamteindruck der Bewerbung und von den Noten in den Fächern ab, die für die Ausbildung wichtig sind. Da es sich in der Regel um die erste Bewerbung handelt, sollte man hierbei sehr gründlich vorgehen. Eine schlampige, fehlerhafte Bewerbung kann nicht durch noch so gute Schulnoten kompensiert werden. Personalverantwortliche legen auf eine komplette und ordentliche Bewerbungsmappe besonderen Wert. Literaturtipp: Jürgen Hesse/Hans Christian Schrader, *Die perfekte Bewerbungsmappe für Ausbildungsplatzsuchende. Der erfolgreiche Schritt von der Schule zum Beruf*, 2004.

Informationen zu den Ausbildungsberufen erhält man bei der Berufsberatung der Bundesagentur für Arbeit und in den Berufsinformationszentren (BIZ), in denen viele Materialien zu Lehrberufen zum Mitnehmen ausliegen. Auch hält die Bundesagentur unter *www.berufenet.de* Beschreibungen von Ausbildungsberufen bereit und stellt neue Lehrberufe unter *www.neue-ausbildungsberufe.de* vor.

Auch kann im Internet branchenspezifisch recherchiert werden, etwa unter: *www.autoberufe.de*, *www.bankazubis.de*, *www.berufe-im-gastgewerbe.de*, *www.it-berufe.de*, *www.job-future.de* (Werbebranche). Über Ausbildungsberufe informiert auch der folgende Ratgeber: Uwe Peter Zimmer, *Handbuch Berufswahl 2004/2005. Die wichtigsten Ausbildungsberufe und ihre Zukunft*, 2004.

Ausbildungsstellen werden überwiegend vom jeweiligen Arbeitsamt bzw. von der Arbeitsagentur vermittelt. Auch werden Lehrstellen in lokalen Tageszeitungen ausgeschrieben. Außerdem ist es sinnvoll, bei Betrieben direkt nachzufragen oder auf der Homepage von in Frage kommenden Unternehmen sich das Lehrstellenangebot anzusehen. Die größte Lehrstellenbörse ist die der Bundesagentur für Arbeit (*www.arbeitsagentur.de*, Rubrik Arbeitnehmer, Rubrik Arbeits- und Ausbildungsplatzsuche, Rubrik Stellenangebote). Auch viele Industrie- und Handelskammern und Handwerkskammern haben mittlerweile Lehrstellenbörsen eingerichtet.

Extraangebot für Abiturienten: Sonderausbildungsgänge der Wirtschaft

Es gibt in Deutschland über 3.000 Betriebe, die jährlich einige Tausend Ausbildungsplätze speziell für Abiturienten oder (weniger häufig) für Bewerber mit Fachhochschulreife anbieten. Bei diesen Sonderausbildungsgängen arbeiten Unternehmen mit verschiedenen Ausbildungsstätten wie Verwaltungs- und Wirtschaftsakademien, Berufsakademien, Berufsschulen und in einigen Fällen auch mit Fachhochschulen zusammen. Es handelt sich also auch um eine Ausbildung nach dem dualen System: Praxisphasen im Betrieb wechseln ab mit Phasen der theoretischen Ausbildung an der Berufsschule. Im Gegensatz jedoch zur klassischen Lehre ist der theoretische Anteil höher und beträgt etwa ein Drittel. Außerdem werden spezielle Klassen für diese Sonderausbildung besucht. Von daher ist das Anfangsniveau etwas höher. Nach etwa zwei Jahren wird ein anerkannter Ausbildungsberuf abgeschlossen. Daran knüpft ein drittes Jahr als Fortbildungsphase an, die mit einer weiteren Kammerprüfung abgeschlossen werden kann. Nach erfolgreicher Prüfung lassen sich die Absolventen an der Bezeichnung Assistent/Assistentin erkennen (je nach Fachrichtung Wirtschaftsassistent/in, Handelsassistent/in, Mathematisch-technischer/e Assistent/in, Wirtschaftsinformatik-Assistent/in, Ingenieur-Assistent/in usw.).

Die Unterschiede zur normalen betrieblichen Ausbildung sind deutlich: höheres Gewicht der theoretischen Ausbildung, längere Ausbildungsdauer, bessere Aufstiegsmöglichkeiten im Unternehmen aufgrund der qualifizierteren Ausbildung. Nicht zu vernachlässigen ist außerdem die generell etwas höhere Ausbildungsvergütung (je nach Ausbildungsjahr in der Regel zwischen 600 bis 1.000 €/monatl., kann in der zweiten Stufe der Ausbildung, im dritten Jahr, auch 1.300 bis 1.400 € betragen). Informationen über Unternehmen, die diese Ausbildungen anbieten, sind bei allen Arbeitsämtern und Industrie- und Handelskammern erhältlich.

Viele Betriebe, die eine Sonderausbildung anbieten, sind auch in einer Broschüre verzeichnet, die sich im jeweiligen Berufsinformationszentrum befindet, im Buchhandel erworben oder direkt ab Verlag (siehe Adresse unter »Verzeichnis der verwendeten Materialien«) bestellt werden kann: Helmut E. Klein, *Abiturientenausbildung der Wirtschaft. Die praxisnahe Alternative zur Hochschule*, 2003. Recherchieren kann man auch auf der Homepage von großen Unternehmen. Als Faustregel gilt: Je größer ein Betrieb ist, desto eher bietet er eine solche Ausbildung an. Bei großen Betrieben gilt: Fast alle verfügen über Sonderausbildungsgänge für Abiturienten.

Kaderschmieden der Unternehmen: Berufs- und Wirtschaftsakademien

Ebenfalls dem dualen Ausbildungssystem zuzurechnen ist die Ausbildung an einer Berufsakademie (auch Wirtschaftsakademie, abgekürzt WA, genannt). Berufsakademien gibt es derzeit in Baden-Württemberg, Berlin, Bremen, Hamburg, Hessen, Niedersachsen, im Saarland, in Sachsen, Schleswig-Holstein und in Thüringen. Die Ausbildungsregelungen und die angebotenen Fächer variieren von Standort zu Standort. Die Fächer umfassen den technischen Bereich (Elektrotechnik,

Maschinenbau, Mechatronik, Kunststofftechnik, Medientechnik und Informationssystem, Versorgungs- und Umwelttechnik u. Ä.), den Bereich Wirtschaft (Bankwirtschaft, Betriebswirtschaft, Handel, Steuern und Prüfungswesen u. Ä.), Informatik (Studienrichtungen etwa Bioinformatik, Digitale Medien, Medizinische Informatik, Wirtschaftsinformatik) und an einigen Berufsakademien Sozialwesen. Während der gesamten drei- oder dreieinhalbjährigen Ausbildung stehen die Auszubildenden in einem vertraglichen Ausbildungsverhältnis mit einem Betrieb (an den folglich auch die Bewerbung zu richten ist) oder mit einer Sozialeinrichtung. Die Ausbildung erfordert Abitur oder (weniger häufig) Fachhochschulreife und gute Noten. Sie führt in der Regel zum Abschluss Diplom (BA), je nach Studienrichtung etwa zum Diplom-Betriebswirt/in (BA), Diplom-Wirtschaftsingenieur/in (BA), Diplom-Wirtschaftsinformatiker/in (BA), Diplom-Sozialpädagoge/-pädagogin (BA) und zum Diplom-Sozialwirt/in (BA). Einige Berufsakademien, zum Beispiel die Berliner, verleihen auch den Abschluss Bachelor. In Baden-Württemberg, Berlin, Sachsen, Schleswig-Holstein und Thüringen sind die Abschlüsse an Berufsakademien Fachhochschulabschlüssen gleichgestellt. In den Bundesländern Hessen, Niedersachsen und Sachsen-Anhalt besteht die Möglichkeit, nach einem zweisemestrigen Aufbaustudium nachträglich noch das Diplom (FH) zu erwerben.

In einigen Ländern wird zusätzlich *bereits nach zwei Jahren* ein erster berufsqualifizierender Abschluss, zum Beispiel Informatik-Assistent/in (BA), Ingenieur-Assistent/in (BA), Wirtschaftsassistent/in (BA), Wirtschaftsinformatik-Assistent/in (BA) oder Erzieher (BA), erworben.

Es gibt in Deutschland zwei Systeme bei der Berufsakademie-Ausbildung: nacheinander und parallel. Nacheinander heißt, erst folgt die praktische Berufsausbildung, anschließend die Ausbildung an der Berufs- oder Wirtschaftsakademie. Das zweite System verbindet Blöcke im Betrieb und an der Berufsakademie im Wechsel.

Hinter den Berufsakademien stehen in der Regel große Unternehmen, die sich auf diese Art und Weise ihren betrieblichen Führungsnachwuchs heranbilden.

Der Betrieb oder die Sozialeinrichtung zahlt für die gesamten drei bis dreieinhalb Jahre eine Ausbildungsvergütung (zwischen 600 und über 1.200 €/monatl., mit jedem Ausbildungsjahr ansteigend), also auch während der Studienphasen an der Berufsakademie, die man sich wie eine kleine Hochschule vorstellen kann (mit Bibliothek, Mensa usw.).

Die Ausbildung an einer Berufsakademie ist für viele Abiturienten eine interessante Alternative zum reinen Studium: zügig, praxisnah, bei Personalverantwortlichen in gutem Ansehen und zudem noch bezahlt.

Informationen zu Ausbildungen an einer Berufsakademie geben die Arbeitsämter, die unter »Sonderausbildungsgänge« genannte Publikation von Helmut E. Klein und das Kapitel über die Ausbildung an Berufsakademien in der Veröffentlichung *Studien- und Berufswahl*, die kostenlos über die Schulen verteilt wird.

Von den Berufsakademien kann man eine Liste der in einer Berufsakademie zusammengeschlossenen Betriebe anfordern oder die Listen der Betriebe auf der Homepage der Berufsakademie einsehen bzw. herunterladen. Die Bewerbungen sind dann nicht an die Berufsakademie, sondern direkt an die Betriebe zu richten, die dieser Berufsakademie angehören.

Auch hier gilt, was für alle Bewerbungen um einen Ausbildungsplatz Gültigkeit hat: Auf die gute Bewerbung kommt es an. Mindestens ein Jahr vor dem Abitur bewerben und eineinhalb Jahre vorher Infos besorgen.

Gegenwärtig gibt es folgende Berufsakademien, an die man sich auch direkt wenden kann, um mehr über die angebotenen Ausbildungsgänge zu erfahren:

Baden-Württemberg

Berufsakademie Heidenheim
Wilhelmstraße 10
89518 Heidenheim
Tel. 0 73 21 / 38 19 41
Fax 0 73 21 / 38 19 47
info@ba-heidenheim.de
http://www.ba-heidenheim.de

Berufsakademie Karlsruhe
Erzbergerstraße 121
76133 Karlsruhe
Tel. 07 21 / 97 35-5
Fax 07 21 / 97 35-6 00
info@ba-karlsruhe.de
http://www.ba-karlsruhe.de

Berufsakademie Lörrach
Hangstraße 46–50
79539 Lörrach
Tel. 0 76 21 / 20 71-0
Fax 0 76 21 / 20 71-1 19
info@ba-loerrach.de
http://www.ba-loerrach.de

Berufsakademie Mannheim
Coblitzweg 7
68163 Mannheim
Tel. 06 21 / 41 05-0
Fax 06 21 / 41 05-1 01
info@ba-mannheim.de
http://www.ba-mannheim.de

Berufsakademie Mosbach
Lohrtalweg 10
74821 Mosbach
Tel. 0 62 61 / 9 39-0
Fax 0 62 61 / 8 75 04
info@ba-mosbach.de
http://www.ba-mosbach.de

Berufsakademie Mosbach
Außenstelle Bad Mergentheim
Schloss 2
97980 Bad Mergentheim
Tel. 0 79 31 / 5 30-6 01
info@ba-mosbach.de
http://www.ba-mosbach.de

Berufsakademie Ravensburg
Marienplatz 2
88212 Ravensburg
Tel. 07 51 / 8 06-27 00
Fax 07 51 / 8 06-27 01
info@ba-ravensburg.de
http://www.ba-ravensburg.de

Berufsakademie Ravensburg
Außenstelle Friedrichshafen
Fallbrunnen 2
88045 Friedrichshafen
Tel. 0 75 41 / 20 77-0
Fax 0 75 41 / 20 77-1 99
info@ba-friedrichshafen.de
http://www.ba-friedrichshafen.de

Berufsakademie Stuttgart
Jägerstraße 56
70174 Stuttgart
Tel. 07 11 / 18 49-6 60
Fax 07 11 / 18 49-7 19
info@ba-stuttgart.de
http://www.ba-stuttgart.de

Berufsakademie Stuttgart
Außenstelle Horb
Florianstraße 15
72160 Horb a. N.
Tel. 0 74 51 / 5 21-0
Fax 0 74 51 / 5 21-1 11
info@ba-horb.de
http://www.ba-horb.de

Berufsakademie Villingen-Schwenningen
Friedrich-Ebert-Straße 30
78054 Villingen-Schwenningen
Tel. 0 77 20 / 39 06-0
Fax 0 77 20 / 39 06-1 19
info@ba-vs.de
http://www.ba-vs.de

Württembergische Verwaltungs- und Wirtschafts-Akademie (VWA)

Neckarstraße 88
70190 Stuttgart
Tel. 07 11 / 2 10 41 45
Fax 07 11 / 2 10 41 60
info@w-vwa.de
http://www.vwa-studienakademie.de

Berlin

Berufsakademie in der Fachhochschule für Wirtschaft Berlin
Neue Bahnhofstrasse 11–17
10245 Berlin
Telefon-Sammelnummer
0 30 / 2 93 84-3 00
Fax 0 30 / 2 93 84-3 01/ -4 01/ -5 01
http://www.ba-berlin.de

Bremen

Akademie der Wirtschaft
Am Wall 162
28195 Bremen
Tel. 04 21 / 32 84 43
akademie@bwu-bremen.de
http://www.bwu-bremen.de

Bildungszentrum der Wirtschaft im Unterwesergebiet e.V.
Schillerstraße 10
28195 Bremen
Tel. 04 21 / 3 63 25-0

Hamburg

Wirtschaftsakademie Hamburg
Alter Wall 38
20457 Hamburg
Tel. 0 40 / 3 61 38-7 11 / -7 12
Fax 0 40 / 3 61 38-7 51
http://www.wahamburg.de

Hessen

Hessische Berufsakademie BA Gesellschaft mbH
Gräfstraße 69
60486 Frankfurt/Main
Tel. 0 69 / 24 70 22-0
Fax 01 80 / 1 81 00 49
info@ba-frankfurt.de
http://www.ba-gruppe.de

accadis Internationale Berufsakademie Bad Homburg
Dietigheimer Straße 24
61350 Bad Homburg
Tel. 0 61 72 / 98 42-0
Fax 0 61 72 / 98 42-20
info@accadis.com
http://www.accadis.com

Studienakademie für Informatik Bad Wildungen
Eichlerstraße 25
34537 Bad Wildungen
Tel. 0 56 21 / 9 65 88-0
Fax 0 56 21 / 9 65 88-20
info@ba-badwildungen.de
http://www.ba-badwildungen.de

Berufsakademie Rhein-Main
Ober-Rodener Straße 20
63322 Rödermark
Tel. 0 60 74 / 31 01-1 20
Fax 0 60 74 / 31 01-1 21
info@ba-rhein-main.com
http://www.ba-rhein-main.com

Niedersachsen

Berufsakademie Göttingen
Neues Rathaus
37070 Göttingen
Tel. 05 51 / 4 00 23 95
Fax 05 51 / 4 00 24 08
vwa@goettingen.de
http://www.vwa.goettingen.de

Berufsakademie Weserbergland e.V.
Am Stockhof 2
31785 Hameln
Tel. 0 51 51 / 9 55 90
Fax 0 51 51 / 4 52 71
info@baw-hameln.de
http://www.baw-hameln.de

Berufsakademie für Bankwirtschaft
Hannoversche Straße 149
30627 Hannover
Tel. 05 11 / 5 49 80 50
Fax 05 11 / 5 49 80 04
berufsakademie@geno-verband.de
http://www.ba-bankwirtschaft-hannover.de

Leibniz-Akademie
Expo Plaza 11
30539 Hannover
Tel. 05 11 / 9 57 84-0
Fax 05 11 / 9 57 84-13
info@leibniz-akademie.de
http://www.leibniz-akademie.de

Berufsakademie Ost-Friesland e.V.
Schloß Evenburg
Am Schloßpark 25
26789 Leer
Tel. 04 91 / 97 91 16-6
Fax 04 91 / 97 91 16-7
info@bao-leerde
http://www.bao-leer.de

Berufsakademie Emsland e.V.
An der Kokenmühle 9
49808 Lingen
Tel. 05 91 / 9 12 80-0
Fax 05 91 / 9 12 80-15
ba@ba-emsland.de
http://www.ba-emsland.de

Berufsakademie Lüneburg
Verwaltungs- und Wirtschaftsakademie
Lüneburg e.V.
Rathaus
21335 Lüneburg
Tel. 0 41 34 / 3 46 96
Fax 0 41 34 / 30 91 88
vwa@uni-lueneburg.de
http://www.uni-lueneburg.de/vwa/
berufsak.htm

Berufsakademie Holztechnik Melle
Lindenstraße 1
49324 Melle
Tel. 0 54 22 / 92 38 59
Fax 0 54 22 / 92 38 65
info@berufsakademie-holztechnik-melle.de
http://www.berufsakademie-holztechnik-
melle.de

Berufsakademie für Bankwirtschaft
Oldenburger Straße 118
26180 Rastede
Tel. 0 44 02 / 93 82 10
Fax 0 44 02 / 93 32 93
berufsakademie@geno-verband.de
http://www.geno-verband.de

Berufsakademie des Einzelhandels
Niedersachsen
Kurzer Ging 47
31832 Springe
Tel. 0 50 41 / 7 88 30
Fax 0 50 41 / 7 88 88
info@bze-springe.de
http://www.bze-springe.de

Private Fachhochschule für Wirtschaft und
Technik
Vechta/Diepholz –
Fachhochschule und Berufsakademie
Rombergstraße 40
49377 Vechta
Tel. 0 44 41 / 91 51 00
Fax 0 44 41 / 91 51 09
info@fhwt.de
http://www.fhwt.de

Welfenakademie
Kloster Wöltingerode
38690 Vienenburg
Tel. 0 53 24 / 77 05-0
Fax 0 53 24 / 77 05-77
info@welfenakademie.de
http://www.welfenakademie.de

Saarland

ASW Berufsakademie Saarland
Kohlenstraße 13
66386 St. Ingbert
Tel. 0 68 94 / 38 62 84
Fax 0 68 94 / 38 62 85
info@asw-berufsakademie.de
http://www.asw-berufsakademie.de

BSA – Private Berufsakademie für Fitness & Freizeit GmbH
Am Liedersberg 21
66399 Mandelbachtal
Tel. 0 68 03 / 99 44-0
Fax 0 68 03 / 99 44-10
info@private-ba.de
http://www.private-ba.de

Sachsen

Berufsakademie Sachsen –
Staatliche Studienakademie Bautzen
Löbauer Straße 1
02625 Bautzen
Tel. 0 35 91 / 3 53 00
Fax 0 35 91 / 35 32 26
info@ba-bautzen.de
http://www.ba-bautzen.de

Berufsakademie Sachsen –
Staatliche Studienakademie Breitenbrunn
Schachtstraße 128
08359 Breitenbrunn
Tel. 03 77 56 / 70-0
Fax 03 77 56 / 70-2 39
adm@ba-breitenbrunn.de
http://www.ba-breitenbrunn.de

Berufsakademie Sachsen –
Staatliche Studienakademie Plauen
Rückertstraße 35
08525 Plauen
Tel. 0 37 41 / 57 09-0 / -1 10
Fax 0 37 41 / 57 09-1 19
info@ba-plauen.de
http://www.ba-plauen.de

Berufsakademie Sachsen –
Staatliche Studienakademie Dresden
Heideparkstraße 8
01099 Dresden
Tel. 03 51 / 8 13 34-0
Fax 03 51 / 8 13 34-29
info@ba-dresden.de
http://www.ba-dresden.de

Berufsakademie Sachsen –
Staatliche Studienakademie Glauchau
Kopernikusstraße 51–53
08371 Glauchau
Tel. 0 37 63 / 1 73-0
Fax 0 37 63 / 1 73-1 80
info@ba-glauchau.de
http://www.ba-glauchau.de

Berufsakademie Sachsen –
Staatliche Studienakademie Leipzig
Schönauer Straße 113 a
04207 Leipzig
Tel. 03 41 / 4 27 43-3 30
Fax 03 41 / 4 27 43-3 31
info@ba-leipzig.de
http://www.ba-leipzig.de

Berufsakademie Sachsen –
Staatliche Studienakademie Riesa
Rittergutstraße 6
01571 Riesa
Tel. 0 35 25 / 7 07-50 / -5 11
Fax 0 35 25 / 73 36 13
ltg@ba-riesa.de
http://www.ba-riesa.de

Schleswig-Holstein

Wirtschaftsakademie Schleswig-Holstein
Berufsakademie Flensburg
Norderallee 14
24939 Flensburg
Tel. 04 61 / 5 03 39-0 / -13
Fax 04 61 / 58 18 25
flensburg@wak-sh.de
http://www.berufsakademie.wak-sh.de
Wirtschaftsakademie Schleswig-Holstein

Berufsakademie Kiel
Hans-Detlev-Prien-Straße 10
24106 Kiel
Tel. 04 31 / 30 16-0 / -1 17
Fax 04 31 / 30 16-3 80
info@wak-sh.de
http://www.berufsakademie.wak-sh.de

Wirtschaftsakademie Schleswig-Holstein
Berufsakademie Lübeck
Guerickestraße 6–8
23566 Lübeck
Tel. 04 51 / 50 26-1 50
Fax 04 51 / 50 26-1 60
luebeck@wak-sh.de
http://www.berufsakademie.wak-sh.de

Berufsakademie für Bankwirtschaft
Raiffeisenstraße 1–3
24768 Rendsburg
Tel. 0 43 31 / 13 04-0 / -4 13
Fax 0 43 31 / 13 04-4 25
berufsakademie@geno-verband.de
http://www.geno-verband.de

Thüringen

Berufsakademie Thüringen –
Staatliche Studienakademie Eisenach
Am Wartenberg 2
99817 Eisenach
Tel. 0 36 91 / 62 94-71
Fax 0 36 91 / 62 94-79
info@ba-eisenach.de
http://www.ba-eisenach.de

Berufsakademie Thüringen –
Staatliche Studienakademie Gera
Weg der Freundschaft 4 A
07546 Gera
Tel. 03 65 / 43 41-0
Fax 03 65 / 43 41-1 04
info@ba-gera.de
http://www.ba-gera.de

Dienst beim Staat: Diplom-Verwaltungswirt/in

Was der unternehmerischen Wirtschaft recht ist, ist dem Staatsdienst billig. Auch der Staat bietet besondere Ausbildungen für Abiturienten und für Leute mit Fachhochschulreife an, die so genannte gehobene Laufbahn, früher auch Inspektorenlaufbahn genannt. Die Ausbildung dauert drei Jahre (Baden-Württemberg vier Jahre) und ist eingeteilt in praktische Berufsausbildung in der Behörde und Theorieunterricht. Bei der gehobenen Laufbahn wird anstelle des regelmäßigen Theorieunterrichts ein eineinhalbjähriges fachbezogenes Studium an einer Fachhochschule des Bundes oder eines Bundeslandes für Öffentliche Verwaltung (FHÖV) absolviert. Wie bei der Ausbildung an einer Berufsakademie erhalten die Auszubildenden während der gesamten Zeit eine Ausbildungsvergütung (etwa 800 bis 900 €). Am Ende der Ausbildung steht nach geglückter Laufbahnprüfung ein staatliches Zeugnis und ein Diplom zum Diplom-Verwaltungswirt/in.

Neu ist, dass einige Bundesländer ihren Verwaltungsnachwuchs in einigen Bereichen (Bibliotheks- und Dokumentationsdienst, Forstdienst oder allg. Verwaltungsdienst) an »normalen« Fachhochschulen ausbilden und die verwaltungsinterne Ausbildung aufgegeben haben.

Die meisten Ausbildungen im Staatsdienst sind Verwaltungsausbildungen, die dazu qualifizieren, später als Sachbearbeiter/in in der Behörde (mit entsprechenden Aufstiegsmöglichkeiten bei Leistung) zu arbeiten. Man spricht deshalb auch vom nichttechnischen Dienst. Darüber hinaus gibt es – allerdings etwas seltener – auch einige technische Ausbildungen. Ansonsten aber wird für Schreibtischtätigkeiten ausgebildet.

Es gibt die verschiedensten Behörden, die für den gehobenen Dienst ausbilden: städtische Behörden, Kreisbehörden, Landesbehörden und Bundesbehörden. Die Ausbildungsplätze werden entweder in Tageszeitungen oder auf der Homepage der jeweiligen Behörde ausgeschrieben oder sind den Arbeitsämtern bekannt. Sinnvoll ist auch eine Initiativbewerbung bei einer Behörde, von der man sich vorstellen könnte, später einmal dort zu arbeiten.

Die Ausbildung beim Staat ist eine interessante Alternative zum Studium und zu einer Berufsausbildung in der unternehmerischen Wirtschaft: Überschaubare Ausbildungszeit, Mischung von Theorie und Praxis, anerkannter Abschluss, Ausbildungsvergütung und eine Option auf einen sicheren Arbeitsplatz im öffentlichen Dienst.

Interessenten sollten Informationsmaterialien bei der jeweiligen Behörde anfordern oder auf der Homepage der Behörde einsehen bzw. herunterladen und das Kapitel »Gehobener nichttechnischer Dienst« in *Studien- und Berufswahl* lesen.

Interessant, doch nicht immer gratis: Berufsfachschulen

Für einige Berufe gibt es keine Lehre, keine Sonderausbildung und auch kein Studienfach. Für solche Berufe wird an Berufsfachschulen ausgebildet. Hierzu gehören vor allem verschiedene Assistentenberufe in der Medizin, therapeutische Berufe, der Beruf des Heilpraktikers, Assistententätigkeiten im Hotel-, Gaststätten- und Fremdenverkehrsgewerbe, Fremdsprachenausbildungen (etwa zum/r Europasekretär/in, zum/r Fremdsprachenkorrespondent/in, Übersetzer/in, Dolmetscher/in u. Ä.) und diverse Schönheitsberufe.

Dabei gibt es jede Menge Unterschiede zwischen den Berufsfachschulen, aber auch einige Gemeinsamkeiten. Gemeinsam ist ihnen, dass in diesen Ausbildungsstätten nichts produziert oder verkauft, sondern nur ausgebildet wird. Hier gibt es auch nicht das schon erwähnte duale System. Entweder sind hier Praxis und Theorie in einer Ausbildung zusammengefasst, oder an die theoretische Ausbildung schließt sich ein praktischer Kurs von einigen Wochen oder Monaten außerhalb der Berufsfachschule an.

Es gibt staatliche und (staatlich anerkannte) private Berufsfachschulen, die selbst die Prüfungen abnehmen oder in Kooperation mit einer staatlichen Stelle, und andere Berufsfachschulen, *die auf eine bestimmte Abschlussprüfung hin* ausbilden. Dies hat zwei Konsequenzen. Die Ausbildung an staatlichen und privaten Berufsfachschulen ist so aufgebaut, dass nach einem bestimmten Vollzeit-Lehrplan nach zwei bis vier Jahren die jeweilige Prüfung abgelegt werden kann, die entweder die Berufsfachschule selbst durchführt oder die vor einer staatlichen Behörde stattfindet.

Die anderen Berufsfachschulen hingegen vermitteln nur das Wissen, das für ein bestimmtes Examen benötigt wird. Sie geben aber keine Garantie dafür, dass die Prüfung bestanden wird. Umgekehrt bieten sie zuweilen die Möglichkeit, den Stoff in kürzerer Zeit zu lernen oder bieten für Berufstätige Wochenend- oder Fernkurse an.

Eine Besonderheit der Berufsfachschule sind die klassischen medizinischen Berufe wie Krankenpfleger/Krankenschwester (neue Bezeichnung ab 1. April 2004: Gesundheits- und Krankenpfleger/in), Hebamme, Altenpfleger/in usw. Diese Berufsfachschulen sind an ein Krankenhaus oder eine Klinik angegliedert.

Ein wichtiger Unterschied sind die Kosten. Staatliche Berufsfachschulen verlangen normalerweise keine Ausbildungskosten, allenfalls müssen Arbeitsbekleidung oder Lernmittel selbst beschafft werden. Sie zahlen eine Ausbildungsvergütung, zum Beispiel bei den oben genannten Berufen. Dies entspricht in etwa den Ausbildungsvergütungen bei den anderen anerkannten Ausbildungsberufen.

Die privaten Berufsfachschulen verlangen Geld für die Ausbildung. Alles, was die Berufsfachschule nicht selbst zur Verfügung stellt, muss zusätzlich angeschafft werden. Auch für ihre Krankenversicherung sind die Teilnehmer selbst zuständig.

Wie hoch die Gebühren sind, hängt davon ab, ob diese Berufsfachschule staatliche Zuschüsse bekommt. Ohne Zuschüsse fallen pro Monat einige hundert Euro an, für eine dreijährige Ausbildung einschließlich Prüfungsgebühren und Unterrichtsmaterialien insgesamt 5.000 bis zu 20.000 €. Für den Lebensunterhalt kann, wenn die Voraussetzungen vorliegen, bei einer Ausbildung in staatlich anerkannten Ausbildungsberufen eine Unterstützung nach dem Bundesausbildungsförderungsgesetz (BAföG) beantragt werden.

Wegen dieser Kosten sind die staatlichen Berufsfachschulen attraktiver und erhalten auch meistens mehr Bewerbungen als Ausbildungsplätze zur Verfügung stehen. Die Ausbildung an einer privaten Berufsfachschule muss zwangsläufig nicht schlechter sein als die an einer staatlichen. Sie kostet nur mehr Geld und unterliegt weniger strengen Kontrollen.

Wer sich für eine solche Berufsfachschule entscheidet, sollte die Angebote sehr gründlich vergleichen und Informationen über die Qualität einholen. Auch unter den Berufsfachschulen befinden sich manche graue und einige schwarze Schafe, die mehr am Profit als an einer soliden Ausbildung interessiert sind.

An Berufsfachschulen gibt es etwa folgende Ausbildungsmöglichkeiten: Altenpfleger/in, Ergotherapeut/in, Assistent/in für das Hotel-, Gaststätten- und Fremdenverkehrsgewerbe, Assistent/in für Hotelmanagement, Chemisch-technischer/e Assistent/in, Fremdsprachenkorrespondent/in, Fremdsprachensekretär/in, Gesundheits- und Krankenpfleger/in, Gesundheits- und Kinderkrankenpfleger/in, Logopäde/Logopädin, Medizinischer/e Dokumentar/in, Medizinisch-technischer/e Assistent/in für Funktionsdiagnostik, Medizinisch-technischer/e Laboratoriumsassistent/in, Medizinisch-technischer/e Radiologieassistent/in, Pharmazeutisch-technischer/e Assistent/in, Physikalisch-technischer/e Assistent/in, Physiotherapeut/in, Übersetzer- und Dolmetscherausbildungen, Veterinärmedizinisch-technischer/e Assistent/in.

*Weitere Informationen zu Berufsfachschulen sind bei den Berufsinformationszentren und auf der Homepage der Bundesagentur für Arbeit (*www.arbeitsagentur.de*) erhältlich. Wer unter* www.berufenet.de *einen Beruf aufruft, erhält im Menü die Option, zu den jeweils ausbildenden Schulen weiterzugehen. Ansonsten online auf der Homepage der Bundesagentur in der Datenbank »kurs« recherchieren.*

Kombination von Ausbildung und Studium: Duale Studiengänge

Die Kombination von Theorie und Praxis ist bei Ausbildungen für Abiturienten im Vormarsch. Die Angebote neben einer Lehre haben einen höheren Theorieanteil. Die Ausbildungen an der Berufs- und Wirtschaftsakademie und die Ausbildung zum Diplom-Verwaltungswirt sind bereits kombinierte Ausbildungs- und Studienangebote, bei denen die praktische Ausbildung aber noch im Vordergrund steht bzw. mindestens 50 Prozent Ausbildungsanteil hat.

In den letzten Jahren hat sich die Tendenz, Ausbildung und Studium noch mehr zu verzahnen, verstärkt. Große Konzerne, Banken und Versicherungen verfügen mittlerweile über eigene Hochschulen, die der Weiterbildung von Mitarbeitern, aber auch der Ausbildung von besonders geeigneten qualifizierten Auszubildenden dienen. Die meisten großen Banken verfügen über solche »Hochschulen«, häufig Akademie genannt, wo nach einer Banklehre ein Diplom oder ein vergleichbarer Abschluss angestrebt werden kann oder wo diese Ausbildungen parallel laufen.

Eine Reihe von Betrieben geht ähnliche Wege. Sie arbeiten mit Fachhochschulen und Universitäten (selten) zusammen und bieten kombinierte Ausbildungs- und Studiengänge an. Solche Kombiausbildungen, auch duale oder ausbildungsintegrierte Studiengänge genannt, umfassen vor allem die Bereiche Wirtschaft, Technik und Informatik.

Obwohl es sehr unterschiedliche Modelle gibt, sind sie nach einem ähnlichen System aufgebaut. Ein Unternehmen schließt ein Abkommen mit einer Hochschule, in der Regel einer Fachhochschule vor Ort. Manchmal sind auch mehrere Betriebe daran beteiligt. Der Betrieb übernimmt die praktische Ausbildung oder stellt Praktikumsplätze zur Verfügung, ein technischer oder betriebswirtschaftlicher Fachbereich der Hochschule übernimmt den theoretischen Teil, also das Studium. Es erfolgt eine Verzahnung der Ausbildungsinhalte, und die Ausbildungsdauer wird festgelegt. Anschließend werden Ausbildungsverträge abgeschlossen, die auch eine Ausbildungsvergütung oder eine Praktikantenbezahlung vorsehen. Gleichzeitig sieht der Vertrag eine Immatrikulation an der Hochschule bereits von Ausbildungsbeginn an oder zu einem späteren Zeitpunkt vor.

Die Ausbildungen sind dann stärker studienintegriert oder eher berufsintegriert, je nachdem, ob die Berufsausbildung oder das Studium im Vordergrund steht.

Je nach Bundesland und örtlichen Besonderheiten sind dann verschiedene Modelle erkennbar:

1. Die gleichzeitige Ausbildung sieht vor, dass der Student/Auszubildende zwischen dem Betrieb und der Hochschule pendelt. An ein, zwei oder drei Tagen pro Woche arbeitet er im Betrieb einschließlich Berufsschule und studiert die andere Zeit an der Hochschule. Zuweilen ist das Studium auf den Nachmittag und auf den Samstag beschränkt. Nach etwa zwei bis zweieinhalb Jahren kann die Gesellenprüfung (Handwerk und Technik) oder die Gehilfenprüfung (kaufmännische Ausbildungen) abgelegt werden. Nach weiteren zwei bis drei Jahren kann das Studium dann mit einem Fachhochschuldiplom abgeschlossen werden.
2. Ausbildung nacheinander: Erst erfolgt eine ganz normale Lehre, die nach zwei Jahren beendet wird, mit allerdings spezifischen theoretischen Kursen an der Hochschule. Ihr folgt ein Fachhochschulstudium, wobei ein Teil der vorherigen Ausbildung auf das Studium angerechnet wird.
3. Blockunterricht: Alle sechs bis acht Wochen wechselt der Auszubildende an die Hochschule, der Student anschließend wieder in den Betrieb.
4. Einige Ausbildungen sehen zusätzlich zur Berufsausbildung und zum Studium einen Auslandsaufenthalt vor, entweder über den ausbildenden Betrieb oder über die Fachhochschule.
5. Nicht alle dualen Studiengänge sehen zwingend zwei Abschlüsse (Ausbildungsabschluss und Hochschulabschluss) vor. Der praktische Teil beschränkt sich dann auf mehrwöchige oder mehrmonatige Hospitanzen oder Praktika in Unternehmen.

Die Ausbildungsdauer beträgt in der Regel einschließlich der beiden Abschlüsse vier- bis viereinhalb Jahre an Fachhochschulen und fünf- bis fünfeinhalb Jahre an Universitäten. Einige Betriebe erklären sich bereits vor der Ausbildung bereit, die Absolventen zu übernehmen oder sie bevorzugt einzustellen. Auch ohne eine solche Garantie oder Absichtserklärung ergeben sich für die Absolventen dieser kombinierten Ausbildungen gute berufliche Möglichkeiten, weil die Grundkonstruktion dem Trend folgt, Studium und Berufsausbildung eng zu verzahnen.

Derzeit gibt es rund 180 duale Studiengänge an Fachhochschulen und Universitäten. In Kooperation mit etwa 3.060 Unternehmen werden etwa 6.200 Personen ausgebildet.

Die nachfolgende Übersicht soll einen Überblick über die Ausbildungsgänge geben und nennt die Hochschule, den Standort und den Namen des jeweiligen Studiengangs. Zu den Adressen der Hochschulen siehe ab S. 50.

Universität/Fachhochschule	Ausbildungsgänge
• Fachhochschule der Wirtschaft Bergisch Gladbach	Betriebswirtschaft Technische Informatik Wirtschaftsinformatik
• Technische Fachhochschule Berlin	Communication Systems
• Fachhochschule Bochum	Kooperative Ingenieurausbildung Bauingenieurwesen Kooperative Ingenieurausbildung Maschinenbau Kooperative Ingenieurausbildung Mechatronik
• Fachhochschule Braunschweig/Standort Wolfsburg	Maschinenbau im Praxisverbund Versorgungstechnik im Praxisverbund
• Hochschule Bremen	Luftfahrtsystemtechnik und -management
• Nordakademie Elmshorn	Betriebswirtschaftslehre Wirtschaftsinformatik Wirtschaftsingenieurwesen
• Fachhochschule Erfurt	Bauingenieurwesen Gartenbau Gebäude- und Energietechnik
• Fachhochschule für Ökonomie & Management, Standort Essen	Informatik Wirtschaft Wirtschaftsrecht
• Hochschule für Bankwirtschaft Frankfurt/M.	Business Administration Computer Science in Banking & Finance
• Fachhochschule Gelsenkirchen, Standort Gelsenkirchen	Maschinenbau Wirtschaft
• Fachhochschule Hannover	Konstruktionstechnik Produktionstechnik Wirtschaftsingenieurwesen/ Technischer Vertrieb
• Fachhochschule für die Wirtschaft Hannover	Betriebswirtschaft Informatik Wirtschaftsinformatik
• Fachhochschule Heilbronn	Mechatronik und Mikrosystemtechnik
• Fachhochschule Hildesheim/Holzminden/ Göttingen, Standort Göttingen	Feinwerktechnik Elektrotechnik/Messtechnik Informatik Physiktechnik Präzisionsfertigungstechnik
• Europa Fachhochschule Fresenius, Standort Idstein	Ergotherapie
• Fachhochschule Ingolstadt	Betriebswirtschaft Elektro- und Informationstechnik Maschinenbau Wirtschaftsingenieurwesen
• Fachhochschule Südwestfalen, Standort Iserlohn	Verbundstudium Maschinenbau Verbundstudium Mechatronik
• Fachhochschule Köln	Kreditwirtschaft

• Fachhochschule Lippe und Höxter, Standort Lemgo	Elektrotechnik Holztechnik Logistik Maschinenbau Mechatronik Produktionstechnik
• Fachhochschule Ludwigshafen	Internationale Betriebswirtschaftslehre im Praxisverbund (BIP)
• Fachhochschule Niederrhein, Standort Krefeld	Chemieingenieurwesen Maschinenbau Mechanical Engineering Verfahrenstechnik
• Fachhochschule Osnabrück	Kunststofftechnik im Praxisverbund Maschinenbau im Praxisverbund – Handwerk Maschinenbau im Praxisverbund – Industrie
• Fachhochschule der Wirtschaft Paderborn	Betriebswirtschaft Wirtschaftsinformatik
• Fachhochschule Rosenheim	Holzbau und Ausbau
• Universität des Saarlandes, Standort Saarbrücken	Betriebswirtschaftslehre
• Fachhochschule Schmalkalden	Elektrotechnik/Informationstechnik Maschinenbau
• Universität Siegen	Elektrotechnik/Automatisierungstechnik Maschinenbau/Konstruktion
• Fachhochschule Stralsund	Wirtschaftsingenieurwesen
• Fachhochschule Ulm	Fahrzeugtechnik Industrieelektronik Maschinenbau Nachrichtentechnik Produktionstechnik und Organisation
• Fachhochschule Westküste, Standort Heide	Betriebswirtschaftslehre Elektrotechnik und Informationstechnik
• Universität Wuppertal	Bauingenieurwesen
• Hochschule Zittau/Görlitz	Bauingenieurwesen Elektrotechnik Energie- und Umwelttechnik Maschinenbau Mechatronik

Weitere Informationen über duale Studienangebote an Fachhochschulen und Universitäten in der Publikation von Helmut E. Klein, *Abiturientenausbildung der Wirtschaft*, 2003, auf der Homepage des Instituts der Deutschen Wirtschaft Köln unter *www.ausbildung-plus.de* und unter *www.studienwahl.de* (Rubrik »Studien- und Ausbildungsangebote«, Rubrik »Studiengänge«, Rubrik »Besondere Studienformen«, hier im Scroll-Menü »ausbildungsintegriert (Studium+Lehre)« wählen).

Groß im Angebot, doch teilweise überlaufen: Das Studium an der wissenschaftlichen Hochschule

Das Studium an einer wissenschaftlichen Hochschule, worunter man Universitäten, Technische Hochschulen/Universitäten, Kunst- und Musikhochschulen, Pädagogische Hochschulen, die Sporthochschule, Kirchliche und Theologische Hochschulen usw. versteht, (hierüber mehr auf S. 38), zeichnet sich unter anderem durch ein deutliches Übergewicht der theoretischen Ausbildung aus.

Praxisorientierte Lehrveranstaltungen sind in den meisten Fächern Mangelware. Auch sind weniger externe Praktika vorgeschrieben als an Fachhochschulen. Ein großer Vorteil liegt aber in der Breite des Fächerangebotes und damit auch der Möglichkeit, sich umfassend zu bilden. Eine großzügige Auswahl an möglichen (und teilweise auch vorgeschriebenen) Nebenfächern ist an fast allen Hochschulen gegeben. Der Studienalltag an einer wissenschaftlichen Hochschule bietet den Studierenden viel Freiraum und Gestaltungsmöglichkeiten. Lehrveranstaltungen mit Anwesenheitspflicht sind Ausnahmen. Dies klingt für viele zunächst verlockend, birgt aber auch Gefahren. Wer Schwierigkeiten hat, auch ohne äußeren Druck selbstdiszipliniert zu lernen und regelmäßig zu arbeiten, muss damit rechnen, zu den etwa 70.000 Studierenden pro Jahr zu gehören, die ihr Studium abbrechen und ohne Examen die Hochschule verlassen.

Ein Studium an wissenschaftlichen Hochschulen schließt man je nach Fach mit einem Diplom, einem Magister Artium (M. A.) oder einem Staatsexamen ab. In den letzten Jahren hinzugekommen sind die Bachelor- und Masterabschlüsse. Zu den Abschlüssen werden wir noch nähere Informationen geben (siehe S. 101). Darauf aufbauend besteht die Möglichkeit zur Promotion, also der Erwerb eines Doktortitels. Der Berufseinstieg ist nicht so einfach wie mit einem Fachhochschuldiplom. Ist er jedoch erst einmal geschafft, sind die langfristigen Aufstiegsmöglichkeiten hingegen besser.

Was die Finanzierungsproblematik anbelangt: Diese gilt, obwohl in Deutschland an den staatlichen Hochschulen derzeit noch keine Studiengebühren erhoben werden (solange man nicht übermäßig lang studiert), vor allem für ein Studium an einer wissenschaftlichen Hochschule. Denn hier muss ein sehr langer Zeitraum finanziert werden, bis das »erste richtige Geld« aus dieser Investition zurückfließt.

Für die Bewerbung gilt Ähnliches wie bei der Fachhochschule. Ein halbes Jahr vor dem Studienbeginn sollte die Bewerbung bei der Zentralstelle für die Vergabe von Studienplätzen (ZVS; gilt nur für die großen Studienfächer und für einige überlaufene Studiengänge in Nordrhein-Westfalen) oder direkt bei der Hochschule vorliegen. Die meisten Fächer erfordern kein vorheriges Praktikum (Ausnahme Ingenieurfächer, Architektur, Innenarchitektur, Informatik).

Beliebt auch bei Abiturienten: Das Fachhochschulstudium

Die Fachhochschulen wurden vor etwa 35 Jahren mit dem Ziel eingerichtet, Personen mit einem mittleren Bildungsabschluss und praktischer Berufserfahrung ein kurzes berufsbezogenes Studium zu ermöglichen. Inzwischen ist ein Fachhochschulstudium aber auch bei Abiturienten beliebt. Das Fächerangebot umfasst die folgenden Bereiche: Ingenieurwesen, Wirtschaft, Architektur und Innenarchitektur, Sozialwesen einschließlich Pflegestudiengänge, Übersetzen und Dolmetschen, Land- und Forstwirtschaft, Gestaltung und Design. Voraussetzungen für ein Studium an einer Fachhochschule ist die allgemeine Hochschulreife oder die Fachhochschulreife. Die meisten Studienfächer erfordern ein einschlägiges Praktikum von einigen Monaten bis zu einem Jahr, meistens vor dem Studium. Das Studium ist relativ straff organisiert, in Seminaren herrscht in der

Regel Anwesenheitspflicht. Den Abschluss des Studiums bildet entweder das **Diplom (FH)** oder ein **Bachelor-** und ggf. ein **Mastergrad**. Die Möglichkeit, mit Diplom (FH) die Promotion an einer Universität durchzuführen, besteht theoretisch, wird aber selten praktiziert, weil (a) eine besondere Befähigung zur wissenschaftlichen Arbeit durch erfolgreiche Besuche weiterer Lehrveranstaltungen an der Universität nachgewiesen werden muss und (b) die Dissertation noch einmal zwei bis drei Jahre in Anspruch nimmt, was insgesamt mindestens vier zusätzliche Ausbildungsjahre bedeutet.

Mit der Einführung des neuen gestuften Systems von Bachelor- und Masterabschlüssen an den Hochschulen wurde auch beabsichtigt, die Durchlässigkeit zwischen den Hochschultypen zu erhöhen und den Absolventen von Masterstudiengängen an Fachhochschulen den Übergang in die universitäre Doktorandenausbildung zu erleichtern. Nach einem Beschluss der Kultusministerkonferenz vom Juni 2003 sollen Absolventen von konsekutiven Masterabschlüssen (Masterabschlüssen, die den Bachelorstudiengang einer Hochschule fachlich fortführen und erweitern) wie Absolventen von Diplom- und Magisterstudiengängen beim Promotionsverfahren behandelt werden. Die Entscheidung über die Aufnahme liegt jedoch weiter bei den Universitäten, die in den Promotionsordnungen die Aufnahme von FH-Absolventen regeln. Ob die Zahl der Masterabsolventen von Fachhochschulen, die einen Doktorgrad an der Universität erwerben, tatsächlich ansteigt, wird die Zukunft zeigen.

Dass der Zugang von forschungsinteressierten FH-Absolventen zur Promotion generell erleichtert werden soll, dahin zielen bundesweit viele Modellprojekte und Neuregelungen. So beschloss etwa die Konferenz der bayerischen Universitäts- und Fachhochschulpräsidenten 2003, dass künftig zehn Prozent der jahrgangsbesten FH-Absolventen die Möglichkeit zur Promotion an einer Universität erhalten sollen.

Die Ausbildung an einer Fachhochschule orientiert sich stark an den praktischen Anforderungen im späteren Beruf. Dies ist sicher auch ein Grund dafür, dass Fachhochschulabsolventen den beruflichen Einstieg nach dem Studium im Durchschnitt schneller schaffen als Hochschulabsolventen, die von der so genannten Sucharbeitslosigkeit nach dem Studium länger betroffen sind. Außerdem liegt die durchschnittliche Studiendauer an Fachhochschulen mit derzeit vier (bis viereinhalb) Jahren deutlich niedriger. Auch dies wird von Personalverantwortlichen gerne gesehen.

Bewerbungen für einen FH-Studienplatz erfolgen für die meisten Fächer direkt bei der Fachhochschule. Faustregel: Bewerbung etwa sechs Monate vor dem beabsichtigten Studienbeginn, entweder zum 1. September oder (gilt nur für einige Fächer) auch zum 1. März. Wer ein gestalterisches Fach studieren möchte, sollte mindestens eineinhalb Jahre vorher mit der Fachhochschule Kontakt aufnehmen.

Informationen zum Studienangebot der Fachhochschulen geben die Studienberatungen. Sie verschicken auf Anfrage kostenlose Materialien.

Die wichtigsten Ausbildungswege auf einen Blick

Ausbildung	**Betriebliche Ausbildung**	**Sonderausbildungsgänge der Wirtschaft**	**Berufsakademien**
Lernort	Betrieb und Berufsschule	Betrieb und Berufsschule	Betrieb oder Sozialeinrichtung und Berufsakademie (BA) oder Wirtschaftsakademie (WA)
Dauer	$2^1/_2 - 3^1/_2$ Jahre	2 – 3 Jahre	$3 - 3^1/_2$ Jahre
Status während der Ausbildung	Auszubildende/r	Auszubildende/r	Auszubildende/r Student/in
Abschluss	Geselle/in (Handwerk); Gehilfe/in (Industrie und Handel)	Assistent/in	Diplom (BA bzw. WA), Bachelor
Fächer	Industrie, Handel, Handwerk, öffentlicher Dienst; rd. 350 anerkannte Ausbildungsberufe	Industrie, Handel	Wirtschaft, Technik, Sozialwesen
Theorie-Praxis-Verhältnis	Praxisorientierte Ausbildung im Betrieb; Theorie wird an ein bis zwei Wochentagen an der Berufsschule vermittelt (oder in Blockform) Verhältnis: etwa 25:75	Praktische Ausbildung im Betrieb, Theorie in speziellen Klassen der Berufsschule, zusätzliche Lehrgänge innerhalb des Betriebes Verhältnis: ca. 35:65	Praktische Ausbildung im Betrieb und theoretische an der Berufsakademie, entweder nacheinander oder in Blöcken kombinierte Praxis-Studienausbildung Verhältnis: 50:50
Schulabschluss	Rechtlich kein besonderer Schulabschluss vorgeschrieben; faktisch ist für die beliebtesten Berufe mind. Mittlere Reife erforderlich	Allgemeine Hochschulreife, z. T. Fachhochschulreife	Meist allgemeine Hochschulreife, teilweise Fachhochschulreife
Finanzielles	Ausbildungsvergütung (je nach Beruf und Ausbildungsjahr zw. 300 und 1.000 €)	Ausbildungsvergütung (etwa 600–1.000 €)	Ausbildungsvergütung (600-1.200 € und darüber, auch während des Studiums an der BA)

Öffentlicher Dienst	Berufs-fachschule	Fachhoch-schulen	Wissenschaftliche Hochschulen
Behörde und Fachhochschule für Öffentliche Verwaltung (FHÖV)	Berufsfach-schule	Fachhoch-schule	Universitäten, Technische Hochschulen/ Universitäten, Pädagogische Hochschulen, Kunst-, Musikhochschulen u. a.
3 – 3 1/2 Jahre	Unterschiedlich, je nach Ausbildung 2–4 Jahre	ca. 4 – 4 1/2 Jahre Bachelor: 3 bis 3 1/2 Jahre Master: plus weitere 1–2 Jahre nach dem Bachelor	5 – 7 Jahre, Bachelor: min. 3 Jahre, Master: plus weitere 2 Jahre nach dem Bachelor
Beamtenanwärter/in	Fachschüler o. Ä.	Student/in	Student/in
Diplom-Verwaltungswirt/in		Bachelor Master Diplom (FH)	Bachelor, Master, Diplom, Magister, Staatsexamen, Promotion
Öffentlicher Dienst, Verwaltung	Gesundheitsberufe/ Assistentenberufe in der Medizin, Schönheitsberufe, Hotel/Gaststätten	Ingenieurwesen Wirtschaft, Sozialwesen, Land- und Raumwirtschaft, Design	Natur-, Ingenieur-, Geistes-, Sozial-, Rechts-, Wirtschaftswissenschaften, Medizin, Sport, Kunst, Musik
Praktische Ausbildung in den jeweiligen Behörden; theoretisches Studium an einer Fachhochschule für Öffentliche Verwaltung Verhältnis: 50:50	Unterschiedlich, aber die Praxis überwiegt meistens	Mehr praxisorientierte Lerninhalte als an Universitäten sowie vorgeschriebene externe Praktika. Verhältnis: je nach Fach ca. 30:70 oder 40:60	V. a. theoretisch-wissenschaftliche Ausbildung; wenig praxisorientiert, nur in wenigen Fächern Praktika vorgeschrieben Verhältnis (für die meisten Fächer): 10:90
Einf. Dienst: Hauptschule, Mittl. Dienst: Mittlere Reife, Geh. Dienst: Fachhochschulreife oder allgemeine Hochschulreife	Meistens Mittlere Reife, bei einigen auch Hauptschulabschluss ausreichend	Fachhochschulreife, allg. Hochschulreife, fachgebundene Hochschulreife, Praktikum meistens vorgeschrieben	Allgemeine Hochschulreife, fachgebundene Hochschulreife
Anwärterbezüge (ca. 800–900 €; auch während des Studiums an der FHÖV)	Häufig fallen Ausbildungskosten und Gebühren an. Evtl. BAföG-Anspruch.	Keine Studiengebühren; evtl. BAföG (max. 585 € im Monat.)	Keine Studiengebühren; evtl. BAföG (max. 585 € im Monat)

Nachdem nun bekannt ist, welche vielfältigen Ausbildungsmöglichkeiten das Abitur und die Fachhochschulreife bieten, weil immer mehr Unternehmen sich ihre »passgerechten« Mitarbeiter/innen mit Abitur selbst ausbilden möchten und ihnen attraktive Ausbildungen anbieten, stellen sich dennoch zwei Fragen: Soll ich mich für eine dieser beruflichen Ausbildungen oder doch eher für ein Studium entscheiden? Falls die Wahl auf das Studium fällt, soll es eher ein Studium an einer wissenschaftlichen Hochschule oder an einer Fachhochschule sein?

Studium oder Berufsausbildung: Pro und Kontra

Derzeit nehmen über 60 Prozent eines Abiturjahrganges ihr Hochschulstudium unmittelbar nach der Hochschulreife oder nach Ableistung von Wehr- oder Zivildienst auf. Etwa 36 Prozent beginnen mit einer Berufsausbildung (Lehre, Sonderausbildungsgänge der Wirtschaft, Berufsakademien oder mit einer Ausbildung im öffentlichen Dienst).

Von denjenigen, die sich nach dem Abitur gegen ein Studium entscheiden, nimmt ein Teil nach der Berufsausbildung oder nach einigen Jahren Berufspraxis doch noch ein Studium auf, sodass insgesamt über 80 Prozent eines Abiturjahrganges irgendwann einmal mit einem Hochschulstudium beginnen.

Die Entscheidung Studium oder (erst einmal) berufliche Ausbildung muss gründlich überlegt werden. Dabei ist es hilfreich, sich die Argumente für und gegen ein Hochschulstudium klar vor Augen zu führen.

Beginnen wir mit den Nachteilen des Studiums:

1. Es ist länger als eine berufliche Ausbildung und dauert zwischen knapp vier Jahren (Fachhochschulstudium) und fünf bis sieben Jahren (Universitätsstudium). Daraus folgt, dass man frühestens Mitte zwanzig, häufig erst Ende zwanzig in den Beruf eintritt.
2. Eigenes Geld verdient man erst mehrere Jahre später als bei den übrigen Ausbildungen.
3. Die meisten Studienfächer bieten keine Garantie, später eine gutbezahlte leitende Tätigkeit zu finden.
4. Viele Studienfächer sind stark theoriebezogen und bereiten nicht auf eine konkrete Berufstätigkeit vor.
5. Das Risiko, nach vier bis sieben Jahren ohne Examen dazustehen, ist groß. Jedes Jahr verlassen etwa 70.000 Studierende die Hochschulen ohne Studienabschluss oder brechen das Studium (aus verschiedenen Motiven) ab.

(Das Argument der langen Studiendauer kann – das wird allerdings erst die Zukunft zeigen, wenn erste Untersuchungen hierüber vorliegen – entkräftet werden, wenn in den neuen Bachelorstudiengängen die Studienzeit sich tatsächlich auf drei oder dreieinhalb Jahre verkürzt.)

Dagegen stehen die Argumente, die für ein Studium sprechen:

1. Durch die lange Ausbildung erwirbt man eine hohe Allgemeinbildung und vielfältige berufliche Qualifikationen.
2. Akademiker brauchen (zumindest statistisch) Arbeitslosigkeit sehr viel weniger zu fürchten als Nichtakademiker.
3. Akademiker verdienen durchschnittlich etwa 30 bis 50 Prozent mehr als Nichtakademiker.
4. Hochschulabsolventen haben bessere Aufstiegsmöglichkeiten.

5. Für immer mehr berufliche Tätigkeiten, die früher von Nichtakademikern ausgeübt wurden, wird mittlerweile oder in absehbarer Zukunft ein Hochschulabschluss erwartet.
6. Akademische Titel, zum Beispiel ein Diplom oder der Doktortitel, haben im gesellschaftlichen Ansehen immer noch einen hohen Stellenwert.
7. Das Studium bietet die Möglichkeit, die Ausbildung frei von einer Reihe von Zwängen selbst zu gestalten.

Es gibt also offenbar ebenso gute Gründe für wie gegen ein Hochschulstudium.

Betrachten wir diese Argumente Pro und Kontra aber noch einmal genauer, so fällt auf, dass es gar keine objektiven, sondern subjektive Gründe sind, die letzten Endes für oder gegen ein Hochschulstudium sprechen: Für den einen ist ein Argument absolut vorrangig, für die andere vielleicht völlig uninteressant. Hier werden also Fragen der persönlichen Vorstellungen und Ziele angesprochen.

Deshalb ist die Frage eigentlich falsch gestellt, ob ein Studium sinnvoll ist oder nicht. Die Frage Studium ja oder nein kann sich nur jede einzelne Person selbst beantworten.

Dabei sollte man folgende Überlegungen mit einbeziehen:

- Bin ich eher für eine theoretische oder für eine praktische Ausbildung geeignet?
- Möchte ich eine schnelle Ausbildung, in Kürze eigenes Geld verdienen und möglichst früh finanziell unabhängig sein?
- Oder bin ich bereit, auch eine längere Ausbildung mit unsicherem Ausgang zu durchlaufen, die mich noch eine Reihe von Jahren finanziell abhängig macht und bei der ich unter Umständen erst in sechs oder sieben Jahren Geld verdiene?
- Welchen Stellenwert hat für mich der berufliche Aufstieg mit all seinen Vor- und Nachteilen (lange Arbeitszeiten, hohe Verantwortung, Stress, weniger Freizeit als andere)?
- Was bedeuten mir persönlich akademische Titel, und welchen Nutzen für meine Berufslaufbahn bieten diese mir?
- Wie stelle ich mir meine weitere Lebensplanung (z. B. Partnerschaft, Familie) vor?

Es gibt eben keine fertigen Entscheidungsmuster für die Frage Studium ja oder nein. Die Frage wird an Sie zurückgegeben, und nur Sie selbst können, nachdem Sie alle Vor- und Nachteile in Verbindung zu Ihren persönlichen Vorstellungen und zu Ihrer Lebensplanung gesetzt haben, die Entscheidung treffen.

Wer die Wahl hat, hat die Qual. Und diese Entscheidung kann natürlich erhebliche Schwierigkeiten bereiten: Wer kann sich mit 17 oder 20 Jahren schon vorstellen, was er oder sie im Jahre 2020 beruflich machen wird?

Aus diesem Grund hat in den letzten Jahren die Tendenz stark zugenommen, vor einem Studium erst mal eine Lehre zu machen. Man gewinnt etwa zwei bis zweieinhalb Jahre (sinnvoll zugebrachte) Zeit, um sich zu entscheiden, ob man doch noch ein Studium aufnehmen möchte oder ob man direkt ins Berufsleben einsteigt. In dieser Zeit, so argumentieren viele, ist man um eine Erfahrung (die Lehre) reicher und überhaupt reifer für eine solche Entscheidung.

Neben diesem pragmatischen Zeitargument bietet die Lehre vor dem Studium weitere Vorteile: Sie vermittelt praktische Kenntnisse, die für jeden Beruf wichtig sind, und wird von allen Arbeitgebern als wichtige Qualifikation gewertet. Akademiker mit einer vorherigen Lehre erhalten in einigen Branchen ein höheres Anfangsgehalt als Hochschulabsolventen ohne Lehre, und zuweilen lässt sich das Studium durch eine vorher abgeschlossene Lehre verkürzen.

All diese vernünftigen Argumente dürfen aber nicht darüber hinwegtäuschen, dass es auch Nachteile gibt. Eine Lehre sollte jedenfalls in Bezug zum späteren Studium stehen. Eine Lehre bloß um der Lehre willen ist wenig sinnvoll. Es gibt Studienfächer (darauf werden wir noch näher eingehen), für die es keine sinnvolle Lehre vorher gibt.

Obwohl es jetzt noch lange hin erscheint, sollte man auch schon mit berücksichtigen, dass sich das endgültige Einstiegsalter ins Berufsleben durch eine Lehre vor dem Studium um ein bis zwei Jahre erhöht. Kommen dann noch ein oder zwei Ehrenrunden an der Schule oder Bundeswehr bzw. Zivildienst hinzu, ist man schließlich Ende Zwanzig oder Anfang Dreißig, wenn man sich um die erste Arbeitsstelle bewirbt. Dies kann im Einzelfall die beruflichen Einstiegsmöglichkeiten verschlechtern.

Bei manch einem könnte jetzt die Frage auftauchen: Geht es nicht auch umgekehrt? Ich probiere erst einmal aus, ob mir das Studium behagt. Falls nein oder falls ich damit keine Arbeit finde, kann ich immer noch eine Lehre machen. Diesen Gedanken schnell vergessen: Eine Lehre nach dem Studium ist so gut wie nicht möglich. Arbeitgeber stellen ungern Leute für eine Berufsausbildung ein, die bereits mehrere Jahre studiert haben und einige Jahre älter sind als die übrigen Auszubildenden.

Bei der Frage »Studium ja oder nein« haben wir einen wichtigen Gesichtspunkt, der für das Studium spricht, noch nicht genannt. Denn dieses Argument liegt völlig jenseits der bisher angestellten Überlegungen zu rationalen Gründen und persönlicher Berufs- und Lebensplanung. Es hat etwas zu tun mit dem geistigen Reifeprozess: Fragen Sie einmal Personen, die vor zehn, fünfzehn oder vierzig Jahren studiert haben, welche Empfindungen sie mit ihrem Studium verbinden. Sie werden von den Antworten überrascht sein. Die wenigsten werden antworten, dass das Schönste am Studium die anschließende Karriere war, das Geldverdienen danach und die Freude, das Examen bestanden zu haben. Genauso selten werden Sie hören, dass das Studium lang und schwer war.

Sie werden ganz andere Antworten bekommen: Man hatte die Möglichkeit, den geistigen Horizont zu erweitern, Anregungen aus vielen Richtungen aufzunehmen und sein Weltbild zu entwickeln; man konnte weitgehend selbstständig und frei von äußeren Zwängen die Ausbildung gestalten; und man hatte später nie wieder so viel Gelegenheit und Zeit, sich mit Menschen unterschiedlicher Vorstellungen, Kulturen, Religionen oder Sprachen auszutauschen und sich mit ihren Vorstellungen auseinanderzusetzen.

Vollzieht man diese Gedanken und Empfindungen nach, wird klar, warum sich die lateinische Bezeichnung »Alma Mater« (nährende Mutter) über Jahrhunderte als anderer Ausdruck für Universität gehalten hat und sogar heute noch benutzt wird. Allerdings waren damals Massenstudium und schlechte Studienbedingungen, die junge Leute durchaus zu Recht davor abschrecken zu studieren, noch weitgehend unbekannt.

Aber wie auch immer man es ausdrücken mag, ein wichtiger Vorteil des Studiums ist, dass junge Menschen in einer entscheidenden Phase des Reifeprozesses die Möglichkeit haben, durch vielfältige Einflüsse und geistige Anregungen, die vom Studium ausgehen, ihr Weltbild zu entwickeln und ihre Persönlichkeit zu bilden. Wollen wir es mit diesem Idealismus bewenden lassen. Zuviel davon, vor allem dann, wenn der Idealismus sich nicht auf die Sache, sondern nur auf die Person bezieht, kann auch schaden.

Schwierige Entscheidung: Universitäts- oder Fachhochschulstudium?

Es gibt viele Studienfächer, die man sowohl an Fachhochschulen als auch an Universitäten studieren kann (siehe dazu ab S. 83). Um die Frage zu beantworten, ob man ein Fach besser an einer Universität oder an einer Fachhochschule studieren sollte, sehen wir uns erst einmal die Kennzeichen beider Hochschularten genauer an.

Kennzeichen eines Universitätsstudiums	Kennzeichen eines Fachhochschulstudiums
• eher theoriebezogenes Studium; auf wissenschaftliche Forschung ausgerichtet	• eher auf (praktische) Anwendung bezogenes Studium; Forschung ist keine zentrale Aufgabe
• viele Studierende; in vielen Fächern Massenausbildung	• etwas weniger Studierende; bessere individuelle Betreuung
• Studiendauer ca. 5 bis 7 Jahre (wenn man nur einen Bachelorabschluss anstrebt ca. 3 – 3 1/2 Jahre)	• Dauer etwa 4 bis 4 1/2 Jahre (wenn man nur einen Bachelorabschluss anstrebt ca. 3 – 3 1/2 Jahre)
• späterer Einstieg ins Berufsleben (durch Studiendauer bedingt)	• früherer Eintritt ins Berufsleben
• weitgehend selbstbestimmter Studienablauf	• Studienplanung ist stärker reglementiert (verschulteres System)
• infolgedessen höhere Abbrecher- und Durchfallquoten; oft Überschreitung der Regelstudienzeit	• infolgedessen geringere Durchfallquoten und zügigeres Studium; weitestgehende Einhaltung der vorgesehenen Studiendauer
• breites Fächerangebot, mehr Kombinationsmöglichkeiten; selbstständiges wissenschaftliches und methodisches Arbeiten	• begrenztes Angebot von Fächern, dafür größere Spezialisierung; stärkeres stoff- und lernorientiertes Studium
• Berufseinstieg momentan schwerer	• Berufseinstieg in der Regel leichter
• Möglichkeit zur Doktorarbeit	• keine Promotionsmöglichkeit, nur möglich bei anschließendem Wechsel an die Universität (unter vielen Auflagen)
• Ausbildung eher für höhere Positionen	• Berufsaufstieg eher in mittlere Positionen

Demnach ist keine der beiden Hochschularten besser als die andere. Es handelt sich einfach um zwei verschiedene Hochschulsysteme mit unterschiedlichen Zielen und Aufgaben. Deshalb kann nur jede/r für sich die Frage beantworten, ob ein Fachhochschulstudium oder ein Universitätsstudium sinnvoller ist.

Dabei sollte man folgende Überlegungen einbeziehen:

- Bin ich eher an theoretischen Fragen oder mehr an der praktischen Bewältigung von Aufgaben interessiert?
- Halte ich mich eher für einen Generalisten und Analytiker, oder bin ich mehr ein Spezialist?
- Kann ich mir vorstellen, in einer Massenuniversität zurechtzukommen, oder brauche ich überschaubare Ausbildungsbedingungen?
- Verfüge ich über genügend Selbstdisziplin, damit die Freiräume des Universitätsstudiums nicht zur Gefahr werden, oder brauche ich eher den nötigen Druck durch ein verschulteres System, um kontinuierlich meine Studienleistungen zu erbringen?
- Möchte ich eventuell eine Doktorarbeit schreiben (dauert weitere etwa zwei bis drei Jahre), oder kann ich darauf verzichten?
- Möchte ich mein Studium eher breit anlegen oder mich bereits früh spezialisieren?
- Welche Rolle spielen Geld und Karriere in meinem Leben?
- Bin ich auf spätere Führungspositionen ausgerichtet, oder kann ich mir auch vorstellen, in mittleren Positionen mit Zufriedenheit zu arbeiten?

Wer den jeweils ersten Teil der Fragen für sich bejaht, lässt eine klare Präferenz für ein Universitätsstudium erkennen. Diejenigen, die eher dem jeweils zweiten Teil der Fragen zustimmen, bringen bessere Voraussetzungen für ein Fachhochschulstudium mit. Diejenigen, bei denen sich die beiden Fragenteile in etwa die Waage halten, sollten sich eine Universität und Fachhochschule einmal näher anschauen, um sich vor Ort einen genauen Einblick zu verschaffen. Für alle, die es genauer wissen wollen, empfehlen wir unser Buch *Der große Studienwahltest* (Eichborn 2003), in dem Sie neben Tests zu Interessen und zu Schlüsselqualifikationen für die Berufswahl einen Extratest für Abiturienten finden, der Ihnen die Wahl zwischen Universitäts- oder Fachhochschulstudium erleichtern kann.

Welche Studienmöglichkeiten bieten die deutschen Hochschulen?

Die Hochschulen in Deutschland sind Einrichtungen der Bundesländer. Jedes Bundesland ist für den Bau, die Erhaltung und Finanzierung seiner Hochschulen selbst zuständig. Demnach bestimmt auch jedes Bundesland selbst, wie viele Hochschulen es benötigt, welche Studienfächer eingerichtet werden und welche Schwerpunkte die einzelnen Fächer haben. Deshalb gibt es trotz Absprachen zwischen den Bundesländern kein einheitliches deutsches Hochschulsystem, sondern so viele Systeme, wie es Bundesländer gibt – sechzehn.

Die Hochschulsysteme der westlichen Bundesländer haben sich in den letzten Jahrzehnten einander angenähert; die größten Unterschiede gibt es heute zwischen den ost- und westdeutschen Hochschulen.

In den westlichen Bundesländern gibt es ein differenziertes und gut ausgebautes Hochschulwesen mit derzeit mehr als 1,7 Millionen Studierenden, die aber auf einer wesentlich geringeren Zahl von eingerichteten Studienplätzen studieren, sodass Massenbetrieb, Zulassungsbeschränkungen, überfüllte Studiengänge und schlechte Studienbedingungen in vielen Fächern zur alltäglichen Realität gehören.

In den östlichen Bundesländern gibt es ebenfalls erheblich weniger Studienplätze als benötigt werden, aber dort gibt es in absoluten Zahlen und auch relativ – das heißt bezogen auf einen Professor oder auf eine Lehrkraft – im Durchschnitt weniger Studierende. Durch den Hochschulbau, die Renovierung bereits genutzter Gebäude, die Anschaffung von Fachliteratur und die Modernisierung von Labors und Werkstätten haben ostdeutsche Hochschulen längst das Westniveau erreicht. Diese günstigen Studienbedingungen in den östlichen Bundesländern ziehen deshalb mehr und mehr Abiturienten aus den westlichen Bundesländern an ostdeutsche Hochschulen. Auch wenn es noch von Fach zu Fach Unterschiede geben kann, eines lässt sich deutlich sagen: Im Osten sind die Studienbedingungen besser als im Westen. Und auch das Argument der Studienkosten spielt eine wichtige Rolle, liegen doch die Mieten in den ostdeutschen Hochschulstädten in der Regel auf sehr niedrigem Niveau.

Insgesamt studieren derzeit ca. 2,1 Millionen Personen an den rund 390 öffentlichen und privaten deutschen Hochschulen. Sie werden von über 37.000 Professoren ausgebildet. Abgesehen von den Unterschieden innerhalb der einzelnen Bundesländer, lassen sich anhand der nachfolgenden Übersicht drei Hochschultypen unterscheiden: Wissenschaftliche Hochschulen, Fachhochschulen und Hochschulen für künstlerische Studienfächer.

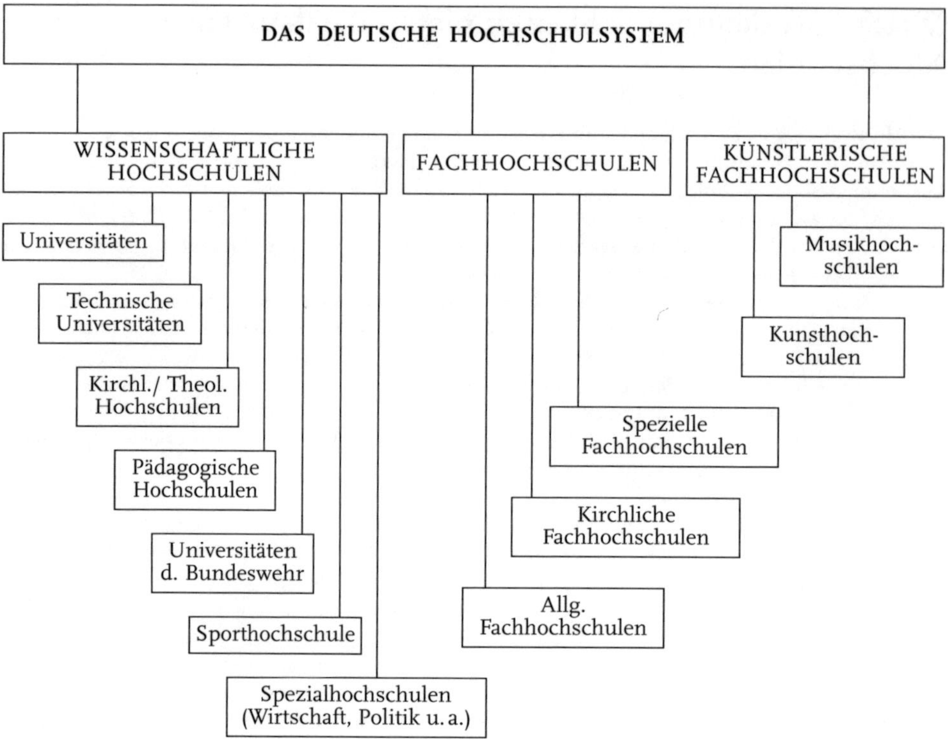

Innerhalb der Gruppe *Wissenschaftliche Hochschulen* kann man unterscheiden zwischen:
- Universitäten,
- Technischen Universitäten/Technischen Hochschulen,
- Kirchlichen oder Theologischen Hochschulen,
- Pädagogischen Hochschulen (nur in Baden-Württemberg),
- Universitäten der Bundeswehr,
- der Sporthochschule und
- weiteren Spezialhochschulen.

Innerhalb der Gruppe *Fachhochschulen* unterscheiden wir:
- die allgemeinen staatlichen Fachhochschulen,
- die kirchlichen Fachhochschulen und
- besondere Fachhochschulen.

Bei der Gruppe *Künstlerische Hochschulen* lässt sich am einfachsten eine Unterscheidung nach Hochschulen für Kunst und Musik treffen.

Der Begriff Wissenschaftliche Hochschule bedeutet, dass dort in erster Linie mit wissenschaftlichen Methoden und auf theoretischer Grundlage ausgebildet wird. Die Fachhochschulen bilden fachbezogen auf einen bestimmten Berufsbereich aus. Die Künstlerischen Hochschulen bieten berufsbezogene Studiengänge an, für die eine besondere Begabung erforderlich ist.

Noch eine zunehmend wichtige Unterscheidung:

Hochschulen in staatlicher Trägerschaft und private Hochschulen. Die erstgenannten verlangen keine Studiengebühren. Auch die privaten Hochschulen stehen unter staatlicher Aufsicht, dürfen aber (erhebliche) Studien- und Prüfungsgebühren verlangen. Es gibt noch weitere Unterschiede, die es lohnen, das eigene kleine Kapitel über die privaten Hochschulen zu lesen.

Die Alma Mater: Studium an Universitäten

An Universitäten und Technischen Universitäten wird in einem etwa fünf- bis siebenjährigen Studium theoretisches Fach- und Sachwissen auf der Grundlage wissenschaftlicher Methoden und Arbeitsweisen vermittelt. Kürzer ist das Studium nur für diejenigen, die ihr Studium mit einem Bachelorgrad beenden. Untersuchungen zur Studiendauer der Bachelorstudierenden gibt es zwar noch nicht; die Universitäten haben ihre Bachelorstudiengänge jedoch in der Regel auf drei Jahre angelegt (Diplom-, Magister-, Staatsexamensstudiengänge fünf Jahre).

Die Inhalte des Studiums orientieren sich nicht in erster Linie an den Erfordernissen späterer Berufe. Sie sollen zwar auch Praxis- und Berufswissen vermitteln, aber zumeist nicht auf einen bestimmten Beruf hin ausbilden. Von wenigen Ausnahmen abgesehen, wird mit dem Universitätsabschluss keine Berufsbezeichnung vergeben, sondern ein akademischer Grad (Titel) verliehen.

Es gibt in Deutschland rund 70 Universitäten/Technische Universitäten, an denen derzeit etwa 1,4 Millionen Personen studieren. Danach sind die Universitäten die größten Hochschulen und bilden knapp 60 Prozent aller späteren Akademiker/innen aus.

Je nach ihrer Größe (Zahl der Studierenden und Lehrenden, Anzahl der Studienfächer) unterscheidet man kleine, mittelgroße und große Universitäten. Kleine Universitäten haben etwa zwei oder drei Fächergruppen, 15 bis 20 einzelne Fächer und 5.000 bis 10.000 Studierende.

Mittelgroße Universitäten verfügen über drei bis fünf Fächergruppen, 20 bis 40 Einzelfächer und 10.000 bis 25.000 Studierende.

Die großen Universitäten umfassen zumeist alle Fächergruppen, verfügen über 40 bis 100 Einzelfächer, in denen zwischen 25.000 und über 40.000 Studierende ausgebildet werden.

Die Universitäten und Technischen Universitäten haben das größte Fächerangebot aller Hochschulen in Deutschland. Wir finden hier die Gruppe der Sprach-, Literatur- und Kulturwissenschaften, Theologische Fächer, die Naturwissenschaften, die Fächergruppe Agrar-, Forst- und Ernährungswissenschaften, Rechts-, Wirtschafts- und Gesellschaftswissenschaften, Medizin sowie Ingenieurwissenschaften (zu den Fächern im Einzelnen siehe das nächste Kapitel).

Es gibt die Begriffe Universität auf der einen und Technische Universität (zuweilen auch Technische Hochschule) auf der anderen Seite. Der Unterschied ist einfach: Die Technischen Universitäten/Hochschulen haben ihren Schwerpunkt in den Ingenieurwissenschaften. Der zweite Schwerpunkt sind die Naturwissenschaften. Die übrigen Fächer sind entweder überhaupt nicht oder nur am Rande vertreten.

Bei den Universitäten ist es genau umgekehrt. Hier finden wir die Ingenieurwissenschaften (auch technische Fächer genannt) entweder überhaupt nicht oder nur gering vertreten, während die anderen Fächergruppen dominieren.

Um an einer Universität zu studieren, braucht man das Abitur oder eine Sonderprüfung. Die Fachhochschulreife reicht als Zulassungsvoraussetzung *nicht* aus.

Es gibt Universitäten in folgenden Städten:
Augsburg, Bamberg, Bayreuth, Berlin (Freie Universität, Humboldt-Universität), Bielefeld, Bochum, Bonn, Bremen, Dortmund, Duisburg-Essen, Düsseldorf, Eichstätt, Erfurt, Erlangen-Nürnberg, Flensburg, Frankfurt/Main, Frankfurt/Oder, Freiburg, Gießen, Göttingen, Greifswald, Hagen (Fernuniversität), Halle/Saale, Hamburg, Hannover, Heidelberg, Hildesheim, Hohenheim, Jena, Kaiserslautern, Karlsruhe, Kassel, Kiel, Koblenz-Landau, Köln, Konstanz, Leipzig, Lübeck, Lüneburg, Magdeburg, Mainz, Mannheim, Marburg, München, Münster, Oldenburg, Osnabrück, Paderborn, Passau, Potsdam, Regensburg, Rostock, Saarbrücken, Siegen, Stuttgart, Trier, Tübingen, Ulm, Vechta, Weimar, Weingarten, Wuppertal, Würzburg.

Technische Universitäten/Technische Hochschulen:
Aachen, Berlin, Braunschweig, Chemnitz, Clausthal, Cottbus, Darmstadt, Dresden, Freiberg/Sachsen, Hamburg-Harburg, Ilmenau, München.

Die Adressen aller Universitäten und Technischen Universitäten finden Sie am Ende des Kapitels ab S. 50 (in alphabetischer Reihenfolge nach Hochschulorten geordnet).

Überschaubar und reglementiert: Das Fachhochschulstudium

Nach den Universitäten werden an den Fachhochschulen die meisten Studierenden ausgebildet. Derzeit sind es rund 514.000 Personen.

Im Gegensatz zu den Universitäten, die es zum Teil bereits seit dem Mittelalter gibt, entstanden die Fachhochschulen erst vor etwa fünfunddreißig Jahren aus der Idee heraus, Personen mit einem mittleren Bildungsabschluss und praktischer Berufserfahrung ein kurzes berufsbezogenes Studium zu ermöglichen.

Fachhochschulen waren damit ursprünglich nicht für die Bewerber mit der allgemeinen Hochschulreife vorgesehen. Doch seit vielen Jahren erfreuen sich Fachhochschulen einer stark zunehmenden Beliebtheit bei Abiturienten (siehe dazu auch S. 28).

Voraussetzung für das Studium an Fachhochschulen ist entweder die allgemeine Hochschulreife oder die Fachhochschulreife. Eine weitere Voraussetzung ist ein berufsbezogenes Praktikum (zumeist) vor dem Studium.

Das Fächerangebot der staatlichen Fachhochschulen umfasst die folgenden Bereiche: Ingenieurwesen, Wirtschaft, Sozialwesen, Land- und Forstwirtschaft und gestalterische Studiengänge. Im letztgenannten Bereich überschneiden sie sich mit dem Studienangebot der Kunsthochschulen. Hinzugekommen sind in den letzten Jahren Pflegestudiengänge, die entweder im Fachbereich Sozialwesen angesiedelt wurden oder zur Schaffung eigener Fachbereiche Pflege/Gesundheitswissenschaften führten.

Die Größe der Fachhochschulen ist sehr unterschiedlich. Es gibt Fachhochschulen mit bis zu 15.000 Studierenden und einem breiten Fächerangebot, mittelgroße (ca. 1.000 bis 4.000 Studierende) und kleine Fachhochschulen (unter 1.000 Studierende), die zuweilen nur ein oder zwei Fächer anbieten.

Es gibt derzeit staatliche Fachhochschulen in:
Aachen, Aalen, Albstadt-Sigmaringen, Amberg-Weiden, Ansbach, Aschaffenburg, Augsburg, Bernburg (FH Anhalt), Berlin (3), Biberach, Bielefeld, Bingen, Bochum, Bonn-Rhein-Sieg, Brandenburg, Braunschweig/Wolfenbüttel, Bremen, Bremerhaven, Coburg, Darmstadt, Deggendorf, Dessau (FH Anhalt), Dortmund, Dresden, Düsseldorf, Eberswalde, Emden (FH Oldenburg-Ost-

friesland-Wilhelmshaven), Erfurt, Esslingen (2), Flensburg, Frankfurt/Main, Fulda, Furtwangen, Gelsenkirchen, Gießen-Friedberg, Hamburg, Hannover, Heide (FH Westküste), Heilbronn, Hildesheim-Holzminden-Göttingen, Hof, Ingolstadt, Iserlohn, Jena, Kaiserslautern, Karlsruhe, Kempten, Kiel (2), Koblenz, Köln, Köthen (FH Anhalt), Konstanz, Krefeld (FH Niederrhein), Landshut, Leipzig, Lemgo (FH Lippe und Höxter), Lübeck, Ludwigshafen, Magdeburg, Mainz, Mannheim (2), Merseburg, Mittweida, München, Münster, Neu-Ulm, Neubrandenburg, Nordhausen, Nürnberg, Nürtingen, Offenburg, Oldenburg (FH Oldenburg-Ostfriesland-Wilhelmshaven), Osnabrück, Pforzheim, Potsdam, Ravensburg-Weingarten, Regensburg, Reutlingen, Rosenheim, Rottenburg, Saarbrücken, Schmalkalden, Schwäbisch Gmünd, Schweinfurt (FH Würzburg-Schweinfurt), Senftenberg (FH Lausitz), Stralsund, Stuttgart (2), Trier, Ulm, Weihenstephan, Wernigerode (FH Harz), Wiesbaden, Wildau, Wilhelmshaven (FH Oldenburg-Ostfriesland-Wilhelmshaven), Wismar, Worms, Würzburg (FH Würzburg-Schweinfurt), Zittau-Görlitz, Zwickau.

Die Adressen der Fachhochschulen finden Sie am Ende des Kapitels ab S. 50 (in alphabetischer Reihenfolge nach Hochschulorten geordnet).

Kirchliche Fachhochschulen, die es von beiden christlichen Konfessionen gibt, bieten in erster Linie Studienmöglichkeiten in den Bereichen Sozialwesen (Sozialarbeit, Sozialpädagogik, Heilpädagogik) und in Religionspädagogik an. Das bevorzugte Arbeitsfeld dieser Studierenden ist eine Tätigkeit in der kirchlichen Gemeindearbeit oder im seelsorgerischen Unterstützungsbereich.

Kirchliche Fachhochschulen gibt es in den Städten:
Berlin (2), Darmstadt, Dresden, Freiburg (2), Hamburg, Hannover, Ludwigshafen, Mainz, Moritzburg, München, Nürnberg, Reutlingen-Ludwigsburg, Saarbrücken.

Die Adressen finden Sie am Ende des Kapitels ab S. 50 (in alphabetischer Reihenfolge nach Hochschulorten geordnet).

Nur in NRW und Hessen: Hochschulen mit integrierten und gestuften Studiengängen

An den nordrhein-westfälischen Universitäten Duisburg-Essen, Paderborn, Siegen, Wuppertal und in Hessen an der Universität Kassel werden so genannte integrierte bzw. gestufte Studiengänge angeboten. In anderen Bundesländern sucht man sie vergebens.

Diese Studiengänge sind offen für Abiturienten und Bewerber mit Fachhochschulreife. Die erste Ausbildungsphase dauert zwei Jahre und ist für alle gleich. Man spricht auch von integriertem Grundstudium. Anschließend entscheidet man sich entweder für ein stärker wissenschaftlich orientiertes Universitätsstudium (weitere drei bis vier Jahre) oder für ein etwas stärker anwendungsbezogenes Fachhochschulstudium (eineinhalb bis zwei Jahre).

Studierende mit Fachhochschulreife, die in den Universitätsstudiengang wechseln wollen, müssen so genannte theoretische Brückenkurse besuchen.

Das hessische Modell sieht etwas anders aus: Einem gemeinsamen Grundstudium und einem kurzem Hauptstudium mit einem Diplom, das dem Fachhochschulabschluss entspricht, folgt die Möglichkeit, den Universitätsabschluss anzuschließen.

Vorteil dieser Studiengänge ist vor allem, dass man sich erst nach einer gewissen Zeit entscheiden muss, ob man den längeren Universitäts- oder den kürzeren Fachhochschulabschluss anstrebt.

Für künftige Lehrer/innen: Pädagogische Hochschulen

Die Pädagogischen Hochschulen, die das Abitur voraussetzen, gibt es nur in Baden-Württemberg. Sie bilden Lehrer für Grund- und Hauptschulen sowie für Realschulen (Sekundarstufe I) und Sonderschulen (Blinde, Gehörlose, geistig Behinderte, Lernbehinderte, Schwerhörige, Sehbehinderte, Sprachbehinderte) aus. In den anderen Bundesländern werden diese Ausbildungen von den Universitäten angeboten.

Die Pädagogischen Hochschulen sind eher kleine Hochschulen mit 1.000 bis 5.000 Studierenden. Sie bieten die üblichen Schulfächer, ferner allgemeine und spezielle Pädagogik (z. B. Sonderpädagogik) sowie mancherorts Diplomstudiengänge in Erziehungswissenschaft an.

Pädagogische Hochschulen gibt es derzeit in:
Freiburg, Heidelberg, Karlsruhe, Ludwigsburg, Schwäbisch Gmünd, Weingarten.

Zu den Adressen vgl. am Ende des Kapitels ab S. 50 (in alphabetischer Reihenfolge nach Hochschulorten geordnet).

Nicht nur für angehende Geistliche: Theologische Hochschulen

Die Kirchlichen und Theologischen Hochschulen befinden sich entweder in der Trägerschaft einer der beiden christlichen Konfessionen (Kirchliche Hochschulen = Evangelische Kirche, Theologische Hochschulen = Katholische Kirche), oder sie haben ihre Fächer auf spätere kirchliche Tätigkeiten ausgerichtet. Sie bilden Theologen (Geistliche und Laientheologen) sowie Religionslehrer aus. Ihr Fächerangebot ist beschränkt auf Theologie, alte Sprachen (Hebräisch, Griechisch, Latein), Philosophie und Religionspädagogik. Hinzu kommen mancherorts einige Gesellschaftswissenschaften. Diese Hochschulen gehören mit einigen hundert Studierenden zu den kleinsten Hochschulen.

Kirchliche Hochschulen gibt es in:
Benediktbeuern, Bethel, Eichstätt, Frankfurt/Main, Friedensau, Fulda, Heidelberg, München, Münster, Neuendettelsau, Oberursel, Paderborn, Sankt Augustin, Trier, Vallendar, Wuppertal.

Die Adressen finden Sie am Ende des Kapitels ab S. 50 (in alphabetischer Reihenfolge nach Hochschulorten geordnet).

Zutritt nur für Begabte: Kunst- und Musikhochschulen

Die Künstlerischen Hochschulen, zu denen Kunsthochschulen, Hochschulen für Film und Fernsehen, Hochschulen für Gestaltung und Musikhochschulen zählen, stehen nur Menschen offen, die eine besondere Begabung durch eine Aufnahmeprüfung nachweisen können. Sie bilden den künstlerischen Nachwuchs aus. Bei hervorragender Begabung verzichten diese Hochschulen auf Abitur oder Fachhochschulreife.

Insgesamt studieren an allen deutschen Künstlerischen Hochschulen etwa 24.000 Personen. Sie sind neben den Pädagogischen Hochschulen die kleinste Hochschulart.

Die *Kunsthochschulen* als Teil der Künstlerischen Hochschulen sind staatliche Hochschulen für die Ausbildung in den bildenden Künsten. Angeboten werden rein künstlerische Ausbildungen zum Maler, Grafiker, Bildhauer (= freie Kunst), für Design/Gestaltung sowie für angehende Architekten oder Innenarchitekten (= angewandte Kunst). Einige Kunsthochschulen bilden auch Kunsterzieher für Schulen aus. Die Kunsthochschulen zählen eher zu den kleineren Hochschulen mit einigen hundert bis ca. 1.500 Studierenden.

Kunsthochschulen findet man in den Städten:
Berlin, Braunschweig, Bremen, Dresden, Düsseldorf, Frankfurt/Main, Halle, Hamburg, Karlsruhe (2), Leipzig, München (2), Münster, Nürnberg, Offenbach, Ottersberg, Saarbrücken, Stuttgart.

Die *Musikhochschulen* haben das Ziel, den künstlerischen Nachwuchs für Theater, Oper, Operette, Konzerte, Musik- und Tanzschulen sowie Musiklehrer für den Schuldienst auszubilden. Im Einzelnen handelt es sich um künftige Chorsänger, Solosänger, Instrumentalmusiker, Kirchenmusiker, Dirigenten, Regisseure, Komponisten, Tonmeister, Schauspieler (nur an wenigen Musikhochschulen), Tänzer, Musikpädagogen (Privatmusiklehrer) und Musiklehrer für Schulen, die hier ausgebildet werden. Die Größe der Musikhochschulen entspricht in etwa der der Kunsthochschulen.

Musikhochschulen gibt es in:
Berlin, Detmold, Dresden, Düsseldorf, Essen, Esslingen, Frankfurt/Main, Freiburg, Halle/Saale, Hamburg, Hannover, Heidelberg, Karlsruhe, Köln, Leipzig, Lübeck, Mannheim, München, Rostock, Saarbrücken, Stuttgart, Trossingen, Weimar, Würzburg.

Die Adressen der künstlerischen Hochschulen finden Sie am Ende des Kapitels ab S. 50 (in alphabetischer Reihenfolge nach Hochschulorten geordnet).

Allrounder gefragt: Die Sporthochschule

Zur Gruppe der wissenschaftlichen Hochschulen zählen im weitesten Sinne auch die Sporthochschulen. Der Plural ist allerdings falsch, da es in Deutschland nur eine, nämlich die Deutsche Sporthochschule in Köln, gibt.

Um an der Sporthochschule zu studieren, muss man vielseitig sportlich begabt sein. Anders als die Kunst- und Musikhochschulen, die Talente ausbilden, werden an der Sporthochschule Diplom-Sportwissenschaftler/innen (Tätigkeitsfelder u. a.: Trainer in Vereinen, Mitarbeiter in der Sportartikelindustrie, Sporttherapeut/in in Rehabilitationseinrichtungen, Spiel- und Tanzpädagoge, Sportjournalist/in, Sportmanager/in in Vereinen und Verbänden, Referententätigkeiten bei Sportverbänden, Bildungswerken, Krankenkassen u. Ä.) und Sportlehrer für den Schuldienst ausgebildet. Bei der Lehramtsausbildung kooperiert die Sporthochschule mit der Universität Köln, an der weitere Lehramtsstudiengänge belegt werden können.

Die Ausbildung an der Sporthochschule ist sowohl theoretisch als auch praktisch ausgerichtet. Voraussetzung für das Studium ist eine entsprechende Aufnahmeprüfung, die die körperliche und sportliche Eignung in Individualsportarten und Mannschaftssportarten prüft. Es ist wichtiger, sportlich vielseitig begabt zu sein als nur in einer Sportart eine Sportskanone. Abiturienten, die sich für den Diplomstudiengang Sportwissenschaft bewerben, müssen zusätzlich das Allgemeine Auswahlverfahren des ZVS-Verfahrens durchlaufen (siehe S. 136).

Die Adresse der Deutschen Sporthochschule ist am Ende des Kapitels ab S. 67 unter Köln aufgelistet.

Es geht auch von zu Hause aus: Fernuniversität Hagen und Fernfachhochschulen

Eine besondere Erwähnung verdient die Fernuniversität Hagen in Westfalen. Sie ist mit derzeit rd. 44.000 eingeschriebenen Studierenden eine der größten deutschen Universitäten. Fernuniversität bedeutet, dass man zu Hause studiert und alle Studienunterlagen (schriftliche Materialien, Videos usw.) per Post zugeschickt bekommt. An dieser Hochschule studieren überwiegend Berufstätige, die sich entweder in einem Bereich weiterbilden möchten oder die ein Hochschulstudium in ihrer Freizeit absolvieren wollen. Es gibt aber dort auch »normale« Studierende, die auf diesem Weg ihrer Ausbildung nachgehen. Möglich ist sogar eine Promotion (Doktorarbeit), allerdings erst nach einem in Hagen oder (theoretisch auch möglich) anderswo bestandenen Hochschulabschluss. In Hagen gibt es verschiedene Studienmöglichkeiten, je nachdem, wie viel Zeit pro Woche zur Verfügung steht und ob man nur einzelne Kurse oder Bausteine oder ein komplettes Studium anstrebt, das sich auch im halben oder viertel Umfang realisieren lässt. Gemeint ist, wer sich für die Hälfte der Studienunterlagen entscheidet, braucht doppelt so lange bis zum Examen.

Je nach Umfang der belegten Kurse fallen Gebühren an. Die Studienunterlagen der Fernuniversität Hagen sind sehr gut aufbereitet; manch einer schreibt sich dort ein, um an die Materialien für sein/ihr Präsenzstudium andernorts heranzukommen.

Die Studierenden in Hagen arbeiten die Unterlagen zu Hause durch. Testbögen dienen dazu zu ermitteln, ob der Stoff verstanden wurde, und bieten damit auch eine Leistungskontrolle. Ganz ohne Betreuung und ohne Gespräche mit Mitstudierenden geht es auch in Hagen nicht. Überall in Deutschland (und sogar in einigen ausländischen Städten) gibt es deshalb so genannte Fernstudienzentren, wo die Studierenden fachkundig beraten und durch Tutorenkurse fachlich betreut werden. An diesen Zentren finden auch die Klausuren und Prüfungen statt.

Angebotene Studiengänge an der Fernuniversität Hagen:

- Bereich Elektrotechnik und Informationstechnik:
  Diplomstudiengang Elektrotechnik, Masterstudiengang Systems Engineering
- Bereich Informatik:
  Bachelorstudiengang Informatik, Masterstudiengang Informatik, Masterstudiengang Computer Science, Diplomstudiengang Informatik
- Bereich Kultur- und Sozialwissenschaften:
  Bachelorstudiengang Kulturwissenschaften, Bachelorstudiengang Politik und Organisation, Masterstudiengang Philosophie – Philosophie im europäischen Kontext, Masterstudiengang Formierung der europäischen Moderne, Masterstudiengang Politische Steuerung und Koordination (Governance)
- Bereich Mathematik:
  Bachelorstudiengang Mathematik, Masterstudiengang Mathematik, Diplomstudiengang Mathematik
- Bereich Rechtswissenschaft:
  Studiengang Bachelor of Laws
- Bereich Wirtschaftswissenschaft:
  Diplomstudiengang Wirtschaftswissenschaft

Hinzu kommen zahlreiche Ergänzungs- und Zusatzstudiengänge, wissenschaftliche Weiterbildungsstudiengänge und ein Fernstudium für Blinde und Sehbehinderte.

Neben der Fernuniversität Hagen bieten mittlerweile auch einige private Hochschulen Fernstudiengänge *auf Fachhochschulniveau* an. Zu nennen sind etwa die Fachhochschulen der Akademikergesellschaft für Erwachsenenfortbildung (AKAD) in Lahr, Leipzig und Pinneberg, die hauptsächlich Studiengänge der Betriebswirtschaft, Wirtschaftswissenschaft und des Wirtschaftsingenieurwesens anbieten, die Fernfachhochschule Darmstadt mit Studiengängen der Elektrotechnik, Informatik und Mechatronik, die SRH Fernfachhochschule Riedlingen mit den Studiengängen Betriebswirtschaftslehre und Gesundheits- und Sozialwirtschaft und die Fern-Hochschule Hamburg mit den Studiengängen Betriebswirtschaftslehre, Pflegemanagement, Wirtschaftsingenieurwesen. Da es sich um private Hochschulen handelt, fallen Studiengebühren an.

Die Adressen dieser Hochschulen finden Sie am Ende des Kapitels ab S. 50 (in alphabetischer Reihenfolge nach Hochschulorten geordnet).

Student/in in Uniform: Hochschulen der Bundeswehr

Eine besondere Erwähnung verdienen zwei Universitäten, die allerdings für normale Abiturienten ohne Zusatzbedingung nicht offen sind. Dabei handelt es sich um die Universitäten der Bundeswehr in Hamburg und München. Deren Studierende (derzeit rund 5.000) sind Offiziere auf Zeit, die sich für mindestens zwölf Jahre bei der Bundeswehr verpflichtet haben, und Berufsoffiziere, die außerdem eine Eingangsprüfung ebenso bestanden haben müssen wie die obligatorische Offiziersanwärterprüfung. Sie studieren wie andere Studenten auch, mit Vorlesungen, in Übungen und Seminaren und bereiten sich auf die einzelnen Prüfungen und auf das Universitätsdiplom vor. Es gibt lediglich drei, wenn auch nicht unwesentliche Unterschiede. Das Studienjahr besteht nicht aus Semestern, sondern aus Trimestern mit der Folge von weniger langen »Semesterferien«, die nicht selten für fachliche Weiterbildung oder für militärische Übungen Verwendung finden. Die straffe Studienorganisation ermöglicht das Examen bereits nach dreieinhalb Jahren. Der zweite Unterschied ist, dass die Studierenden der Bundeswehr-Universitäten sich ihr Studienfach nicht immer frei aussuchen können. Je nach Bedarf der Bundeswehr findet man sich in einem anderen Studienfach wieder. Ein wichtiger Unterschied ist die Studienfinanzierung. Kein Student in Uniform ist auf BAföG oder aufs Jobben angewiesen. Während des Studiums wird das Offiziersgehalt gezahlt.

Seit der Öffnung der Bundeswehr für Frauen im Jahr 2000 gibt es bereits über 100 weibliche Offiziere an den Bundeswehruniversitäten, die überwiegend geisteswissenschaftliche Fächer wie Pädagogik oder Geschichtswissenschaft studieren.

Die Berufschancen mit einem Bundeswehrdiplom außerhalb der Armee werden von Fachleuten unterschiedlich eingeschätzt. Die technischen und naturwissenschaftlichen Studiengänge entsprechen denen guter Universitäten. Bei den gesellschaftswissenschaftlichen Studien wird die Verschulung des Studiums und die eingeschränkte Wahl von Nebenfächern eher etwas kritisch angemerkt. Die Universität der Bundeswehr in München bietet auch Fachhochschulstudiengänge an, die offen sind für Bundeswehrbedienstete mit Fachhochschulreife.

Wer Sanitätsoffizier werden will, studiert Medizin oder Pharmazie an »normalen« Universitäten oder medizinischen Hochschulen.

Helmut-Schmidt-Universität der Bundeswehr Hamburg – angebotene Studiengänge

- Betriebswirtschaftslehre
- Elektrotechnik
- Geschichtswissenschaft
- Maschinenbau
- Pädagogik
- Politikwissenschaft
- Rechnergestützte Ingenieurwissenschaften
- Volkswirtschaftslehre
- Wirtschaftsingenieurwesen

Universität der Bundeswehr München – angebotene Studiengänge

- Bauingenieurwesen und Umweltschutz
- Elektrotechnik und Informationstechnik
- Geodäsie und Geoinformation
- Informatik
- Luft- und Raumfahrttechnik
- Pädagogik
- Staats- und Sozialwissenschaften
- Sportwissenschaft
- Wirtschaftsinformatik
- Wirtschafts- und Organisationswissenschaften

Hinzu kommen die drei FH-Studiengänge: Betriebswirtschaft, Elektrotechnik und Maschinenbau.

Die Adressen der Universitäten der Bundeswehr finden Sie am Ende des Kapitels ab S. 50 unter Hamburg und München aufgelistet.

Sonstige Hochschulen

Neben den bisher genannten Hochschulen gibt es auch noch einige Spezialhochschulen. Medizinische Hochschulen/Tierärztliche Hochschulen bilden Ärzte, Zahnärzte oder Tierärzte aus und sind den Universitäten gleichgestellt. Spezialhochschulen für Wirtschaft und Politik bieten Studiengänge im Bereich der Wirtschafts- und Gesellschaftswissenschaften an.

Es gibt folgende Spezialhochschulen in Deutschland:
Berlin (Wirtschaft), Berlin (Schauspielkunst), Frankfurt/Main (Bankwirtschaft), Hamburg (Wirtschaft und Politik), Hannover (Medizin), Hannover (Tiermedizin), Heidelberg (Jüdische Studien), Koblenz (Unternehmensführung), Köln (Medien), Leipzig (Wirtschaft), Ludwigsburg (Film), München (Fernsehen und Film), Oestrich-Winkel (Wirtschaft), Potsdam (Film und Fernsehen), Speyer (Verwaltungswissenschaften).

Die Adressen von diesen Hochschulen finden Sie am Ende des Kapitels ab S. 50 (in alphabetischer Reihenfolge nach Hochschulorten geordnet).

So genannte Fachhochschulen für die öffentliche Verwaltung können von Beamten im Bundes- oder Landesdienst besucht werden (hierzu das Kapitel »Dienst beim Staat« ab S. 22).

Fein, aber teuer: Private Hochschulen

Für die einen sind private Hochschulen der Zugriff des kapitalistischen Wirtschaftssystems auf eine bislang noch weitgehend von Kommerz und Profitstreben freie Zone, die es den geistig minderbemittelten Sprösslingen von betuchten Bundesbürgern ermöglichen sollen, einen Studienabschluss gegen entsprechende Geldzahlungen, sprich Studiengebühren, zu erlangen. Es ist nicht schwer zu erraten, dass die Gegner von privaten Hochschulen sie am liebsten abgeschafft sähen.

Auf der anderen Seite bekommen manche Leute strahlende Augen, wenn die Worte »private Hochschulen« fällt. Ihnen fallen auch gleich die passenden Argumente ein: Sie seien ein Lichtblick in dem ansonsten tristen staatlich organisierten Hochschulsystem, modern, innovativ und die Zukunft schlechthin.

Wer gegenüber Ideologie und grenzenloser Begeisterung weniger anfällig ist, entdeckt, dass die privaten Hochschulen Vorteile gegenüber dem staatlichen System haben, aber auch einige Nachteile. Der größte Nachteil ist, dass es dort nur gegen hohe Gebühren möglich ist zu studieren, es sei denn, man gehört zu den Glücklichen, die mit einem Stipendium ausgestattet sind. Studiengebühren von jährlich zwischen 6.000 und 10.000 €, manchmal sogar Beträge darüber, kann sich bei weitem nicht jeder leisten. Fairerweise sollte man allerdings erwähnen, dass die Hochschulen damit nur etwa 20 bis 25 Prozent ihrer Kosten decken. Sie sind auf Spenden, staatliche Zuschüsse und auf Stiftungsprofessuren aus der Wirtschaft angewiesen, wenn sie über die Runden kommen wollen.

Auf der anderen Seite herrschen aber Studienbedingungen, die man bei staatlichen Hochschulen nur in den seltensten Fällen findet – Arbeit in Kleingruppen, intensive Betreuung durch die Dozenten, Wechsel von Theorie und Praxis, häufige Auslandsaufenthalte als Teil des Studiums, kürzere Studienzeiten und relativ gute Einstiegschancen nach dem Studium.

Private Hochschulen als Aufbewahrungsort von geistigen Tieffliegern ist barer Unsinn. Wer einmal eine Aufnahmeprüfung, etwa der Hochschule für Unternehmensführung in Vallendar, absolvieren durfte, weiß, dass hier nur die Besten (nicht die mit den dicksten Geldbörsen) zum Zuge kommen. Auch während des Studiums gelten Leistungskriterien.

Private Hochschule ist nicht gleich private Hochschule. Hier gibt es erhebliche Unterschiede bei der Qualität der Ausbildung und bei der Anerkennung der Abschlüsse. Deswegen sollte jeder Studieninteressent vor einer Wahl das jeweilige Angebot (nicht nur die Hochglanzbroschüren lesen) sehr gründlich prüfen und Vergleiche anstellen.

Seriöse Hochschulen beantworten auch gerne folgende Fragen zufriedenstellend:

- Ist die Hochschule staatlich anerkannt, und steht sie unter staatlicher Kontrolle?
- Wer ist der Träger, und wie finanziert sie sich?
- Ist die Hochschule auf Gewinn ausgerichtet, und wohin fließen diese Gelder?
- Sind die Abschlüsse denen staatlicher Hochschulen gleichwertig?
- Gibt es festes Personal, oder werden die Dozenten von außen auf Zeit »eingekauft«?
- Wie hoch sind die Studiengebühren?
- Gibt es Stipendien oder Nachlass von Studiengebühren?
- Welche Banken geben Kredite für die Studiengebühren?
- Welche Unternehmen stellen bevorzugt die Absolventen ein?

Studienangebote ausgewählter privater Hochschulen *(siehe für weitere Auskünfte die Adressen der Hochschulen ab S. 50, in alphabetischer Reihenfolge nach Hochschulorten geordnet)*:

- Universität Witten-Herdecke:
  Biochemie, Humanmedizin, Musiktherapie, Pflegewissenschaft, Wirtschaftswissenschaft, Zahnmedizin
- European Business School (EBS), Oestrich-Winkel:
  BWL/General Management mit den Studienrichtungen Wirtschaftssprachen, Wirtschaftsinformatik, Wirtschaftsrecht

BWL/European Management mit den Länderkombinationen Deutschland-Frankreich, Deutschland-Spanien, Deutschland-Großbritannien

- Europäische Wirtschaftshochschule (ESCP-EAP), Berlin:
  Internationale Betriebswirtschaftslehre
- Wissenschaftliche Hochschule für Unternehmensführung (WHU), Koblenz:
  Betriebswirtschaft/Unternehmensführung
- Handelshochschule Leipzig (HHL):
  Betriebswirtschaftslehre/Unternehmensführung
- Private Fachhochschule Göttingen:
  Betriebswirtschaftlehre, Wirtschaftsinformatik
- Fachhochschule für die Wirtschaft (FHDW), Hannover:
  Betriebswirtschaftslehre, Informatik, Mechatronik, Wirtschaftsinformatik
- Hochschule für Bankwirtschaft (HFB), Frankfurt/Main:
  Betriebswirtschaftslehre mit Schwerpunkt Banking and Finance, Wirtschaftsinformatik mit Schwerpunkt Banking and Finance
- Fachhochschule für Ökonomie und Management (FOM), Essen
  Informatik, International Management, Wirtschaft, Wirtschaftsrecht

Studieren ohne Grenzen: Studium im Ausland

Fragt man Studienanfänger, so möchten etliche ein komplettes Studium in einem anderen Land absolvieren, und fast alle möchten eine Zeit ihres Studiums im Ausland verbringen. Die Idee ist verlockend. Wer möchte dem überlaufenen deutschen Hochschulsystem nicht gerne den Rücken zeigen oder ein fremdes Land und ein anderes Ausbildungssystem besser kennenlernen, vorhandene Sprachkenntnisse verbessern und für den späteren Beruf wichtige Auslandserfahrungen sammeln?

Zwischen dem Wunsch und der Realität klafft allerdings eine erhebliche Lücke. Tatsache ist: Weniger als ein Prozent aller deutschen Studierenden besuchen eine Hochschule im Ausland mit dem Ziel, das Examen abzulegen. Nur rund zehn Prozent aller deutschen Studierenden gelingt es, zumindest eine Zeit an einer ausländischen Hochschule zu verbringen. Hierfür gibt es handfeste Gründe: Auch viele andere Länder klagen über überlaufene Hochschulen und erschweren die Zugänge für Ausländer. In den meisten Ländern reicht das Abitur nicht aus, um direkt zum Studium zugelassen zu werden. Vor dem Studium steht eine Aufnahmeprüfung, die häufig auch zwei Drittel der Einheimischen nicht bestehen. Deutsch ist zwar eine schöne Sprache, aber nur in Deutschland, Österreich und der deutschsprachigen Schweiz Unterrichtssprache. Deshalb ist es für jeden Studienaufenthalt im Ausland nicht nur sinnvoll, sondern unbedingt notwendig, vorher entsprechende Kenntnisse der Landessprache zu erlernen und mit einer Prüfung nachzuweisen. Für englisch- und französischsprachige Länder muss man für die Bewerbung eine bestandene Sprachprüfung nachweisen; ansonsten hat die Bewerbung keine Chance auf Erfolg. Selbst wenn man das Auslandsstudium aus eigener Tasche bezahlt, kommt man um diese Prüfung nicht herum. Man kann sie vor Ort, das heißt bei der ausländischen Hochschule ablegen. Besteht man die Prüfung nicht, geht es einem so wie den ausländischen Studierenden in Deutschland, deren Deutschkenntnisse unzureichend sind: Man kann nicht direkt mit dem Fachstudium beginnen, sondern muss erst einmal Sprachkurse besuchen.

Viele ausländische Hochschulen erheben Studiengebühren. Stipendien sind entweder auf die einheimischen Studierenden begrenzt, oder es werden nur sehr wenige an Ausländer vergeben. Staatliche Unterstützung aus Deutschland ist nur dann möglich, wenn ein Fach studiert wird, das es in Deutschland in dieser Form nicht gibt; bei den vielen Fächern in Deutschland ist das eine wirksame Barriere vor allzu viel Fernweh. Bei der Rückkehr erlebt man zuweilen Überraschungen, wenn Studienleistungen, die im Ausland erbracht wurden, nicht anerkannt werden. Die Bewerbung erfordert außerdem die Überwindung vieler bürokratischer Hürden und somit auch Durchhaltevermögen. Dies ist alles kein Plädoyer gegen ein komplettes Auslandsstudium; wer über genügend Durchhaltevermögen, gute Fremdsprachenkenntnisse des Ziellandes und auch über das nötige Kleingeld für die Studiengebühren und die Mittel zum Lebensunterhalt verfügt, sollte sich nicht vom Ziel abbringen lassen.

Leichter ist da schon ein zeitlich befristeter Studienaufenthalt an einer ausländischen Hochschule. Für Studien*anfänger* gibt es allerdings so gut wie keine Möglichkeiten für einen Auslandsaufenthalt zu Studienzwecken. Außer wenn man alles aus eigener Tasche zahlt und die diversen Prüfungen und Barrieren meistert. Zum Zeitpunkt der Bewerbung sollte man bereits gute Studienleistungen vorweisen können, um eine Chance auf eines der begehrten Stipendien zu haben. Aus diesem Grund lässt sich der Auslandsaufenthalt am ehesten nach Ende des Grundstudiums, das heißt nach drei bis fünf Semestern, realisieren.

In Deutschland gibt es staatliche und private Einrichtungen, die Stipendien für einen Auslandsaufenthalt zu Studienzwecken vergeben. Üblich ist ein einjähriger Aufenthalt, für ostasiatische Länder ein Aufenthalt bis zu zwei Jahren. Gefördert werden aber auch Sprachkurse im Ausland und Praktika in ausländischen Unternehmen. Für alle Fragen zum Auslandsstudium und zu Auslandsstipendien gibt es an jeder Hochschule eine entsprechende Einrichtung, das *Akademische Auslandsamt*. Dort sind auch Informationen über so gennante Partnerschaftsprogramme erhältlich. Jede deutsche Hochschule unterhält Austauschvereinbarungen mit Partnerhochschulen im Ausland, in deren Rahmen Studienaufenthalte (meist unter Erlass von Studiengebühren) gefördert werden.

Beim Auslandsstudium stehen die USA an erster Stelle der Wunschliste. Dann folgen England und Frankreich und die anderen westeuropäischen Länder. Osteuropa ist derzeit noch nicht so gefragt wie asiatische Länder.

Abschließend noch ein wichtiger Hinweis: BAföG-Berechtigte können nach einem mindestens zweisemestrigen Studium in Deutschland an einer Hochschule in der Europäischen Union bis zum dortigen Abschluss mit den Inlandssätzen BAföG weiterstudieren.

Wer eine international orientierte Hochschulausbildung anstrebt, die schon zu Beginn ein oder zwei Jahre Auslandsaufenthalt vorsieht und eventuell auch den zusätzlichen Abschluss einer ausländischen Hochschule, der sollte sich in einen so genannten *internationalen Studiengang* einschreiben, den mittlerweile viele Hochschulen mit Partnerhochschulen im Ausland anbieten. Mit der Aufnahme in den Studiengang (in der Regel gibt es ein Auswahlverfahren) ist die Anerkennung aller an der ausländischen Hochschule erbrachten Studienleistungen garantiert und Aufnahmeprüfungen an der ausländischen Hochschule sowie Studiengebühren entfallen (siehe hierzu auch S. 251).

Adressen der deutschen Hochschulen (alphabetisch nach Hochschulorten)

Nachfolgend sind die Adressen aller Hochschulen aufgenommen worden. Die erste Anlaufstelle ist die jeweilige Zentrale Studienberatung, mancherorts heißt sie auch Allgemeine Studienberatung. Sie verschickt Informationen über die Hochschule, über einzelne Studienfächer, über die Lehrveranstaltungen (Vorlesungsverzeichnisse nur gegen Gebühr) und häufig auch über das studentische Leben einschließlich Kulturangebot, Jobmöglichkeiten und Freizeitgestaltung, zum Beispiel Hochschulsport.

Wer die Hochschulen per E-Mail anschreiben oder via Internet erste Informationen einholen möchte, findet neben den postalischen Adressen und Telefonnummern auch die Homepage. Wenn dort keine E-Mail-Adresse der Studienberatung verzeichnet ist, schicken Sie Ihre E-Mail an den *Postmaster* (steht in der Regel auf der Homepage). Er leitet Ihre Anfrage weiter an die zuständige Stelle.

Adressen der deutschen Hochschulen (alphabetisch nach Hochschulorten)

Aachen

FH Aachen
Arbeitsstelle für Hochschuldidaktik
und Studienberatung (HDBS)
Hohenstaufenallee 10
52064 Aachen
Tel. 02 41 / 60 09-18 01
Fax. 02 41 / 60 09-10 90
http://www.fh-aachen.de

HfKiM Aachen
Studienberatungsstelle
Weyhestraße 16
52072 Aachen
Tel. 02 41 / 1 50 48
Fax. 02 41 / 15 89 29
http://www.khkstgregorius.de

RWTH Aachen
Zentrale Studienberatung
Templergraben 83
52062 Aachen
Tel. 02 41 / 80-9 40 50
Fax. 02 41 / 8 09 24 06
http://www.rwth-aachen.de

Aalen

FH Aalen
Rektorat
Beethovenstraße 1
73430 Aalen
Tel. 0 73 61 / 5 76-0
Fax. 0 73 61 / 5 76-2 50
http://www.fh-aalen.de

Albstadt

FH Albstadt-Sigmaringen
Studienberatung
Anton-Günther-Straße 51
72488 Sigmaringen
Tel. 0 75 71 / 7 32-0
Fax. 0 75 71 / 7 32-2 29
http://www.fh-albsig.de

Alfter

Alanus Hochschule
Studienberatungsstelle
Johannishof
53347 Alfter
Tel. 0 22 22 / 93 21-0
Fax. 0 22 22 / 93 21-21
http://www.alanus.edu

Amberg

FH Amberg-Weiden
Zentrale Studienberatung
Kaiser-Wilhelm-Ring 23
92224 Amberg
Tel. 0 96 21 / 4 82-0
Fax. 0 96 21 / 4 82-1 10
http://www.fh-amberg-weiden.de

Köthen

H Anhalt
Allgemeine Studienberatung
Bernburger Straße 55

06366 Köthen
Tel. 0 34 96 / 67-42 00 / -42 01
Fax. 0 34 96 / 67-42 99
http://www.hs-anhalt.de

Ansbach

FH Ansbach
Allgemeine Studienberatung
Residenzstraße 8
91522 Ansbach
Tel. 09 81 / 48 77-1 45
Fax. 09 81 / 48 77-1 02
http://www.fh-ansbach.de

Aschaffenburg

FH Aschaffenburg
Zentrale Studienberatung
Münzstraße 12
97070 Würzburg
Tel. 09 31 / 35 11-1 69
Fax. 09 31 / 35 11-1 59
http://www.fh-aschaffenburg.de

Augsburg

FH Augsburg
Studienberatung
Baumgartnerstraße 16
86161 Augsburg
Tel. 08 21 / 55 86-2 04 / -2 05
Fax. 08 21 / 55 86-2 07
http://www.fh-augsburg.de

U Augsburg
Zentrale Studienberatung
Universitätsstraße 2
86159 Augsburg
Tel. 08 21 / 5 98-51 46
Fax. 08 21 / 5 98-51 36
http://www.uni-augsburg.de

Bad Honnef

FH Bad Honnef-Bonn
Studienberatungsstelle
Mülheimer Straße 38
53604 Bad Honnef
Tel. 0 22 24 / 96 05-0 / -2 22
Fax. 0 22 24 / 96 05-1 19
http://www.fh-bad-honnef.de

Bad Soden-Allendorf

FH Nordhessen
Studienberatungsstelle
Im Kurpark 1
37242 Bad Soden-Allendorf
Tel. 0 56 52 / 9 17-0 83
Fax. 0 56 52 / 9 17-0 81
http://www.diploma.de

Bamberg

U Bamberg
Zentrale Studienberatung
Markusstraße 6
96047 Bamberg
Tel. 09 51 / 8 63-10 50
Fax. 09 51 / 8 63-10 54
http://www.uni-bamberg.de

Bayreuth

HfKiM Bayreuth
Studienberatungsstelle
Wilhelminenstraße 9
95444 Bayreuth
Tel. 09 21 / 75 93-4 17
Fax. 09 21 / 75 93-4 36
http://www.hfk-bayreuth.de

U Bayreuth
Zentrale Studienberatung
Universitätsstraße 30
95447 Bayreuth
Tel. 09 21 / 55-52 45

Fax. 09 21 / 55-52 48
http://www.uni-bayreuth.de

Benediktbeuern

PhThH Benediktbeuern
Studienberatung
Don-Bosco-Straße 1
83671 Benediktbeuern
Tel 0 88 57 / 88-2 01 / -2 02
Fax. 0 88 57 / 88-2 49
http://www.pth-bb.de

Berlin

Alice Salomon – FH
für Sozialarbeit und Sozialpädagogik
Studienberatung
Alice-Salomon-Platz 5
12627 Berlin
Tel. 0 30 / 9 92 45-0
Fax. 0 30 / 9 92 45-2 45
http://www.asfh-berlin.de

Europäische Wirtschaftshochschule
Berlin
Studienberatung
Heubnerweg 6
14059 Berlin
Tel. 0 30 / 3 20 07-1 45
Fax. 0 30 / 3 20 07-2 45
http://www.escp-eap.de

Evangelische FH Berlin
Studienberatung
Teltower Damm 118–122
14167 Berlin
Tel. 0 30 / 8 45 82-0
Fax. 0 30 / 8 45 82-450
http://www.evfh-berlin.de

FH für Technik und Wirtschaft Berlin
Studienberatung / Career Service
Treskowallee 8
10318 Berlin
Tel. 0 30 / 50 19-0
Fax. 0 30 / 5 09 01 34
http://www.fhtw-berlin.de

Fachhochschule für Wirtschaft Berlin
Studienberatung
Badensche Straße 50–51
10825 Berlin
Tel. 0 30 / 8 57 89-0
Fax. 0 30 / 8 57 89-1 99
http://www.fhw-berlin.de

Freie Universität Berlin
ZE Studienberatung und
Psychologische Beratung
Brümmerstraße 48–50
14195 Berlin
Tel. 0 30 / 8 38-5 22 47 / -5 52 42 / -5 52 36
Fax. 0 30 / 8 38-5 39 13
http://www.fu-berlin.de

Hochschule für Musik »Hanns Eisler«
Studienangelegenheiten/-beratung
Charlottenstraße 55
10117 Berlin
Tel. 0 30 / 9 02 69-8 30
Fax. 0 30 / 9 02 69-7 30
http://www.hfm-berlin.de

Hochschule für Schauspielkunst
»Ernst Busch«
Studienberatung
Schnellerstraße 104
12439 Berlin
Tel. 0 30 / 63 99 75-0
Fax. 0 30 / 63 99 75-75
http://www.hfs-berlin.de

Humboldt-Universität zu Berlin
Referat Allgemeine Studienberatung
Unter den Linden 6
10099 Berlin
Tel. 0 30 / 20 93-15 51 / -15 54
Fax. 0 30 / 20 93-15 55
http://www.hu-berlin.de

Katholische Hochschule für Sozialwesen
Berlin
Studienberatung

Köpenicker Allee 39–57
10318 Berlin
Tel. 0 30 / 50 10 10-10
Fax. 0 30 / 50 10 10-88
http://www.khsb-berlin.de

Mediadesign Hochschule für Design
und Informatik
Lindenstraße 20–25
10969 Berlin
Tel. 0 30 / 39 92 66-0
Fax. 0 30 / 39 92 66-15
http://www.mediadesign.de

OTA Hochschule
Studienberatungsstelle
Herzbergstraße 82–84
10365 Berlin
Tel. 0 30 / 5 57 56-2 73
Fax. 0 30 / 5 57 56-2 77
http://www.otahochschule.de

Steinbeis-Hochschule Berlin
Studienberatungsstelle
Gürtelstraße 29 A/30
10247 Berlin
Tel. 0 30 / 29 33 09-0
Fax. 0 30 / 29 33 09-20
http://www.steinbeis-hochschule.de

Technische FH Berlin
Zentrale Studienberatung
Luxemburger Straße 10
13353 Berlin
Tel. 0 30 / 45 04-20 20
Fax. 0 30 / 45 04-27 20
http://www.tfh-berlin.de

TU Berlin
Studienberatung und
Psychologische Beratung
Straße des 17. Juni 135
10623 Berlin
Tel. 0 30 / 3 14-2 56 06
Fax. 0 30 / 3 14-2 48 05
http://www.tu-berlin.de

Universität der Künste Berlin
Allgemeine Studienberatung
Hardenbergstraße 33
10623 Berlin
Tel. 0 30 / 31 85-22 04
Fax. 0 30 / 31 85-27 13
http://www.udk-berlin.de

Kunsthochschule Berlin-Weißensee
Studienberatung
Bühringstraße 20
13086 Berlin
Tel. 0 30 / 4 77 05-0
Fax. 0 30 / 4 77 05-2 90
http://www.kh-berlin.de

Biberach

FH Biberach
Zentrale Studienberatung
Karlstraße 11
88400 Biberach
Tel. 0 73 51 / 5 82-0
Fax. 0 73 51 / 5 82-1 19
http://www.fh-biberach.de

Bielefeld

KiH Bethel
Studienberatung
Remterweg 45
33617 Bielefeld
Tel. 05 21 / 1 44-39 49
Fax. 05 21 / 1 44-39 61
http://www.bethel.de/kiho

FH Bielefeld
Allgemeine Studienberatung
Kurt-Schumacher-Straße 6, Gebäude D
33615 Bielefeld
Tel. 05 21 / 1 06-77 07 / -77 12 / -77 46
Fax. 05 21 / 1 06-77 94
http://www.fh-bielefeld.de

FH des Mittelstandes
Studienberatungsstelle
Ravensberger Straße 10 G

33602 Bielefeld
Tel. 05 21 / 9 66 55-10
Fax. 05 21 / 9 66 55-11
http://www.fhm-mittelstand.de

U Bielefeld
ZSB – Zentrale Studienberatung
Universitätsstraße 25
33615 Bielefeld
Tel. 05 21 / 1 06-00
Fax. 05 21 / 1 06-58 44
http://www.uni-bielefeld.de

Bingen

FH Bingen
Zentrale Studienberatung
Berlinstraße 109
55411 Bingen
Tel. 0 67 21 / 4 09-3 86
Fax. 0 67 21 / 4 09-1 00
http://www.fh-bingen.de

Bochum

FH Bochum
Allgemeine Studienberatung
Lennershofstraße 140
44801 Bochum
Tel. 02 34 / 32-1 00 96
Fax. 02 34 / 32-1 44 08
http://www.fh-bochum.de

Technische FH Georg Agricola
Allgemeine Studienberatung
Herner Straße 45
44787 Bochum
Tel. 02 34 / 9 68-33 66
Fax. 02 34 / 9 68-33 59
http://www.tfh-bochum.de

Ruhr-Universität Bochum
Zentrale Studienberatung
Universitätsstraße 15
44780 Bochum
Tel. 02 34 / 32-2 24 35
Fax. 02 34 / 32-1 44 73
http://www.ruhr-uni-bochum.de

Evangelische FH Rheinland-Westfalen-Lippe
Studienberatung
Immanuel-Kant-Straße 18–20
44803 Bochum
Tel. 02 34 / 3 69 01-0 / -1 51
Fax. 02 34 / 3 69 01-1 00
http://www.efh-bochum.de

Bonn

U Bonn
Zentrale Studienberatung
Franziskanerstraße 4
53113 Bonn
Tel. 02 28 / 73-70 80
Fax. 02 28 / 73-58 30
http://www.uni-bonn.de

FH Bonn-Rhein-Sieg
Allgemeine Studienberatung
Grantham Allee 20
53757 Sankt Augustin
Tel. 0 22 41 / 8 65-6 44 / -6 26 / -6 22
Fax. 0 22 41 / 8 65-86 44
http://www.fh-bonn-rhein-sieg.de

Brandenburg

FH Brandenburg
Studienberatung
Magdeburger Straße 50
14770 Brandenburg a. d. H.
Tel. 0 33 81 / 3 55-1 06
Fax. 0 33 81 / 3 55-1 99
http://www.fh-brandenburg.de

Braunschweig

Hochschule für Bildende Künste
Braunschweig
Allgemeine Studienberatung
Johannes-Selenka-Platz 1

38118 Braunschweig
Tel. 05 31 / 3 91-91 22
Fax. 05 31 / 3 91-92 92
http://www.hbk-bs.de

Braunschweig TU
Zentrale Studienberatung
Fallersleber-Tor-Wall 10
38100 Braunschweig
Tel. 05 31 / 3 91-43 44
Fax. 05 31 / 3 91-43 48
http://www.tu-braunschweig.de

FH Braunschweig/Wolfenbüttel
Zentrale Studienberatung (ZSB)
Salzdahlumer Straße 46/48
38302 Wolfenbüttel
Tel. 0 53 31 / 9 39-16 20 / -16 21
Fax. 0 53 31 / 9 39-16 22
http://www.fh-wolfenbuettel.de

Bremen

H Bremen
Zentrale Studienberatung
Neustadtswall 30
28199 Bremen
Tel. 04 21 / 59 05-0
Fax. 04 21 / 59 05-22 92
http://www.hs-bremen.de

Hochschule für Künste Bremen
Studentensekretariat
Am Speicher XI 8
28195 Bremen
Tel. 04 21 / 95 95-11 10 / -11 11 / -11 12
Fax. 04 21 / 95 95-21 10
http://www.hfk-bremen.de

International University Bremen
Admission
Campus Ring 1
28759 Bremen
Tel. 04 21 / 2 00-42 00
Fax. 04 21 / 2 00-42 03
http://www.iu-bremen.de

U Bremen
Zentrale Studienberatung
Bibliothekstraße 1
28359 Bremen
Tel. 04 21 / 2 18-95 95
Fax. 04 21 / 2 18-47 69
http://www.uni-bremen.de

Bremerhaven

H Bremerhaven
Info-Zentrale
An der Karlstadt 8
27568 Bremerhaven
Tel 04 71 / 48 23-0
Fax. 04 71 / 48 23-5 55
http://www.hs-bremerhaven.de

Bruchsal

International University in Germany
Student Recruitment
International University Campus 3
76646 Bruchsal
Tel. 0 72 51 / 7 00-0
Fax. 0 72 51 / 7 00-1 50
http://www.i-u.de

Brühl

Europäische FH
Studienberatungsstelle
Kaiserstraße 6
50321 Brühl
Tel. 0 22 32 / 56 73-0
Fax. 0 22 32 / 56 73-20
http://www.eufh.de

Chemnitz

TU Chemnitz
Zentrale Studienberatung
Straße der Nationen 62
09111 Chemnitz

Tel. 03 71 / 5 31-0
Fax. 03 71 / 5 31-13 42
http://www.tu-chemnitz.de

Clausthal

TU Clausthal
Studienzentrum – Bereich Zentrale Studienberatung
Adolph-Roemer-Straße 2a
38678 Clausthal-Zellerfeld
Tel. 0 53 23 / 72-26 21 / -23 11 / -24 55 / -36 71
Fax. 0 53 23 / 72-31 68
http://www.tu-clausthal.de

Coburg

FH Coburg
Allgemeine Studienberatung
Friedrich-Streib-Straße 2
96450 Coburg
Tel. 0 95 61 / 3 17-0
Fax. 0 95 61 / 3 17-2 75
http://www.fh-coburg.de

Cottbus

TU Cottbus
Zentrale Studienberatung
Konrad-Wachsmann-Allee 1
03046 Cottbus
Tel. 03 55 / 69-32 11 / -27 96
Fax. 03 55 / 69-24 22
http://www.tu-cottbus.de

Darmstadt

Evangelische FH Darmstadt
Dekanate
Zweifalltorweg 12
64293 Darmstadt
Tel. 0 61 51 / 87 98-0
Fax. 0 61 51 / 87 98-58
http://www.efh-darmstadt.de

FernFH Darmstadt
Studien- und Prüfungsservice
Ostendstraße 3
64319 Pfungstadt
Tel. 0 61 57 / 8 06-4 04
Fax. 0 61 57 / 8 06-4 01
http://www.privatfh-da.de

FH Darmstadt
Student Service Center
Haardtring 100
64295 Darmstadt
Tel. 0 61 51 / 16-79 79
Fax. 0 61 51 / 16-80 89
http://www.fh-darmstadt.de

TU Darmstadt
Zentrale Studienberatung (ZSB)
Hochschulstraße 1
64289 Darmstadt
Tel. 0 61 51 / 16-35 68 / -30 68 / -30 20 / -52 68
Fax. 0 61 51 / 16-20 55
http://www.tu-darmstadt.de

Deggendorf

FH Deggendorf
Edlmairstraße 6+8
94469 Deggendorf
Tel. 09 91 / 36 15-0
Fax. 09 91 / 36 15-2 97
http://www.fh-deggendorf.de

Detmold

Hochschule für Musik Detmold
Studienberatung
Neustadt 22
32756 Detmold
Tel. 0 52 31 / 9 75-5
Fax. 0 52 31 / 9 75-9 72
http://www.hfm-detmold.de

Dortmund

FH Dortmund
Allgemeine Studienberatung
Sonnenstraße 96
44139 Dortmund
Tel. 02 31 / 91 12-0
Fax. 02 31 / 91 12-3 13
http://www.fh-dortmund.de

International School of Management
Zentrale Studienberatung
Otto-Hahn-Straße 19
44227 Dortmund
Tel. 02 31 / 97 51 39-0
Fax. 02 31 / 97 51 39-39
http://www.ism-dortmund.de

U Dortmund
Zentrum für Studieninformation und -beratung
Emil-Figge-Straße 72
44227 Dortmund
Tel. 02 31 / 7 55-23 45
Fax. 02 31 / 7 55-31 87
http://www.uni-dortmund.de

Dresden

Evangelische Hochschule für Soziale Arbeit
Studienberatung
Semperstraße 2 A
01069 Dresden
Tel. 03 51 / 4 69 02-16
Fax. 03 51 / 4 71 59 93
http://www.ehs-dresden.de

Hochschule für Bildende Künste Dresden
Büro für Studenten- und Studienangelegenheiten
Güntzstraße 34
01288 Dresden
Tel. 03 51 / 44 02-1 40 / -1 41
Fax. 03 51 / 4 59 00 25
http://www.hfbk-dresden.de

Hochschule für Kirchenmusik
Käthe-Kollwitz Ufer 97
01309 Dresden
Tel. 03 51 / 3 18 64-0
Fax. 03 51 / 3 18 64-22
http://home.t-online.de/home/hfkimudd

Hochschule für Musik
»Carl Maria von Weber«
Studienberatung
Wettiner Platz 13
01067 Dresden
Tel. 03 51 / 49 23-6 17 /-6 34
Fax. 03 51 / 49 23-6 57
http://www.hfmdd.de

Palucca Schule Dresden
Studenten- und Studienangelegenheiten
Basteiplatz 4
01277 Dresden
Tel. 03 51 / 2 59 06-0
Fax. 03 51 / 2 59 06-11
http://palucca-schule-dresden.de

H für Technik und Wirtschaft
Studienberatung
Friedrich-List-Platz 1
01069 Dresden
Tel. 03 51 / 4 62-35 19
Fax. 03 51 / 4 62-32 98
http://www.htw-dresden.de

TU Dresden
Zentrale Studienberatung
Mommsenstraße 7
01062 Dresden
Tel. 03 51 / 4 63-3 60 63
Fax. 03 51 / 4 63-3 61 57
http://www.tu-dresden.de

Essen

U Duisburg-Essen
Zentralstelle Allgemeine Studienberatung ZAS
Universitätsstraße 2
45117 Essen
Tel. 02 01 / 1 83-20 09
Fax. 02 01 / 1 83-43 29
http://www.uni-essen.de

Düsseldorf

FH Düsseldorf
Sachgebiet Studentische Angelegenheiten/
Studentensekretariat
Universitätsstraße, Geb. 23.31/32
40225 Düsseldorf
Tel 02 11 / 81-1 33 57 / -1 33 58 / -1 49 19 /
1 51 42
Fax. 02 11 / 81-1 18 27
http://www.fh-duesseldorf.de

Robert Schumann-Hochschule Düsseldorf
Studentensekretariat
Fischerstraße 110
40476 Düsseldorf
Tel. 02 11 / 49 18-0
Fax. 02 11 / 4 91-16 18
http://www.rsh-duesseldorf.de

Kunstakademie Düsseldorf
Studienberatung
Eiskellerstraße 1
40213 Düsseldorf
Tel. 02 11 / 13 96-0
Fax. 02 11 / 13 96-2 25
http://www.kunstakademie-duesseldorf.de

U Düsseldorf
Zentrale Studienberatung
Universitätsstraße 1
40225 Düsseldorf
Tel. 02 11 / 81-1 43 80
Fax. 02 11 / 81-1 13 42
http://www.uni-duesseldorf.de

Eberswalde

FH Eberswalde
Studentenamt
Friedrich-Ebert-Straße 28
16225 Eberswalde
Tel. 0 33 34 / 6 57-1 34
Fax. 0 33 34 / 6 57-1 36
http://www.fh-eberswalde.de

Eichstätt

U Eichstätt–Ingolstadt
Zentrale Studienberatung
Ostenstraße 26
85072 Eichstätt
Tel. 0 84 21 / 93-12 11
Fax. 0 84 21 / 93-17 96
http://www.ku-eichstaett.de

Elmshorn

Nordakademie
Studienberatung
Kölner Chaussee 11
25337 Elmshorn
Tel. 0 41 21 / 40 90-0
Fax. 0 41 21 / 40 90-40
http://www.nordakademie.de

Erfurt

FH Erfurt
Zentrale Studienberatung
Altonaer Straße 25
99085 Erfurt
Tel. 03 61 / 67 00-1 11 / -1 44
Fax. 03 61 / 67 00-1 40
http://www.fh-erfurt.de

U Erfurt
Allgemeine Studienberatung / Studierenden-
angelegenheiten
Nordhäuser Straße 63
99089 Erfurt
Tel. 03 61 / 7 37-0
Fax. 03 61 / 7 37-52 69
http://www.uni-erfurt.de

Erlangen

U Erlangen-Nürnberg
Informations- und Beratungszentrum für
Studiengestaltung und Career Service
Halbmondstraße 6

91054 Erlangen
Tel. 0 91 31 / 85-2 48 09
Fax. 0 91 31 / 85-2 21 31
http://www.uni-erlangen.de

Essen

FH für Oekonomie & Management
Allgemeine Studienberatung
Herkulesstraße 32
45127 Essen
Tel. 02 01 / 8 10 04-25
Fax. 02 01 / 8 10 04-4 20
http://www.fom.de

Folkwang Hochschule Essen
Studienberatung
Klemensborn 39
45239 Essen
Tel. 02 01 / 49 03-0
Fax. 02 01 / 49 03-2 88
http://www.folkwang-hochschule.de

Esslingen

FH für Sozialwesen
Studienberatung
Flandernstraße 101
73732 Esslingen
Tel. 07 11 / 3 97-45 15
Fax. 07 11 / 3 97-45 95
http://www.hfs-esslingen.de

FH für Technik
Zentrale Studienberatung
Kanalstraße 33
73728 Esslingen
Tel. 07 11 / 3 97-49
Fax. 07 11 / 3 97-31 00
http://www.fht-esslingen.de

Flensburg

FH Flensburg
Zentrale Studienberatung
Kanzleistraße 91–93
24943 Flensburg
Tel. 04 61 / 8 05-12 15 / -13 07 / -13 08
Fax. 04 61 / 8 05-13 00
http://www.fh-flensburg.de

U Flensburg
Zentrale Studienberatung
Auf dem Campus 1
24943 Flensburg
Tel. 04 61 / 8 05-02
Fax. 04 61 / 21 44
http://www.uni-flensburg.de

Frankfurt (Oder)

U Frankfurt (Oder)
Allgemeine Studienberatung
Große Scharnstraße 59
15207 Frankfurt (Oder)
Tel. 03 35 / 55 34-42 07
Fax 03 35 / 55 34-47 91
http://www.euv-frankfurt-o.de

Frankfurt am Main

FH Frankfurt am Main
Abteilung für Studierende, Studienberatung
Nibelungenplatz 3, BCN
60318 Frankfurt am Main
Tel. 0 69 / 15 33-36 66
Fax. 0 69 / 15 33-27 96
http://www.fh-frankfurt.de

Hochschule für Bankwirtschaft
Zentrale Studienberatung
Sonnemannstraße 9–11
60314 Frankfurt am Main
Tel. 0 69 / 15 40 08-0
Fax. 0 69 / 15 40 08-7 28
http://www.hfb.de

H für Bildende Künste – Städelschule
Studienberatung
Dürerstraße 10
60596 Frankfurt am Main

Tel. 0 69 / 60 50 08-0
Fax. 0 69 / 60 50 08-66
http://www.staedelschule.de

H für Musik und Darstellende Kunst
Studentische Angelegenheiten/
Studienberatung
Eschersheimer Landstraße 29–39
60322 Frankfurt am Main
Tel. 0 69 / 15 40 07-0
Fax. 0 69 / 15 40 07-1 08
http://www.hfmdk-frankfurt.de

PhThH Frankfurt am Main
Studienfachberatung
Offenbacher Landstraße 224
60599 Frankfurt am Main
Tel. 0 69 / 60 61-0
Fax. 0 69 / 60 61-3 07
http://www.sankt-georgen.de

U Frankfurt am Main
Zentrale Studienberatung
Bockenheimer Landstraße 133
60054 Frankfurt am Main
Tel. 0 69 / 7 98-2 34 50 / -2 35 97
Fax. 0 69 / 7 98-2 39 83
http://www.uni-frankfurt.de

Freiberg

TU Bergakademie Freiberg
Zentrale Studienberatung
Akademiestraße 6
09596 Freiberg
Tel. 0 37 31 / 39-27 11 / -34 61
Fax. 0 37 31 / 39-37 41
http://www.tu-freiberg.de

Freiburg

Evangelische FH Freiburg
Bewerbungsamt
Bugginger Straße 38
79114 Freiburg
Tel. 07 61 / 4 78 12-0
Fax. 07 61 / 4 78 12-30
http://www.efh-freiburg.de

Hochschule für Musik
Zentrale Studienberatung
Schwarzwaldstraße 141
79102 Freiburg
Tel. 07 61 / 3 19 15-0
Fax. 07 61 / 3 19 15-42
http://www.mh-freiburg.de

Katholische FH Freiburg
Studienberatung
Karlstraße 63
79104 Freiburg
Tel. 07 61 / 2 00-4 86
Fax. 07 61 / 2 00-4 78
http://www.kfh-freiburg.de

PH Freiburg
Studienberatung für die Lehrämter
Kunzenweg 21
79117 Freiburg
Tel. 07 61 / 6 82-0
Fax. 07 61 / 6 82-4 02
http://www.ph-freiburg.de

U Freiburg
Zentrum für Studienberatung und
Weiterbildung (ZSW), Abteilung Zentrale
Studienberatung
Sedanstraße 6
79098 Freiburg
Tel. 07 61 / 2 03-42 46
Fax. 07 61 / 2 03-88 35
http://www.uni-freiburg.de

Freising

FH Weihenstephan
Allgemeine Studienberatung
Am Hofgarten 4
85354 Freising
Tel. 0 81 61 / 71-45 32
Fax. 0 81 61 / 71-42 07
http://www.fh-weihenstephan.de

Friedensau

ThH Friedensau
Studienberatung
An der Ihle 5a
39291 Friedensau
Tel. 0 39 21 / 9 16-1 50
Fax. 0 39 21 / 9 16-2 01
http://www.thh-friedensau.de

Friedrichshafen

Zeppelin University
Studienberatungsstelle
Fallenbrunnen 2
88045 Friedrichshafen
Tel. 0 75 41 / 39 90 99-82
Fax. 0 75 41 / 39 90 99-85
http://www.zeppelin-university.de

Fulda

FH Fulda
Zentrale Studienberatung
Marquardstraße 35
36039 Fulda
Tel. 06 61 / 96 40-1 46 / -1 01
Fax. 06 61 / 96 40-9 21
http://www.fh-fulda.de

Theologische Fakultät Fulda
Senatsbeauftragter für Studien
Eduard-Schick-Platz 2
36037 Fulda
Tel. 06 61 / 87-220
Fax. 06 61 / 87-2 24
http://www.theologischefakultaetfulda.de

Furtwangen

FH Furtwangen
Studienberatung
Robert-Gerwig-Platz 1
78120 Furtwangen
Tel. 0 77 23 / 9 20-0
Fax. 0 77 23 / 9 20-6 10
http://www.fh-furtwangen.de

Gelsenkirchen

FH Gelsenkirchen
Allgemeine Studienberatung
Neidenburger Straße 43
45877 Gelsenkirchen
Tel. 02 09 / 95 96-5 16
Fax. 02 09 / 95 96-1 45
http://www.fh-gelsenkirchen.de

Gießen

U Gießen
Büro für Studienberatung
Ludwigstraße 28 A
35390 Gießen
Tel. 06 41 / 99-1 62 23
Fax. 06 41 / 99-1 62 29
http://www.uni-giessen.de

FH Gießen-Friedberg
Zentrale Studienberatung
Wiesenstraße 14
35390 Gießen
Tel. 06 41 / 3 09-0
Fax. 06 41 / 3 09-29 01
http://www.fh-giessen-friedberg.de

Görlitz

Hochschule für Kirchenmusik
Studienberatungsstelle
Langenstraße 37
02826 Görlitz
Tel. 0 35 81 / 48 41-18
Fax. 0 35 81 / 48 41-20
http://www.eksol.de

Göttingen

Private FH Göttingen
Weender Landstraße 3–7
37073 Göttingen
Tel. 05 51 / 5 47 00-0
Fax. 05 51 / 5 47 00-1 90
http://www.pfh-goettingen.de

U Göttingen
Zentrale Studienberatung
Wilhelmsplatz 2
37073 Göttingen
Tel. 05 51 / 39-74 93
Fax. 05 51 / 39-73 87
http://www.uni-goettingen.de

Greifswald

U Greifswald
Referat Allgemeine Studienberatung, Weiterbildung
Rubenowstraße 4
17487 Greifswald
Tel. 0 38 34 / 86-12 94 / -12 93
Fax. 0 38 34 / 86-12 82
http://www.uni-greifswald.de

Hagen

FernU Hagen
Zentrale Studienberatungsstelle
Konkordiastraße 5
58084 Hagen
Tel. 0 23 31 / 9 87-24 44
Fax. 0 23 31 / 9 87-24 60
http://www.fernuni-hagen.de

Halle

Hochschule für Kirchenmusik
Studienberatung
Kleine Ulrichstraße 35
06108 Halle
Tel. 03 45 / 2 19 69-0
Fax. 03 45 / 2 19 69-29
http://www.ehk-halle.de

Burg Giebichenstein – Hochschule für Kunst und Design
Zentrale Studienberatung
Neuwerk 7
06108 Halle/Saale
Tel. 03 45 / 77 51-50
Fax. 03 45 / 77 51-5 69
http://www.burg-halle.de

U Halle-Wittenberg
Abteilung 1, Ref.1.1. Stud. Angelegenheiten, Immatrikulationsamt, Studienberatung
Universitätsring 14
06108 Halle
Tel. 03 45 / 5 52-13 02
Fax. 03 45 / 5 52-70 52
http://www.uni-halle.de

Hamburg

Bucerius Law School – Hochschule für Rechtswissenschaft
Studienberatungsstelle
Jungiusstraße 6
20355 Hamburg
Tel. 0 40 / 3 07 06-0
Fax. 0 40 / 3 07 06-1 45
http://www.law-school.de

Europäische Fernhochschule Hamburg
Studienberatung
Doberaner Weg 20
22143 Hamburg
Tel. 0 40 / 6 75 70-7 00
Fax. 0 40 / 6 75 70-7 10
http://www.euro-fh.de

Evangelische FH für Sozialpädagogik des Rauhen Hauses
Studierendensekretariat
Horner Weg 170
22111 Hamburg
Tel 0 40 / 6 55 91-1 80

Fax. 0 40 / 6 55 91-2 28
http://www.rauheshaus.de/fachhochschule

FernH Hamburg
Studienberatung/Studierenden-Sekretariat
Alter Teich 19
22081 Hamburg
Tel. 0 40 / 3 50 94 - 3 35
Fax. 0 40 / 3 50 94 - 3 35
http://www.hamburger-fh.de

Hochschule für Angewandte
Wissenschaften Hamburg
Zentrale Studienberatung
Stiftstraße 69
20099 Hamburg
Tel. 0 40 / 4 28 75-91 13
Fax. 0 40 / 4 28 75-91 19
http://www.haw-hamburg.de

Hochschule für Bildende Künste
Studienberatung
Lerchenfeld 2
22081 Hamburg
Tel. 0 40 / 42 89 89-2 70
Fax. 0 40 / 42 89 89-2 71
http://www.hfbk-hamburg.de

Hochschule für Musik und Theater Hamburg
Hochschulkooperationen und
Internationaler Kulturaustausch
Harvestehuder Weg 12
20148 Hamburg
Tel. 0 40 / 4 28 48-24 15
Fax. 0 40 / 4 28 48-26 66
http://www.musikhochschule-hamburg.de

Hamburger Universität für Wirtschaft
und Politik (HWP)
Service-Center für Studierende
Von-Melle-Park 9
20146 Hamburg
Tel. 0 40 / 4 28 38-21 89
Fax. 0 40 / 4 28 38-41 50
http://www.hwp-hamburg.de

U Hamburg
Zentrum für Studienberatung und
Psychologische Beratung
Edmund-Siemers-Allee 1
20146 Hamburg
Tel. 0 40 / 4 28 38-25 10
Fax. 0 40 / 4 28 38-23 18
http://www.uni-hamburg.de

UBw Hamburg
Studiensekretariat
Holstenhofweg 85
22043Hamburg
Tel. 0 40 / 65 41-27 04
Fax. 0 40 / 6 53 04 13
http://www.unibw-hamburg.de

TU Hamburg-Harburg
Allgemeine Studienberatung
Schwarzenbergstraße 95
21071 Hamburg
Tel. 0 40 / 4 28 78-0
Fax. 0 40 / 4 28 78-20 40
http://www.tu-harburg.de

Hannover

Evangelische FH Hannover
Studienberatung
Blumhardtstraße 2
30625 Hannover
Tel. 05 11 / 53 01-0
Fax. 05 11 / 53 01-1 95
http://www.efh-hannover.de

FH Hannover
Allgemeine Studienberatung
Ricklinger Stadtweg 120
30459 Hannover
Tel. 05 11 / 92 96-0
Fax. 05 11 / 92 96-10 10
http://www.fh-hannover.de

FH für die Wirtschaft Hannover
Freundallee 15
30173 Hannover
Tel. 05 11 / 2 84 83-70

Fax. 05 11 / 2 84 83-72
http://www.fhdw.de

Hochschule für Musik und Theater
Allgemeines Studentensekretariat
Emmichplatz 1
30175 Hannover
Tel. 05 11 / 31 00-1
Fax. 05 11 / 31 00-2 00
http://www.hmt-hannover.de

MedH Hannover
Universität Hannover,
Zentrale Studienberatung
Welfengarten 1
30167 Hannover
Tel. 05 11 / 7 62-58 64 / -55 84
Fax. 05 11 / 7 62-55 04
http://www.mh-hannover.de

Tierärztliche Hochschule Hannover
Dezernat 3/Studienberatung
Bünteweg 2
30559 Hannover
Tel. 05 11 / 9 53-80 86
Fax. 05 11 / 9 53-80 53
http://www.tiho-hannover.de

U Hannover
Zentrale Studienberatung
Welfengarten 1
30167 Hannover
Tel. 05 11 / 7 62-55 87
Fax. 05 11 / 7 62-55 04
http://www.uni-hannover.de

Heide

FH Westküste
Studierendensekretariat
Fritz-Thiedemann-Ring 20
25746 Heide
Tel. 04 81 / 85 55-1 41
Fax. 04 81 / 85 55-1 44
http://www.fh-westkueste.de

Heidelberg

FH Heidelberg
Zentrale Studienberatung
Maaßstraße 32
69123 Heidelberg
Tel. 0 62 21 / 88-10 00
Fax. 0 62 21 / 88-41 22
http://www.fh-heidelberg.de

Hochschule für Kirchenmusik
Studienberatung
Hildastraße 8
69115 Heidelberg
Tel. 0 62 21 / 2 70 62
Fax. 0 62 21 / 2 18 76
http://www.hfk-heidelberg.de

Hochschule für Jüdische Studien
Studienberatung
Friedrichstraße 9
69117 Heidelberg
Tel. 0 62 21 / 4 38 51-0
Fax. 0 62 21 / 4 38 51-29
http://www.hjs.uni-heidelberg.de

PH Heidelberg
Zulassungsstelle
Keplerstraße 87
69120 Heidelberg
Tel. 0 62 21 / 4 77-1 17 / -1 16
Fax. 0 62 21 / 4 77-4 94
http://www.ph-heidelberg.de

U Heidelberg
Zentrum für Studienberatung
und Weiterbildung
Friedrich-Ebert-Anlage 62
69117 Heidelberg
Tel. 0 62 21 / 54-23 07
Fax. 0 62 21 / 54-38 50
http://www.uni-heidelberg.de

Heilbronn

FH Heilbronn
Zentrale Studienberatung

Max-Planck-Straße 39
74081 Heilbronn
Tel. 0 71 31 / 5 04-0
Fax. 0 71 31 / 25 24 70
http://www.fh-heilbronn.de

Herford

Hochschule für Kirchenmusik
Parkstraße 6
32049 Herford
Tel. 0 52 21 / 99 14 50
Fax. 0 52 21 / 83 08 09
http://www.hfk-hf.de

Hildesheim

FH Hildesheim/Holzminden/Göttingen
Studienberatung
Hohnsen 4
31134 Hildesheim
Tel. 0 51 21 / 8 81-0
Fax. 0 51 21 / 8 81-1 25
http://www.fh-hildesheim.de

U Hildesheim
Zentrale Studienberatungsstelle
Marienburger Platz 22
31141 Hildesheim
Tel. 0 51 21 / 8 83-1 01
Fax. 0 51 21 / 8 83-1 08
http://www.uni-hildesheim.de

Hof

FH Hof
Studienberatung
Alfons-Goppel-Platz 1
95028 Hof
Tel. 0 92 81 / 4 09-3 00
Fax. 0 92 81 / 4 09-4 00
http://www.fh-hof.de

Idstein

Europa FH Fresenius
Studienberatung
Limburger Straße 2
65510 Idstein
Tel. 0 61 26 / 93 52-0
Fax. 0 61 26 / 93 52-10
http://www.fh-fresenius.de

Ilmenau

TU Ilmenau
Zentrale Studien- und Studentenberatung
Max-Planck-Ring 14
98693 Ilmenau
Tel. 0 36 77 / 69-17 61
Fax. 0 36 77 / 69-17 20
http://www.tu-ilmenau.de

Ingolstadt

FH Ingolstadt
Allgemeine Studienberatung
Esplanade 10
85049 Ingolstadt
Tel. 08 41 / 93 48-1 21
Fax. 08 41 / 93 48-4 74
http://www.fh-ingolstadt.de

Iserlohn

FH Südwestfalen
Studentensekretariat
Frauenstuhlweg 31
58644 Iserlohn
Tel. 0 23 71 / 5 66-1 29
Fax. 0 23 71 / 5 66-2 74
http://www.fh-swf.de

Isny/Allgäu

Naturw.-Technische Akademie
Prof. Dr. Grübler GmbH
Studienberatung
Seidenstraße 12–35
88316 Isny/Allgäu
Tel. 0 75 62 / 97 07-0
Fax. 0 75 62 / 97 07-71
http://www.fh-isny.de

Jena

FH Jena
Zentrale Studienberatung
Carl-Zeiss-Promenade 2
07745 Jena
Tel. 0 36 41 / 2 05-1 00
Fax. 0 36 41 / 2 05-1 01
http://www.fh-jena.de

U Jena
Zentrale Studienberatung
Fürstengraben 1
07743 Jena
Tel. 0 36 41 / 93-11 20
Fax. 0 36 41 / 93-11 02
http://www.uni-jena.de

Kaiserslautern

FH Kaiserslautern
Allgemeine Studienberatung
Amerikastraße 1
66482 Zweibrücken
Tel. 0 63 32 / 9 14-0
Fax. 0 63 32 / 9 14-1 05
http://www.fh-kl.de

TU Kaiserslautern
Studienberatungsstelle
Gottlieb-Daimler-Straße, Geb. 47
67663 Kaiserslautern
Tel. 06 31 / 2 05-25 96 / -29 04 / -43 21
Fax. 06 31 / 2 05-43 75
http://www.uni-kl.de

Karlsruhe

Staatliche Akademie der Bildenden Künste
Studienberatung
Reinhold-Frank-Straße 67
76133 Karlsruhe
Tel. 07 21 / 9 26-52 22
Fax. 07 21 / 9 26-52 25
http://www.kunstakademie-karlsruhe.de

FH Karlsruhe – Hochschule für Technik
Zentrum für Information und Beratung (zib)
Zähringerstraße 65
76133 Karlsruhe
Tel. 07 21 / 6 08-49 30
Fax. 07 21 / 6 08-49 02
http://www.fh-karlsruhe.de

Staatliche Hochschule für Gestaltung Karlsruhe
Allgemeine Studienberatung
Lorenzstraße 15
76135 Karlsruhe
Tel. 07 21 / 82 03-0
Fax. 07 21 / 82 03-21 59
http://www.hfg-karlsruhe.de

Hochschule für Musik Karlsruhe
Studienberatung
Wolfartsweierer Straße 7a
76131 Karlsruhe
Tel. 07 21 / 66 29-0
Fax. 07 21 / 66 29-2 66
http://www.hfm-karlsruhe.de

PH Karlsruhe
Prorektor I, Studienangelegenheiten
Bismarckstraße 10
76133 Karlsruhe
Tel. 07 21 / 9 25-40 16
Fax. 07 21 / 9 25-40 10
http://www.ph-karlsruhe.de

U Karlsruhe
Zentrum für Information (zib)
Karlstraße 40, Geb. 02.91
76131 Karlsruhe
Tel. 07 21 / 6 08-49 30
Fax. 07 21 / 6 08-49 02
http://www.uni-karlsruhe.de

Kassel

U Kassel
Studienservice
Mönchebergstraße 19
34109 Kassel
Tel. 05 61 / 8 04-22 09 / -22 05
Fax. 05 61 / 8 04-31 96
http://www.uni-kassel.de

Kempten

FH Kempten
Allgemeine Studienberatung
Immenstädter Straße 69
87435 Kempten
Tel. 08 31 / 25 23-1 05
Fax. 08 31 / 25 23-1 06
http://www.fh-kempten.de

Kiel

FH Kiel
Zentrale Studienberatung
Sokratesplatz 1
24149 Kiel
Tel. 04 31 / 2 10-17 60
Fax. 04 31 / 2 10-6 17 60
http://www.fh-kiel.de

Muthesius-Hochschule, FH für Kunst und Gestaltung
Zentrale Studienberatungsstelle
Lorentzendamm 6–8
24103 Kiel
Tel. 04 31 / 51 98-4 04
Fax. 04 31 / 51 98-4 08
http://www.muthesius.de

U Kiel
Zentrale Studienberatung
Christian-Albrechts-Platz 4
24118 Kiel
Tel. 04 31 / 8 80-74 40
Fax. 04 31 / 8 80-40 08
http://www.uni-kiel.de

Koblenz

FH Koblenz
Studierendensekretariat
Rheinau 3–4
56075 Koblenz
Tel. 02 61 / 95 28-0
Fax. 02 61 / 95 28-567
http://www.fh-koblenz.de

U Koblenz-Landau
Allgemeine Studienberatung Campus Koblenz
Universitätsstraße 1
56070 Koblenz
Tel. 0261 / 2 87-0
Fax. 0261 / 3 75 24
http://www.uni-koblenz-landau.de

Köln

KathFH Nordrhein-Westfalen
Studienberatung
Wörthstraße 10
50668 Köln
Tel. 02 21 / 77 57-1 27
Fax. 02 21 / 77 57-1 80
http://www.kfhnw.de

Deutsche Sporthochschule Köln
Studienberatung und Studienplanung
Carl-Diem-Weg 6
50933 Köln
Tel. 02 21 / 49 82-25 20
Fax. 02 21 / 49 82-82 00
http://www.dshs-koeln.de

FH Köln
Zentrale Studienberatung
Claudiusstraße 1
50678 Köln
Tel. 02 21 / 82 75-34 07 / -34 80
Fax. 02 21 / 82 75-31 85
http://www.fh-koeln.de

Hochschule für Musik Köln
Studiensekretariat
Dagobertstraße 38
50668 Köln

Tel. 02 21 / 91 28 18-0
Fax. 02 21 / 13 12 04
http://www.mhs-koeln.de

Kunsthochschule für Medien Köln
Studiensekretariat
Peter-Welter-Platz 2
50676 Köln
Tel. 02 21 / 2 01 89-0 / -1 19
Fax. 02 21 / 2 01 89-17
http://www.khm.de

Rheinische FH Köln
Allgemeine Studienberatung
Hohenstaufenring 16–18
50674 Köln
Tel. 02 21 / 2 03 02-28
Fax. 02 21 / 2 03 02-45
http://www.rfh-koeln.de

Universität zu Köln
Zentrale Studienberatung
Albertus-Magnus-Platz
50931 Köln
Tel. 02 21 / 4 70-37 89 / -36 06
Fax. 02 21 / 4 70-50 95
http://www.uni-koeln.de

Konstanz

FH Konstanz
Studienberatung
Brauneggerstraße 55
78462 Konstanz
Tel. 0 75 31 / 2 06-0
Fax. 0 75 31 / 2 06-4 00
http://www.fh-konstanz.de

U Konstanz
Zentrale Studienberatung der Uni Konstanz
Universitätsstraße 10
78464 Konstanz
Tel. 0 75 31 / 88-36 36
Fax. 0 75 31 / 88-35 74
http://www.uni-konstanz.de

Krefeld

Hochschule Niederrhein
Studierendenservice, Zentrale Studienberatung
Reinarzstraße 49, Raum AE 7c
47805 Krefeld
Tel. 0 21 51 / 8 22-0
Fax. 0 21 51 / 8 22-6 99
http://www.hs-niederrhein.de

Lahr

AKAD FH Lahr
Hohbergweg 15–17
77933 Lahr
Tel. 0 78 21 / 92 38-50
Fax. 0 78 21 / 92 38-52
http://www.akad.de

AKAD Wissenschaftliche Hochschule
Lahr (WHL)
Studienberatungsstelle
s. Anschrift der AKAD FH
http://www.whl.akad.de

Landshut

FH Landshut
Allgemeine Studienberatung
Am Lurzenhof 1
84036 Landshut
Tel. 08 71 / 5 06-0
Fax. 08 71 / 5 06-5 06
http://www.fh-landshut.de

Leipzig

FH Leipzig
Studienberatung
Gutenbergplatz 1 E
04103 Leipzig
Tel. 03 41 / 2 26 19 30
Fax. 03 41 / 2 26 19 39
http://www.akad.de

FHTelekom Leipzig
Allgemeine Studienberatung
Gustav-Freytag-Straße 43–45
04277 Leipzig
Tel. 03 41 / 30 62-2 70
Fax. 03 41 / 3 01 50 69
http://www.fh-telekom-leipzig.de

Handelshochschule Leipzig (HHL)
Studienangelegenheiten / Prüfungsamt
Jahnallee 59
04109 Leipzig
Tel. 03 41 / 98 51-60
Fax. 03 41 / 4 77 32 43
http://www.hhl.de

Hochschule für Grafik und Buchkunst
Studienberatung
Wächterstraße 11
04107 Leipzig
Tel. 03 41 / 21 35-1 44
Fax. 03 41 / 21 35-1 66
http://www.hgb-leipzig.de

Hochschule für Musik und Theater
»Felix Mendelssohn Bartholdy«
Allgemeine Studienberatung
Grassisstraße 8
04107 Leipzig
Tel. 03 41 / 21 44-55
Fax. 03 41 / 21 44-5 03
http://www.hmt-leipzig.de

Hochschule für Technik, Wirtschaft
und Kultur Leipzig (FH)
Dezernat Studienangelegenheiten
Eichendorffstraße 2
04277 Leipzig
Tel. 03 41 / 30 76-65 08
Fax. 03 41 / 30 76-65 07
http://www.htwk-leipzig.de

U Leipzig
Zentrale Studienberatung
Goethestraße 6
04109 Leipzig
Tel. 03 41 / 97-3 20 44
Fax. 03 41 / 97-3 20 99
http://www.uni-leipzig.de

Lemgo

FH Lippe und Höxter
Studienberatung
Liebigstraße 87
32657 Lemgo
Tel. 0 52 61 / 7 02-2 20 / -2 25 / -2 27 / -2 26
Fax. 0 52 61 / 7 02-2 22
http://www.fh-luh.de

Lübeck

FH Lübeck
Allgemeine Studienberatung
Stephensonstraße 3
23562 Lübeck
Tel. 04 51 / 3 00-6
Fax. 04 51 / 3 00-51 00
http://www.fh-luebeck.de

Musikhochschule Lübeck
Allgemeine Studienberatung
Große Petersgrube 17–29
23552 Lübeck
Tel. 04 51 / 15 05-2 09
Fax. 04 51 / 15 05-3 03
http://www.mh-luebeck.de

Universität zu Lübeck
Studierenden Service Center
Ratzeburger Allee 160
23538 Lübeck
Tel. 04 51 / 5 00-30 09
Fax. 04 51 / 5 00-30 16
http://www.uni-luebeck.de

Ludwigsburg

PH Ludwigsburg
Studiensekretariat
Reuteallee 46
71634 Ludwigsburg
Tel. 0 71 41 / 1 04-2 07 / -2 64 / -2 15 / -2 35
Fax. 0 71 41 / 1 40-4 34
http://www.ph-ludwigsburg.de

Ludwigshafen

Evangelische FH Ludwigshafen
Zulassungsamt
Maxstraße 29
67059 Ludwigshafen
Tel. 06 21 / 5 91 13-0
Fax. 06 21 / 5 91 13-59
http://www.efhlu.de

FH Ludwigshafen
Studienberatung
Ernst-Boehe-Str. 4
67059 Ludwigshafen
Tel. 06 21 / 52 03-1 30 / -1 48
Fax. 06 21 / 52 03-1 96
http://www.fh-ludwigshafen.de

Lüneburg

U Lüneburg
Zentrale Studienberatung
Scharnhorststraße 1, Geb. 8
21335 Lüneburg
Tel. 0 41 31 / 78-12 60
Fax. 0 41 31 / 78-12 69
http://www.uni-lueneburg.de

Magdeburg

U Magdeburg
Zentrale Studienberatung
Universitätsplatz 2
39106 Magdeburg
Tel. 03 91 / 67-1 85 43
Fax. 03 91 / 67-1 11 57
http://www.uni-magdeburg.de

Hochschule Magdeburg-Stendal (FH)
Zentrale Studienberatung
Breitscheidstraße 2
39114 Magdeburg
Tel. 03 91 / 8 86 41 06
Fax. 03 91 / 8 86 46 18
http://www.hs-magdeburg.de

Mainz

FH Mainz
Zentrale Studienberatung
Seppel-Glückert-Passage 10
55116 Mainz
Tel. 0 61 31 / 28 59-7 41
Fax. 0 61 31 / 285 9-7 12
http://www.fh-mainz.de

Katholische FH Mainz
Studienberatung Fachbereich
Praktische Theologie
Postfach 23 40
55013 Mainz
Tel. 0 61 31 / 2 89 44-0
Fax. 0 61 31 / 2 89 44-50
http://www.kfh-mainz.de

U Mainz
Zentrale Studienberatung
Saarstraße 21
55099 Mainz
Tel. 0 61 31 / 39-2 21 22
Fax. 0 61 31 / 39-2 50 04
http://www.uni-mainz.de

Mannheim

FH Mannheim – Hochschule für Sozialwesen
Studienberatung
Ludolf-Krehl-Straße 7–11
68169 Mannheim
Tel. 06 21 / 39 26-0
Fax. 06 21 / 39 26-2 22
http://www.fhs-mannheim.de

FH Mannheim – Hochschule für
Technik und Gestaltung
Studienberatung
Windeckstraße 110
68163 Mannheim
Tel. 06 21 / 2 92-61 11
Fax. 06 21 / 2 92-64 20
http://www.fh-mannheim.de

Staatliche Hochschule für Musik
und Darstellende Kunst
Studienberatungstelle
N 7, 18
68161 Mannheim
Tel. 06 21 / 2 92-35 12
Fax. 06 21 / 2 92-20 72
http://www.muho-mannheim.de

U Mannheim
Studienbüros
L 9, 5
68131 Mannheim
Tel. 06 21 / 1 81-11 77
Fax. 06 21 / 1 81-11 76
http://www.uni-mannheim.de

Marburg

U Marburg
Zentrale Arbeitsstelle für Studienorientierung
und -beratung, ZAS
Biegenstraße 12
35037 Marburg / Lahn
Tel. 0 64 21 / 28-2 60 04 / -2 60 14
Fax. 0 64 21 / 28-2 67 95
http://www.uni-marburg.de

Merseburg

FH Merseburg
Studienberatung
Geusaer Straße 88
06217 Merseburg
Tel. 0 34 61 / 46-0
Fax. 0 34 61 / 46-23 70
http://www.fh-merseburg.de

Mittweida

Hochschule Mittweida (FH)
Dezernat Studentenangelegenheiten
Technikumplatz 17
09648 Mittweida
Tel. 0 37 27 / 58-0
Fax. 0 37 27 / 58-13 79
http://www.htwm.de

Moritzburg

Evangelische FH für Religionspädagogik
und Gemeindediakonie
Studienberatung
Bahnhofstraße 9
01468 Moritzburg
Tel. 03 52 07 / 84-3 00
Fax. 03 52 07 / 84-3 10
http://www.fhs-moritzburg.de

München

Akademie der Bildenden Künste
Studienberatung
Akademiestraße 2
80799 München
Tel. 0 89 / 38 52-0
Fax. 0 89 / 38 52-2 06
http://adbk.mhn.de

FH München
Zentrale Studienberatung
Lothstraße 34
80335 München
Tel. 0 89 / 12 65-11 21 / -12 50 / -13 73
Fax. 0 89 / 12 65-13 42
http://www.fh-muenchen.de

Hochschule für Fernsehen und
Film München
Studienberatung
Frankenthaler Straße 23
81539 München
Tel. 0 89 / 6 89 57-0
Fax. 0 89 / 6 89 57-1 89
http://www.hff-muc.de

Hochschule für Musik und Theater München
Studienberatung
Arcisstraße 12
80333 München
Tel. 0 89 / 2 89-2 74 12

Fax. 0 89 / 2 89-2 74 19
http://www.musikhochschule-muenchen.de

Hochschule für Philosophie
Studienberatung
Kaulbachstraße 31 a
80539 München
Tel. 0 89 / 23 86-23 00
Fax. 0 89 / 23 86-23 02
http://www.hfph.mwn.de

Katholische Stiftungs-FH München
Studienberatung
Preysingstraße 83
81667 München
Tel. 0 89 / 4 80 92-271
Fax. 0 89 / 4 80 19 07
http://www.ksfh.de

TU München
Studenten-Service Zentrum Arbeitsbereich 3: Studienberatung, Stipendien, Gymnasienprogramm
Gabelsbergerstraße 39
80333 München
Tel. 0 89 / 2 89-2 55 01
Fax. 0 89 / 2 89-2 27 35
http://www.tum.de

U München
Zentrale Studienberatung
Ludwigstraße 27
80539 München
Tel. 0 89 / 21 80-23 45 / -23 50
Fax. 0 89 / 21 80-29 67
http://www.uni-muenchen.de

UBw München
Studien- und Prüfungsangelegenheiten
Werner-Heisenberg-Weg 39
85579 Neubiberg
Tel. 0 89 / 60 04-1
Fax. 0 89 / 60 04-35 60
http://www.unibw-muenchen.de

Münster

FH Münster
Zentrale Studienberatung der Universität und der Fachhochschule
Schloßplatz 5
48149 Münster
Tel. 02 51 / 83-2 23 57
Fax. 02 51 / 83-2 20 85
http://www.fh-muenster.de

Kunstakademie Münster
Studienberatung
Leonardo-Campus 2
48149 Münster
Tel. 02 51 / 83 61-2 06
Fax. 02 51 / 83 61-1 02
http://www.kunstakademie-muenster.de

Philosophisch-Theologische Hochschule Münster
Studienberatung
Hohenzollernring 60
48145 Münster
Tel. 02 51 / 4 82 56-0
Fax. 02 51 / 4 82 56-19
http://www.pth-muenster.de

U Münster
Zentrale Studienberatung Dezernat 2.2
Schloßplatz 5
48149 Münster
Tel. 02 51 / 83-2 23 57
Fax. 02 51 / 83-2 20 85
http://www.uni-muenster.de

Neubrandenburg

FH Neubrandenburg
Zentrale Studienberatung
Brodaer Straße 2
17033 Neubrandenburg
Tel. 03 95 / 56 93-1 21
Fax. 03 95 / 56 93-1 29
http://www.fh-nb.de

Neuendettelsau

Augustana-Hochschule
Studienberatung
Waldstraße 15 a
91564 Neuendettelsau
Tel. 0 98 74 / 5 09-0
Fax. 0 98 74 / 5 09-5 55
http://www.augustana.de

Neu-Ulm

FH Neu-Ulm
Studienberatungsstelle
Steubenstraße 17
89231 Neu-Ulm
Tel. 07 31 / 97 62-1 03
Fax. 07 31 / 97 62-1 65
http://www.fh-neu-ulm.de

Osnabrück

Katholische FH Norddeutschland
Zentrale Studienberatung
Detmarstraße 2-8
49074 Osnabrück
Tel. 05 41 / 3 58 85-0
Fax. 05 41 / 3 58 85-35
http://www.kath-fh-nord.de

Nordhausen

FH Nordhausen
Studien-Service-Zentrum
Weinberghof 4
99734 Nordhausen
Tel. 0 36 31 / 4 20-2 22
Fax. 0 36 31 / 4 20-8 11
http://www.fh-nordhausen.de

Nürnberg

Akademie der Bildenden Künste in Nürnberg
Studienberatung
Bingstraße 60
90480 Nürnberg
Tel. 09 11 / 94 04-0
Fax. 09 11 / 94 04-1 50
http://www.adbk-nuernberg.de

Evangelische FH Nürnberg
Studienberatung
Bärenschanzstraße 4
90429 Nürnberg
Tel. 09 11 / 2 72 53-6
Fax. 09 11 / 2 72 53-7 99
http://www.evfh-nuernberg.de

FH Nürnberg
Zentrale Studienberatung
Keßlerstraße 16
90489 Nürnberg
Tel. 09 11 / 58 80-43 27 / -43 28
Fax. 09 11 / 58 80-83 27
http://www.fh-nuernberg.de

HfM Nürnberg-Augsburg
Studienberatung
Veilhofstraße 34
90489 Nürnberg
Tel. 09 11 / 2 31-84 43
Fax. 09 11 / 2 31-76 97
http://www.hfm-n-a.de

Nürtingen

FH Nürtingen
Studienberatung
Neckarsteige 6–10
72622 Nürtingen
Tel. 0 70 22 / 2 01-3 73
Fax. 0 70 22 / 2 01-3 03
http://www.fh-nuertingen.de

FH für Kunsttherapie Nürtingen
Studienberatung
Sigmaringer Straße 15
72622 Nürtingen
Tel. 0 70 22 / 9 33 36-13
Fax. 0 70 22 / 9 33 36-23
http://www.fhkt.de

Oberursel

Lutherische Theologische Hochschule
Oberursel
Altkönigstraße 150
61440 Oberursel
Tel. 0 61 71 / 91 27-0
Fax. 0 61 71 / 91 27-70
http://www.lthh-oberursel.de

Oestrich-Winkel

European Business School (EBS)
Studienberatung
Schloss Reichartshausen
65375 Oestrich-Winkel
Tel. 0 67 23 / 69-0
Fax. 0 67 23 / 69-1 33
http://www.ebs.de

Offenbach

HfGest Offenbach
Allgemeine Studienberatungsstelle
Schloßstraße 31
63065 Offenbach
Tel. 0 69 / 8 00 59-0
Fax. 0 69 / 8 00 59-1 09
http://www.hfg-offenbach.de

Offenburg

FH Offenburg
Zentrale Studienberatung
Badstraße 24
77652 Offenburg
Tel. 07 81 / 2 05-0
Fax. 07 81 / 2 05-2 14 / -3 33
http://www.fh-offenburg.de

Oldenburg

FH Oldenburg/Ostfriesland/Wilhelmshaven
Zentrale Studienberatung
Constantiaplatz 4
26723 Emden
Tel. 01 80 / 56 78 07-13 77
Fax. 01 80 / 56 78 07-10 00
http://www.fh-oow.de

U Oldenburg
Zentrale Studienberatung
Uhlhornsweg 49–55
26111 Oldenburg
Tel. 04 41 / 7 98-44 05
Fax. 04 41 / 7 98-37 22
http://www.uni-oldenburg.de

Osnabrück

FH Osnabrück
Zentrale Studienberatungsstelle
Neuer Graben 19–21
49076 Osnabrück
Tel. 05 41 / 9 69-49 99
Fax. 05 41 / 9 69-47 92
http://www.fh-osnabrueck.de

U Osnabrück
Zentrale Studienberatungsstelle
Neuer Graben 19–21
49069 Osnabrück
Tel. 05 41 / 9 69-41 39
Fax. 05 41 / 9 69-47 92
http://www.uni-osnabrueck.de

Ottersberg

FH Ottersberg
Am Wiestebruch 68
28870 Ottersberg
Tel. 0 42 05 / 39 49-0
Fax. 0 42 05 / 39 49-79
http://www.fh-ottersberg.de

Paderborn

FH der Wirtschaft Paderborn
Zentrale Studienberatung

Fürstenallee 3–5
33102 Paderborn
Tel. 0 52 51 / 3 01-02
Fax. 0 52 51 / 3 01-1 88
http://www.fhdw.de

Theologische Fakultät Paderborn
Studienberatung
Kamp 6
33098 Paderborn
Tel. 0 52 51 / 1 21-6
Fax. 0 52 51 / 1 21-7 00
http://www.paderborn.de/theofak

U Paderborn
Zentrale Studienberatungsstelle
Warburger Straße 100
33098 Paderborn
Tel. 0 52 51 / 60-20 07
Fax. 0 52 51 / 60-35 32
http://www.uni-paderborn.de

Passau

U Passau
Zentrale Studienberatung
Innstraße 41
94032 Passau
Tel. 08 51 / 5 09-11 52 / -11 53 / -11 50 / -11 51
Fax. 08 51 / 5 09-11 02
http://www.uni-passau.de

Pforzheim

FH Pforzheim
Allgemeine Studienberatung
Tiefenbronner Straße 65
75175 Pforzheim
Tel. 0 72 31 / 28-5
Fax. 0 72 31 / 28-66 66
http://www.fh-pforzheim.de

Plauen

FH Plauen
Studienberatungsstelle
Rückertstraße 35
08525 Plauen
Tel. 0 37 41 / 5 50-7 30
Fax. 0 37 41 / 5 50-7 33
http://www.fh-plauen.de

Potsdam

FH Potsdam
Studienangelegenheiten/
Beratung
Postfach 60 06 08
14406 Potsdam
Tel. 03 31 / 5 80-00
Fax. 03 31 / 5 80-29 99
http://www.fh-potsdam.de

U Potsdam
Zentrale Studienberatung
Am Neuen Palais 10
14469 Potsdam
Tel. 03 31 / 9 77-17 15
Fax. 03 31 / 9 77-10 65
http://www.uni-potsdam.de

Hochschule für Film und Fernsehen
»Konrad Wolf«
Allgemeine Studienberatung
Marlene-Dietrich-Allee 11
14482 Potsdam
Tel. 03 31 / 62 02-0
Fax. 03 31 / 62 02-5 49
http://www.hff-potsdam.de

Regensburg

FH Regensburg
Allgemeine Studienberatung
Seybothstraße 2
93053 Regensburg

Tel. 09 41 / 9 43-02
Fax. 09 41 / 9 43-14 22
http://www.fh-regensburg.de

Hochschule für Katholische Kirchenmusik und Musikpädagogik
Studienberatungsstelle
Andreasstraße 9
93059 Regensburg
Tel 09 41 / 8 30 09-0
Fax. 09 41 / 8 30 09-46
http://www.hfkm-regensburg.de

U Regensburg
Zentralstelle für Studienberatung
Universitätsstraße 31
93053 Regensburg
Tel. 09 41 / 9 43-22 18
Fax. 09 41 / 9 43-24 15
http://www.uni-regensburg.de

Reutlingen

FH Reutlingen – Hochschule für Technik und Wirtschaft
Zentrale Studienberatung
Alteburgstraße 150
72762 Reutlingen
Tel. 0 71 21 / 2 71-0
Fax. 0 71 21 / 2 71-6 88
http://www.fh-reutlingen.de

Evangelische FH Reutlingen-Ludwigsburg
Studienberatung
Auf der Karlshöhe 2
71638 Ludwigsburg
Tel. 0 71 41 / 9 65-0
Fax. 0 71 41 / 9 65-2 34
http://www.efh-reutlingen-ludwigsburg.de

Riedlingen

FernFH Riedlingen
Studentensekretariat
Robert-Bosch-Str. 23
88499 Riedlingen
Tel. 0 73 71 / 93 15-0
Fax 0 73 71 / 93 15-15
http://www.fh-riedlingen.de

Rosenheim

FH Rosenheim
Allgemeine Studienberatung
Hochschulstraße 1
83024 Rosenheim
Tel. 0 80 31 / 8 05-0
Fax. 0 80 31 / 8 05-105
http://www.fh-rosenheim.de

Rostock

Hochschule für Musik und Theater Rostock
Studienberatung
Beim St.-Katharinenstift 8
18055 Rostock
Tel. 03 81 / 51 08-0
Fax. 03 81 / 51 08-1 01
http://www.hmt-rostock.de

U Rostock
Allgemeine Studienberatung und Careers Service
Schwaansche Straße 5
18055 Rostock
Tel. 03 81 / 4 98-12 40
Fax. 03 81 / 4 98-12 41
http://www.uni-rostock.de

Rottenburg am Neckar

FH Rottenburg
Prüfungsamt
Schadenweilerhof
72108 Rottenburg am Neckar
Tel. 0 74 72 / 9 51-0
Fax. 0 74 72 / 9 51-2 00
http://www.fh-rottenburg.de

Saarbrücken

Hochschule der Bildenden Künste Saar
Keplerstraße 3–5
66117 Saarbrücken
Tel. 06 81 / 9 26 52-1 70
Fax. 06 81 / 9 26 52-1 12
http://www.hbks.uni-sb.de

Hochschule für Musik Saar
Studienberatung
Bismarckstraße 1
66111 Saarbrücken
Tel. 06 81 / 9 67 31-0
Fax. 06 81 / 9 67 31-30
http://www.hfm.saarland.de

HTW Saarbrücken
Studierendensekretariat
Goebenstraße 40
66117 Saarbrücken
Tel. 06 81 / 58 67-0
Fax. 06 81 / 58 67-1 22
http://www.htw-saarland.de

Katholische Hochschule für Soziale Arbeit
Studienberatung
Rastpfuhl 12 a
66113 Saarbrücken
Tel. 0681 / 9 71 32-0
Fax. 0681 / 9 71 32 40
http://www.khsa.de

U Saarbrücken
Zentrum für Studienberatung, Weiterbildung und Fernstudium (Studienzentrum)
Campus, Gebäude 41
66123 Saarbrücken
Tel. 06 81 / 3 02-35 13
Fax. 06 81 / 3 02-45 26
http://www.uni-saarland.de

Sankt Augustin

Philosophisch-Theologische Hochschule Sankt Augustin
Studienberatung
Arnold-Janssen-Straße 30
53754 Sankt Augustin
Tel. 0 22 41 / 2 37-4 36
Fax. 0 22 41 / 2 37-2 04
http://www.philtheol-augustin.de

Schmalkalden

FH Schmalkalden
Allgemeine Studienberatung
Blechhammer
98574 Schmalkalden
Tel. 0 36 83 / 6 88-0
Fax. 0 36 83 / 6 88-19 99
http://www.fh-schmalkalden.de

Schwäbisch Gmünd

FH Schwäbisch Gmünd – Hochschule für Gestaltung
Studienberatung
Rektor-Klaus-Straße 100
73525 Schwäbisch Gmünd
Tel. 0 71 71 / 6 02-6 00
Fax. 0 71 71 / 6 92 59
http://www.hfg-gmuend.de

PH Schwäbisch Gmünd
Studienberatung
Oberbettringer Straße 200
73525 Schwäbisch Gmünd
Tel. 0 71 71 / 9 83-0
Fax. 0 71 71 / 9 83-2 12
http://www.ph-gmuend.de

Senftenberg

FH Lausitz
Dezernat 2
Großenhainer Straße 57
01968 Senftenberg
Tel. 0 35 73 / 85-0
Fax. 0 35 73 / 85-2 09
http://www.fh-lausitz.de

Siegen

U Siegen
Zentrale Studienberatungsstelle
Hölderlinstraße 3
57068 Siegen
Tel. 02 71 / 7 40-31 16 / -31 17 / -43 00, -47 52
Fax. 02 71 / 7 40-44 73
http://www.uni-siegen.de

Speyer

Deutsche Hochschule für Verwaltungswissenschaften Speyer
Freiherr-vom-Stein-Straße 2
67346 Speyer
Tel. 0 62 32 / 6 54-2 49
Fax. 0 62 32 / 6 54-2 08
http://www.dhv-speyer.de

Stralsund

FH Stralsund
Studienberatung
Zur Schwedenschanze 15
18435 Stralsund
Tel. 0 38 31 / 45-5
Fax. 0 38 31 / 45-66 80
http://www.fh-stralsund.de

Stuttgart

Staatliche Akademie der Bildenden Künste Stuttgart
Zentrale Studienberatung
Am Weißenhof 1
70191 Stuttgart
Tel. 07 11 / 2 84 40-1 26
Fax. 07 11 / 2 84 40-2 25
http://www.abk-stuttgart.de

U Hohenheim
Zentrale Studienberatung
Schloss – Kolleggangflügel
70599 Stuttgart
Tel. 07 11 / 4 59-20 64
Fax. 07 11 / 4 59-37 23
http://www.uni-hohenheim.de

FH Stuttgart – Hochschule der Medien
Zentrale Studienberatung
Nobelstraße 10
70569 Stuttgart
Tel. 07 11 / 6 85-28 07
Fax. 07 11 / 6 85-66 50
http://www.hdm-stuttgart.de

Staatliche Hochschule für Musik und Darstellende Kunst Stuttgart
Studienberatung
Urbanstraße 2
70182 Stuttgart
Tel. 07 11 / 2 12-46 34
Fax. 07 11 / 2 12-46 39
http://www.mh-stuttgart.de

FH Stuttgart – Hochschule für Technik
Studentensekretariat
Postfach 10 14 52
70013 Stuttgart
Tel. 07 11 / 1 21-26 62
Fax. 07 11 / 1 21-26 66
http://www.hft-stuttgart.de

Merz Akademie – Hochschule für Gestaltung
Teckstraße 58
70190 Stuttgart
Tel. 07 11 / 2 68 66-0
Fax. 07 11 / 2 68 66-21
http://www.merz-akademie.de

U Stuttgart
Zentrale Studienberatung
Geschwister-Scholl-Straße 24
70174 Stuttgart
Tel. 07 11 / 1 21-21 33
Fax. 07 11 / 1 21-22 56
http://www.uni-stuttgart.de

Trier

FH Trier
Allgemeine Studienberatung

Schneidershof
54293 Trier
Tel. 0 67 81 / 81 03-0
Fax. 0 67 81 / 81 03-3 33
http://www.fh-trier.de

Theologische Fakultät Trier
Studienberatung
Universitätsring 19
54296 Trier
Tel. 06 51 / 2 01-35 20
Fax. 06 51 / 2 01-39 51
http://www.uni-trier.de/uni/theo/

U Trier
Zentrale Studienberatung
Universitätsring 15
54296 Trier
Tel. 06 51 / 2 01-27 98 / -27 99
Fax. 06 51 / 2 01-38 64
http://www.uni-trier.de

Trossingen

Staatliche Hochschule für Musik Trossingen
Referat Studienberatung
Schultheiß-Koch-Platz 3
78647 Trossingen
Tel. 0 74 25 / 94 91-0
Fax. 0 74 25 / 94 91-48
http://www.mh-trossingen.de

Tübingen

Hochschule für Kirchenmusik
Studienberatung
Gartenstraße 12
72074 Tübingen
Tel. 0 70 71 / 9 25-9 97
Fax. 0 70 71 / 9 25-9 98
http://www.kirchenmusikhochschule.de

U Tübingen
Akademisches Beratungszentrum,
Bereich Zentrale Studienberatung
Wilhelmstraße 11
72074 Tübingen
Tel. 0 70 71 / 29-7 25 55
Fax. 0 70 71 / 29-42 59
http://www.uni-tuebingen.de

Ulm

FH Ulm
Studentensekretariat
Prittwitzstraße 10
89075 Ulm
Tel. 07 31 / 50-2 08
Fax. 07 31 / 50-2 82 70
http://www.fh-ulm.de

U Ulm
Zentrale Studienberatung
Robert-Koch-Straße 2/1
89081 Ulm
Tel. 07 31 / 50-2 20 53
Fax. 07 31 / 50-2 20 74
http://www.uni-ulm.de

Vallendar

Philosophisch-Theologische Hochschule
Vallendar
Studiensekretariat
Pallottistraße 3
56179 Vallendar
Tel. 02 61 / 64 02-2 60
Fax. 02 61 / 64 02-3 00
http://www.pthv.de

Wissenschaftliche Hochschule für
Unternehmensführung (WHU)
Studienberatung
Burgplatz 2
56179 Vallendar
Tel. 02 61 / 65 09-5 11 / -5 12
Fax. 02 61 / 65 09-5 19
http://www.whu.edu

Vechta

Hochschule Vechta (Universität)
Studienberatung
Driverstraße 22
49377 Vechta
Tel. 0 44 41 / 15-3 78
Fax. 0 44 41 / 15-4 57
http://www.uni-vechta.de

Private Fachhochschule für Wirtschaft
und Technik Vechta/Diepholz
Studienberatung
Rombergstraße 40
49377 Vechta
Tel. 0 44 41 / 9 15-0
Fax. 0 44 41 / 9 15-1 09
http://www.fhwt.de

Wedel

FH Wedel
Studienberatung
Feldstraße 143
22880 Wedel
Tel. 0 41 03 / 80 48-0
Fax. 0 41 03 / 80 48-39
http://www.fh-wedel.de

Weimar

Hochschule für Musik »Franz Liszt«
Abteilung Akademische und Studentische
Angelegenheiten
Platz der Demokratie 3
99423 Weimar
Tel. 0 36 43 / 5 55-0
Fax. 0 36 43 / 5 55-1 17
http://www.hfm-weimar.de

U Weimar
Allgemeine Studienberatung
Marienstraße 9
99423 Weimar
Tel. 0 36 43 / 58-11 31
Fax. 0 36 43 / 58-11 29
http://www.uni-weimar.de

Weingarten

FH Ravensburg-Weingarten
Zentrale Studienberatung
der Hochschulregion Konstanz
Universitätsstraße 10
78464 Konstanz
Tel. 0 75 31 / 88-36 36
Fax. 0 75 31 / 88-35 74
http://www.fh-weingarten.de

PH Weingarten
Zentrale Studienberatung
Kirchplatz 2
88250 Weingarten
Tel. 07 51 / 5 01-0
Fax. 07 51 / 5 01-2 00
http://www.ph-weingarten.de

Wernigerode

Hochschule Harz (FH)
Studienberatung
Friedrichstraße 57–59
38855 Wernigerode
Tel. 0 39 43 / 6 59-1 27
Fax. 0 39 43 / 6 59-1 22
http://www.hs-harz.de

Wiesbaden

FH Wiesbaden
Zentrale Studienberatung
Kurt-Schumacher-Ring 18
65197 Wiesbaden
Tel. 06 11 / 94 95-1 36
Fax. 06 11 / 94 95-2 80
http://www.fh-wiesbaden.de

Wildau

TFH Wildau
Allgemeine Studienberatung
Bahnhofstraße
15745 Wildau
Tel. 0 33 75 / 5 08-6 08
Fax. 0 33 75 / 5 00-1 18
http://www.tfh-wildau.de

Wismar

H Wismar
Allgemeine Studienberatung
Philipp-Müller-Straße 14
23966 Wismar
Tel. 0 38 41 / 7 53-2 12
Fax. 0 38 41 / 7 53-4 44
http://www.hs-wismar.de

Witten

U Witten/Herdecke
Studienberatung
Alfred-Herrhausen-Straße 50
58448 Witten
Tel. 0 23 02 / 9 26-0
Fax. 0 23 02 / 9 26-4 07
http://www.uni-wh.de

Worms

FH Worms
Studiensekretariat
Erenburgerstraße 19
67549 Worms
Tel. 0 62 41 / 5 09-2 49
Fax. 0 62 41 / 5 09-2 22
http://www.fh-worms.de

Wuppertal

Kirchliche Hochschule Wuppertal
Studienberatung
Missionsstraße 9b
42285 Wuppertal
Tel. 02 02 / 28 20-1 00
Fax. 02 02 / 28 20-1 01
http://www.kiho.uni-wuppertal.de

U Wuppertal
Zentrale Studienberatungsstelle
Gaußstraße 20
42119 Wuppertal
Tel. 02 02 / 4 39-25 95 / -25 96
Fax. 02 02 / 4 39-25 97
http://www.uni-wuppertal.de

Würzburg

Hochschule für Musik Würzburg
Studienberatung
Hofstallstraße 6–8
97070 Würzburg
Tel. 09 31 / 3 21 87-2 15
Fax. 09 31 / 3 21 87-2 40
http://www.hfm-wuerzburg.de

U Würzburg
Zentrale Studienberatung
Sanderring 2
97070 Würzburg
Tel. 09 31 / 31-29 15 / -29 14 / -29 16 / -29 17
Fax. 09 31 / 31-26 03
http://www.uni-wuerzburg.de

FH Würzburg-Schweinfurt
Allgemeine Studienberatung
Münzstraße 12
97070 Würzburg
Tel. 09 31 / 35 11-0
Fax. 09 31 / 35 11-3 41
http://www.fh-wuerzburg.de

Zittau

Internationales Hochschulinstitut Zittau
Studienberatung
Markt 23
02763 Zittau

Tel. 0 35 83 / 77 15-0
Fax. 0 35 83 / 77 15-34
http://www.ihi-zittau.de

Hochschule Zittau/Görlitz (FH)
Akademische Verwaltung / Studienberatung
Theodor-Körner-Allee 16
02763 Zittau
Tel. 0 35 83 / 61-15 05
Fax. 0 35 83 / 51 06 26
http://www.hs-zigr.de

Zwickau

Westsächsische Hochschule Zwickau (FH)
Dezernat Studienangelegenheiten/
Studienberatung
Dr.-Friedrichs-Ring 2 A
08056 Zwickau
Tel. 03 75 / 5 36-11 84
Fax. 03 75 / 5 36-16 32
http://www.fh-zwickau.de

Von Archäologie bis Zahnmedizin: 180 Studienfächer im Überblick

An den deutschen Hochschulen können etwa 180 verschiedene Studienfächer studiert werden. Diese Vielzahl von Einzeldisziplinen von A (Architektur) über M (Mittellateinische Philologie) bis Z (Zentralasienkunde) muss vielen wie ein großer Supermarkt vorkommen. Aber 80 Prozent der Fächer sind Schülern und Eltern meist überhaupt nicht oder nur vom Hörensagen bekannt. Vor diesem Angebot stehen unsere künftigen Studierenden, unschlüssig – wie könnte es anders sein –, welches Fach oder welche Fächer sie studieren sollen und für welche Richtung sie die entsprechende Eignung mitbringen.

Wenn Sie schon andere Bücher zum Thema Studien- und Berufswahl gelesen haben, können Sie jetzt erleichtert aufatmen: Sie bekommen hier nicht in schöner alphabetischer Reihenfolge die 180 Fächer präsentiert, sodass Sie am Ende von einigen 100 Seiten Tibetologie und Tierheilkunde nicht mehr voneinander unterscheiden können. Wir haben, um einen Weg durch diesen Fächerdschungel zu finden, die rund 180 Studienfächer zu Fächergruppen nach übergeordneten Gesichtspunkten geordnet. So wissen Sie jederzeit, um welche Fächer es geht und welche benachbart sind.

Wichtige Information: Allerdings können wir Ihnen nicht für jedes Fach sämtliche Hochschulen nennen, die dieses anbieten. Unser Platz ist begrenzt. Wir wollen Ihnen mehr bieten als nur eine Auflistung der Fächer und der Hochschulen, an denen sie studiert werden können, nämlich gute Entscheidungshilfen. Außerdem ist Ihre Zeit begrenzt und die Lust am Lesen ebenso. Wir beschränken uns deshalb darauf zu erwähnen, an welchen Hochschultypen die jeweilige Fächergruppe bevorzugt angeboten wird. Wenn Sie nachsehen wollen, an welchen Hochschulen etwa Kunstgeschichte studiert werden kann, verweisen wir Sie auf unser Buch Studieren, aber wo?, *in dem Sie außerdem noch zusätzlich jede Menge nützliche Informationen zu der Hochschule, zur Stadt und zur Region erhalten.*

Die Studienfächer lassen sich in zwölf Fächergruppen einteilen:
- Sprach-, literatur- und kulturwissenschaftliche Fächer
- Theologische Fächer
- Mathematik und Naturwissenschaften
- Agrar-, Forst- und Ernährungswissenschaften
- Medizinische Fächer
- Technische und ingenieurwissenschaftliche Fächer
- Rechts-, Wirtschafts- und Gesellschaftswissenschaften
- Sozialwesen
- Pädagogik/Erziehungswissenschaft
- Informationswissenschaften
- Freie und Angewandte Kunst sowie Musik
- Sport und Gesundheit

Sprach-, literatur- und kulturwissenschaftliche Fächer

Die Sprach-, Literatur- und Kulturwissenschaften sind, was die Zahl der Einzelfächer anbelangt, die größte Fächergruppe. Sie beschäftigen sich mit einzelnen Sprachen und deren Entwicklungen sowie mit historischen Bezügen von Sprache, Literatur und Kultur.

Das Studium der Sprach- und Literaturwissenschaften ist auf das Erlernen von Sprachen, auf die

Entwicklung von Sprachen (Sprachgeschichte) und Sprachsystemen, auf den Aufbau von Sprachen (Sprachwissenschaft) und auf literarische Erzeugnisse (Literaturwissenschaft) ausgerichtet. Man nennt diese Fächergruppe auch Philologien.

Diese Fächer werden nicht isoliert studiert, sondern je nach Hochschule in Magisterstudiengängen mit einem weiteren Hauptfach oder (am häufigsten) mit zwei Nebenfächern kombiniert. An Nebenfächern kann man die wählen, die an der Hochschule angeboten und in der Studienordnung, in der unter anderem die Nebenfächer und die Leistungsnachweise bis zur Abschlussprüfung festgelegt sind, als solche ausgewiesen werden.

Im Studium erlernt man eine oder mehrere Sprachen, beschäftigt sich mit der Entwicklung dieser Sprache oder Sprachen, mit ihrem Aufbau und System, mit sprachlichen Quellen und Dokumenten sowie mit den geschichtlichen und kulturellen Bezügen dieser Sprachen.

Das Studium kann nach etwa fünf bis sieben Jahren abgeschlossen werden. Der Abschluss ist der Magister Artium (weibliche Form Magistra Artium). Beides heißt übersetzt Meister/in der Künste.

Ausgenommen sind hiervon die Lehramtsstudiengänge, die mit einem Staatsexamen abschließen.

Rund zwölf Prozent der neuen Bachelor- und Masterstudiengänge entfallen derzeit auf diese Fächergruppe. Verliehen wird der Bachelor of Arts und der Master of Arts. Wer sich entschließt, einen Bachelorstudiengang aufzunehmen, hat mehrere Optionen: Er hat die Wahl zwischen Bachelorstudiengängen, in denen er oder sie sich auf ein Fach konzentriert (Ein-Fach-Bachelor) oder in denen zum Bachelorhauptfach ein zweites Hauptfach hinzugewählt werden kann. Im Anschluss an ein drei- bis vierjähriges Bachelorstudium besteht die Möglichkeit, ein ein- bis zweijähriges Masterstudium anzuschließen.

Auch führen Bachelor- und Masterstudiengänge bereits in den staatlichen Schuldienst. In einem Modellversuch des Landes Nordrhein-Westfalen (Ruhr-Universität Bochum) etwa kann nach Abschluss eines Bachelorstudienganges ein auf das Berufsfeld Schule ausgerichtetes Masterstudium folgen, muss also die Entscheidung für den Lehrberuf erst nach drei Studienjahren fallen und nicht schon wie bei den Staatsexamensstudiengängen zu Beginn des Studiums. Beispiel Land Berlin: Ab dem Wintersemester 2004/2005 hat das Land Berlin die Ausbildung von Lehrern neu geordnet. Künftige Lehrer/innen belegen Bachelorstudiengänge mit einer für ein Lehramt geeigneten Fächerkombination. Während des Studiums sind als berufsfeldbezogene Zusatzqualifikation erziehungswissenschaftliche und fachdidaktische Inhalte zu belegen. Nach Erwerb des Bachelorgrads schließt sich ein lehramtsbezogener Masterstudiengang an.

Eine Besonderheit innerhalb der Gruppe der sprach-, literatur- und kulturwissenschaftlichen Fächer sind die Studiengänge der Angewandten Sprachwissenschaft (Übersetzen, Dolmetschen). Bei diesen Fächern spielen Sprachgeschichte und Sprachkultur keine entscheidende Rolle. Die Ausbildung soll die Studierenden in die Lage versetzen, gegenwärtige Fremdsprachen einschließlich Fachsprachen entweder in schriftlicher (Übersetzen) oder in mündlicher Form (Dolmetschen) zu übertragen. Diese Studiengänge schließen mit einem Diplom, einem Bachelor- oder einem Mastergrad ab.

Die Kulturwissenschaften beschäftigen sich entweder mit historischen, das heißt heute nicht mehr bestehenden Kulturen, oder mit noch bestehenden Kulturen in ihrer Entwicklung und in ihren Auswirkungen auf gegenwärtige Kulturen. Der Begriff Kultur ist dabei in einem sehr weiten Sinne als die Vielfalt menschlicher Kulturäußerungen wie Geschichte, Philosophie, Kunst, Musik, Literatur, Religion, Gesellschaft, Brauchtum usw. zu verstehen. Solche Fächer beziehen sich auf eine Epoche (z. B. Antike), auf einzelne Regionen (z. B. deutsche Geschichte) oder auf eine Kulturäußerung (z. B. Kunstgeschichte oder Philosophie).

Diese Fächergruppe wird häufig auch Geisteswissenschaften oder Buchwissenschaften genannt.

Wir werden den (alten) Begriff Geisteswissenschaften aber nicht verwenden, weil auch alle anderen Studienfächer geistige Bezüge und intellektuelle Anforderungen haben. Der Begriff Buchwissenschaften ist schon passender, weil bei all diesen Fächern das Lesen von Büchern (Literaturbücher, wissenschaftliche Fachbücher) im Mittelpunkt des Studiums steht. Da auch in allen anderen Studienfächern Bücher gelesen werden, sprechen wir besser von Sprach-, Literatur- und Kulturwissenschaften.

Die Fächergruppe *Sprach-, Literatur- und Kulturwissenschaften* lässt sich in zwei Untergruppen einteilen:

Die erste Untergruppe heißt *sprach- und literaturwissenschaftliche Fächer Europas und Nordamerikas.* Hierzu gehören folgende Einzelfächer:

- Amerikanistik (Sprache, Geschichte, Literatur und Kultur Nordamerikas)
- Kanadistik (Sprache, Geschichte, Literatur und Kultur Kanadas)
- Anglistik (Sprache, Literatur, Kultur und Geschichte Englands und der von England geprägten Welt)
- Balkanologie (Sprachen und Kulturen der Balkanländer)
- Baltische Philologie (Sprachen und Kulturen der heutigen Länder Estland, Lettland, Litauen und angrenzender Regionen)
- Byzantinistik (Sprache und Kulturen des oströmischen Reiches bis zur Eroberung durch die Türken im 16. Jahrhundert)
- Finno-Ugristik (die ursprünglich verwandten Sprachen und Kulturen Finnlands und Ungarns),
- Germanistik (deutsche Sprache und Literatur)
- Niederländische Philologie (niederländische Sprache, Literatur und Kultur), auch Niederlandistik genannt
- Skandinavistik/Nordistik (Sprachen und Kulturen der nordeuropäischen Länder)
- Keltologie (keltische Sprachen und Kulturen)
- Klassische Philologie (Latein, Griechisch)
- Mittellateinische Philologie (lateinische Sprache im Mittelalter)
- Neugriechisch
- Vergleichende Literaturwissenschaft (Vergleich von verschiedenen Literaturen)
- Romanistik (Sprachen und Kulturen der romanischen Welt wie Französisch, Italienisch, Spanisch, Portugiesisch oder Rumänisch)
- Slawistik (slawische Sprachen und Kulturen wie Russisch, Polnisch, Tschechisch)
- Allgemeine Sprachwissenschaft (Vergleich von verschiedenen Sprachen und Sprachsystemen)
- Angewandte Sprachwissenschaft (Übersetzen, Dolmetschen)

Die zweite Untergruppe sind die *außereuropäischen Sprachen und Kulturen*, die sich noch einmal in vier weitere Untergruppen unterteilen lassen.

Die erste dieser Untergruppen sind die *Sprachen und Kulturen der Alten Welt*. Hierbei handelt es sich um alte orientalische Kulturen, die heute nicht mehr bestehen. Hierzu gehören:

- Ägyptologie (ägyptische Sprachen und Kulturen von der Pharaonenzeit bis zur griechisch-römischen Zeit)
- Koptologie (Sprache und Geschichte der Christen in Ägypten, auch Kopten genannt)
- Altorientalistik/Assyriologie (die alten Kulturen der Babylonier und der Sumerer)
- Hethitologie (Sprache und Kultur der alten Hethiter)
- Vorderasiatische Altertumswissenschaft
- Altamerikanistik (altamerikanische Indianersprachen und -kulturen)
- Keilschriftkunde (Schriftkunde des vorderasiatischen Altertums)

- Papyrologie (befasst sich mit den schriftlichen Quellen der Spätzeit Ägyptens bis in die arabische Zeit)

Die zweite Untergruppe sind die *Sprachen und Kulturen des Vorderen Orients und Afrikas*. Im Einzelnen handelt es sich um folgende Studienfächer:
- Afrikanistik (afrikanische Sprachen und Kulturen)
- Orientalistik (Sprachen und Kulturen des Orients)
- Iranistik (Sprachen und Kulturen des Persischen Reiches)
- Islamwissenschaft (Sprachen und Kulturen der vom Islam geprägten Welt)
- Arabistik (arabische Sprachen und Kulturen)
- Semitistik (semitische Sprachen und Kulturen)
- Turkologie (Sprachen und Kulturen der asiatischen Turkvölker)
- Wissenschaft vom Christlichen Orient (christliche Kulturen im Orient)
- Judaistik (Sprache, Kultur und Geschichte der Juden)

Das Studienfach, das sich mit *Sprachen und Kulturen des indischen Subkontinents* (heutige Staaten Indien, Pakistan, Bangladesch, Sri Lanka, Afghanistan, Nepal) beschäftigt, heißt Indologie. Zu den Sprachen und Kulturen Südostasiens gehören:
- Südostasienwissenschaft (südostasiatische Sprachen und Kulturen)
- Sprachen und Kulturen Austronesiens (Sprachen und Kulturen der Südsee)
- Birmaistik (Sprachen und Kulturen des Birmareiches)
- Malayologie und Indonesisch (alt-malayische und neu-indonesische Sprachen und Kulturen)
- Thailändisch (Geschichte, Kultur und Sprache der Thai-Völker)
- Vietnamistik (Sprachen und Kulturen Vietnams)

Die letzte Untergruppe innerhalb der sprach- und literaturwissenschaftlichen Fächer sind die *Sprachen und Kulturen Zentral- und Ostasiens*, wozu im Einzelnen gehören:
- Koreanistik (Sprache und Kultur Koreas)
- Japanologie (japanische Sprache und Kultur)
- Sinologie (chinesische Sprache und Kultur)
- Altaistik
- Manjuristik
- Mongolistik
- Tibetologie (diese vier zuletzt genannten Fächer beschäftigen sich mit zentralasiatischen Sprachen und Kulturen)

Unter dem Begriff *Kulturwissenschaften* werden die Fächer zusammengefasst, bei denen nicht das Erlernen der jeweiligen Kultursprachen, sondern die Beschäftigung mit geschichtlichen und kulturellen Gesichtspunkten im Vordergrund des Studiums steht. Hierzu zählen:
- Archäologie (klassische, christliche, Provinzialarchäologie)
- Buch- und Bibliothekskunde
- Archivwissenschaft
- Geschichte (vom Altertum bis zur Zeitgeschichte)
- Historische Landeskunde
- Angewandte Kulturwissenschaft
- Kunstgeschichte, Kunstwissenschaft (einschließlich indische und orientalische Kunstgeschichte)
- Kulturpädagogik

- Musikwissenschaft/Vergleichende Musikwissenschaft
- Philosophie
- Vergleichende Religionswissenschaft (auf mehrere Religionen bezogen)
- Theaterwissenschaft
- Völkerkunde (auch Ethnologie genannt)
- Volkskunde/Europäische Ethnologie

Fächer der Gruppe Sprach-, Literatur- und Kulturwissenschaft sind nur an den Universitäten (vereinzelt auch an Technischen Universitäten) vertreten. Als Orientierung gilt, dass keine deutsche Universität alle Fächer anbietet. Am stärksten sind sie vertreten an den alten deutschen Universitäten und an den großen neuen Universitäten. An den neuen kleinen Universitäten sind meistens nur einige davon zu finden. An technisch ausgerichteten Universitäten sind sie nicht oder nur wenige von ihnen vertreten. Die Studiendauer für diese Fächer beträgt im Durchschnitt fünf bis sieben Jahre (Magisterstudiengang oder Staatsexamensstudiengang). Wer sich für einen Bachelorstudiengang entscheidet, kann nach mindestens drei Jahren das Studium abschließen oder nach weiteren zwei Jahren die Universität mit einem Mastergrad verlassen.

Für die Absolventen dieser Fächergruppe gibt es kein fest umrissenes Berufsfeld. Sie streben eine Beschäftigung in folgenden Bereichen an: Lehramt an Schulen, Mitarbeit in Bildungseinrichtungen, bei Behörden, Medien, in Museen, Archiven, Bibliotheken und Verlagen, Tätigkeiten im Hochschuldienst, im auswärtigen Dienst oder in der Entwicklungshilfe.

Bei den sprach-, literatur- und kulturwissenschaftlichen Fächern ist es wichtig, ein ausgeprägtes Sprachgefühl zu besitzen, sicher im sprachlichen Ausdruck zu sein und Freude und Interesse am Lesen von Literatur und an Kulturgeschichte zu haben. Gute Leistungen in Schulfächern wie Deutsch, Englisch, Französisch, Latein, Geschichte und Philosophie sind hierfür wichtige Anhaltspunkte.

Theologische Fächer

Die theologischen Fächer beschäftigen sich mit der Lehre von Gott, mit der Verkündigung der Glaubenslehre und mit der Entwicklung des christlichen Glaubens. Je nach Ausrichtung und Schwerpunkt unterscheiden wir katholisch-theologische Fächer (Katholische Theologie, Katholische Religionspädagogik), evangelische Religionslehre (Evangelische Theologie, Evangelische Religionspädagogik), das Studium kleinerer christlicher Glaubensgemeinschaften (z. B. Altkatholische Theologie) und die Fächer, die sich mit der pädagogischen Vermittlung dieser Glaubensgrundsätze (Religionspädagogik) beschäftigen. Das Fach Vergleichende Religionswissenschaft untersucht Gemeinsamkeiten und Unterschiede von wichtigen Hochreligionen, zum Beispiel Christentum, Judentum, Islam, Buddhismus.

Die theologischen Fächer können entweder an Universitäten oder an speziellen Kirchlichen oder Theologischen/Philosophischen Hochschulen studiert werden. Die Studiendauer sollte mit mindestens sechs Jahren veranschlagt werden, vor allem wegen der alten Sprachen. Latein und Griechisch und auch Hebräisch sind die Quellensprachen der christlichen Religionen. Aus diesem Grund steht in den ersten Semestern das Erlernen dieser alten Sprachen im Mittelpunkt des Studiums.

Die Absolventen sind – je nach Ausbildung – als Geistliche, als Laientheologen, in der kirchlichen Erwachsenenbildung, in sozialen Berufen oder als Religionslehrer im Schuldienst tätig.

Die wichtigste Voraussetzung für ein theologisches Studium ist der Glaube. Aber an Gott glauben reicht allein nicht aus. Für den späteren Geistlichen oder Laientheologen ist ein Verständnis für die Sorgen und Probleme anderer Menschen ebenso wichtig wie das Interesse an philosophischen und geistigen Fragen. Außerdem sollte, wie bereits erwähnt, ein starkes Interesse an alten Sprachen sowie an Geschichte bestehen.

Mathematik und Naturwissenschaften

Die dritte Gruppe bilden die mathematischen und naturwissenschaftlichen Fächer. Hierbei handelt es sich um eine Reihe von einzelnen Disziplinen, die sich mit der systematischen Erforschung der Natur oder Teilen davon beschäftigen. Das Ziel dieser Fächer besteht darin, Erscheinungen und Vorgänge in der Natur und deren Gesetzmäßigkeit mit Experimenten zu ergründen, aus Beobachtung Theorien zu entwickeln und Natur mit Hilfe der Technik nutzbar zu machen.

Es gibt die so genannten klassischen naturwissenschaftlichen Fächer, wie Physik, Chemie, Biologie, Geologie und Pharmazie, und neuere Fächer (z. B. Biotechnologie). Die Mathematik wird, obwohl sie sich mit Zahlen beschäftigt, zu den Naturwissenschaften gerechnet, weil die Mathematik wichtige Methoden und Verfahren für die Naturwissenschaften liefert und gewissermaßen die Sprache der Naturwissenschaften ist.

In der Vergangenheit standen für die Naturwissenschaften die Ausbeutung und Beherrschung der Natur im Vordergrund. Heute gewinnen jene Fächer an Bedeutung, die sich mit der Umwelt und den Auswirkungen auf menschliches, tierisches und pflanzliches Leben beschäftigen. Von daher wird der Schutz der Natur immer mehr ein Ziel naturwissenschaftlicher Arbeit.

Die Gruppe umfasst folgende Einzelfächer:
- Allgemeine Mathematik
- Angewandte Mathematik
- Technomathematik
- Wirtschaftsmathematik
- Biologie
- Biochemie
- Biotechnologie
- Chemie
- Geographie
- Meteorologie
- Mineralogie
- Ozeanographie
- Physik/Physikalische Technik
- Astronomie (zumeist Schwerpunkt innerhalb des Faches Physik)
- Geologie
- Geoökologie
- Geophysik
- Informatik mit verschiedenen Einzelfächern
- Lebensmittelchemie

Das Studium dieser Fächergruppen ist an Universitäten und – von einigen klassischen Naturwissenschaften abgesehen – an Fachhochschulen möglich. Wer sich für ein Universitätsstudium entscheidet, sollte für einen Diplomstudiengang mindestens fünf bis sechs Jahre Studienzeit einkalkulieren. Für das Fach Pharmazie, das mit einem Staatsexamen abschließt, gilt als Richtlinie viereinhalb bis fünf Jahre Studium. Das FH-Studium (nur für wenige Fächer) ist in etwa vier Jahren zu schaffen und endet in der Regel mit dem Diplom (FH).

Von den derzeit angebotenen Bachelor- und Masterstudiengängen gehören 24 Prozent zu dieser Fächergruppe. An Universitäten müssen für einen Bachelorstudiengang in der Regel drei Jahre, an Fachhochschulen drei bis dreieinhalb Jahre einkalkuliert werden. Ein vertiefendes Masterstudium dauert an Universitäten in der Regel zwei, an Fachhochschulen ein, eineinhalb oder zwei Jahre.

Die Studiendauer richtet sich nach örtlichen Besonderheiten (siehe dazu S. 130), vor allem aber nach dem Kenntnisstand in den Naturwissenschaften. Sie haben richtig gelesen: in allen Naturwissenschaften. Denn das Studium ist im Grundstudium sehr ähnlich. Egal für welches Fach Sie sich entscheiden, es besteht im Grundstudium (grob) aus einem Viertel Mathe, einem Viertel Chemie, einem Viertel Physik und einem Viertel des eigentlichen Studienfachs. Wenn jemand Biologie studiert, beträgt der Anteil der reinen Biologieveranstaltungen nur ein Viertel. Später im Studium verschieben sich die Anteile natürlich stärker zum eigentlichen Studienfach. Da aber niemand mit gleich guten Kenntnissen in den Naturwissenschaften an die Hochschule kommt, ist es notwendig, in den ersten Semestern die noch fehlenden Kenntnisse nachzuholen. Mancher, der bereits früh Chemie und Physik abgewählt hat, muss viel Grundwissen nachholen. Aus diesem Grund sollte sich niemand an einem mathematisch-naturwissenschaftlichen Fach versuchen ohne grundlegendes Interesse für die Naturwissenschaften. Bei Informatik muss ein starkes Interesse für Computer und EDV vorhanden sein.

Bei dieser Fächergruppe ist es auch von Vorteil, über etwas technische Begabung und Handgeschick zu verfügen, da das Studium etliche fachpraktische und experimentelle Lehrveranstaltungen beinhaltet.

Mathematiker und Naturwissenschaftler sind überwiegend in der Forschung und Entwicklung tätig, sei es in der Industrie, in staatlichen Forschungseinrichtungen, in privatwirtschaftlichen Planungsbüros, an Hochschulen oder bei Behörden (z. B. Ministerien), die Forschungsentwicklungen steuern oder kontrollieren.

Agrar-, Forst- und Ernährungswissenschaften

Mit den Naturwissenschaften verwandt ist die nächste Fächergruppe, die Agrar-, Forst- und Ernährungswissenschaften. Zu dieser Gruppe gehören all die Fächer, die sich mit der Gestaltung der Landschaft, mit der wirtschaftlichen Nutzung und Pflege des Bodens beschäftigen; ferner mit den vielfältigen Arten von Pflanzen-, Baum- und Tierhaltung, mit deren Weiterverarbeitung für menschliche und tierische Ernährung sowie mit den physiologischen und wirtschaftlichen Gesichtspunkten für die menschliche Ernährung. Dabei wird auch die Umwelt mit einbezogen. Einige dieser Fächer haben deshalb entsprechende Umweltschwerpunkte.

Die einzelnen Fächer dieser Gruppe sind:
- Agrarwissenschaften
- Landbau/Landwirtschaft
- Agrarbiologie
- Agrarökonomie
- Forstwirtschaft
- Landespflege
- Holzwirtschaft
- Landschaftsgestaltung
- Landschaftsplanung
- Gartenbau
- Haushaltswissenschaft/Haushaltstechnik

- Hauswirtschaftswissenschaft
- Ernährungswissenschaft
- Lebensmitteltechnologie
- Milch- und Molkereitechnik
- Weinbau

Die Agrar-, Forst- und Ernährungswissenschaften können entweder an den wissenschaftlichen Hochschulen oder an Fachhochschulen studiert werden. Das Studium an Universitäten dauert in Diplomstudiengängen etwa fünf bis sechs Jahre. In Diplomstudiengängen an Fachhochschulen sind etwa vier Jahre obligatorisch. 43 Prozent der derzeit angebotenen Bachelor- und Masterstudiengänge entfallen auf diese Fächergruppe. Somit sind die neuen Studiengänge hier am stärksten vertreten. Für einen Bachelorstudiengang an Universitäten müssen in der Regel drei Jahre einkalkuliert werden, an Fachhochschulen drei bis dreieinhalb Jahre. Ein anschließendes Masterstudium dauert an Universitäten meistens zwei, an Fachhochschulen ein, eineinhalb oder zwei Jahre.

Bei dieser Fächergruppe benötigt man eine Begabung für naturwissenschaftliche Fächer wie etwa Physik, Chemie, Biologie und Mathematik. Hinzu kommen Interesse an Natur und Umwelt, Hand- und Fingergeschick, technisches Verständnis sowie körperliche Belastbarkeit.

Den Absolventen bieten sich entsprechend ihren Schwerpunktfächern berufliche Tätigkeiten bei land- und forstwirtschaftlichen Behörden, bei Landschafts- und Siedlungsbehörden, in Verbraucher- und Kontrolleinrichtungen, in Industriebetrieben, in landschaftsgestaltenden Unternehmen oder als selbstständige Raum-, Landschafts- und Umweltplaner.

Medizinische Fächer

Die medizinischen Fächer, die sich mit dem gesunden und kranken menschlichen und tierischen Organismus vor allem in den Erscheinungsformen von Krankheiten, deren Erkennung, Behandlung und Verhütung befassen, sind ebenfalls naturwissenschaftlich orientiert.

Es gibt drei medizinische Fächer: Humanmedizin (Heilkunde vom Menschen), Tiermedizin (Tierheilkunde) und Zahnmedizin. Jedes dieser Fächer ist wiederum in einzelne Spezialgebiete unterteilt.

Grundlage des Medizinstudiums sind die naturwissenschaftlichen Fächer Chemie, Biologie, Physik und Mathematik. Immer wichtiger werden auch die technischen und ingenieurwissenschaftlichen Fächer, die der Medizin neue technische Geräte und Verfahren bei der Erkennung und Behandlung von Krankheiten liefern. Eine zunehmend wichtige Hilfswissenschaft ist die Psychologie, da eine Reihe menschlicher Erkrankungen ihre Ursache in seelischen oder sozialen Problemen hat.

Das Studium der Medizin ist nur möglich an Universitäten und an speziellen Medizinischen Hochschulen. Es ist eine der längsten Universitätsausbildungen. Bis zum ersten Staatsexamen sollte man etwa sechs Jahre veranschlagen. Als Facharzt bestehen zurzeit größere Anstellungschancen. Für die Ausbildung zum Facharzt müssen mindestens zwei bis drei weitere Jahre einkalkuliert werden, die aber bereits mit einer Bezahlung verbunden sind.

Für das Medizinstudium sind vor allem drei Voraussetzungen besonders wichtig: gute mathematische und naturwissenschaftliche Begabung, Kommunikationsfähigkeit, soziale Kompetenz und Einfühlungsvermögen sowie körperliche und geistige Belastbarkeit.

Ärzte arbeiten überwiegend selbstständig als Allgemeinmediziner oder als Facharzt. Daneben gibt es Beschäftigungsmöglichkeiten als (angestellte) Krankenhausärzte, als Betriebsärzte und im Gesundheitsdienst (z. B. Gesundheitsamt) oder – mit entsprechenden Zusatzqualifikationen – bei Verbänden, Beratungsfirmen, Versicherungen und medizinischen Verlagen.

Technische und ingenieurwissenschaftliche Fächer

Die sechste Gruppe sind die technischen und ingenieurwissenschaftlichen Fächer. Zu dieser Gruppe gehören etwa siebzig verschiedene Einzelfächer, die sich mit der Entwicklung technischer Abläufe beschäftigen, technische Maschinen, Geräte und Werkzeuge entwickeln oder technische Prozesse steuern, Technik weiterentwickeln, die Anwendung der Technik auf neue Bereiche erproben und technisches Denken entwickeln.

Die technischen und ingenieurwissenschaftlichen Fächer sind im Laufe der letzten hundert Jahre aus den Naturwissenschaften entstanden. Viele technische Maschinen und Geräte sind natürlichen Abläufen nachgebaut oder versuchen, natürliche Prozesse in technische Verfahren umzusetzen. Vor diesem Hintergrund ist es einleuchtend, dass sie einen engen Bezug zu den klassischen naturwissenschaftlichen Fächern wie Physik, Chemie, Biologie und vor allem Mathematik haben. In den letzten Jahren ist eine immer engere Verbindung zur Informatik und Elektronik festzustellen. Ähnlich eng ist der Bezug zur Umwelt geworden. Technische Geräte, Maschinen und Materialien sollen umweltverträglich sein, und mit Hilfe technischer Möglichkeiten soll die Umwelt geschont werden.

Die Fächergruppe umfasst folgende Einzeldisziplinen, die entweder an Universitäten oder zum Teil an Fachhochschulen studiert werden können:

- Architektur
- Bauingenieurwesen/Bautechnik
- Bergbau
- Biomedizinische Technik
- Betriebstechnik
- Bekleidungs-/Textiltechnik
- Brennstoffingenieurwesen
- Biotechnologie
- Chemieingenieurwesen/Verfahrenstechnik
- Elektrotechnik
- Druckereitechnik
- Hüttenwesen/Metallkunde
- Feinwerktechnik
- Fernsehtechnik
- Gießereitechnik
- Informatik
- Medientechnik
- Kunststofftechnik
- Getränketechnologie
- Markscheidewesen
- Maschinenbau/Maschinentechnik (mit vielen Unterfächern wie Fahrzeugtechnik, Fertigungstechnik, Konstruktionstechnik, Luft- und Raumfahrttechnik, Schiffbau usw.)
- Produktionstechnik
- Recycling
- Raumplanung
- Vermessungswesen (Geodäsie)
- Versorgungstechnik/Entsorgungstechnik
- Verfahrenstechnik
- Umwelttechnik

- Wasserbau
- Werkzeugtechnik

Das Studium an Universitäten dauert in einem Diplomstudiengang etwa fünf bis sechs Jahre, das Fachhochschulstudium etwa vier Jahre (zuzüglich vorheriges Praktikum). Der Abschluss heißt an Universitäten Dipl.-Ing., an Fachhochschulen Dipl.-Ing. (FH). Unter den neuen Bachelor- und Masterstudiengängen sind 33 Prozent in den Ingenieurwissenschaften eingerichtet worden. Ein Bachelorstudium ist an Universitäten in der Regel auf drei Jahre angelegt, an Fachhochschulen auf drei oder dreieinhalb (häufiger). Für einen Masterstudiengang müssen an Universitäten zumeist weitere zwei Jahre Studium, an Fachhochschulen ein bis zwei Jahre einkalkuliert werden. Die Abschlüsse heißen Bachelor und Master of Science (BSc oder MSc) oder Bachelor und Master of Engineering (BEng bzw. MEng).

Um ein technisches oder ingenieurwissenschaftliches Fach erfolgreich zu bewältigen, benötigt man Hand- und Fingergeschick, sehr gute mathematische und physikalische Begabung, gutes räumliches Vorstellungsvermögen, Verständnis für technische Zusammenhänge sowie Interesse an der Arbeit mit Maschinen und technischen Anlagen. Wer handwerklich geschickt ist und in Schulfächern wie Physik, Mathematik, Zeichnen und Werken erfolgreich war, sollte sich ein solches Studium zutrauen.

Ingenieure haben ein breites Berufs- und Tätigkeitsfeld, das von Industriebetrieben über Behörden bis hin zu selbstständigen Möglichkeiten reicht. Überall, wo es um technische Neuentwicklungen, um den Einsatz der Technik oder um technische Abläufe oder Fragen geht, trifft man auf technisch ausgebildete Hochschulabsolventen.

Die Berufsperspektiven sind auch in den nächsten Jahren außerordentlich gut, weil seit Jahren die Studienanfängerzahlen für die Ingenieurfächer rückläufig sind und der Bedarf an gut ausgebildeten Ingenieuren in den nächsten Jahren eher noch ansteigen wird. Seit Jahren werben Fachleute für diese Studienfächer. Wer über die notwendige Begabung verfügt, studiert in eine beruflich günstige Zukunft (siehe hierzu auch S. 202).

Rechts-, Wirtschafts- und Gesellschaftswissenschaften

Diese Fächer befassen sich im Allgemeinen mit den verschiedenen Aspekten des menschlichen Zusammenlebens und den daraus resultierenden Auswirkungen.

Rechtswissenschaft (Jurisprudenz, deshalb auch Jura genannt) bezieht sich auf das Verständnis, die Auslegung und Weiterentwicklung von rechtlichen Fragen und Zusammenhängen. Hierzu gehört auch die Auseinandersetzung mit der Geschichte des Rechts, seiner Legitimation und Herleitung (= Rechtsphilosophie) sowie den sozialen und politischen Auswirkungen. Immer wichtiger werden auch die Teilbereiche Rechtsvergleichung (Vergleich mehrerer Rechtssysteme), Europarecht, ferner Internationales Recht.

Das Studium der Rechtswissenschaft ist nur an Universitäten möglich. Veranschlagt werden für Studium und Examen neun bis zehn Semester.

Wirtschaftswissenschaften ist der Oberbegriff für mehrere Studienfächer, die sich mit wirtschaftlichen Fragen, Abläufen, Entwicklungen und Entscheidungen beschäftigen. Hierbei stehen staatliche Entscheidungen und wirtschaftliches Handeln von Unternehmen und Konsumenten im Vordergrund. Je nach Studienfach liegt der Schwerpunkt mehr auf der Gesamtwirtschaft und ihren internationalen Bezügen (Volkswirtschaftslehre, abgekürzt VWL) oder mehr auf den einzelnen Teilen der Wirtschaft, z. B. den Unternehmen (= Betriebswirtschaftslehre, abgekürzt BWL), oder auf der Vermittlung wirtschaftlichen Wissens (Wirtschaftspädagogik). Das Studium der Wirtschaftswissenschaften/Ökonomie verbindet Teile der BWL und VWL zu einem eigenen Fach.

Die Wirtschaftswissenschaften können an Universitäten (VWL, BWL, Wirtschaftspädagogik) und an Fachhochschulen studiert werden, wobei an Fachhochschulen sich das Studienangebot auf die Betriebswirtschaftslehre beschränkt (Ausnahmen sind einige wenige Fachhochschulen, die auch VWL anbieten). An Fachhochschulen werden zudem Studiengänge in Wirtschaftsrecht angeboten, die rechts- und wirtschaftswissenschaftliche Inhalte vermitteln.

Die durchschnittliche Studienzeit beträgt in Diplomstudiengängen zehn bis elf Semester an Universitäten und etwa acht bis neun Semester an Fachhochschulen (plus vorheriges einschlägiges Praktikum). Für einen Bachelorstudiengang an Universitäten sollten in der Regel drei Jahre, an Fachhochschulen drei bis (eher) dreieinhalb Jahre einkalkuliert werden. Wer noch ein Masterstudium draufsetzt, für den verlängert sich die Studienzeit an Universitäten um in der Regel zwei Jahre, an Fachhochschulen um ein bis zwei Jahre.

Die *Gesellschaftswissenschaften* befassen sich mit allen Erscheinungsformen, Entwicklungen und Problemen des Menschen als gesellschaftlichem Wesen, entweder unter dem Gesichtspunkt individueller Probleme und menschlicher Konflikte und deren Bewältigung (z. B. Psychologie) oder mit Menschen als gesellschaftliche Gruppen und soziale Schichten einschließlich der Konfliktstrategien und Konfliktbewältigungen (z. B. Soziologie) oder mit dem Menschen als Subjekt und Objekt politischer Prozesse und Entscheidungen und mit den Rahmenbedingungen politischen Handelns (= Politologie).

Das Studium dieser Fächergruppe ist an Universitäten und an einigen anderen wissenschaftlichen Hochschulen möglich. Für das Studium sollten etwa fünf bis sechs Jahre in Diplom- und Magisterstudiengängen einkalkuliert werden. Für Bachelorstudiengänge an Universitäten drei Jahre, an Fachhochschulen drei bis dreieinhalb Jahre. Für weiterführende Masterstudiengänge an Universitäten plus zwei Jahre, an Fachhochschulen plus ein bis zwei Jahre.

Die Gruppe Rechts-, Wirtschafts- und Gesellschaftswissenschaften umfasst folgende Einzelfächer:

- Volkswirtschaftslehre
- Betriebswirtschaftslehre
- Wirtschaftswissenschaften/Ökonomie (Verbindung von VWL und BWL)
- Wirtschaftsrecht
- Technische Betriebswirtschaftslehre
- Politikwissenschaft
- Rechtswissenschaft
- Sozialwissenschaften
- Soziologie
- Sozioökonomie
- Psychologie
- Verwaltungswissenschaft
- Statistik (Hilfswissenschaft für die Wirtschafts- und Gesellschaftswissenschaften)
- Wirtschaftspädagogik
- Wirtschaftsingenieurwesen (Verbindung von Wirtschaftswissenschaften und Ingenieurwissenschaften)
- Wirtschaftsrecht

Studierende benötigen für das Studium dieser Fächer Kommunikationsfähigkeit und sprachliche Ausdrucksfähigkeit, Spaß am Arbeiten mit Zahlen und Daten, Interesse für wirtschaftliche Fragestellungen und Abläufe oder für rechtliche Fragen. Von Juristen wird behauptet, dass sie gute Leistungen in den Schulfächern Deutsch, Mathematik und Latein gehabt haben sollen. Bei den Wirtschaftswissenschaften werden Begabungen in Mathematik, Deutsch und Wirtschaftskunde für wichtig erachtet. Wer kein Interesse an wirtschaftlichen Fragen hat und noch nie den Wirtschaftsteil einer Zeitung gelesen hat, sollte diese Studienwahl nicht treffen.

Wichtige Voraussetzungen für Psychologen sind Belastbarkeit, Kontaktfähigkeit, soziale Kompetenz, Einfühlungsvermögen und die Fähigkeit zum aktiven Zuhören.

Bei den Gesellschaftswissenschaften ist ein Interesse an Fächern wie Gemeinschaftskunde, Sozialkunde und Geschichte hilfreich. Auch eine mathematische Grundbegabung ist von Vorteil, weil in diesen Fächern Statistik eine Rolle spielt.

Juristen sind entweder im Justizdienst als Richter, Staatsanwälte und Notare, selbstständig als Rechtsanwälte und Steuerberater oder angestellt in Behörden oder Unternehmen tätig.

Wirtschaftswissenschaftler findet man überall, wo es um Wirtschaftsplanung, Geld oder Zahlen geht. Sie arbeiten im kaufmännischen Bereich von Banken und Versicherungen, von Industrie- und Handelsbetrieben, in Behörden oder als selbstständige Unternehmer oder freiberuflich, z. B. als Wirtschaftsprüfer oder Unternehmensberater.

Gesellschaftswissenschaftler haben hingegen kein fest umrissenes Berufsfeld. Sie suchen Tätigkeiten in den Medien, bei staatlichen Behörden, in der Politik und Politikberatung, in der Erwachsenenbildung und in der Presse- und Öffentlichkeitsarbeit.

Sozialwesen

Die achte Fächergruppe heißt Sozialwesen und ist mit den Gesellschaftswissenschaften eng verbunden. Während die Gesellschaftswissenschaften gesellschaftliche Entwicklungen und Probleme vorwiegend theoretisch untersuchen, befasst sich das Sozialwesen mehr mit der praktischen Bewältigung sozialer Probleme. Es versucht, Menschen in individuellen Notlagen Hilfen zu geben, um deren eigene Kräfte zu entwickeln; man versucht, Menschen zu verantwortlichem Handeln anzuleiten, Notständen vorzubeugen und Wissen über die Zusammenhänge von Gesellschaft, Konflikten und deren Lösungen anderen Menschen zu vermitteln.

Das Sozialwesen umfasst die Fächer Sozialarbeit und Sozialpädagogik (Studium an wissenschaftlichen Hochschulen und an Fachhochschulen) sowie kirchliche Bildungsarbeit (vor allem an konfessionellen Fachhochschulen). Das Studium an der Universität dauert etwa fünf Jahre und verbindet theoretische und praktische Fächer, das FH-Studium ist etwa ein Jahr kürzer. Das Studium schließt mit einem Diplom, an der Fachhochschule mit dem Diplom (FH), ab. Die ersten Bachelorstudiengänge in diesem Bereich schließen zumeist nach drei Jahren an Universitäten, nach drei oder dreieinhalb Jahren an Fachhochschulen ab. Für ein darauf aufbauendes Masterstudium müssen an Universitäten in der Regel weitere zwei Jahre, an Fachhochschulen ein oder zwei Jahre Studienzeit veranschlagt werden.

Von Sozialarbeitern und Sozialpädagogen werden folgende Fähigkeiten erwartet: Hineindenken in die Probleme anderer Menschen, Lösungen für diese Probleme finden, sicherer Umgang mit anderen Menschen, sich stets auf neue Situationen und andere Menschen einstellen können und Menschen zu helfen. Deshalb sind hohe psychische Belastbarkeit, Kontaktfreude und Kontaktfähigkeit, viel Einfühlungsvermögen in die soziale Situation anderer Menschen, die Fähigkeit zum Zuhören und Handlungsbereitschaft erforderlich. Gefragt ist viel Idealismus, allerdings sollte der Idealismus in der Sache (anderen Menschen helfen wollen) begründet sein und nicht in der Person, weil Selbstverwirklichung in diesem Beruf nur eine untergeordnete Rolle spielt.

Absolventen dieser Studiengänge findet man in der Familienfürsorge, in der Jugend- und Sozialhilfe, in der Strafrechtshilfe, als Leiter von pädagogischen Einrichtungen oder in städtischen Behörden, die in sozialen Fragen beraten. Sie sind überwiegend als Angestellte tätig.

Pädagogik und Erziehungswissenschaften

Die neunte Gruppe sind die pädagogischen und erziehungswissenschaftlichen Fächer. Hierzu gehören auch die so genannten Lehramtsfächer.

Die Pädagogik hat ein weites Einsatzfeld: von der Pädagogik des Kindes bis zur Pädagogik des alten Menschen, von der schulischen Bildung bis zur beruflichen Weiterbildung.

Den Schwerpunkt der pädagogischen Fächer bilden die so genannten Lehramtsfächer. In Deutschland werden Lehrerinnen und Lehrer – von Bundesland zu Bundesland unterschiedlich – für bestimmte Schulstufen (Primarstufe, Sekundarstufe I und II) oder für bestimmte Schularten ausgebildet:

- Lehramt an Grund- und Hauptschulen
- Lehramt an Sonderschulen (Sonderpädagogik)
- Lehramt an Realschulen
- Lehramt an Gymnasien
- Lehramt an beruflichen/berufsbildenden Schulen

Die Lehramtsausbildung umfasst die Kombination von zwei oder drei Fächern, allgemeine Pädagogik (Grundlagen der Pädagogik, Schulpädagogik, psychologische Pädagogik, gesellschaftskundliche Fächer), die auf das jeweilige Fach ausgerichtete pädagogische Vermittlung (fachwissenschaftlich-didaktische Ausbildung) sowie verschiedene Schulpraktika. Auf die Ausbildung an den Hochschulen (Universitäten, Pädagogische Hochschulen sowie in Einzelfällen an Musik- und Kunsthochschulen), die zwischen dreieinhalb Jahren (Lehramt an Grund- und Hauptschulen) und fünf bis sechseinhalb Jahren (Lehramt an Gymnasien) dauert, folgt eine je nach Bundesland 18 bis 24-monatige Vorbereitungsphase, auch Referendariat genannt.

Die Gruppe der Lehramtsfächer umfasst folgende Einzelfächer (alle Schulstufen):
- Deutsch
- Mathematik
- Religionslehre
- Erdkunde
- Sozialkunde
- Musik
- Bildende Kunst/Werken
- Sport

Hinzu kommen folgende Fächer:
- Geschichte
- Englisch
- Französisch
- Hauswirtschaft
- Wirtschaftslehre
- Physik

- Chemie
- Biologie
- Informatik
- Latein
- Griechisch
- andere europäische Fremdsprachen

Die Fächer der Sonderpädagogik umfassen Blindenpädagogik, Sehbehindertenpädagogik, Gehörlosenpädagogik, Schwerhörigenpädagogik, Geistigbehindertenpädagogik, Körperbehindertenpädagogik, Lernbehindertenpädagogik, Sprachbehindertenpädagogik, Verhaltensgestörtenpädagogik einschließlich Soziologie, Psychologie und Recht der Behinderten.

Für das Lehramt an beruflichen/berufsbildenden Schulen werden Berufsschullehrerinnen und Berufschullehrer ausgebildet, die theoretische Kenntnisse und fachpraktische Fertigkeiten für spätere Berufe vermitteln. Je nach Berufsfeld gibt es verschiedene Ausrichtungen: Technik, Naturwissenschaft, Ernährungs- und Hauswirtschaft, Landwirtschaft und Gartenbau, Sozialpädagogik, Gestaltung und Wirtschaft. Entweder werden zwei berufliche Fachrichtungen kombiniert oder ein berufliches Fach mit einem allgemeinbildenden wie etwa Deutsch, Englisch, Mathematik, Biologie, Chemie usw.

Da die Lehramtsausbildung Sache der einzelnen Bundesländer ist, ergeben sich, was Fächerkombinationen, Dauer der Ausbildung und Prüfungen anbelangt, zum Teil erhebliche Unterschiede. Das Gleiche gilt für die künftigen Berufsperspektiven (siehe hierzu auch ab S. 203).

Auch für die Fächer der Gruppe Pädagogik und Erziehungswissenschaften wird die Fähigkeit erwartet, sich in die Probleme anderer hineindenken und Sachverhalte vermitteln zu können, Geduld und sicherer Umgang mit anderen Menschen.

Beim Lehramt an Schulen ist es neben der Begabung für die jeweiligen Schulfächer wichtig, eine natürliche pädagogische Veranlagung zu haben, sich allgemein verständlich ausdrücken zu können und viel Geduld zu üben.

Pädagogen und Erziehungswissenschaftler arbeiten in erster Linie im staatlichen Schuldienst. Daneben sind sie in der Erwachsenenbildung und in Bildungseinrichtungen von Kirchen, Verbänden und Unternehmen, aber auch in der betrieblichen Weiterbildung tätig, vor allem die Wirtschaftspädagogen.

Informationswissenschaften

Die nächste Fächergruppe, die Informationswissenschaften, beschäftigen sich damit, Informationen zu beschaffen, sie zu sammeln, zu verarbeiten und weiterzugeben. Diese Informationen werden dann entweder speziellen Benutzern zur Verfügung gestellt oder in den Medien (Zeitungen, Zeitschriften, Fernsehen, Hörfunk usw.) verbreitet. Zu dieser Gruppe gehören auch Fächer, die sich theoretisch mit der menschlichen Kommunikation beschäftigen. Die Informationswissenschaften stehen in engem Bezug zu einigen technischen Fächern, deren Methoden und Verfahren (z. B. Elektronik und Computer) sie für die Informationsverarbeitung und -verbreitung verwenden.

Die Gruppe umfasst folgende Einzelfächer:
- Buch- und Bibliothekskunde
- Dokumentationswissenschaft
- Elektronische und Linguistische Datenverarbeitung

- Journalistik
- Publizistik
- Kommunikationswissenschaft
- Medienwissenschaft

Das Studium dieser Fächer ist nur an Universitäten möglich. Die Studiendauer ist recht unterschiedlich und bewegt sich bei fünf bis sieben Jahren. Auch der Abschluss ist verschieden, entweder Magister Artium oder Diplom.

Bei den Informationswissenschaften sind folgende Dinge wichtig: gründliches Arbeiten, keine Angst vor Zahlen- und Datenmengen und sprachliche Ausdrucksfähigkeit. Außerdem spielen die modernen elektronischen Systeme eine immer größere Rolle bei der Beschaffung, Strukturierung, Auswertung und Weiterleitung von Daten und Informationen. Deshalb sind Informatikkenntnisse gefragt.

Gute Journalisten und andere Medienspezialisten sollten Folgendes beherrschen: komplizierte Vorgänge verstehen, allgemein verständlich schreiben, verlässlich recherchieren, notwendige Überzeugungsarbeit leisten und ihre Vorhaben durchsetzen. Das alles genügt aber noch nicht. Es gibt bekanntlich nichts Spannenderes als die Zeitung von morgen und nichts Langweiligeres als die von gestern. Besonders wichtig ist deshalb die Fähigkeit, unter Zeitdruck zu arbeiten.

Informationswissenschaftler findet man vor allem in den Medien, bei Zeitungen und Zeitschriften, beim Rundfunk und beim Fernsehen, in Pressebüros und Dokumentationsstellen von Unternehmen und Behörden.

Freie und Angewandte Kunst sowie Musik

In der Fächergruppe Freie und Angewandte Kunst sowie Musik, die aus einer Vielzahl einzelner Fächer besteht, werden 1. künstlerisch hochbegabte Personen durch ein Hochschulstudium so weit ausgebildet, dass sie eigenständige künstlerische Arbeiten schaffen können (entweder freischaffend oder angestellt), 2. Personen ausgebildet, die als Pädagogen künstlerisch Begabte an speziellen Schulen fördern (z. B. an Musikschulen), oder 3. Lehrer für Kunst oder Musik an allgemein bildenden Schulen.

Zur Gruppe Freie und Angewandte Kunst zählen folgende Studiengänge:

- Bildhauerei
- Bühnenbild
- Bühnenkostüm
- Design (u. a. Grafikdesign, Industrial Design, Modedesign)
- Druck
- Fotografie
- Film
- Gestaltung/Gestaltungstechnik
- Glasgestaltung
- Goldschmiedekunst/Silberschmiedekunst
- Grafik
- Innenarchitektur
- Keramik
- Malerei

- Restauration
- Textilgestaltung
- Videokunst

Die Musikhochschulen haben folgende Ausbildungsmöglichkeiten:
- Dirigieren
- Chor- und Orchesterleitung
- Instrumente und Gesang
- Kirchenmusik
- Komposition
- Musiktheorie
- Musikerziehung
- Oper (Solo- und Chorgesang)
- Regie (Oper und Schauspiel)
- Rhythmik
- Schauspiel
- Musical
- Szenisches Schreiben
- Tanz
- Tanzpädagogik für Berufs- und Laientanz
- Tonmeister

Ausgebildet wird an Kunst- und Musikhochschulen. Das Studium dauert etwa fünf bis sechs Jahre. Mögliche Abschlüsse sind entweder das Diplom (seltener) oder eine künstlerische oder musikalische Reifeprüfung. Die neuen Bachelor- und Masterstudiengänge haben sich in dieser Fächergruppe noch nicht etablieren können.

Die Voraussetzungen zum Studium bedürfen keiner besonderen Erläuterung, weil die Aufnahme in eines der Fächer eine umfangreiche Überprüfung der Begabung voraussetzt.

Die Absolventen der künstlerischen Hochschulen sind je nach abgeschlossenem Studienfach entweder als freischaffende Künstler oder in entsprechenden künstlerischen Engagements tätig. Ferner als Lehrer an allgemein bildenden Schulen oder an Kunst- oder Musikschulen oder als angestellte Gestalter/Designer in Unternehmen.

Sport und Gesundheit

Wer das Kapitel über die Deutsche Sporthochschule gelesen hat, weiß, dass dort Lehrerinnen und Lehrer für das Fach Sport an staatlichen Schulen und – in erster Linie – Diplom-Sportwissenschaftler/innen ausgebildet werden. Man kann aber das Lehramtsfach Sport auch an einer Reihe von anderen Universitäten und an Pädagogischen Hochschulen studieren.

Außerdem kann man das Fach Sportwissenschaft, das sich weniger praktisch, sondern vorwiegend theoretisch mit dem Phänomen Sport befasst, als wissenschaftliches Studium an Universitäten studieren. Schwerpunkte des Studiums sind Medizin und Physiologie, naturwissenschaftliche Grundlagen, Pädagogik sowie psychologische und gesellschaftswissenschaftliche Aspekte von Sport. Das Studium dauert etwa zehn bis elf Semester (fünf bis sechs Jahre) und schließt entweder mit einem Diplom oder einem Magisterexamen ab. Innerhalb dieses Studienganges können mittlerweile auch so interessante sportwissenschaftliche Schwerpunktfächer wie Leistungssport, Präventions- und Rehabilitationssport, Sportökonomie, Sportjournalismus, Alters- und Seniorensport, Behindertensport gewählt werden. Auch gibt es an Fachhochschulen den Studiengang Sportmanagement.

Für das Sportstudium (gilt für Lehramt und Diplom an der Sporthochschule gleichermaßen) sind eine Aufnahmeprüfung in mehreren Sportarten (Mannschaftssportarten, Individualsportarten) und ein Zeugnis über die körperliche Eignung obligatorisch. Bei angehenden Sportwissenschaftlern an Universitäten ist es hingegen unerheblich, ob er oder sie aus zehn Metern ein Scheunentor mit einem Ball treffen kann beziehungsweise ob 100 Meter in zehn Sekunden oder in einer halben Minute absolviert werden. Hier zählen das Interesse am Sport und die Fähigkeit zu wissenschaftlichem Arbeiten.

Bei Fachhochschulstudiengängen Sportmanagement sind die Anforderungen an die praktisch-sportliche Begabung unterschiedlich.

Angebotene Studiengänge:

- Sport als Lehramtsstudiengang
- Studiengang zum/r Diplom-Sportwissenschaftler/in (entweder an der Deutschen Sporthochschule Köln oder an Universitäten)
- Sportmanagement

Sportwissenschaftler arbeiten bei großen Vereinen, als Funktionäre in Verbänden, in der Sportartikelbranche, als Manager von Sportlern oder in den Medien. Die Sportbranche ist weiter wachsend, daher sind die Beschäftigungsmöglichkeiten breit.

Ebenso wie Sport und Sportwissenschaft haben einige vor allem in den letzten Jahren entstandene Studiengänge es sich zum Ziel gesetzt, daran mitzuwirken, Menschen körperlich fit zu halten oder bei Behinderung mit Hilfe von Bewegung und Sport wieder fit zu machen. Beispiele sind etwa Aufbaustudiengänge (nach einem abgeschlossenen Sportstudium) wie

- Motologie (Beschäftigung mit der menschlichen Motorik und ihrer Bedeutung für die Persönlichkeitsentwicklung, Erlernen von bewegungstherapeutischen Maßnahmen) und
- Sporttherapie.

Eine Besonderheit ist die Ausbildung zum *Physiotherapeuten* und in der *Ergotherapie* (Behandlung gesundheitlicher Störungen mit vielfältigen praktisch-sportlichen und gestalterischen Aktivitäten). Waren bis vor kurzem diese Ausbildungen den Berufsfachschulen vorbehalten (siehe S. 23), kann an den Fachhochschulen Hildesheim, Kiel und Osnabrück Physiotherapie und Ergotherapie als duales Studium – als Kombination von Berufsfachschulausbildung und Fachhochschulstudium – studiert werden. In den ersten drei Jahren findet die Ausbildung an mit der Fachhochschule verbundenen Berufsfachschulen statt, parallel hierzu absolvieren die Studierenden spezielle Lehrveranstaltungen an der Fachhochschule. Nach diesen drei Jahren folgen drei Semester reines Fachhochschulstudium.

Weichenstellung: Fächerkombinationen, Studiengänge, Abschlüsse, Qualifikationen

In diesem Kapitel werden wir Ihnen die Struktur des Studiums nahe bringen. Die Studienwahl besteht nicht nur aus der Wahl eines Studienfaches, sondern auch aus der Möglichkeit, mehrere Fächer zu einer Fächerkombination zu verbinden und einen bestimmten Studienabschluss zu wählen – es gibt schließlich verschiedene Abschlussmöglichkeiten. Außerdem möchten wir Ihnen noch einige Informationen geben, welche zusätzlichen Qualifikationen wichtig und weniger wichtig sind.

Bevor Sie sich jedoch Ihr Studium »maßgeschneidert« zusammenstellen können, möchten wir Sie mit den wichtigsten Begriffen und Informationen vertraut machen. Nur wer weiß, was es gibt, kann sich zwischen den verschiedenen Möglichkeiten entscheiden.

Neue Möglichkeiten: Der Aufbau des Studiums

Die in Deutschland bekannten **Diplom-**, **Staatsexamens-** und **Magisterstudiengänge** sind, gleich welches Studienfach und unabhängig davon, ob sie an einer Universität, Fachhochschule oder Künstlerischen Hochschule studiert werden, nach dem gleichen Prinzip aufgebaut. Sie bestehen aus dem Studium von einem Fach oder aus der Kombination mehrerer Studienfächer. Im Laufe des Studiums müssen etwa 160 Stunden Lehrveranstaltungen mindestens erfolgreich absolviert werden, bei einem Fach sind dies 160 Stunden, bei zwei Fächern jeweils 80 Stunden, bei einem Hauptfach und zwei Nebenfächern entsprechend 80 Stunden, 40 Stunden, 40 Stunden. Alles, was über diese Stundenzahl hinausgeht, ist freiwillig, aber, wie an anderer Stelle erläutert (S. 110f. u. 112f.), wichtig für die individuelle Gestaltung des Studiums und bringt unter Umständen zusätzliche Pluspunkte für den Arbeitsmarkt.

Für das Studium ist eine bestimmte Studienzeit vorgeschrieben, abhängig von der Art der Hochschule und vom jeweiligen Fach.

Das Studium besteht aus Lehrveranstaltungen (Vorlesungen, Übungen, Seminare, Kolloquien, fachpraktische Veranstaltungen). Die *Studienordnung* des Faches legt fest, welche Lehrveranstaltungen in welchem Umfang und in welcher Reihenfolge besucht werden und mit welchem Nachweis (Teilnahme, Klausur, mündliche Prüfung, Referat, Hausarbeit, Bericht u. Ä.) die Veranstaltung abgeschlossen werden kann. Geregelt ist auch, wann man sich unter welchen Bedingungen zur Abschlussprüfung anmeldet und aus welchen Teilen das Examen besteht (üblicherweise schriftliche oder fachpraktische Examensarbeit oder umfangreiche Hausarbeit, schriftliche Klausuren und mündliche Prüfungen).

Vor dem Examen müssen aber zwei wichtige Hürden genommen werden, das *Grundstudium* und das *Hauptstudium*. Im Grundstudium werden, wie das Wort suggeriert, die Grundlagen des Studiums gelegt, basierend auf dem Schulwissen. Das Grundstudium macht mit den wichtigsten Teilgebieten des Faches oder der Fächer anhand von Einführungen und Überblicksveranstaltungen vertraut und vermittelt auch das theoretische und methodische Rüstzeug des Faches. Hier sind kaum Spezialisierungen möglich. Das Grundstudium schließt entweder ab mit einer Prüfung oder gilt als bestanden, wenn alle Lehrveranstaltungen des Grundstudiums mit Erfolg besucht wurden.

Das Hauptstudium baut auf das Grundstudium auf, vertieft das Wissen und bietet Möglichkeiten der Spezialisierung. Während im Grundstudium Wissensaneignung und Abfragen des Wissens überwiegen, steht im Hauptstudium die mehr selbstständige Beschäftigung mit den Teilgebieten des Faches und das Bilden von Studienschwerpunkten im Vordergrund, das heißt insgesamt mehr eigenständiges Arbeiten.

Mit der Einführung von **Bachelor-** und **Masterstudiengängen** seit 1998 ist neben der bestehenden Studienstruktur ein zweites Modell entstanden. Ein Bachelor – so die Kultusministerkonferenz in einem 10-Thesen-Papier zur Bachelor-Master-Struktur vom 12. Juni 2003 – soll der Regelabschluss eines Hochschulstudiums sein und an Universitäten und Fachhochschulen gleichermaßen angeboten werden. Dabei soll ein Bachelorstudiengang »die für die Berufsqualifizierung notwendigen wissenschaftlichen Grundlagen, Methodenkompetenz und berufsfeldbezogenen Qualifikationen vermitteln«. Da für einen Bachelorstudiengang mindestens drei und höchstens vier Jahre Regelstudienzeit vorgesehen sind (die Fachhochschulen haben – Stand Oktober 2004 – in der Mehrzahl dreieinhalbjährige Bachelorstudiengänge, die Universitäten dreijährige Bachelorstudiengänge geschaffen), bleibt für eine Spezialisierung innerhalb eines Bachelorstudiengangs wenig Raum. In der Hauptsache bietet die Abschlussarbeit des Bachelorstudiengangs die Möglichkeit der Schwerpunktsetzung.

Die Spezialisierung im Studium ist den Masterstudiengängen vorbehalten. Diese haben eine Dauer von ein bis zwei Jahren (die Fachhochschulen haben überwiegend einjährige, die Universitäten zweijährige Masterstudiengänge eingerichtet) und können »stärker anwendungsorientiert« oder »stärker forschungsorientiert« ausgerichtet sein. Wenn ein Masterstudiengang einen vorangegangenen Bachelorstudiengang fortführt oder vertieft, wird von einer *konsekutiven Studienstruktur* gesprochen. Konsekutive Bachelor- und Masterstudiengänge sind auf höchstens fünf Jahre Studiendauer angelegt.

Kennzeichen von Bachelor- und Masterstudiengängen ist die Unterteilung in klare Abschnitte, in so genannte Module, die mit Prüfungen abschließen und mit Punkten bewertet werden. Für den Abschluss eines Bachelorstudiums werden mindestens 180 Punkte (bis 240 Punkte), für ein Masterstudium weitere 120 Punkte verlangt, sodass ein Masterabsolvent mindestens 300 Punkte beim Studienabschluss vorweisen muss.

Das Punktesystem, genau heißt es European Credit Transfer System (ECTS), ist in allen europäischen Staaten eingeführt worden, um Studienleistungen vergleichbar zu machen.

Ein Punkt (oder auch Credit Point) entspricht dabei 20 Stunden Arbeit, wobei häusliche Arbeit, der Besuch von Lehrveranstaltungen und Praktika eingerechnet werden. 300 Punkte entsprechen also einer Studiendauer von fünf Jahren.

Seitdem die europäischen Bildungsminister 1998 beschlossen, die Studiensysteme zu vereinheitlichen und bis 2010 die bestehenden Studiengänge auf Bachelor-/Masterstudiengänge umzustellen, hat es in den Deutschland nur eine zögerliche Umsetzung dieses Beschlusses gegeben. Zum Wintersemester 2002/2003 waren erst 67.000 oder drei Prozent aller Studierenden in Bachelor- und Masterstudiengängen eingeschrieben. Dabei lagen unter den Bachelorstudiengängen die Informatik (8.100 Studierende), die Betriebswirtschaftslehre (1.800) und die Agrarwissenschaft (1.600 Studierende) an der Spitze, bei den Masterstudiengängen die Elektrotechnik/Elektronik (1.900), Internationale Betriebswirtschaft/Management (1.800) und Maschinenbau/-wesen (1.500) (Quelle: Statistisches Bundesamt vom 17. Oktober 2003, in: *Aus Forschung & Lehre*, 11/2003, S. 584).

Beim Tempo, mit dem Bachelor- und Masterstudiengänge eingerichtet werden, gibt es gravierende Unterschiede. So haben einige Hochschulen fast komplett auf die neuen Studienabschlüsse umgestellt (etwa die Universitäten Bochum und Erfurt), an anderen, wie der Ingenieurschmiede RWTH Aachen, den Universitäten Bonn, Köln, Trier, findet man entweder nur vereinzelt oder gar keinen Bachelor- und Masterstudiengang. Auch ist nach dem Thesenpapier der Hochschulrektorenkonferenz vom Juni 2003 noch offen, ob Diplomstudiengänge überhaupt umgestellt werden müssen. Es heißt dort: »Jedoch können wichtige Gründe für eine Beibehaltung der bewährten Diplomabschlüsse auch über das Jahr 2010 hinaus sprechen.«

2004 haben einige Länderregierungen darauf hingewirkt, die Einführung von Bachelor- und

Masterstudiengängen zu beschleunigen. So sieht etwa der Entwurf für ein neues Landeshochschulgesetz in NRW vor, dass ab dem Wintersemester 2006/7 Studienanfänger sich nur noch in Bachelor- und Masterstudiengänge einschreiben können. Ausgenommen sollen hiervon nur die Staatsexamensstudiengänge Medizin, Jura und die Lehramtsstudiengänge sein (NRW: Nur noch Bachelor und Master, in: *Forschung & Lehre*, 5/2004, S. 239).

Befürworter der Bachelor- und Masterstruktur führen an, dass mit diesem Modell nicht nur die Vergleichbarkeit der Hochschulabschlüsse im EU-Raum gewährleistet und die Mobilität der Studierenden im Hochschulbereich und auch auf dem europäischen Arbeitsmarkt erleichtert werde, sondern auch, dass ein Bachelorstudium, das jetzt der berufsqualifizierende Regelabschluss sein soll, die langen Studienzeiten in Deutschland verkürze. Kritiker der neuen Studiengänge befürchten, dass ein Bachelor als berufsqualifizierender Abschluss mit einer Studienzeit von drei Jahren oder dreieinhalb Jahren den Absolventen nicht die Qualifikationen vermittle wie ein auf fünf Jahre angelegter »alter« Hochschulabschluss und zu einem gravierenden Niveauverlust der Ausbildung führe. Besonders von Seiten der Ingenieurfächer wird vor der Ausbildung von »Schmalspuringenieuren« gewarnt. Der Arbeitsmarkt für Ingenieure werde dann den Masterabsolventen vorbehalten bleiben.

Auch monieren Kritiker, dass an vielen Hochschulen die Bachelor- und Masterstudiengänge nichts anderes seien als alte Studiengänge mit neuem Namen. Zwischenprüfung oder Vordiplom würden kurzerhand umbenannt in Bachelor, ermöglichten schwachen Studierenden einen ehrenvollen Abgang mit einem Abschluss und ersparten ihnen so den Makel des Studienabbrechers.

Ein weiterer Kritikpunkt ist der Zugang zu Masterstudiengängen. Dieser soll nicht automatisch nach erfolgreich abgeschlossenem Bachelorstudium möglich sein, sondern nur besonders qualifizierten Studierenden offen stehen, die in Auswahlverfahren ausgesucht werden. Auch wird die internationale Vergleichbarkeit der Abschlüsse durch Berichte über die Nichtanerkennung in England und den Vereinigten Staaten angezweifelt.

Einen Hinweis, ob ein neuer Studiengang die Qualitätskriterien (modularer Aufbau, ECTS-System, Grundlagen und interdisziplinär angelegter Lehrplan u. Ä.) erfüllt, soll die so genannte *Akkreditierung* geben. Dabei handelt es sich um ein offizielles »Gütesiegel«, das von einigen eigens geschaffenen Agenturen verliehen wird. Studienanfänger können jedoch nicht automatisch davon ausgehen, dass nichtakkreditierte Bachelor- und Masterstudiengänge von minderer Qualität sind, da es nur wenige Akkreditierungsagenturen für die Prüfung von einigen Hundert neuen Studiengängen in Deutschland gibt und die Gebühren für eine Akkreditierung bei bis zu 12.000 € für konsekutive Bachelor-Master-Studiengänge liegen. Diese Ausgaben scheuen viele Hochschulen.

Die Prognose, ob sich die neuen Abschlüsse durchsetzen werden oder nicht, ist nicht leicht, da das Verhalten der Hochschulen sehr unterschiedlich ist. Während, wie ausgeführt, erste Universitäten alle Studienfächer auf die neuen Abschlüsse umgestellt oder dies angekündigt haben, gibt es Universitäten, die noch alle Fächer mit den bisherigen Studienabschlüssen anbieten. Es wird noch etwa zehn bis 15 Jahre dauern, bis klar ist, was sich durchgesetzt hat.

Das verunsichert die Studieninteressenten, und sie erwarten zu Recht in diesem Buch eine Orientierung für ihre Entscheidung.

Diese Orientierung könnte aus unserer Sicht wie folgt aussehen:

1. Langfristig werden sich die neuen Studienabschlüsse durchsetzen, weil sie sich am angelsächsischen Studiensystem orientieren, das weltweit auf dem Vormarsch ist.
2. Wer das Studium unter dem Gesichtspunkt »Erlangung einer beruflichen Qualifikation« anstrebt und den Schwerpunkt seiner/ihrer Interessen nicht auf Wissenschaft und Theorie legen möchte, sollte generell ein Fachhochschulstudium in Erwägung ziehen und im Falle einer Universitätsausbildung einen Bachelor anstreben, weil dieses Studium erheblich kürzer ist als

ein Diplom-, Staatsexamens- oder Magisterstudiengang und die Gefahr, zu den Studienabbrechern zu gehören, erheblich geringer ist.

3. Ebenfalls zu den neuen Abschlüssen sollte tendieren, wer seinen künftigen Arbeitsmarkt nicht nur in Deutschland, sondern auch woanders sieht. Die Abschlüsse Bachelor und Master bieten eindeutige Vorteile auf dem internationalen Arbeitsmarkt. Umgekehrt darf aber nicht übersehen werden, dass der Bachelor zwar im Ausland als Studienabschluss gilt, aber nicht als Abschluss einer wissenschaftlich orientierten Universitätsausbildung. Mit (nur) dem Bachelor sind berufliche Aufstiegsmöglichkeiten insgesamt schlechter als mit einem Master.
4. Jedes Studienangebot mit einem neuen Abschluss muss abgeklopft werden auf die Inhalte, die vermittelt werden, und auf die Verzahnung zwischen dem Bachelor-Basisstudium und dem Master-Aufbaustudium. Das ist selbst für Fachleute nicht einfach. Deshalb eine kleine Hilfe: Legen Sie sich mehrere Studienordnungen von verschiedenen Hochschulen des Faches, das Sie studieren möchten, nebeneinander und vergleichen Sie, welche Studieninhalte vermittelt werden. Dort, wo die Abweichungen von den Studienordnungen der anderen Angebote groß sind, sollten Sie Vorsicht walten lassen, dort wird möglicherweise auf dem Rücken der künftigen Studierenden experimentiert. Ebenfalls Vorsicht ist bei Angeboten geraten, wo alter Wein in neuen Schläuchen verkauft wird. Sie erkennen so etwas leicht an Anglizismen wie Facilitymanagement (übersetzt: Diplom-Hausmeister!), Eventmanagement oder International Business Relations.
5. Wer Ingenieur/in werden möchte, studiert entweder berufsbezogen an einer Fachhochschule oder strebt an der Universität einen Master (über den Weg Bachelor) an. Nur ein Bachelor von einer Universität wird sich auf dem Arbeitsmarkt nicht durchsetzen.
6. Auch bei naturwissenschaftlichen Fächern wie Mathematik, Physik, Biologie oder Chemie wird der Nur-Bachelor als »Schmalspurstudium« noch lange mit Vorurteilen zu kämpfen haben. Hier wird bei einem Unistudium ein Master und häufig eine Promotion erwartet.
7. Erst einmal Finger weg von Bachelor- und Masterabschlüssen in Studiengängen, die nach wie vor mit einem Staatsexamen abschließen, wie Medizin, Pharmazie oder die Lehramtsstudiengänge. Sie werden als Exotenabschlüsse gewertet so wie in den 1980er-Jahren, als man an manchen Universitäten Diplom-Historiker oder Diplom-Philosoph werden konnte. Auch diese haben sich auf dem Arbeitsmarkt nicht durchgesetzt.
8. Bei den geisteswissenschaftlichen Fächern ist es eher nachrangig, ob Sie am Ende Master oder Magister Artium heißen, die beiden Begriffe sind praktisch die gleichen (das eine ist Englisch, das andere Latein), und die Abkürzung M.A., die nach dem Studienabschluss hinter dem Namen geführt werden darf, ist für beide Abschlüsse die gleiche.
9. Wer immer noch unsicher ist, dem oder der raten wir, das Studium dort zu beginnen, wo die beiden Abschlüsse so verzahnt sind, dass während des Universitätsstudiums der Übergang von dem einen zum anderen Abschluss problemlos und mit Anrechnung aller bis dahin erbrachten Studienleistungen möglich ist. Am besten man lässt sich das von der Hochschule verbindlich bestätigen vor der Einschreibung.

Jede Menge Variationen: Studiengänge und Kombinationsmöglichkeiten

Bislang haben wir von *Studienfächern* gesprochen, bei denen es für die Studiengestaltung nicht unerheblich ist, welches Fach ausgewählt wird und welche Berufsmöglichkeiten damit eröffnet werden. Es gibt aber noch den *Studiengang*, in dem die Fächer eingebettet sind und der die Ausrichtung des Studiums und den späteren Studienabschluss vorgibt. Unter Studiengang versteht man das Studium eines oder mehrerer Fächer, dessen Durchführung und, was noch wichtiger ist, dessen Abschluss durch eine Studien- und Prüfungsordnung geregelt ist. Ob Ihr Studium aus einem Fach, aus mehreren Fächern oder aus Haupt- und Nebenfächern besteht, hängt davon ab, zu welcher Gruppe das Studienfach gehört und welchen Abschluss Sie anstreben. Das Studium der sprach-, literatur- und kulturwissenschaftlichen Fächer besteht aus der (weitgehend) frei zu wählenden Kombination von mehreren Fächern, entweder aus zwei Hauptfächern oder aus einem Hauptfach und zwei Nebenfächern. Man spricht auch von der Gruppe der *Magisterstudiengänge*, weil, sieht man von den Bachelor- und Masterstudiengängen ab (s. u.), der Studienabschluss Magister Artium (weibliche Form Magistra Artium) lautet. Den Magisterabschluss erkennt man am Titel M. A., der hinter dem Namen geführt wird. Sie wissen also künftig, Herr oder Frau Mustermann M. A. hat ein sprach-, literatur- oder kulturwissenschaftliches Studium erfolgreich mit einem Magisterexamen beendet.

In dieser Fächergruppe haben sich die neuen Bachelor- und Masterstudiengänge auch noch nicht so etablieren können wie etwa in den Wirtschafts- und Sozialwissenschaften – nur zwölf Prozent der derzeit bestehenden Bachelor- und Masterstudiengänge werden in den Sprach-, Literatur- und Kulturwissenschaften angeboten. Der genaue Abschluss heißt dann *Bachelor of Arts* (abgekürzt BA oder B. A.) bzw. *Master of Arts* (abgekürzt MA oder M. A.).

Ein Bachelorstudiengang kann entweder aus einem einzigen Fach oder einer Fächerkombination bestehen, wobei wie beim Magisterstudiengang je nach Hochschule unterschiedliche Kombinationsmöglichkeiten angeboten werden. An den Hochschulen haben sich hierfür unterschiedliche Begrifflichkeiten entwickelt: Mancherorts wird etwa vom »Ein-Fach-Bachelor«, andernorts vom »Bachelorstudiengang mit einem Fach« gesprochen sowie vom »Zwei-Fach-Bachelor« bzw. »Bachelorstudiengang mit Fächerkombination«.

Das Studium der naturwissenschaftlichen Fächer und der technischen und ingenieurwissenschaftlichen Fächer (einschließlich Architektur) besteht in *Diplomstudiengängen* aus einem Fach mit der Möglichkeit von Beifächern oder Ergänzungsfächern – egal ob Fachhochschule oder Universität. Das Gleiche gilt für die wirtschaftswissenschaftlichen Fächer wie BWL oder VWL. Das Studium ist ebenfalls auf ein Fach mit einem Nebenfach beschränkt, welche aus einem kleineren Katalog von Fächern ausgewählt werden können. Auch sie werden bisher hauptsächlich in einem Diplomstudiengang studiert und berechtigen bei erfolgreichem Abschluss, vor dem Namen ein Diplom zu führen (Diplom-Chemiker, Diplom-Physiker, Diplom-Mathematiker, Diplom-Ingenieur, Diplom-Kaufmann, Diplom-Volkswirt, Diplom-Kaufmann u. Ä.). Doch Diplom ist nicht gleich Diplom. Wer sein Diplom an einer Fachhochschule abgelegt hat, muss dies durch den Zusatz »(FH)« hinter dem Diplom kenntlich machen, während von Diplomierten der Universität eine solche Kennzeichnung nicht verlangt wird.

In den Bachelor- und Masterstudiengängen gibt es keinen Zusatz »(FH)« hinter dem Hochschulgrad. Unabhängig davon, ob der Bachelor oder der Master an einer Fachhochschule oder einer Universität erworben wurde, wird ein *Bachelor/Master of Science* (abgekürzt BSc bzw. B. Sc. oder MSc bzw. M. Sc.) oder ein *Bachelor/Master of Engineering* (abgekürzt BEng bzw. B. Eng. oder MEng bzw. M. Eng.) verliehen. Genaue Auskunft über den belegten Studiengang, seine Inhalte und Qualifikationen gibt dann das so genannte *Diploma Supplement* (DS), ein EU-einheitliches Formular, das für Bachelor- und Masterstudiengänge vorgeschrieben ist.

Wer Pädagogik, Psychologie oder Sozialwesen studiert, schließt sein Studium bisher üblicherweise mit einem Diplom ab und kombiniert ein Hauptfach mit einem oder zwei Nebenfächern (Abschlüsse: Diplom-Pädagoge, Diplom-Psychologe, Diplom-Sozialarbeiter, Diplom-Sozialpädagoge). Aber auch in diesen drei Studienbereichen gibt es die ersten Bachelor- und Masterstudiengänge.

Am Ende des Studiums der Fächer Pharmazie, Humanmedizin, Tiermedizin und Lebensmittelchemie steht ein *Staatsexamen*. Auch das Studium der Rechtswissenschaft (Jura) sowie alle Studiengänge für das Lehramt an allgemein bildenden und an berufsbildenden Schulen schließen mit dem Staatsexamen ab. Das Lehramtsstudium setzt sich aus zwei oder drei Schulfächern und erziehungswissenschaftlichen Begleitfächern zusammen.

Neu ist, dass einige Bundesländer damit begonnen haben, über einen Bachelorstudiengang und einen lehramtsspezifischen Master für den Schuldienst auszubilden (siehe hierzu S. 203).

Für die meisten Studiengänge, die für Tätigkeiten im Schuldienst, im Gesundheitsdienst und in der öffentlichen Justizverwaltung vorbereiten, wird somit das Staatsexamen (und anschließend noch ein Vorbereitungsdienst, Referendariat oder eine fachpraktische Ausbildung) vorausgesetzt.

Das Studium der Theologie besteht aus einem Hauptfach mit den verschiedenen Teildisziplinen und verwandten Disziplinen wie Philosophie und kann entweder mit einem Diplom oder mit einem kirchlichen Examen abgeschlossen werden. Natürlich kann Theologie auch für das Lehramt an Schulen studiert werden, wo ein Staatsexamen den Abschluss bildet. Bachelor- und Masterstudiengänge soll es zukünftig auch in diesem Studienbereich geben.

Die künstlerischen Studiengänge bestehen wiederum aus einem Hauptfach mit mehreren Teilgebieten und Zusatzfächern und enden mit einem Diplom, der künstlerischen Reifeprüfung, einem Zertifikat oder (Kunst, Musik auf Lehramt) mit einem Staatsexamen. In diesem Studienbereich sind bisher kaum Bachelor- und Masterstudiengänge anzutreffen.

Von kurz bis lang: Die Studiendauer

Es gibt verschiedene Arten der Studiendauer. Fachleute sprechen von *Mindeststudienzeit, Regelstudienzeit, durchschnittlicher Studiendauer* und *Höchststudiendauer.*

Mindeststudienzeit ist die Zahl an Semestern (= Halbjahre), die wenigstens absolviert sein müssen, bevor man sich zur Abschlussprüfung melden kann. Die meisten Fächer an den wissenschaftlichen Hochschulen schreiben in Diplom-, Magister- und Staatsexamensstudiengängen acht Semester vor, was jedoch in der Praxis kaum zu schaffen ist. An den Fachhochschulen sind für die Diplomstudiengänge sechs bis sieben Semester (plus Praktikum) obligatorisch, an den Kunst- und Musikhochschulen acht Semester. Mindeststudienzeit für Bachelorstudiengänge an Universitäten und Fachhochschulen sind sechs Semester, ein Master dauert mindestens weitere zwei Semester.

Unter *Regelstudienzeit* versteht man die Anzahl an Semestern, in denen das Studium realistischerweise zu bewältigen ist. Bei den Universitäten sind in Diplom-, Magister- und Staatsexamensstudiengängen je nach Fach zwischen neun und bis zu zwölf Semestern üblich, in Bachelorstudiengängen sechs oder sieben.

Für das Fachhochschulstudium beträgt im Diplomstudiengang die Regelstudienzeit (einschließlich Praktikum und Examen) acht bis neun Semester, in einem Bachelorstudiengang sechs oder sieben Semester. Ein Studium an einer Kunst- oder Musikhochschule kann in etwa neun bis zehn Semestern abgeschlossen werden.

Die *tatsächliche Studiendauer* erfasst man anhand der statistischen Durchschnittszahlen. Diese Zahl ist aus verschiedenen Gründen, die weiter unten aufgeführt sind, höher als die Regelstudienzeit, variiert aber von Hochschule zu Hochschule und von Fach zu Fach. Sie liegt mittlerweile an den Universitäten bei etwa 14 Semestern, bei den Fachhochschulen bei etwa neun Semestern und bei den Künstlerischen Hochschulen bei zwölf Semestern.

Da eine Reihe von Studierenden im Laufe der ersten beiden Jahre das Studienfach wechselt und bei den Durchschnittszahlen auch die Studierenden mitgezählt werden, die bestimmte Semesterzahlen bereits weit überschritten haben (sog. Uraltstudenten), ist die *durchschnittliche Fachstudiendauer* etwas geringer. Bei Universitäten liegt sie derzeit bei rund 13 Semestern, bei den Künstlerischen Hochschulen bei ca. elf Semestern und bei Fachhochschulen (ohne Praktikum) bei siebeneinhalb Semestern. Dies bedeutet, dass der Fachhochschulabschluss im Durchschnitt zweieinhalb Jahre früher gemacht wird als das Universitätsexamen.

Über die Studiendauer in Bachelor- und Masterstudiengängen gibt es noch keine Untersuchungen. Zu beobachten ist vor allem in Bachelorstudiengängen an Universitäten eine straffere Studienorganisation, stärkere Leistungskontrolle (etwa Vorlesungen, die neuerdings mit einer Prüfung abschließen) und Präsenzpflicht, was sich positiv auf die Studiendauer auswirkt.

Die durchschnittlichen Studienzeiten (einschließlich Examen) an den Hochschulen in Semestern

An Fachhochschulen	in Diplomstudiengängen: 8 Semester (7 Studiensemester, 1 Semester Examen, zzgl. Praktikum) in Bachelorstudiengängen: 7 Semester (6 Studiensemester, 1 Semester Examen, zzgl. Praktikum) in Masterstudiengängen: zusätzlich 2–3 Semester
An Kunst- und Musikhochschulen	11 Semester (10 Studiensemester, 1 Semester Examen)
An Pädagogischen Hochschulen	7–12 Semester (je nach Lehramtsausbildung)
An Kirchlichen Hochschulen	10–12 Semester

An Universitäten in Diplom-, Magister- und Staatsexamensstudiengängen 10–15 Semester (je nach Studienfach)

Naturwissenschaften	11–12 Sem.	Ingenieurwissenschaften	10–12 Sem.
Sprach- und Kulturwissenschaften	11–12 Sem.	Rechtswissenschaften	9–10 Sem.
Wirtschaftswissenschaften	10–11 Sem.	Gesellschaftswissenschaften	11–12 Sem.
Medizinische Fächer	12–14 Sem.	Land- u. Forstwirtschaftliche Fächer	10–12 Sem.
Theologische Fächer	10–12 Sem.	Sportwissenschaft	9–12 Sem.

Studiendauer an Universitäten in Bachelorstudiengängen:
6 Semester, in Masterstudiengängen plus weitere 4 Semester

Die Regelstudienzeit für die Lehramtsausbildung in Staatsexamensstudiengängen beträgt für:

Grundschulen	7–9 Sem.	Hauptschulen	9–10 Sem.
Realschulen/Sekundarstufe I	10–11 Sem.	Gymnasien/Sekundarstufe II	11–12 Sem.
Sonderschulen	10–11 Sem.	Berufsschulen	11–12 Sem.

Die Regelstudienzeit für die Lehramtsausbildung in Bachelor- und Masterstudiengängen beträgt 10–11 Semester.
Hinzu kommt noch der schulische Vorbereitungsdienst (Referendariat).

Von diesen Durchschnittszahlen weichen beim gleichen Studienfach die Hochschulen erheblich voneinander ab. Zahlen von zwischen elf und 17 Semestern durchschnittlicher Studiendauer des gleichen Fachs an verschiedenen Universitäten und bei Fachhochschulen von 6,8 bis 10,2 Semestern sind keine Seltenheit. Allerdings sind die Abweichungen bei den Universitäten erheblich höher als bei den Fachhochschulen, wo die meisten Studierenden ihre Ausbildung auch in etwa der vorgegebenen Regelstudienzeit beenden. Dies liegt vor allem daran, dass die Fachhochschulen stärker verschult sind und bei Nichtmeldung zur Zwischen- oder Abschlussprüfung zu bestimmten Semestern die Exmatrikulation droht, während die Universitäten solche Reglements nur für wenige Fächer kennen.

Es gibt aber auch interne Gründe (z. B. ungünstiges Verhältnis Studierende – Dozenten), warum das gleiche Fach an der einen Universität im Durchschnitt drei Semester länger dauert als an einer anderen. Deshalb spielt auch die jeweilige Studiendauer bei der Wahl des Studienortes eine nicht unwichtige Rolle.

Auch wenn die Universitäten sicherzustellen versuchen, dass Studierende innerhalb von acht Semestern (Diplom-, Magister-, Staatsexamensstudiengänge) alle für die spätere Abschlussprüfung notwendigen Lehrveranstaltungen angeboten bekommen und das Lehrangebot in den einzelnen Fächern so organisiert ist, in vier Semestern das Grundstudium und in weiteren vier Semestern das Hauptstudium abzuschließen, sieht die Realität anders aus.

Es gibt vielfältige Gründe, warum nur wenige Studierende ihr Studium innerhalb der Regelstudienzeit abschließen. Viele Studierende müssen Kenntnisse nachholen, die sie eigentlich von der Schule her mitbringen sollten. Bei den einen sind es Fremdsprachenkenntnisse, bei anderen mathematische oder naturwissenschaftliche Grundkenntnisse. Ein weiterer Grund ist in manchen Fächern die schlechte Situation auf dem Arbeitsmarkt, denn der Status als Studierender ist gesellschaftlich höher angesehen als der Status des Erwerbslosen. Ursachen sind aber auch beim Staat zu suchen, der nicht genügend für seine Hochschulen tut. Zu wenig Geld, zu wenig Personal, Überforderung der Professoren durch Forschungs-, Lehr- und Verwaltungsaufgaben, überfüllte Studiengänge, unsichere Studienfinanzierung sowie Jobben neben dem Studium sind weitere wichtige Gründe.

Eine Studienhöchstdauer gilt nur für Studienfächer, in denen festgesetzte Zeiträume bis zur Zwischen- und Abschlussprüfung vorgesehen sind. Wer sich nicht an diese Spielregeln hält, muss damit rechnen, rausgeworfen zu werden. Im Uni-Deutsch heißt dies: Exmatrikulation. Solche Gefahren drohen an den Fachhochschulen bei vielen Studienfächern, an wissenschaftlichen Hochschulen vor allem bei den Fächergruppen Naturwissenschaften, Medizin und Ingenieurwissenschaften.

Die Zahl der Uraltstudierenden ist mit Einführung von Studiengebühren für Langzeitstudierende drastisch gesunken.

Wenden wir uns abschließend den Semesterzeiten zu.

Das Wintersemester beginnt bei den wissenschaftlichen Hochschulen am 1. Oktober und endet am 31. März. Das Sommersemester fängt am 1. April an und endet am 30. September. An den Fachhochschulen liegen die Zeiten vom 1. September bis 28. Februar und vom 1. März bis 31. August.

Das Semester gliedert sich in eine Vorlesungszeit, während der die Lehrveranstaltungen stattfinden, und in eine vorlesungsfreie Zeit, in der zwar keine Lehrveranstaltungen stattfinden, die Hochschule und ihre Einrichtungen aber geöffnet sind.

Die Vorlesungszeiten sind von Bundesland zu Bundesland unterschiedlich. Bei den wissenschaftlichen Hochschulen liegen sie im Wintersemester von Anfang/Ende Oktober bis Anfang/Ende Februar, im Sommersemester reichen die Vorlesungszeiten von Anfang/Ende April bis Anfang/Ende Juli. Die übrige Zeit, das heißt zwei Monate im Winter und drei Monate im Sommer, ist frei von Lehrveranstaltungen.

Die Vorlesungszeiten an den Fachhochschulen liegen zeitlich anders. Das Wintersemester beginnt zwischen Anfang bis Mitte September und endet zwischen Mitte und Ende Januar. Danach ist etwa ein Monat vorlesungsfreie Zeit. Das Sommersemester startet Anfang/Mitte März und endet Mitte/Ende Juni. Die Monate Juli und August sind normalerweise frei von Lehrveranstaltungen.

Wer jetzt glaubt, dass man fünf Monate an den wissenschaftlichen und drei Monate an den Fachhochschulen Urlaub hat, unterliegt einem weit verbreiteten Irrtum. Das Studentenleben ist auch in der vorlesungsfreien Zeit alles andere als lustig. Keine Lehrveranstaltungen zu haben heißt nicht, dass man Urlaub machen kann. Die vorlesungsfreie Zeit dient dazu, Stoff aus den gerade zu Ende gegangenen Lehrveranstaltungen nachzuholen, Referate und Hausarbeiten zu schreiben oder für einzelne Prüfungen zu lernen, die bevorzugt in der vorlesungsfreien Zeit liegen, damit die Studierenden genügend Zeit zum Lernen haben. Die vorlesungsfreie Zeit dient weiterhin der Vorbereitung auf das neue Semester oder der Ableistung von naturwissenschaftlichen oder technischen Praktika.

Bei den künstlerischen Studiengängen wird die vorlesungsfreie Zeit häufig zur Arbeit in den Werkstätten und Zeichensälen verwendet, um in aller Ruhe künstlerisch tätig zu sein. Viele Studierende jobben auch während der vorlesungsfreien Zeit.

Im Normalfall verbleiben den meisten Studierenden nicht mehr als ein oder zwei Monate studienfreie Zeit pro Jahr, um zu verreisen oder etwas anderes zu tun als zu studieren. Unterm Strich gesehen haben Studierende etwa so viel Urlaub wie normale Arbeitnehmer. Das Studium ist für die meisten ein Full-Time-Job, sofern sie die Ausbildung ernsthaft betreiben.

Nicht nur zum Zuhören: Lehrveranstaltungen

Das Studium aller Fächer setzt sich – je nach Fach und Hochschule mit unterschiedlichen Anteilen – aus folgenden Lehrveranstaltungen zusammen:
- Vorlesungen
- Übungen
- Seminare
- Studienpraktische/fachpraktische Lehrveranstaltungen
- Exkursionen

Das Wesen einer **Vorlesung** besteht darin, dass ein/eine Hochschullehrer/in in einem großen Raum, Hörsaal genannt, vor einigen Dutzend oder einigen hundert Studierenden ein Semester lang regelmäßig zu einem bestimmten Thema entweder vorliest (deshalb Vorlesung) oder (seltener) etwas frei vorträgt. Die Studierenden machen sich hierzu Notizen. Fragen und Diskussionen sind in der Vorlesung normalerweise nicht üblich.

Die Vorlesung versucht einen Überblick über ein Thema oder ein Problem des Faches zu geben, berücksichtigt dabei auch den jeweils neuesten Wissensstand und erläutert unterschiedliche Ansätze, Methoden und Meinungen zum Thema der Vorlesung.

Im Vorlesungsverzeichnis wird angekündigt, wie oft pro Woche, zu welcher Zeit und wo die Vorlesung stattfindet. Es gibt Vorlesungen mit einer Stunde pro Woche ebenso wie Vorlesungen mit zwei, drei bis hin zu sechs Stunden pro Woche. Üblich sind zweistündige Vorlesungen mit zweimal 45-minütiger Dauer.

Wichtig für jede Vorlesungsstunde ist eine gründliche Vorbereitung und Nachbereitung anhand der von dem Dozenten genannten Fachliteratur zum Thema der Vorlesung.

Da kaum jemand, und am wenigsten ein/e Studienanfänger/in, alles versteht, was in einer Vorlesung gesagt wird, und man auch kaum die Möglichkeit hat, Verständnisfragen zu stellen oder zu diskutieren, gibt es (nicht für alle Fächer) so genannte Arbeitsgemeinschaften oder Tutorien begleitend zur Vorlesung, die im kleinen Kreis stattfinden. Geleitet werden sie entweder von Studierenden höherer Semester oder von Mitarbeitern des Hochschullehrers. Diese Lehrveranstaltungen beziehen sich auf den Stoff der jeweiligen Vorlesung und sollen ihn vertiefen. Verständnisfragen werden beantwortet, Musteraufgaben geübt, und es wird ausführlich diskutiert.

In einem kleineren Rahmen (zehn bis siebzig Studierende) als in den Vorlesungen werden in den so genannten **Übungen** Inhalte oder Methoden des Faches entweder auf wissenschaftlich-theoretischer oder praktischer Ebene unter Leitung eines Dozenten vermittelt.

Die Übung hat – je nach Studienfach – sehr unterschiedliche Inhalte. Beim Studium von Fremdsprachen handelt es sich vielleicht um eine sprachpraktische Übung (z. B. Übersetzen von Texten) oder um eine sprachtheoretische Übung (Interpretation von Quellentexten). Bei einer Ingenieurwissenschaft kann eine Übung darin bestehen, praktisches Wissen zu vermitteln, wie Maschinen funktionieren und bedient werden oder wie man technische Instrumente herstellt. Bei einer Übung in Architektur kann es sich um die Konstruktionszeichnung für eine Brücke handeln, beim Studium von Gesang oder Kunst um die Einübung einer Opernarie bzw. um die Herstellung einer Grafikdruckplatte. Bei den Werkstoffwissenschaften geht es um die Erprobung einer Metalllegierung, im Fach Kunstgeschichte um die Beschreibung von Gemälden. Diese Beispiele lassen sich beliebig fortsetzen, aber wir sind sicher, Sie haben das Wesen einer Übung verstanden.

Auf jeden Fall – und hier gibt es keine Unterschiede – wird in allen Übungen erwartet, dass die Studierenden sich aktiv beteiligen und entweder im Laufe der Übung oder am Ende der Lehrveranstaltung oder zum Abschluss mehrerer Übungen irgendeine Form von Leistungsnachweis erbringen. Die Formen sind so vielfältig wie die Übungen: mündliche Prüfung, schriftliche Prüfung (= Klausur), mündlich vorgetragene oder schriftlich verfasste Hausarbeit (= Referat), Entwurf oder Herstellung eines Objektes, Demonstration (Vorspielen, Vorsingen), Bericht über eine Versuchsreihe, Befragung von Personen, Materialanalyse und vieles mehr. Die Übung ist ähnlich wie die Vorlesung eine Fortsetzungsveranstaltung, die ein- oder mehrmals pro Woche während des Semesters stattfindet.

Seminare sind ähnlich aufgebaut wie Übungen. Im kleinen Kreis (zwanzig bis siebzig Personen) werden unter Leitung eines Hochschullehrers einzelne Themen eines zusammenhängenden Themengebietes besprochen, diskutiert und dabei auch bestimmte Vorgehensweisen eingeübt. Mehr noch als in der Übung wird die aktive Mitarbeit der Studierenden mit abschließendem Leistungsnachweis erwartet.

Sofern man überhaupt einen Unterschied zwischen Übung und Seminar machen kann, ist die Übung etwas stärker auf die Methoden und das Seminar eher mehr auf den Inhalt des Faches ausgerichtet. Zuweilen – aber nicht immer – sind die Leistungsanforderungen beim Seminar etwas höher. Nichtsdestotrotz gibt es die gleichen Leistungsnachweise wie bei der Übung. Seminar ist nicht gleich Seminar. In vielen Fächern gibt es Abstufungen: Proseminare (für Studienanfänger), Mittelseminare (für Fortgeschrittene) und Oberseminare (für Examenskandidaten). Es versteht sich von selbst, dass die Anforderungen vom Proseminar zum Oberseminar höher werden.

Am Ende einer bestandenen Übung oder eines bestandenen Seminars erhält man eine Bescheinigung, im Uni-Deutsch heißt das **Schein** oder **Testat**. Davon gibt es zwei Sorten: Den nichtqualifizierten Schein (»Sitzschein«), der nur bescheinigt, dass man an der Veranstaltung teilgenommen hat, und den qualifizierten Schein, der aufführt, welche Leistungsnachweise man (evtl. mit welcher Note) erbracht hat.

Studienpraktische Lehrveranstaltungen, die es vor allem in den Fächergruppen Naturwissenschaften, Medizin, Land- und Forstwirtschaft sowie in den Ingenieurwissenschaften gibt, sollen den Studierenden bestimmte praktische Fertigkeiten vermitteln, die im späteren Berufsleben benötigt werden. Ein solches Praktikum kann in einem Labor, einem Konstruktionsraum oder auf einem Versuchsgelände stattfinden.

Bei den Praktika sind – neben den obligatorischen Denkleistungen – vor allem Finger- und Handfertigkeiten gefragt. Schon mancher Kopfmensch hat in einer fachpraktischen Lehrveranstaltung die Grenzen seiner praktischen Begabung erkennen müssen, beispielsweise wenn er oder sie zum dritten Mal die falschen Chemikalien zusammengemischt hat oder sich zum siebten Mal mit dem Lötkolben die Finger verbrannt oder den soundsovielten Glaskolben kaputtgemacht hat. Praktische Lehrveranstaltungen finden zum Teil – wie die Vorlesungen und Übungen – fortlaufend während des Semesters statt. Häufiger jedoch, dies macht sie bei einigen Studierenden so unbeliebt, werden sie als Blockveranstaltung über mehrere Tage oder Wochen in der vorlesungsfreien Zeit abgehalten.

Auch die Leistungsnachweise bei fachpraktischen Lehrveranstaltungen sind unterschiedlich und reichen vom Praktikumsbericht oder der Durchführung einer Versuchsreihe bis hin zur praktischen Überprüfung des erworbenen Wissens.

Im Zusammenhang mit fachpraktischen Lehrveranstaltungen sind so genannte **Fachpraktika** zu erwähnen, die entweder vor Beginn des Studiums oder in den ersten Semestern absolviert werden müssen. Dabei handelt es sich nicht um Veranstaltungen der Hochschule, sondern um ein oder mehrere Grund- oder Einführungspraktika in Industriebetrieben oder bei staatlichen Einrichtungen. Die Dauer liegt – je nach Hochschule und Fach – zwischen drei und zwölf Monaten. Sinn dieser Praktika, die wir vor allem in den Ingenieurwissenschaften (wissenschaftliche Hochschulen und Fachhochschulen) und bei der Betriebswirtschaftslehre sowie der Fächergruppe Sozialwesen (jeweils Fachhochschule) finden, ist es, dass die Studierenden vor Beginn oder zum Anfang des Studiums Erfahrungen über die Anforderungen im späteren Beruf oder über die praktischen Anforderungen im Studium sammeln.

Praktika sind recht unterschiedlich, nicht nur von Hochschule zu Hochschule, sondern zuweilen beim gleichen Studienfach. Es hängt vor allem davon ab, welche Bedeutung das jeweilige Studienfach dem Praxisbezug beimisst.

Praktika werden in aller Regel nicht oder nur geringfügig bezahlt. Um eine Praktikantenstelle muss man sich selbst kümmern. Dabei sind die Hochschulen (nach einem Praktikantenamt fragen), die Arbeitsämter sowie die Industrie- und Handelskammern behilflich, die es in jeder größeren Stadt gibt. Es gibt auch Organisationen, die Praktika im Ausland vermitteln (siehe auch hierzu S. 116).

Exkursionen sind eine weitere Art von Lehrveranstaltungen. Sie finden nicht innerhalb der Hochschule, sondern irgendwo anders statt. Exkursionen sind also mit Reisen verbunden.

Nur wenige Fächer schreiben Exkursionen zwingend vor. Dies sind vor allem Fächer wie Kunstgeschichte und Archäologie (Besuch von Museen und Galerien), Geschichte (Orte historischer Ereignisse) und Geographie/Geologie (Geländeerkundungen). Die angehenden Geowissenschaftler sind die Könige der Exkursionen, weil bei ihnen auch Reisen in andere Länder und Kontinente nicht selten sind.

Exkursionen fallen zumeist in die vorlesungsfreie Zeit. Der Leistungsnachweis besteht entweder aus einem mündlichen Referat, einer schriftlichen Hausarbeit oder in der Anfertigung eines Exkursionsberichtes.

Bei Vorlesungen, Übungen, Seminaren, fachpraktischen Lehrveranstaltungen und Exkursionen kann bei Nichtbestehen die Lehrveranstaltung wiederholt werden. Bei manchen Fächern kann man eine Einzelprüfung beliebig oft wiederholen (es werden dort manchmal olympiareife Rekorde erreicht), während bei anderen Fächern nach dem zweiten oder dritten vergeblichen Versuch Feierabend ist. Wenn man sich dann nicht rechtzeitig selbst exmatrikuliert, fliegt man in hohem Bogen von der Hochschule, wird also exmatrikuliert.

An den Hochschulen gibt es neben Vorlesungen, Übungen, Seminaren usw. auch andere Veranstaltungen, die so interessant sein können, dass sie manchen Studierenden von der eigentlichen Arbeit abhalten. Sie gehören nicht zum eigentlichen Studium. Ihr Besuch ist freiwillig.

Was im Einzelnen angeboten wird, hängt von der Zahl der Studierenden und von der Größe der Hochschule ab. Eine Universität mit 20.000 oder 30.000 Studierenden hat natürlich mehr solcher Veranstaltungen als eine Fachhochschule mit 1.000 Studierenden.

An den Universitäten finden wir das so genannte **Studium generale/Studium universale**. Dabei handelt es sich um kein eigenständiges Studienfach, sondern um Einrichtungen, die die fachübergreifende und kulturelle Bildung der Studierenden fördern und einer fachlichen Vereinseitigung der Studierenden entgegenwirken wollen. Vorträge, Vortragsreihen und Arbeitsgemeinschaften, aber auch Musikkreise und Arbeitskreise zur schöpferischen Eigenbetätigung sind Bestandteile dieses zusätzlichen Studienangebotes.

Darüber hinaus werden weitere attraktive Veranstaltungen angeboten, zum Beispiel:
- Hochschulsport (von Basketball über Schach bis Fallschirmspringen)
- Hochschulmusik (Hochschulorchester, -chor)
- gemeinsame Arbeitskreise (zu den unterschiedlichsten Themen)
- Mitarbeit in politischen Hochschulgruppen
- studentisches Theater und studentisches Kino
- alle möglichen Stammtische
- Gastvorträge von auswärtigen Hochschullehrern
- Dichterlesungen
- Diskussionsveranstaltungen
- Vorträge zu aktuellen Themen
- Nachwuchskonzerte und -kunstausstellungen

Es fehlt noch eine Lehrveranstaltung, die jede/r Student/in selbst veranstalten muss: das so genannte **Eigen- oder Selbststudium**. Das, was Studierende in Vorlesungen, Übungen, fachpraktischen Lehrveranstaltungen, in Seminaren und Tutorien und bei Exkursionen lernen, wurde zuweilen nur angerissen oder war eine Einführung in ein Themenfeld, das einer Beschäftigung über die Lehrveranstaltungen hinaus bedarf. Oder es werden praktische Fertigkeiten vermittelt, die eingeübt werden müssen. Oder man erhält aus dem Unterricht eine Anregung, die man in selbstständiger Arbeit zu einem Projekt entwickelt.

Aus diesen Gründen müssen alle Studierenden selbstständig das Gelernte vertiefen, erweitern, kritisch überprüfen und Überlegungen für neue Ideen und deren Verwirklichung anstellen. Wie viele Stunden jemand für das Eigenstudium aufwendet, hängt natürlich vom jeweiligen Studienfach und vom persönlichen Interesse am Studium ab. Es ist aber durchaus üblich, dass hierfür zwischen zehn und 25 Stunden pro Woche aufgewendet werden.

Nachdem wir so viel von den Lehrveranstaltungen gehört haben, verraten wir nun, wer sie abhält und wer sonst noch dafür sorgt, dass der Hochschulbetrieb funktioniert.

Beginnen wir mit den *Professoren*, deren Aufgaben vielfältig, aber leicht zu beschreiben sind. Professoren sind Hochschullehrer, die Unterricht abhalten (im Fachdeutsch heißt das Lehre), über bestimmte Themen forschen und die Ergebnisse veröffentlichen sowie in Gremien der Hochschule mitarbeiten. Sie halten Vorlesungen, Seminare, Übungen, Kolloquien und leiten fachpraktische Lehrveranstaltungen oder Exkursionen.

Ihnen stehen *Wissenschaftliche Mitarbeiter* zur Seite, die sie in Lehre und Forschung unterstützen, sowie *Hilfskräfte*, die unter der Leitung von Hochschullehrern arbeiten (gegen Bezahlung).

So genannte *Lektoren* finden wir vor allem in der Fremdsprachenausbildung, wo sie Sprachkurse und landeskundliche Veranstaltungen anbieten. *Lehrbeauftragte* sind Personen, die nicht fest angestellt sind und eine oder mehrere Lehrveranstaltungen abhalten. Lehrbeauftragte und Lektoren sind in aller Regel nur in der Lehre tätig.

Neben dem Wissenschaftlichen Personal (so nennt man die genannten Personen) gibt es noch viele andere Mitarbeiter der Hochschule, die die Studierenden aber seltener zu Gesicht bekommen: Verwaltungsangestellte, Hausmeister, Pförtner, Reinigungspersonal, technische Mitarbeiter, Labor- und Werkstattpersonal, Krankenpflegepersonal (in Universitätskliniken), Gärtner, Monteure, Schreiner, Köche usw.

Hochschulen sind Massenbetriebe, nicht nur was die Zahl der Studierenden, sondern auch die der Mitarbeiter anbelangt. An den größten deutschen Universitäten arbeiten bis zu 10.000 Personen. In einer mittelgroßen Universität oder einer großen Fachhochschule mit etwa 10.000 Studierenden sind zwischen 1.000 und 1.500 Angestellte beschäftigt.

Erst am Ende wird gelacht: Examen und Studienabschluss

Mit dem Abschlussexamen ist es so ähnlich wie mit dem Auto. Es gibt ein Prinzip, nach dem es läuft, aber mehrere Varianten.

Voraussetzung für die Meldung zum Abschlussexamen sind eine genau festgelegte Studiendauer und das Bestehen aller Einzelprüfungen (= Scheine). Die Abschlussprüfungen dauern mehrere Monate.

Trotz der unterschiedlichen Titel und Bezeichnungen ist das System der Abschlussprüfung ähnlich. Sie besteht aus einer Examensarbeit (Hausarbeit), schriftlichen und mündlichen Prüfungen. Die Examens- oder Hausarbeit kann – je nach Fach – eine 200-seitige schriftliche wissenschaftliche Untersuchung, die Durchführung einer Untersuchungsreihe im Labor, die Konstruktion einer Maschine oder eines Werkzeugs, die Komposition eines Songs oder die Herstellung eines Designerobjektes sein.

In den schriftlichen Prüfungen (Klausuren) werden erworbenes Wissen und Kenntnisse abgefragt, die man sich im Laufe des Studiums erarbeitet hat. Auch hier gibt es mehrere Varianten, von einer einstündigen Klausur bis hin zu mehrtägigen Klausuren.

Die mündliche Prüfung schließlich soll unter Beweis stellen, dass man gelernt hat, logisch zu argumentieren und Methoden oder Probleme des Faches darzustellen und sicher vorzutragen.

Bei den künstlerischen Examina wird anstatt der mündlichen Prüfung eine künstlerische Darbietung des Erlernten verlangt.

Mit dem Abschlussexamen endet normalerweise die Hochschulausbildung. Mit zwei Ausnahmen: Für bestimmte Berufe ist es notwendig, die Hochschulausbildung durch eine praktische Ausbildung zu erweitern. Die angehenden Lehrer etwa müssen nach einem knapp zweijährigen Referendariatsdienst das so genannte zweite Staatsexamen ablegen. Künftige Richter, Staatsanwälte, Rechtsanwälte und Notare absolvieren nach dem Jura-Examen den zweijährigen juristischen Vorbereitungsdienst. Ähnliche Bestimmungen gibt es für die späteren Apotheker, Lebensmittelchemiker und für einige andere Berufe. Diese Ausbildungen finden aber nicht an der Hochschule statt.

Ein Abschluss genügt: Sinn und Unsinn des Doppelstudiums

Jeder Arbeitgeber schätzt Zusatzqualifikationen. Diese allgemeine Botschaft und die Lage auf dem Arbeitsmarkt veranlassen Studierende zu der Überlegung, ein Doppelstudium aufzunehmen oder nach dem Studium noch ein Zweitstudium zu beginnen. Nur wenige Berufe setzen eine doppelte

Ausbildung voraus. Schulpsychologen müssen ein Lehramtsexamen und ein Diplom in Psychologie vorweisen, Kieferchirurgen hingegen müssen über ein Medizin- und über ein Zahnmedizinstudium verfügen. Von Patentanwälten wird ein Ingenieurstudium und ein Jurastudium erwartet.

Die anderen aber, die sich einem solchen Doppelstress unterworfen haben, werden spätestens bei der Bewerbung um einen Job die Erfahrung machen, das eins und eins hier nicht zwei ist, sondern unter Umständen weniger als eins. Beim Vorstellungsgespräch dürfte man sich eher skeptischen Gesprächspartnern gegenübersehen und sollte sich auf die Frage einer möglichen Überqualifikation ebenso einstellen wie auf die Frage, ob man akademische Abschlüsse sammle. Wer das zweite Studium erst mit über 30 beendet und die Praxis bis dato ausgeklammert hat, gilt als Theoretiker, der sich wohl schwer im beruflichen Alltag zurechtfinden wird.

Ein Abschluss genügt. Viel wichtiger als ein zweiter Abschluss oder Titel ist es, die Allgemeinbildung nicht zu kurz kommen zu lassen, vorhandene Sprachkenntnisse zu pflegen oder neue zu erlernen und den Bezug zum späteren Beruf durch Praktika oder dergleichen zu pflegen. Außerdem sollte man über den Tellerrand des eigenen Studienfaches blicken und die eine oder andere Lehrveranstaltung besuchen, die nichts mit dem eigentlichen Fachstudium zu tun hat und eventuell eine Zusatzqualifikation darstellt. Für alle Fächer sind betriebswirtschaftliche, juristische, EDV- und fremdsprachliche Zusatzqualifikationen sinnvoll und wichtig. Diese zusätzlichen Studienleistungen sollten durch Scheine nachgewiesen werden. Auch europäische und internationale Bezüge des Faches gelten als zusätzliche Qualifikation.

Bei all diesen Überlegungen sollte man den Arbeitsmarkt fest im Blick behalten. Arbeitgeber erwarten durchaus auch Persönlichkeiten, die über das Fachwissen hinaus Qualifikationen und Erfahrungen gesammelt und die sich vielfältig gebildet haben. Hierzu gehören zum Beispiel der Besuch von Lehrveranstaltungen in Fächern, die weit entfernt vom eigenen Fach sind und die keinen Bezug zu einer beruflichen Tätigkeit haben, Mitarbeit in studentischen Organisationen oder ehrenamtliches Engagement. Der ideale Bewerber ist stets mehr als die Summe der Studien, die er oder sie betrieben hat; vielmehr sind Gewichtung und Dosierung in den Studienfeldern entscheidende Vorteile.

Wenn schon nicht Doppelstudium, dann sollte es doch zumindest ein Aufbau- und Ergänzungsstudium sein. Davon gibt es mittlerweile so viele, dass ihre Auflistung und knappe Beschreibung ein umfangreiches Buch bildet. Auch hier ist es wichtig, kritisch zu hinterfragen, wem die Angebote nützen und ob sie »passgenau« sind. Jedes Studium, hierzu zählen auch die Aufbaustudiengänge, ist erst einmal die Bewältigung von theoretischem Wissen. Was aber im Beruf zählt, ist die Vielfalt des Wissens und seine Anwendung in der Praxis. Deshalb sind ergänzend nur solche Studienangebote sinnvoll, in denen Qualifikationen vermittelt werden, die das bisherige Wissen erweitern oder vertiefen. Das kann beispielsweise sein die Zusatzausbildung für Ingenieure und Juristen in Wirtschaftswissenschaften, eine Weiterbildung von Betriebswirten zum Wirtschaftsingenieur, eine Spezialisierung für Ingenieure in den Bereichen Umwelt, Finanzwissenschaft, Operations Research oder Controlling, Marketing für Naturwissenschaftler oder Informatik für Geistes- und Gesellschaftswissenschaftler.

Für Internationalisten: Der MBA

Eine besondere Qualifikation für den internationalen Arbeitsmarkt ist der so genannte *Master of Business Administration*, abgekürzt MBA. Wer diesen Abschluss sogar noch an einer der führenden Managerschmieden in Europa oder in den USA geschafft hat und beruflich als Manager in internationalen Konzernen tätig sein möchte, braucht sich derzeit um die Berufsperspektiven keine tieferen Gedanken zu machen, sondern hat die Qual der Wahl zwischen verschiedenen Angeboten.

Wer jetzt glaubt, endlich den Traumstudiengang gefunden zu haben, den müssen wir leider enttäuschen. Der MBA ist kein grundständiges Studium, sondern ein Aufbaustudium mit einem international anerkannten Studienabschluss, der ein abgeschlossenes Hochschulstudium, (häufig) Berufserfahrung und eine Aufnahmeprüfung voraussetzt. Da die Ausbildung in englischer Sprache durchgeführt wird, darf es auch nicht an entsprechenden Sprachkenntnissen fehlen.

Die MBA-Ausbildung eignet sich für Wirtschaftswissenschaftler/innen, Naturwissenschaftler/innen, Ingenieure und Juristen, die sich mit allen Bereichen des modernen Managements vertraut machen und internationale Kompetenz erlangen wollen. Für mittelständische Unternehmen und für den Staatsdienst hat der MBA noch keine Bedeutung.

MBA-Programme werden in Deutschland bislang vor allem von ausländischen Universitäten oder an deutschen Hochschulen im Rahmen eines gemeinsamen Programmes mit einer ausländischen Hochschule angeboten. Auch haben deutsche Universitäten begonnen, erste eigene MBA-Ausbildungen einzurichten.

Auf dem MBA-Markt tummeln sich viele Anbieter. Der MBA ist mit hohen Kosten verbunden. Für die rund zweijährige Ausbildung muss man je nach Angebot Studiengebühren und weitere Kosten von zwischen 10.000 und über 20.000 € berappen, an den renommierten Schulen in Großbritannien und den USA sogar bis zu 60.000 – 70.000 €. Nicht jeder MBA-Abschluss wird in Deutschland anerkannt. Wer einen MBA-Abschluss anstrebt, sollte nicht nur die bunten Werbebroschüren der Anbieter studieren, sondern ein Preis-Leistungs-Verhältnis anstellen und beim zuständigen Kultusministerium in Erfahrung bringen, ob dieser Abschluss in Deutschland anerkannt ist und hierzulande geführt werden darf. Es wäre doch wirklich ärgerlich, wenn man für die Karriere so viel Geld ausgegeben hat und den Titel nur im Herkunftsland führen darf.

Gegen graue Theorie: Praktika im In- und Ausland

Eine Berufsausbildung vor dem Studium ist eine der besten Zusatzqualifikationen für den Arbeitsmarkt (siehe S. 33f.). Wem dies zeitlich zu aufwendig ist, sollte während des Studiums die Möglichkeiten nutzen, Praktika abzuleisten. Für die meisten Berufe werden fachpraktische Erfahrungen erwartet. Wer während des Studiums nicht mindesten ein halbes Jahr in einem Unternehmen mitgearbeitet hat, landet beim Wettbewerb um die Einstiegsjobs schnell im Mittelfeld. Doch längst nicht jeder Ferienjob gilt bei Personalchefs als Praktikum. Nur diejenigen Tätigkeiten, die in einem Zusammenhang mit dem Studium oder dem angestrebten Berufsziel stehen, bringen Pluspunkte. Außerdem bieten Praktika die Möglichkeit, dass man sich die spätere Tätigkeit im Labor oder hinter dem Schreibtisch vorstellen kann. Zudem kann man durch den Einblick in die Praxis die Wahl von Studienschwerpunkten besser beurteilen.

In einigen Studiengängen sind Praktika obligatorisch. Die Praktikumsplätze werden an den Hochschulen von speziellen Praktikantenstellen, im Rahmen von studentischen Initiativen (Praktikantenbörse) oder von so genannten Technologie-Transferstellen vermittelt. An manchen Hochschulen sind auch Fachvermittlungsstellen der Arbeitsämter eingerichtet, die ihrerseits Praktikumsplätze vermitteln. Für das regionale Umfeld der Hochschule bringen die Industrie- und Handelskammern Interessenten und Anbieter in Kontakt. Auch kann via Internet in Praktikantenbörsen recherchiert werden.

Die meisten großen Unternehmen stellen ihrerseits Praktikumsplätze zur Verfügung. Sehr große Unternehmen verfügen über eigene Abteilungen, die mit einschlägigen Informationsveranstaltungen und Firmenpräsentationen Kontakte zu Studierenden herstellen. In der Regel haben Großunternehmen eigene Praktikantenbörsen auf ihrer Homepage eingerichtet. Hiermit versuchen die Unternehmen, auf diese Art und Weise geeigneten Nachwuchs kennen zu lernen, von dem sich der eine oder die andere auch für eine Examensarbeit in der Praxis und nach dem Studium für eine Anstellung eignet.

Bei Praktika sollte auf folgende Grundregeln geachtet werden:

1. Bei in Frage kommenden Unternehmen sollte man sich etwa ein Jahr vor dem geplanten Beginn bewerben.
2. Praktika sollten mindestens sechs Wochen, besser noch zwei bis drei Monate dauern.
3. Praktika nicht nach der Höhe der Bezahlung aussuchen, sofern man darauf verzichten kann: Ein guter Firmenname wiegt einige Hundert Euro beim Berufseinstieg auf.
4. Ein Praktikum ist kein Aushilfsjob, und Praktikanten sind keine billigen Arbeitskräfte. Deshalb muss detailliert (schriftlich) festgehalten werden, welche Arbeiten das Praktikum umfasst und welche Bezahlung vorgesehen ist.
5. Eine Bescheinigung oder (noch besser) ein Zeugnis sollte alle erledigten Aufgaben und eine Beurteilung der Person enthalten.

Nachfolgend eine Auswahl von Praktikantenbörsen im Internet, die Praktika im In- und Ausland anbieten:

- *Absolute Beginners* – Praktikumsvermittlung für die Bereiche Grafik, Design, Werbung, Redaktion und Marketing (mit Online-Bewerbung) ⇒ *www.absolutebeginners.de*
- *Big Red Online* / Internet für Wirtschaftsstudenten – Praktikumsbörse und Berichte über das Auslandsstudium für Juristen, Volkswirte und BWLer ⇒ *www.wirtschafts-repetitorium.de*
- *Cesar* – Auflistung von Praktikantenbörsen ⇒ *www.cesar.de*
- *Council on International Internship Placement (CIIP)* – Auslandspraktika für Studenten, vorrangig in New York City und Shanghai ⇒ *www.ciip.de*
- *Deutsch-Südafrikanisches Jugendwerk (DSJW) e.V.* – Praktika und Studienaufenthalte in Südafrika ⇒ *www.dsjw.de*
- *Eures Stagedatenbank* – Praktikumsstellen im deutsch-niederländischen Grenzgebiet ⇒ *www.euregio.org*
- *Euro-China* – Vermittlungsbüro für wirtschaftliche und technische Zusammenarbeit (auch Praktikumsplätze) ⇒ *www.euro-china-ecv.de*
- *Europäisch-Lateinamerikanische Gesellschaft e.V.* – Praktika, Famulaturen, Studien- und Forschungsaufenthalte und Sprachkurse ⇒ *www.elg-online.de*
- *Forum* – Informationsdienst für Studenten und Absolventen zu Berufsstart und Karriere mit Stellenangeboten, Praktika, Bewerbungs-Know-how und Unternehmensporträts ⇒ *www.forum.de*
- *Interactive BusinessNet* – Stellenmarkt für die Multimedia- und Online-Branche, auch Praktikumsbörse ⇒ *www.ibusiness.de/praktika*
- *InterSwop e.V.* – Vermittlung von Auslandsaufenthalten in Übersee zur Förderung der internationalen Zusammenarbeit ⇒ *www.interswop.de*
- *Jobpilot* – Stellenangebote und Praktika, Lebensläufe, Unternehmensdarstellungen ⇒ *www.jobpilot.de*
- *Oneworld-Jobs* – Vermittlung von Jobs, Praktika und Zivildienststellen in Dritte-Welt-Länder, internationale Freiwilligendienste und Workcamps ⇒ *www.oneworld-jobs.org*
- *Planet Praktika* – Portal für (zukünftige) journalistische Praktikanten ⇒ *www.planetpraktika.de*
- *Prabo* – Praktikumsbörse für Schüler, Studenten und Unternehmer ⇒ *www.prabo.de*
- *Unister* – Stellenanzeigen für Praktika, Studentenjobs und Werkstudententätigkeiten ⇒ *www.unister.de*
- *Praktikumsbörse* – ein kostenloser Service des Bundesverbandes der mittelständischen Wirtschaft

(BVMW) für Studenten und Unternehmen ⇒ *www.praktikums-boerse.de*

- *Praktikum-Service* – Stellen- und Bewerbungsverzeichnis für Praktika im In- und Ausland ⇒ *www.praktikum-service.de*
- *Sportpraktikumsbörse* – stellt Angebote aus dem Marktsegment Sport und Freizeit vor ⇒ *www.sport-job.de/stellenmarkt/praktikantenboerse*
- *StepStone* – eine der führenden europäischen Online-Jobbörsen mit Hunderten von Praktikumsangeboten ⇒ *www.stepstone.de*
- *Unicum Praktikumsbörse* – die Angebote lassen sich regional, nach Firmen und nach Stichworten durchsuchen ⇒ *http://karriere.unicum.de/praktikum*

Es lohnt sich auf jeden Fall, auch die allgemeinen Seiten wie *www.praktikum-online.de, www.praktikum.de, www.praktikum.info* oder *www.praktikumsanzeigen.de* zu besuchen.

Durch die europäische Integration und die Globalisierung der Unternehmen bieten sich verstärkt die Möglichkeit, Praktika auch außerhalb Deutschlands zu machen. Dadurch kann man nachweisen, dass man über Flexibilität und Mobilität verfügt, das heißt, man erwirbt Zusatzqualifikationen, die Unternehmen bei akademisch ausgebildeten Bewerbern gerne sehen.

Praktikumsplätze im Ausland sind schwerer zu bekommen als in Deutschland. Großunternehmen geben Bewerbern nur dann eine Chance in der ausländischen Dependance, wenn sie sich bereits im Inland bewährt haben. Interessenten für Praktika in EU-Staaten haben die Möglichkeit, Praktikumsplätze von internationalen Organisationen vermittelt zu bekommen, wobei die Vermittlung in der Regel kostenfrei ist. Reisekosten müssen von den Praktikanten übernommen werden. Sie erhalten im Gastland eine Vergütung, die zur Deckung der Lebenshaltungskosten ausreichen sollte.

Abschließend eine Auflistung der wichtigsten Institutionen, die Auslandspraktika vermitteln:

- *InWent gGmbH*, Lützowufer 6–9, 10785 Berlin, Tel. 0 30 / 2 54 82-3 51 bis -3 58, Fax: 0 30 / 2 54 82-3 59, E-Mail: asa@inwent.org, Internet: *www.asa-programm.de* (vermittelt Praktika in Entwicklungsländern).
- *AIESEC*, Adresse: Deutsches Komitee der AIESEC, Subbelrather Straße 247, 50825 Köln, Tel. 02 21/ 55 10 56, Fax: 02 21 / 5 50 76 76, E-Mail: info@de.aiesec.org, Internet: *www.aiesec.org* (vermittelt Auslandspraktika für Studierende wirtschaftswissenschaftlicher Fächer). An den Hochschulen mit entsprechendem Fächerangebot gibt es Lokalkomitees, die vor Ort beraten und den Austausch organisieren.
- *Deutscher Akademischer Austauschdienst*, Kennedyallee 50, 53175 Bonn, Tel. 02 28 / 8 82-0, Fax: 02 28 / 8 82-4 44, Internet: *www.daad.de* (Stipendien für Praktika im Ausland). Informationen auch beim Akademischen Auslandsamt der jeweiligen Hochschule.
- *IAESTE*, c/o DAAD, Adresse wie vorher (Auslandspraktika für Studierende naturwissenschaftlicher und technischer Fächer). An den Hochschulen gibt es Lokalkomitees, die den Austausch vor Ort organisieren. Internet: *www.iaeste.de.*
- *Deutscher Famulantenaustausch*, Godesberger Allee 54, 53175 Bonn, Tel. 02 28 / 37 53-40, Fax: 02 28 / 37 53-42, E-Mail: info@dfa-germany.de, Internet: *www.dfa-germany.de* (für Studierende der Medizin).
- *Pädagogischer Austauschdienst (PAD)*, Nassestraße 8, 53113 Bonn, Tel. 02 28 / 5 01-2 26, Fax: 0228 / 501-301, E-Mail: pad@kmk.org, Internet: *www.kmk.org/pad/home.htm* (bevorzugt Studierende Neuerer Philologien und Referendarinnen und Referendare).

- *Deutscher Bauernverband*, Godesberger Allee 142–148, 53175 Bonn, Tel. 02 28 / 81 98-2 00 / -2 99, Fax: 02 28 / 81 98-2 05, Internet: *www.bauernverband.de* (Studierende land- und forstwirtschaftlicher Fachrichtungen).
- *Zentralstelle für Arbeitsvermittlung (ZAV) der Bundesagentur für Arbeit*, Feuerbachstraße 42–46, 60079 Frankfurt/M., Tel. 0 69 / 7 11-10, Fax: 0 69 / 71 11-5 55 (Praktika in internationalen Organisationen), Internet: *www.arbeitsagentur.de.*
- *Deutscher Berufsverband für Sozialarbeit, Sozialpädagogik, Heilpädagogik e.V.*, Friedrich-Ebert-Straße 30, 45127 Essen, Tel. 02 01 / 8 20 78-0, Fax: 02 01 / 8 20 78-40, E-Mail: info@dbsh.de, Internet: *www.dbsh.de* (Studierende der Fachrichtungen Sozialarbeit und Sozialpädagogik).
- *Zahnmedizinischer Austauschdienst*, Mallwitzstraße 16, 53177 Bonn, Tel. 02 28 / 85 57-0, Internet: *www.zad-online.com.*

Für Ego und Karriere: Promotion

Diejenigen, die der Hochschule nach dem Examen noch für einige Jahre erhalten bleiben, sind die Promovenden. Etwa zehn Prozent all derer, die ein Studium abschließen, streben hinterher einen Doktortitel an und promovieren. Eine Promotion ist aber nur an einer wissenschaftlichen Hochschule möglich; Fachhochschulen haben kein Promotionsrecht.

Eine Promotion setzt zumeist einen ersten Studienabschluss voraus. Die Promotion erfolgt in drei Schritten. Der erste Schritt ist die Anfertigung einer umfangreichen wissenschaftlichen Untersuchung. Ihr folgt eine mündliche Prüfung, Rigorosum oder andernorts Disputation genannt. Den Abschluss bildet die Veröffentlichung der wissenschaftlichen Arbeit zumeist in Form eines Buches.

Mittlerweile dauert es je nach Fach und Thema zwischen zwei und vier Jahren, bis das Doktorexamen abgeschlossen ist. Es bietet zwar höhere berufliche Qualifikationen und im Einzelfall bessere Aufstiegsmöglichkeiten, höheres Einkommen und ein hohes gesellschaftliches Ansehen, aber auch einige Nachteile wie hohe Kosten für die Promotion und spätes Eintrittsalter in den Beruf.

Ein Sprichwort sagt, wer nicht promoviert ist, braucht zehn Jahre, um zu beweisen, dass er was kann, wer promoviert ist, kann zehn Jahre sicher sein, bevor man merkt, dass er nichts kann. Diese Aussage mag von der Tendenz her stimmen, weil eine Promotion eine wissenschaftliche Kompetenz signalisiert. Wenn Herr Dr. Müller, Pressesprecher eines Chemiekonzerns, der Öffentlichkeit versichert, das kleine Leck im Zyankalibehälter habe keine Auswirkungen für Mensch, Tier und Umwelt, ist das etwas anderes, als wenn Herr Müller dies behauptet.

Aber die Bedeutung des Doktortitels ist aus verschiedenen Gründen abnehmend. Die Zahl der Personen mit Doktortitel steigt an, derzeit sind es rund 27.000 Menschen in Deutschland, die pro Jahr promoviert werden. Diese Inflation hat Auswirkungen auf den Stellenwert des Titels. Wichtiger ist aber: Der Arbeitsmarkt legt weniger Wert auf Titel, sondern mehr auf Leistung. Eine bestandene Promotion sagt nicht mehr, aber auch nicht weniger aus, als dass jemand sich über mehrere Jahre intensiv mit einem wissenschaftlichen Thema beschäftigt und hierüber veröffentlicht hat. Für Arbeitgeber ist aber wichtig, dass dieses Thema aktuell und für den Betrieb von Nutzen ist. Aus diesem Grund werden in den Naturwissenschaften bevorzugt Promovierte eingestellt. In Chemie ist ein adäquater Berufseinstieg ohne Doktortitel kaum möglich, weshalb fast 90 Prozent aller Examinierten nach dem Chemiediplom promovieren. Bei den Medizinern ist die Promotionsbereitschaft wegen der langen Ausbildung rückläufig. In Jura, ebenfalls früher ein Studiengang mit vielen Doktoranden, dürfen nur die besten Absolventen sich an einer Promotion versuchen.

Sieht man einmal von zwei weiteren Berufen, Archivar/in und Kunsthistoriker/in in Museen und in der Denkmalpflege ab, in denen ohne Promotion wenig geht, spielt die Frage »Promotion oder nicht« in den meisten Berufen keine entscheidende Rolle. In einigen Berufen ist sie sogar eher hinderlich, etwa in Medienberufen, in gestaltenden und in sozialen Berufen.

Da, wie Sie sicherlich schon bemerkt haben, im Studium alles genauestens geregelt ist, gibt es auch bei der Promotion nicht einen, sondern mehrere Doktortitel. Wohlgemerkt: Der Doktor ist ein Titel. Wer ihn trägt, aber nicht hat, bekommt Ärger mit der Justiz.

In Deutschland werden u.a. folgende Doktortitel verliehen:

Dr. med.	⇒	Doktor der Humanmedizin
Dr. med. dent.	⇒	Doktor der Zahnmedizin
Dr. med. vet.	⇒	Doktor der Tiermedizin
Dr. rer. nat.	⇒	Doktor der Naturwissenschaften
Dr. agr.	⇒	Doktor der Agrarwissenschaften
Dr. paed.	⇒	Doktor der Pädagogik
Dr. theol.	⇒	Doktor der Theologie
Dr. phil.	⇒	alle Geistes- und Kulturwissenschaften
Dr. jur.	⇒	Doktor der Rechtswissenschaft
Dr. rer. pol. oder Dr. rer. oec.	⇒	Doktor der Wirtschaftswissenschaften
Dr. mont.	⇒	Doktor der Bergbauwissenschaften
Dr.-Ing.	⇒	Doktor der Ingenieurwissenschaft
Dr. rer. forest.	⇒	Doktor der Forstwissenschaft
Dr. rer. hort.	⇒	Doktor der Gartenbauwissenschaft

Dass man sich nicht aussuchen kann, welchen Doktortitel man machen will, haben Sie sich sicherlich schon gedacht. Es geht nach dem Prinzip: Jede Fächergruppe hat ihren eigenen Doktortitel.

Die einfachste und schnellste Art, einen Doktortitel zu bekommen, ist der Ehrendoktor (Dr. h. c.). Man braucht weder eine Doktorarbeit zu schreiben noch Prüfungen abzulegen. Aber: Dieser Doktortitel wird nur Personen verliehen, die berühmt sind oder etwas Außergewöhnliches für die Wissenschaft geleistet haben. In bestimmten Kreisen, zum Beispiel bei Politikern, ist es geradezu Mode, Ehrendoktorhüte zu sammeln.

Studieren, aber was? Die richtige Studienentscheidung

Überlegungen mit Köpfchen: Voraussetzungen zum Studium

Eine wichtige Frage bei der Studienwahl lautet: Wie kann ich herausfinden, ob ich für das Studium generell geeignet bin, und wie finde das richtige Studienfach?

Wir beginnen diese Überlegungen mit einer Behauptung: Die wichtigsten Kriterien für ein erfolgreiches Studium sind Interesse und Begabung. Nur diejenigen, die für das gewählte Studienfach die erforderlichen fachlichen Voraussetzungen mitbringen, haben die Chance, das Studium zu schaffen. Es leuchtet ein, dass niemand ein Handwerk erlernen wird, der handwerklich nicht geschickt ist. Anders beim Hochschulstudium: Viele Studierende entscheiden sich nicht nach Interesse und Begabung, sondern weil sie gehört haben, dass bestimmte Studienfächer gute Berufschancen oder hohe Verdienstmöglichkeiten bieten.

Abgesehen davon, dass niemand genau weiß, welche Studienfächer in fünf oder zehn Jahren auf dem Arbeitsmarkt gefragt sind, wie die Verdienstmöglichkeiten sind und welche beruflichen Möglichkeiten die einzelnen Fächer dann eröffnen werden, gibt es handfeste Gründe, sich *nicht* an diesen Kriterien zu orientieren. Zwei Beispiele sollen dies näher erläutern:

1. Sie haben sich für ein Fach oder für Fächer entschieden, für das bzw. die Sie geeignet sind, und Sie bringen die notwendigen Begabungen und Voraussetzungen dafür mit. Dann machen das Studium und das Lernen Spaß. Wer das lernt, was Spaß macht, wird mit guten Studienleistungen belohnt. Gute Studienleistungen motivieren, weiterhin oder noch mehr Leistung zu bringen. Wer durchweg gute Leistungen im Studium erbringt, wird kaum Angst vor dem Examen haben und in aller Regel auch einen guten Studienabschluss machen. Ein guter oder sehr guter Studienabschluss bietet zwar keine Garantie, aber doch eine gewisse Sicherheit, einen entsprechenden Arbeitsplatz zu finden.

2. Sie haben sich für ein Studienfach entschieden, das derzeit gute Berufs- oder Verdienstmöglichkeiten bietet, für das Sie aber nicht oder nicht ausreichend geeignet sind. Sie merken, dass andere, die mit Ihnen das Studium begonnen haben, mit Elan und Erfolg bei der Sache sind. Sie selbst haben Mühe, den Lehrveranstaltungen zu folgen, und bestehen die ersten Einzelprüfungen nicht. Das Lernen macht keinen Spaß. Zunehmend bereitet Ihnen das Studium Widerwillen. Schlechte Studienleistungen motivieren nicht, mehr zu tun, sondern frustrieren sehr früh. Wer feststellen muss, dass man trotz aller Bemühungen nicht vorankommt, andere hingegen es scheinbar viel leichter schaffen, entwickelt immer mehr Frustrationen gegen das Studium. Wer dann nicht konsequent ist und sich fragt, ob man möglicherweise im falschen Film, sprich Studienfach, oder im falschen Kino, sprich Studium, gelandet ist, wird sich bald in den Reihen der Uraltstudierenden wiederfinden, die entweder überhaupt kein Examen versuchen oder aber beim Examen durchfallen. Selbst wenn das Examen nach vielen Jahren oder im zweiten Versuch mit Ach und Krach gerade noch so bestanden wurde, hilft das nicht viel weiter. Die Einstiegshürden in den Beruf sind mit einem schlechten Examen kaum zu überwinden.

Man sollte diesen Gedanken noch über das Studium hinaus weiterdenken. Wer im Berufsleben das umsetzen kann, was man über mehrere Jahre im Studium mit Spaß und Erfolg gemacht hat, wird sich leichter im Berufsleben zurechtfinden und auch berufliche Zufriedenheit erlangen. Was einem selbst Spaß macht, motiviert andere. Ein gutes Arbeitsklima ist häufig das Ergebnis davon, dass Leute mit Vergnügen bei der Arbeit sind.

Nehmen wir den anderen Fall. Man hat sich trotz fehlender Eignung und Begabung nach langen Jahren durch das Examen gequält und mit viel Glück oder Beziehungen eine Arbeit gefunden. Nun beginnt die gleiche Tortur noch einmal. Man trifft auf Anforderungen im Beruf, die man im Studium schon kaum bewältigen konnte. Das Berufsleben macht dann keinen Spaß, auch wenn die Bezahlung gut ist, man frustriert sich und andere. Frustrierte Leute, die Schwierigkeiten haben, ihre Arbeit zu bewältigen, sind nirgendwo gern gesehene Mitarbeiter oder Vorgesetzte. Unzufriedenheit im Beruf belastet nicht nur während der Arbeit, sondern auch in der Freizeit und im persönlichen Umfeld.

Was die ganze Sache noch verschlimmert, ist der Umstand, dass ein Studium einige Jahre, das Berufsleben hingegen mehrere Jahrzehnte dauert. Kein Mensch kann dies auf Dauer durchhalten ohne seelischen Schaden zu nehmen.

Es gibt, wie wir gesehen haben, etwa 180 verschiedene Studienfächer. Für das Studium werden erst einmal unabhängig vom konkreten Studienfach einige allgemeine Voraussetzungen verlangt, für das jeweilige Studienfach wiederum besondere Begabungen, Interessen und Kenntnisse, zum Beispiel Fremdsprachenkenntnisse.

Allgemeine Voraussetzung für ein Studium, dies gilt für jedes Studienfach, ist die Fähigkeit, logisch und rational denken zu können. Zur Bewältigung eines Studiums gehört ferner, sich mehrere Jahre intensiv mit den verschiedenen Themen des Faches zu beschäftigen, auch mit solchen, die man weniger interessant oder wichtig findet. Dies setzt die Fähigkeit zu ausdauerndem Arbeiten voraus.

Eine weitere wichtige Voraussetzung ist der sichere Umgang mit der Sprache. Gedankliche und sprachliche Ausdrucksfähigkeit wird von allen künftigen Akademikern erwartet. Sprachliche Ausdrucksfähigkeit heißt erst einmal das Beherrschen der eigenen Sprache. Je nach Standpunkt mag dies für die einen revolutionär, für die anderen altmodisch klingen. Deshalb präzisieren wir die Aussage: Beherrschen der Muttersprache heißt, die wichtigsten Rechtschreib-, Grammatik- und Kommataregeln zu kennen; zu wissen, nach welchen Prinzipien Sätze und Texte aufgebaut werden und wie man sich verständlich ausdrückt. Dies gilt für die gesprochene und die geschriebene Sprache. Es gibt kein Studienfach, egal ob an Universitäten oder an Fachhochschulen, wo man auf einen dieser Punkte verzichten könnte. Deshalb ist gutes Deutsch eine Voraussetzung für alle Studienfächer.

Wer sein Abitur oder die Fachhochschulreife an einer Schule bestanden hat, an der auf diese Dinge weniger Wert gelegt wurde, wird im Studium wahrscheinlich sehr bald die Erfahrung machen, dass die Texte, die schwere sprachliche Fehler und Regelverstöße aufweisen, nicht nur wie an der Schule mit einem Notenabzug geahndet werden – sondern im ungünstigsten Fall als nicht bestanden bewertet oder (im günstigsten Fall) zur sprachlichen und gedanklichen Überarbeitung zurückgegeben werden. Nach einer solchen Erfahrung bleibt nichts anderes übrig, als sich im Schnellverfahren mit den wichtigsten Regeln der deutschen Sprache vertraut zu machen.

Während die Bedeutung der Muttersprache als Voraussetzung zum Studium häufig unterschätzt wird, werden Fremdsprachenkenntnisse zumeist überbewertet. Richtig ist, dass Englisch eigentlich keine Fremdsprache mehr ist, sondern in fast jedem Studienfach eine wichtige Rolle spielt, weil entweder viele Fachausdrücke aus dem Englischen stammen oder weil ein Teil der Literatur zu Themen des Faches in englischer Sprache geschrieben ist. Dies gilt vor allem für englischsprachige Fachbücher, von denen die wenigsten in deutscher Übersetzung vorliegen.

Die Englischkenntnisse, die man an der Schule gelernt hat, reichen in aller Regel als Grundlage aus, um darauf den Fachwortschatz aufzubauen.

Die Kenntnis weiterer europäischer Fremdsprachen, zum Beispiel Französisch oder Spanisch, erleichtert den Einstieg in das eine oder andere Studienfach, ist aber, abgesehen vom direkten Studium dieser Fächer, für den Studienerfolg nicht entscheidend. Fast jede Hochschule bietet außerdem die Möglichkeit, solche Sprachen in kostenlosen Kursen zu erlernen.

Wer glaubt, Latein sei mittlerweile völlig unnötig, irrt. Für viele sprach-, literatur- und kulturwissenschaftliche Fächer werden Kenntnisse des Lateinischen benötigt, da viele europäische Sprachen vom Lateinischen stark beeinflusst wurden und ein Verständnis von Geschichte und Kultur nicht ohne Kenntnis der antiken Welt möglich ist. Eine Reihe von Hochschulen verlangt für diese Fächer bis zum Ende des Grund- oder Hauptstudiums das Latinum oder eine ähnliche Sprachprüfung. Auch bei Fächern wie Rechtswissenschaft, Pharmazie, Medizin, Biologie leuchtet es ein, dass Grundkenntnisse des Lateinischen sinnvoll sind, um die Fachausdrücke verstehen zu können. Hierfür werden aber Kurse zum Verständnis der wichtigsten (lateinischen) Fachtermini angeboten.

Es gibt einzelne Fächer, bei denen man umfangreiche Lateinkenntnisse im Studium benötigt. Hierzu gehören neben dem Studium der Klassischen Philologie Fächer wie Geschichte, Archäologie, Romanische Sprachen und Theologie. Wer über die geforderten Lateinkenntnisse beim Studienbeginn nicht verfügt, hat die Möglichkeit, in Schnellkursen Versäumtes (mit allerdings recht viel Arbeitsaufwand) nachzuholen.

Niemand erwartet hingegen, dass beim Studium von Sprachen, die nicht überall als Schulfach angeboten werden, bei Studienbeginn die entsprechenden Fremdsprachenkenntnisse vorhanden sind. Wer Russisch, Japanisch oder Portugiesisch studieren will, beginnt im ersten Semester mit entsprechenden Anfängerkursen.

Neben den genannten allgemeinen Voraussetzungen zum Studium werden besondere Begabungen für einzelne Studienfächer erwartet. Bei Fächern wie Kunst, Musik oder Sport leuchtet dies direkt ein. Wer keinen Strich gerade zeichnen kann, wird keine Chance im Kunststudium haben. Wer musikalisch unbegabt ist, wird schwerlich ein Musikstudium bewältigen können. Wer sportlich stets eine Niete war, wird sich kaum überreden lassen, ein Sportstudium aufzunehmen. Aus diesem Grund verlangen Hochschulen für Sport, Kunst und Musik einen entsprechenden Nachweis der besonderen Eignung für das jeweilige Studienfach. Hiermit soll verhindert werden, dass sich Abiturienten in falscher Einschätzung ihrer Begabung und Interessen in Studienfächer verirren, für die sie nicht optimal geeignet sind. Auch dort gibt es sicherlich das eine oder andere unerkannte Genie, das an der Aufnahmeprüfung scheitert. Aus diesem Grund wird allen, die sich nach reiflicher Überlegung und auch nach Einholung von anderen Meinungen (Fremdeinschätzung) für eines der genannten Studienfächer geeignet fühlen, nahe gelegt, es auch noch bei anderen Hochschulen zu versuchen.

Abgesehen von der Aufnahme für ein Dolmetscher- und Übersetzerstudium und bei journalistischen Studienangeboten, bei denen eine Aufnahmeprüfung obligatorisch ist, kennen die meisten anderen Fächer keine Studieneingangsprüfung, wie sie übrigens in anderen Ländern für fast alle Fächer üblich sind. In Frankreich oder in Spanien etwa berechtigt das Abiturzeugnis nicht automatisch zum Studium, sondern erst die bestandene Eingangsprüfung. Durchfallquoten von über 50 Prozent sind dort normal.

Deshalb ist in Deutschland besondere Vorsicht bei der Fächerwahl geboten. Niemand überprüft, wer für das Studium generell und den gewählten Studiengang geeignet ist. Bedenken Sie diesen Sachverhalt genau: Niemand überprüft Ihre Entscheidung oder, falls andere Ihnen die Entscheidung abgenommen haben, deren Einschätzung. Vorausgesetzt Sie haben eine gute Abiturdurchschnittsnote, können Sie fast jedes Studienfach beginnen, ohne dass irgendjemand Sie irgendwann einmal fragen würde, ob Sie hierfür auch geeignet sind. Selbst mit einem schlechten Abitur können Sie sich in rund 90 Prozent aller Studienfächer ohne jede Beschränkung einschreiben.

Wenn Sie bei der Studienwahl die falsche Entscheidung getroffen haben, tragen Sie das alleinige Risiko. Jeder Berufsberater und jeder Hochschullehrer würde sich den Hinweis auf eine Mitschuld verbitten. Sie entscheiden und tragen die uneingeschränkte Verantwortung. Ob Ihnen dies passt oder nicht, ist unerheblich, weil außer Ihnen niemand einen Nachteil dadurch hat, dass Sie selbst falsch gewählt haben.

Aus diesem Grund wird in den Kapiteln »180 Studienfächer im Überblick« und »Beliebte und gefragte Studienbereiche« differenziert aufgeführt und gezeigt, welche Begabungen und Interessen zwingend notwendig sind. Lesen Sie diese Ausführungen sehr gründlich, und nutzen Sie bitte auch die nachfolgenden Informationen in diesem Buch, wo es um die Studienwahl geht.

Der Schlüssel muss passen: Stärken-Schwächen-Analyse und mögliche Studienfächer

Nochmals: Für jedes Studienfach wird eine besondere Begabung oder Eignung vorausgesetzt, die nicht jede/r hat. Wie kann ich also herausfinden, ob ich für ein Studium geeignet bin und welche Studienfächer meinen Interessen und Begabungen am ehesten entsprechen?

Zunächst einmal gehört hierzu eine realistische Selbsteinschätzung, aber auch Einschätzungen von Menschen aus dem persönlichen Umfeld. Die bisher erbrachten schulischen Leistungen sollte man zwar nicht unterbewerten, aber auch auf keinen Fall überschätzen.

Hilfreich ist eine Stärken- und Schwächen-Analyse. Aus Vorlieben für oder aus der Abneigung gegen bestimmte Schulfächer lassen sich mögliche Studienfächer herausfinden. Vorliebe oder Abneigung drückt sich aber nur teilweise in der jeweiligen Note aus. Die Note ist die Summe von Begabung, Arbeit, Interesse, sozialem Umfeld in Familie und Schule; sie hängt auch von den Anforderungen der Schule und vom Lehrer ab. Machen Sie deshalb folgendes Gedankenexperiment: Sie hätten für alle Fächer gleich viel und viel getan und wären dabei auf einen begabten Pädagogen gestoßen, der einen interessanten Unterricht macht und das Wissen optimal vermitteln kann. Welche Noten wären dann sehr gut, gut, befriedigend usw. gewesen? Normalerweise werden folgende Schulfächer angeboten: Geschichte, Französisch, Englisch, Deutsch, Religionslehre, Musik, Kunst, Sport, Erdkunde, Mathematik, Wirtschaft, Sozialkunde, Chemie, Latein, Griechisch, Physik, Biologie, Technik, Informatik, Philosophie.

Nehmen Sie jetzt zuerst das Schulfach mit der besten Note und schauen sich die folgende Übersicht genau an.

Schulfächer		**Mögliche Studienfächer**
Religionslehre	⇒	Theologie, Sozialpädagogik, Sozialarbeit, Vergleichende Religionswissenschaft
Sozialkunde/ Gemeinschaftskunde	⇒	Wirtschaftswissenschaften, Soziologie, Politologie, Sozialwissenschaft, Rechtswissenschaft
Geschichte	⇒	Geschichte, Politologie, Soziologie, Sozialwissenschaft, alte Sprachen
Deutsch	⇒	Germanistik, Literaturwissenschaft, Bibliothekswesen, Journalismus
Englisch	⇒	Anglistik, Amerikanistik, europäische Sprachen
Französisch	⇒	Romanistik, andere geisteswissenschaftliche Fächer
Latein/Griechisch	⇒	Klassische Philologie, Sprachwissenschaft, Geschichte, Archäologie
Sport	⇒	Sportwissenschaft, Diplom- oder Lehramtsstudiengang Sport
Mathematik	⇒	Mathematik, Physik, Wirtschaftswissenschaften, ingenieurwissenschaftliche Fächer, Astronomie, Maschinenbau, Informatik, Architektur
Physik	⇒	Physik, Astronomie, Elektrotechnik, Maschinenbau, Fahrzeugtechnik, Biowissenschaften
Chemie	⇒	Chemie, Biochemie, Biologie, Agrarwissenschaften, Medizin
Erdkunde	⇒	Geographie, Geologie, Mineralogie, Landwirtschaft

Biologie	⇒	Biologie, Biochemie, Medizin, Chemie, Landwirtschaft
Philosophie	⇒	Philosophie, Religionswissenschaft, Pädagogik, Sprachen und Kulturen
Kunst	⇒	Kunst, Architektur, Innenarchitektur, Grafik, Gestaltung, Design, Kunstgeschichte
Musik	⇒	Musikwissenschaft, Vokalmusik, Instrumentalmusik
Informatik	⇒	Informatik, ingenieurwissenschaftliche Fächer
Pädagogik	⇒	Erziehungswissenschaft, Lehramtsstudiengänge, Sozialwesen
Wirtschaftslehre	⇒	alle wirtschaftswissenschaftlichen Fächer
Technik	⇒	alle technischen Studienfächer

Machen Sie jetzt einen Abgleich mit den schwächeren Fächern, und vergleichen Sie auch diese Fächer mit der Liste. Wer trotz vieler Bemühungen in Fächern wie Mathematik oder Physik Schwierigkeiten hatte, sollte jedes ingenieurwissenschaftliche Studium meiden. Das Gleiche gilt für die naturwissenschaftlichen Fächer (Biologie, Chemie). Ohne eine grundlegende Begabung in mehreren Naturwissenschaften ist ein naturwissenschaftliches Studium zum Scheitern verurteilt.

Wer Probleme mit Deutsch oder mit Fremdsprachen hat, sollte sich nicht auf ein Studium sprach- und literaturwissenschaftlicher Fächer einlassen. Wer kein Interesse an wirtschaftlichen oder gesellschaftlichen Fragen hat, sollte auch nicht wirtschaftswissenschaftliche oder gesellschaftswissenschaftliche Fächer studieren. Ein Studium der Informatik ist ohne sehr gute mathematische Begabung und eine gewisse Begeisterung für Computer nicht möglich. Wer Schwächen in Deutsch und Mathematik hat, sollte die Finger von einem Jurastudium lassen.

Sie können an dieser Stelle mit Ihren schwachen Fächern sicherlich schnell weitere Beispiele notieren.

Aus einer Stärken-Schwächen-Analyse für einzelne Schulfächer lassen sich also durchaus Rückschlüsse ziehen für mögliche Studienfächer. Wer trotz vieler Bemühungen in einem Schulfach dauernd Schwierigkeiten hatte, sollte dieses Fach auf keinen Fall studieren. Das klingt zwar sehr einleuchtend, aber es gibt Leute, die das trotzdem tun.

Wer in einem Schulfach stets gute oder sehr gute Leistungen aufzuweisen hat, kann sich dieses Schulfach durchaus als Studienfach zutrauen. Wir sehen aber auch, dass Begabungen in einem Schulfach nicht zwangsläufig nur ein Studienfach in die engere Wahl stellt, sondern immer mehrere Fächer. Eine Begabung in Mathematik etwa zieht nicht zwangsläufig das Mathematikstudium nach sich, sondern ist eine gute Voraussetzung für eine Reihe von Studienfächern.

Vorsicht ist geboten, wenn jemand gute Leistungen in einem Schulfach hat und dieses studieren möchte, aber schlecht war in den benachbarten Fächern. Dies kann eine Bauchlandung nach sich ziehen. Zwei Beispiele sollen dies verdeutlichen: Biologie ist ein solches Studienfach. Man lernt interessante Teilgebiete wie beispielsweise Verhaltenslehre und Ökologie kennen. Das Biologiestudium ist aber nur dann zu schaffen, wenn auch in Chemie, Physik und Mathematik entsprechende Begabungen vorhanden sind, weil Biologie an den Hochschulen eine klassische Naturwissenschaft ist.

Wer gerne Literatur liest oder sogar sich selbst als Literat/in fühlt, neigt vielleicht dazu, Germanistik zu studieren. Dieses Studium ist aber auf Analyse und Interpretation von Literatur ausgerichtet.

Solche Beispiele ließen sich beliebig erweitern. Aber Sie haben sicherlich verstanden, dass es darum geht, bei der Studienwahl weniger vom einzelnen Schulfach, sondern von Schulfächern auszugehen, die eng miteinander verbunden sind.

Wenn Sie eines oder mehrere der Fächer studieren möchten, die zu der jeweiligen Fächergruppe gehören, so sollten Sie, wenn Sie nur Stärken in *einem* der rechts genannten Schulfächer haben, aber Schwächen in den *anderen* genannten Fächern, noch einmal kritisch überprüfen, ob dieses Studienfach wirklich zu Ihnen passt oder ob Sie nicht für andere Fächer besser geeignet sind.

Studienfächer nach Gruppen		Schulfächer
1. Sprach-, literatur- und kulturwissenschaftliche Fächer	⇒	Deutsch, Geschichte, Sprachen, Philosophie
2. Theologische Fächer	⇒	Religionslehre, Alte Sprachen, Geschichte
3. Mathematik und Naturwissenschaften	⇒	Biologie, Mathe, Physik, Chemie,
4. Agrar-, Forst- und Ernährungswissenschaften	⇒	Naturwissenschaften, Erdkunde
5. Medizinische Fächer	⇒	Biologie, Mathe, Physik, Chemie
6. Technische und ingenieurwissenschaftliche Fächer	⇒	Mathematik, Technik, Informatik
7. Rechts-, Wirtschafts- und Gesellschaftswissenschaften	⇒	Deutsch, Wirtschaft, Sozialkunde, Mathematik
8. Pädagogische und erziehungswissenschaftliche Fächer	⇒	Deutsch, Sozialkunde
9. Sozialwesen	⇒	Sozialkunde
10. Informationswissenschaften	⇒	Deutsch, Informatik
11. Freie und angewandte Kunst sowie Musik	⇒	Kunst, Musik
12. Sport und Gesundheit	⇒	Sport, Naturwissenschaften

Es stellt sich jetzt die Frage, welche Rolle die Abiturdurchschnittsnote für die Bewältigung eines Studiums spielt. Manche wird überraschen, dass diese Note längst nicht die entscheidende Bedeutung hat, die ihr üblicherweise beigemessen wird.

Die Hochschulreife ist kein Nachweis besonderer Begabungen, sondern bestätigt in erster Linie die Fähigkeit, vielfältige Stoffgebiete zu bewältigen und erlerntes Wissen wiederzugeben. Um die Hochschulreife zu schaffen, sind neben der Begabung weitere Gesichtspunkte zu berücksichtigen, wie Fleiß, Ausdauer, Verhältnis zu den Lehrern, familiäre Situation und vieles mehr.

Wer das Abitur mit guten oder sehr guten Noten geschafft hat, hat zwar statistisch eine größere Chance, auch das Studium zu bewältigen, aber eine Garantie ist das selbstverständlich nicht. Umgekehrt ist die Chance der Dreier- und Viererkandidaten, das Studium zu schaffen, rein rechnerisch geringer. Aber tatsächlich schafft eine Reihe von Einserkandidaten das Studium nicht, während manche Dreier- oder Viererabiturienten im Studium große Erfolge haben. Woran liegt das?

Das Studium ist, im Gegensatz zur Schule, weniger darauf ausgerichtet, erlerntes Wissen wiederzugeben, sondern stärker auf Eigeninitiative und selbstständiges Arbeiten. Die von vielen Schülern meisterhaft beherrschte Mini-Max-Methode lässt sich im Hochschulstudium nicht anwenden. Bei den Mini-Max-Spezialisten handelt es sich um Leute, die irgendwann einmal erkannt haben, dass es bei entsprechender Intelligenz möglich ist, mit relativ minimalem Aufwand den maximalen Erfolg (die Hochschulreife) zu erzielen. Schlechte Klausuren kann man bekanntlich mit guten mündlichen Beiträgen ausgleichen. Wenn es eng wird, setzt man sich mal ein paar Tage hin, um die nächste Klausur gut zu schaffen, und wenn man die Stärken und Schwächen der Lehrer kennt, weiß man, wie man gerade noch die Kurve kriegt und wo es brenzlig wird. An der Hochschule ist das anders. Eine schlechte schriftliche Arbeit kann nicht durch gelegentliche gute mündliche Mitarbeit ausgeglichen werden. Auch ein nettes und freundliches Wesen oder gutes

Betragen spielen im Massenbetrieb der heutigen Hochschulen keine Rolle. Was zählt, ist die Fähigkeit, kontinuierlich zu arbeiten, sich durchzukämpfen, den regelmäßig auftretenden Frust zu überwinden und die jeweils anstehenden Prüfungen zu bestehen.

Aus diesem Grund werden aus den so genannten Mini-Max-Kandidaten häufig erst gute Studierende, nachdem sie erkannt haben – hoffentlich schon nach der ersten versägten Einzelprüfung –, dass es mit dem Mini-Max-System vorbei ist und sie sich für ein Studienfach entschieden haben, für das sie entsprechende Voraussetzungen mitbringen.

Im Studium muss man hart arbeiten, darum kommt man nicht herum. Deshalb sollten die hier gemachten Ausführungen nicht als Freibrief für ein schlechtes Abiturzeugnis und schon gar nicht als Aufforderung missverstanden werden, die Mini-Max-Methode zu erlernen. Die Mini-Max-Methode führt mit einiger Sicherheit zu einem recht schweren Studieneinstieg und zu äußerst unangenehmen Erfahrungen.

Außerdem ist die Abiturnote sehr wichtig, wenn es darum geht, einen Studienplatz in einem Fach zu bekommen, das zulassungsbeschränkt ist, also einen so genannten Numerus clausus hat. Hierauf wird an anderer Stelle noch ausführlich eingegangen (siehe ab S. 135).

Wie entscheiden sich aber diejenigen, die in der Schule in keinem Fach oder keiner Fächergruppe wirkliche Stärken gezeigt haben, oder diejenigen, die überall gute Noten hatten?

Zunächst einmal die erste Gruppe: Wer trotz vieler Mühen und entsprechendem Fleiß in der Schulzeit nie so richtig ein Bein auf den Boden bekam, sollte sich ernsthaft die Frage stellen, ob er oder sie überhaupt studieren soll. Der Misserfolg im Studium ist fast vorprogrammiert. Es gibt, wie im ersten Kapitel ausführlich erläutert, auch außerhalb der Hochschule vielfältige berufliche Ausbildungsmöglichkeiten neben dem reinen Hochschulstudium.

Zur zweiten Gruppe, zu denjenigen, die scheinbar nur Stärken haben: Hier kann die Entscheidung durch ehrliche, kritische Selbsteinschätzung erleichtert werden. Eine Eins in einem Fach, für das man kaum gelernt hat, ist etwas anderes als eine Eins bis Zwei in einem anderen Fach, für das man Tag und Nacht gearbeitet hat. Die besten Voraussetzungen liegen wahrscheinlich dort vor, wo man mit dem geringsten Aufwand die besten Leistungen erzielt hat, da hier das größte Steigerungspotenzial vorhanden ist.

Stärken und Schwächen bei Schulfächern sind, dies muss noch einmal betont werden, ein durchaus wichtiges, aber nicht das alleinige Kriterium bei der Frage der Studienwahl. Man darf nicht vergessen, dass sich Menschen in einer dauernden Entwicklung befinden und zuweilen ungeahnte Fähigkeiten entfalten. Nicht zu unterschätzen ist der Wille zum Durchhalten – ein Studium dauert mehrere Jahre –, die Fähigkeit, zeitweilige Frustrationen zu überwinden, eine nicht bestandene Einzelprüfung wegzustecken und sich immer wieder zum Lernen zu motivieren.

Wichtig ist auch die Erkenntnis, dass mit der Wahl des Studienfaches keine Entscheidung für den späteren Beruf, sondern nur für eine berufliche Richtung verbunden ist. Jedes gut geschaffte Studium eröffnet mehrere berufliche Möglichkeiten. Wir erläutern dies an einem Beispiel. Wer Rechtswissenschaft (Jura) mit Erfolg studiert hat, dem eröffnen sich Möglichkeiten als Richter, Staatsanwalt, Rechtsanwalt, Notar oder als Jurist in der öffentlichen Verwaltung oder einem Unternehmen. Juristen findet man aber auch als Journalisten, Lektoren im Verlagswesen oder als Steuerberater. Die berufliche Praxis erschließt eine Reihe von oft ungeahnten Möglichkeiten. Außerdem zeigt die Erfahrung, dass für viele Menschen – und in Zukunft werden es noch mehr sein – das Studium nur die Basis ist für ein lebenslanges Lernen. Die rasanten Entwicklungen machen es gegebenenfalls notwendig, sich später beruflich um- oder weiterzuorientieren.

Infos total: Informationsmöglichkeiten richtig genutzt

Neben der Stärkenanalyse ist es von entscheidender Bedeutung, die Informationsmöglichkeiten richtig und auch gezielt zu nutzen.

Die Informationsflut, die auf künftige Abiturienten und Absolventen von Fachoberschulen einströmt, ist groß. Man muss also zunächst einmal aus der Fülle von Informations- und Beratungsmöglichkeiten die für die eigene Entscheidung wichtigen und richtigen Informationen herausfinden.

Die Auskünfte, die von allen möglichen Seiten gegeben werden, sind überaus vielfältig und häufig sehr widersprüchlich. Versucht man nun, sich die richtigen Informationen zu beschaffen, kommt man sich oft so vor, als ob man in einem schwer durchdringbaren Dschungel den Weg sucht. Von Eltern, Lehrern, Bekannten und Freunden wird man mit wohlgemeinten Ratschlägen überschüttet, ob man studieren soll oder nicht und welches Studienfach das richtige sei. Von Firmen, von der Arbeitsagentur und von den Hochschulen erhält man interessante, aber häufig schwer lesbare Broschüren und Informationshefte, und wer schon mal eine Hochschule aufgesucht hat, weiß, wie viele verschiedene Informations- und Beratungsmöglichkeiten es dort gibt.

Aus diesem großen, unübersichtlichen Angebot entstehen häufig Irritationen, die zu einer falschen oder vorschnellen Entscheidung führen können. Viele Probleme im Studium haben ihre Ursache in ungenügenden oder falschen Informationen vor dem Studium. Die Tatsache, dass etwa 25 bis 30 Prozent aller Studierenden in den ersten Semestern das Studienfach wechseln oder das Studium abbrechen, ist ein Beweis, dass sie entweder nicht ausreichend oder falsch informiert wurden.

Daher möchten wir anschließend Tipps zu folgenden Fragen geben: Welche Informationsmöglichkeiten gibt es? Welche Informationen werden überhaupt benötigt? Wo sind diese Informationen erhältlich?

Die folgende Übersicht über die verschiedenen Informations- und Beratungsmöglichkeiten soll als Wegweiser für die anschließenden Erläuterungen dienen; lassen Sie sich also bitte nicht davon abschrecken, dass Sie mit den meisten Begriffen noch nichts anfangen können.

Informationsmöglichkeiten über das Studium

1. Bundesagentur für Arbeit (ehemals Arbeitsamt)
- Berufsberatung (ca. 1-1½ Jahre vor der beruflichen Ausbildung oder dem Studienbeginn)
- Berufsinformationszentrum (abgekürzt BIZ, spezielle Einrichtung der Arbeitsagentur für die Berufswahl) als erste Orientierung

2. Hochschule
- Zentrale Studienberatung (ZSB, Informationsstelle für alle Studienfragen)
- Fachstudienberatung (Informationen über spezielle Fragen zu einem bestimmten Studienfach)
- Studentische Beratung (Informationen von Student zu Student)
- Studierendensekretariat (Bewerbung, Einschreibung etc.)
- Studentenwerk (Mensa, Wohnheime, Zimmersuche)
- Amt für Ausbildungsförderung (BAFöG)
- Akademisches Auslandsamt (Studium im Ausland)
- Behindertenberatung
- Psychologische Beratungsstelle

3. Schriftliche Informationsquellen

- *Studien- und Berufswahl* (wird kostenlos in der Jahrgangsstufe 12 in den Schulen verteilt)
- *Abi* und *Uni* (liegen in der Schule oder der Arbeitsagentur aus)
- Fachstudienführer (im Buchhandel erhältlich, vgl. einzelne Titel im Kapitel *Beliebte und gefragte Studienbereiche*)
- Hochschulführer (bei der Zentralen Studienberatung einer Hochschule zu bestellen)
- Vorlesungsverzeichnis (bei der Zentralen Studienberatung der Hochschule oder im Buchhandel der Stadt erhältlich)
- Studien- und Prüfungsordnungen (bei der Zentralen Studienberatung einer Hochschule oder den Fachstudienberatern erhältlich)

4. Recherche im Internet

- *www.studienwahl.de* oder *www.hochschulkompass.de* (Datenbanken zur Suche nach Studiengängen)
- *www.abimagazin.de* und *www.unimagazin.de*
- Homepage der Hochschule (siehe auch S. 50ff.)
- *www.einstieg.com* und *www.azubitage.de*

Welche Informationen bekomme ich woher?

Die Bundesagentur für Arbeit, die es in jeder größeren Stadt gibt, hat eine Beratungsstelle für Abiturienten und Fachoberschüler. Dort erhält man im persönlichen Gespräch Informationen über die Möglichkeiten nach dem Abitur oder nach dem Fachabitur. In den größeren Städten verfügen die Agenturen über *Berufsinformationszentren*, Abkürzung: *BIZ*. Dort kann man sich selbstständig anhand von vielfältigen Unterlagen und Materialien über Ausbildungs- und Berufsmöglichkeiten informieren.

Die Adresse der nächstgelegenen Arbeitsagentur und des Berufsinformationszentrums findet man im Telefonbuch (auch unter dem Eintrag »Arbeitsamt« zu finden, dort Öffnungszeiten erfragen).

Wichtige Informationen enthält die Broschüre *Studien- und Berufswahl*, die von den Arbeitsagenturen in der vorletzten Jahrgangsstufe kostenlos an alle künftigen Abiturienten meistens über die Schulen verteilt wird. Wer dieses Buch derzeit noch nicht hat, findet es in der Schulbücherei oder bekommt es bei der Arbeitsagentur. *Studien- und Berufswahl* enthält auf fast 700 Seiten eine Fülle von Informationen zum Studium und zu allen Ausbildungsmöglichkeiten außerhalb der Hochschule. Von A (Architektur) bis Z (Zahnmedizin) erfährt man, welche Studienfächer es gibt, womit sie sich beschäftigen, an welchen Hochschulen man diese Fächer studieren kann, wie lange das Studium dauert, wie es aufgebaut ist und welche beruflichen Möglichkeiten es eröffnet. Im zweiten Teil der Broschüre sind wichtige Adressen, zum Beispiel die der Hochschulen, aufgeführt.

Hilfreich für diese Entscheidung sind auch Informationen zum Studium in den Heften *Abi* und *Uni*, die an jeder Schule und jeder Arbeitsagentur ausliegen (sollten).

Von Nutzen können auch so genannte Fachstudienführer sein. Dabei handelt es sich um Informationsschriften zu einem Studienfach (Beispiel Germanistik oder Umweltwissenschaften) oder zu mehreren Studienfächern, die zu einer gemeinsamen Fächergruppe gehören (beispielsweise Ingenieurwissenschaften, Sprach- und Kulturwissenschaften). Die Bücher enthalten Informationen darüber, an welchen Hochschulen dieses Fach oder diese Fächergruppe studiert werden kann, welche Inhalte das Fach hat, wie es aufgebaut ist, welche Schwerpunkte es an den einzelnen Hochschulen hat, welche Abschlüsse möglich sind und welche beruflichen Möglichkeiten offen stehen.

Es gibt praktisch zu jedem Fach einen Fachstudienführer. Jede gute Buchhandlung ist in der Lage, über Fachstudienführer zu informieren und sie zu bestellen. Fachstudienführer, die zwischen 10 und 20 € kosten, sollte man sich aber erst dann anschaffen, wenn man sich bereits grob für ein Studienfach entschieden hat oder wenn man ein Fach in die engere Auswahl gezogen hat.

Die Hochschulen haben verschiedene Beratungs- und Informationseinrichtungen, die aber meistens nur über die eigene Hochschule und in aller Regel nicht über andere Hochschulen informieren.

Die erste Anlaufstelle für Studienanfänger ist die **Zentrale Studienberatung** einer Hochschule, mancherorts Allgemeine Studienberatung genannt. Die Adressen aller Studienberatungsstellen oder der jeweiligen Abteilung, falls die Hochschule die Studienberatung bei einer anderen angesiedelt hat, sind ab S. 50 aufgeführt.

Die Zentrale Studienberatung, ZSB abgekürzt, gibt einen Überblick zu allen Fragen des Studiums an dieser Hochschule in Form von telefonischen Auskünften, schriftlichen Materialien, persönlichen Beratungen und Gruppenveranstaltungen. Sie hilft Studieninteressenten bei der Wahl des richtigen Faches, Studierenden bei studienbedingten Problemen und Examinierten beim Berufseinstieg.

Die meisten Studienberatungsstellen verschicken auf Anfrage so genannte Hochschulführer oder Einzelblätter, die Auskunft darüber geben, welche Fächer es an dieser Hochschule gibt, welche Schwerpunkte die einzelnen Fächer haben, wie viele Personen dort studieren und welche Hochschuleinrichtungen, örtlichen Besonderheiten und weitergehenden Beratungsmöglichkeiten es gibt.

Ebenfalls von der ZSB oder im lokalen Buchhandel erhält man (gegen Gebühr) das Vorlesungsverzeichnis der Hochschule. Es enthält Informationen darüber, welche konkreten Lehrveranstaltungen es im nächsten Semester gibt, welcher Dozent die Veranstaltung leitet und zu welchem Zeitpunkt und an welchem Ort sie stattfindet.

Bei der Studienberatung sind auch Studien- und Prüfungsordnungen für die einzelnen Fächer erhältlich. Sie enthalten Informationen, welche Lehrveranstaltungen man in den jeweiligen Semestern oder Ausbildungsabschnitten in einem Studiengang besuchen muss, mit welchem Leistungsnachweis die jeweilige Lehrveranstaltung abschließt, ob es eine Zwischenprüfung gibt und welche Anforderungen sie stellt und wie die Bedingungen für das Abschlussexamen sind.

Die ZSB gibt auch Informationen über Einführungsveranstaltungen für Erstsemester.

Die zweite wichtige Beratungsstelle an der Hochschule ist die **Fachstudienberatung**.

Während die Studienberatung allgemeine und übergreifende Informationen zum Studium an dieser Hochschule gibt, hat die Fachstudienberatung die Aufgabe, spezielle Fragen zu einem Fach oder zu einer Fächergruppe zu beantworten. Die Fachstudienberater, die zumeist Hochschullehrer sind, helfen bei der Erstellung eines Studienplans, der Wahl der Lehrveranstaltungen und informieren über den Ablauf von Einzel- und Abschlussprüfungen.

Die Adressen der Fachstudienberater stehen im Vorlesungsverzeichnis, können bei den Zentralen Studienberatungsstellen erfragt werden oder sind auf der Homepage der Hochschule zu finden.

Bei den Fächern sind zuweilen Tutoren zu finden, Studierende, die den Studienanfängern bei der Erstellung des Stundenplans und bei der Orientierung in den ersten Wochen des Studiums behilflich sind.

Auch seitens der bereits Studierenden wird Hilfe angeboten. Bei der **studentischen Beratung** unterscheidet man zwischen der Ebene des Faches (Fachschaften) und der Ebene der gesamten Student/inn/enschaft (Studentenparlament, Allgemeiner Studentenausschuss, abgekürzt AStA). Die Studierenden, die ja vor dem Studium die gleichen Probleme mit der richtigen Studienwahl hatten, sind gerne bereit, die künftigen Mitstudenten (auch Kommilitonen genannt) mit Rat und Tat zu unterstützen. Sie helfen bei der Zimmersuche und bei der Erstellung des Stundenplans und organisieren Einführungsveranstaltungen zum Kennenlernen.

Eine weitere Einrichtung der Hochschule ist das **Studentenwerk**. Es ist für alle sozialen Belange der Studierenden zuständig wie Unterkunft (Studentenwohnheimplätze, Vermittlung von Zimmern auf dem freien Wohnungsmarkt) und Verpflegung (Mensen, Cafeterien) oder für Studierende mit Kindern.

Eine spezielle Einrichtung ist das **Amt für Ausbildungsförderung**. Dort sind Informationen über die Studienfinanzierung erhältlich, und dort wird auch der Antrag auf Ausbildungsförderung (BAföG) gestellt. Die Adressen der Studentenwerke finden Sie ab S. 301.

Das **Studentensekretariat** der Hochschule ist zuständig für alle Fragen der Bewerbung, Zulassung, Einschreibung (Immatrikulation), Ausschreibung (Exmatrikulation), Fachwechsel, Ortswechsel, Beurlaubung und für die begehrten Studentenausweise.

Für Behinderte gibt es an jeder Hochschule Behindertenbeauftragte, die in allen Fragen des behindertengerechten Studiums helfen. Ihre Adressen stehen im Vorlesungsverzeichnis der Hochschule oder auf ihrer Homepage und in *Studien- und Berufswahl.*

Der Vollständigkeit halber sind noch zwei weitere Einrichtungen der Hochschule zu erwähnen, die **Psychosoziale Beratungsstelle**, die Hilfe bei persönlichen oder studienbedingten Problemen anbietet, und das **Akademische Auslandsamt**, das unter anderem über Studienmöglichkeiten im Ausland informiert und Stipendien für Auslandsaufenthalte vergibt, wofür Studienanfänger aber noch nicht in Frage kommen. (siehe S. 48f.).

Wer zu Hause einen Computer mit Internetanschluss hat oder in der Schule kostenfrei surfen kann, sollte die Recherche auch im Internet betreiben. Wichtig sind vor allem die Datenbanken mit den angebotenen Studiengängen in Deutschland unter *www.studienwahl.de* und *www.hochschulkompass.de*. Beide Websites geben auch viele andere nützliche Tipps rund ums Studium.

Zwei Publikationen, die viele wertvolle Artikel zur Studien- und Berufswahl enthalten, *Abi* und *Uni*, liegen mittlerweile nicht nur an den Schulen und Hochschulen aus, sondern sind über *www.abimagazin.de* und *www.unimagazin.de* auch online einsehbar. Auch kann hier in älteren Ausgaben nach studiengangsbezogenen Informationen gesucht werden.

Hat man eine oder mehrere Hochschulen ins Auge gefasst, sollte man über die Homepage der Hochschule so viel wie möglich über den anvisierten Studiengang in Erfahrung bringen. Mittlerweile werden die studiengangsbezogenen Informationen, Studien- und Prüfungsordnungen und ganze Vorlesungsverzeichnisse ins Netz gestellt, sodass man sich eine Anforderung dieser Unterlagen über die Studienberatung sparen kann. Die Homepage der jeweiligen Hochschule finden Sie ab S. 50.

Viele Hochschulen präsentieren sich auch auf Bildungsmessen oder Abiturientenmessen. Wer sich dort beraten lassen möchte beziehungsweise schriftliche Materialien erhalten will, der sollte über *www.einstieg.com* und *www.azubitage.de* sich die Orte, an denen entsprechende Messen angeboten werden, heraussuchen und auch die Termine.

Nachdem Sie nun erfahren haben, welche Informationsmöglichkeiten es gibt und woher man die Informationen bekommt, stellt sich natürlich die Frage, in welcher Reihenfolge und zu welchem Zeitpunkt sich Studienbewerber welche Informationen beschaffen sollten. Doch zuvor noch zwei Dinge, die für die Studienwahl wichtig sind.

Nicht überall gefällt's: Die Wahl des Studienorts

Es ist nicht nur wichtig, für welches Fach/welche Fächer und für welchen Studiengang man sich entscheidet, sondern auch für welchen Studienort. Wenn wir vom Fall des Numerus clausus absehen, haben wir auch bei der Wahl des Studienortes die Qual der Wahl.

Die Wichtigkeit dieser Entscheidung wird immer noch unterschätzt, obwohl es inzwischen hinreichend bekannt ist, dass zum Beispiel die Studienbedingungen von Ort zu Ort sehr unterschiedlich sein können – und damit auch die Erfolgsaussichten.

Nicht jeder hat jedoch die Möglichkeit und Zeit, alle Hochschulorte, die das Wunschfach anbieten, selbst genau unter die Lupe zu nehmen. Deshalb braucht man einige Anhaltspunkte, wie man den geeigneten Hochschulort herausfinden kann.

Drei Kriterien sollte man bei der Wahl des Hochschulortes berücksichtigen: 1. fachliche, 2. hochschulbezogene und 3. ortsspezifische Kriterien.

Fachliche Kriterien sind:
- Umfang des Lehrangebotes im jeweiligen Fach
- Nebenfachmöglichkeiten
- Schwerpunkte des Faches
- Ausrichtung des Faches
- Relation zwischen Lehrenden und Lernenden in diesem Fach
- Umfang der Fachbibliothek und der anderen wissenschaftlichen Einrichtungen
- Anforderungen in Bezug auf Einzel- und Abschlussprüfungen
- Qualifikation und Ruf der Hochschullehrer

Hochschulbezogene Kriterien können sein:
- Größe und Ruf der Hochschule
- Umfang der wissenschaftlichen Einrichtungen
- Anzahl der Studierenden
- Betreuungseinrichtungen für Studierende
- Art und Umfang der studentischen Einrichtungen
- Höhe der Mensa- und Cafeteriakosten
- Zahl der studentischen Wohnheimplätze
- kulturelle Angebote der Hochschule

Mögliche ortsspezifische Kriterien bei der Entscheidung können sein:
- Größe und Lage der Stadt
- Höhe der Mieten am Hochschulort
- Lebenshaltungskosten in der Region
- Möglichkeiten zum gelegentlichen Jobben
- Mentalität der Menschen am Hochschulort
- Freizeitmöglichkeiten und Kulturangebote
- Verkehrsanbindung und Nahverkehrspreise
- Entfernung der Hochschule von der Stadt

Wo kann man all diese Informationen erhalten? Die fachlichen und hochschulbezogenen Fragen kann man mit Hilfe der Zentralen Studienberatungsstellen der Hochschulen (Adressen ab S. 50) klären, die ortsspezifischen entweder über die Homepage oder über die Informationsämter der Städte. Wer sich umfangreiche Netzrecherchen und Packen von zurückgesandtem Papier ersparen will, der sollte ein weiteres von uns publiziertes Buch zu Rate ziehen: *Studieren, aber wo ?* bietet für alle Hochschulorte übersichtlich die Antworten zu diesen Fragen und möchte so die Studienortswahl erleichtern. Dennoch sollen hier einige generelle Anmerkungen nicht fehlen.

Bei den Universitäten unterscheiden wir zwei Arten, die traditionellen alten und die neuen Universitäten. Dies ist an und für sich nichts Besonderes, ist aber für die Studienatmosphäre und für die Örtlichkeiten von Bedeutung. Die alten Universitäten befinden sich im Innenstadtbereich, die Einrichtungen (Hauptgebäude, Seminare, Institute, Bibliotheken, Mensen, studentische Einrichtungen) sind aber häufig über die ganze Stadt verstreut, sodass lange An- und Abfahrtswege von einem Gebäude zum anderen die Regel sind.

Die neueren Universitäten, als Campus-Universitäten angelegt, befinden sich als geschlossener Komplex am Rande oder außerhalb der Stadt. Alle Einrichtungen einschließlich vieler Wohnheime befinden sich an einem Ort. Bei diesen Universitäten erspart man sich lange An- und Abfahrtswege. Auf der anderen Seite vermisst man aber zuweilen das studentische Leben in der Stadt mit seinen vielfältigen Angeboten.

Wer alles an einem Platz haben und sich durch das studentische Leben nicht allzu sehr vom Studium ablenken lassen möchte und auch keine prinzipiellen Einwände gegen moderne Architektur hat, wird sich an einer Campus-Universität schnell wohlfühlen.

Wer jedoch sein Studium in alten Gemäuern aufnehmen möchte und bereit ist, längere Wege in Kauf zu nehmen, wird die bessere Studienatmosphäre eher an einer der alten Universitäten finden.

Bei den anderen Hochschulen ist dieses Problem nicht so wichtig. Sie sind zumeist ein geschlossener Komplex in oder am Rande der Stadt.

Die Wahl des Hochschulortes ist ebenso wie die Wahl des Studienfaches nicht endgültig. So wie es die Möglichkeit gibt, das Studienfach zu wechseln, gibt es die Möglichkeit des Hochschulwechsels. Etwa 20 bis 25 Prozent aller Studierenden machen hiervon mindestens einmal im Laufe des Studiums Gebrauch.

Der Wechsel von einer Hochschule zur anderen ist normalerweise sehr einfach. Man bringt in Erfahrung, an welchem Ort es einem besser gefallen könnte, und fragt dort an, ob gegen einen Wechsel irgendwelche Beschränkungen bestehen. Falls nein, schreibt man sich aus der Liste der Studierenden an der alten Hochschule aus (= Exmatrikulation) und schreibt sich anschließend an der neuen Hochschule ein (= Immatrikulation).

Eine wichtige Information sollte man aber nicht vergessen einzuholen: Ist dort die gleiche Fächerkombination möglich, und werden alle an der alten Hochschule besuchten Lehrveranstaltungen und abgelegten Prüfungen an der neuen Hochschule anerkannt? Da dies nicht selbstverständlich ist, sollte man das Problem bereits *vor* dem Wechsel klären, um hinterher unangenehme Überraschungen zu vermeiden.

In einigen wenigen Fächern ist ein Wechsel überhaupt nicht möglich, weil es Zulassungsbeschränkungen in höheren Semestern gibt. In einem solchen Fall versucht man einen Tauschpartner zu finden, der exakt den umgekehrten Wechsel machen will. Da dies gar nicht so selten ist, gibt es hierfür sogar Tauschbörsen und Hinweise in großen Tageszeitungen.

Mal oben, mal unten: Hochschulrankings

Mit dem Ruf der Hochschule ist es wie mit dem privaten Ruf: Vieles ist subjektive Einschätzung oder Gerücht. Hochschulen sind nämlich nur schwer miteinander vergleichbar. Wenn überhaupt, dann nur in einzelnen Fächern oder in bestimmten Bereichen, zum Beispiel hinsichtlich der Forschungsleistungen oder der Betreuung der Studierenden.

Es gibt mittlerweile eine Menge Befragungen über den Ruf der Hochschule oder einzelner Fächer, im Fachdeutsch spricht man von *Ranking;* allerdings gibt es in Deutschland kein anerkanntes und unumstrittenes System, um die Qualität einer Hochschule klar zu ermitteln.

Rankings basieren, dies sollte man wissen, um ihren Wert einschätzen zu können, auf drei Systemen:

1. Man befragt Studierende, wie sie die Qualität ihrer Ausbildung einschätzen, ob genügend Bücher vorhanden sind usw.
2. Man befragt andere Personen, was sie von einer bestimmten Hochschule oder einem Fach dort halten. Die Befragten sind bevorzugt Professoren, Personalchefs und Manager.
3. Oder man bewertet Hochschulen und Fächer nach Kriterien, wie viele Studierende auf wie vielen Studienplätzen studieren, wie das Zahlenverhältnis Studierende und Dozenten ist, wie viel die Professoren wissenschaftlich veröffentlicht haben, nach wie vielen Semestern das Examen im Durchschnitt geschafft wird, wie viel Prozent der Studierenden an eine andere Hochschule wechselt, wie viel Geld an der Hochschule etwa für die Forschung zur Verfügung steht und wie viele Hochschullehrer mit Preisen ausgezeichnet wurden.

So ist es kein Zufall, dass, je nachdem, welches System angewendet wurde, die Rankings recht unterschiedliche Ergebnisse bringen. Mal befindet sich eine Hochschule an der Spitze, beim nächsten Mal sieht sie sich am unteren Ende. Das Gleiche gilt für Vergleiche der Fächer.

Rankings haben noch weitere Schwächen. Sie verfügen manchmal nur über eine schmale Basis an Befragten, die sich zudem meist nur sehr subjektiv (aus Kenntnis der Verhältnisse an einer Hochschule oder in einem Fach) äußern können. Wenn man einen Personalchef fragt, welches Fach in Volkswirtschaftslehre besonders gut ist und welche Absolventen er bevorzugt einstellt, wird er in aller Regel das Fach und die Hochschule nennen, wo er studiert hat. Und die Anzahl der Veröffentlichungen von Hochschullehrern sagt in der Regel nicht viel aus über die Qualität des Geschriebenen und über seine oder ihre pädagogischen Fähigkeiten.

Nichts gegen Rankings, sie sind eine Orientierung und ein Kriterium unter vielen. Wählen Sie deshalb den Hochschulort nicht nur anhand von Rankings in Magazinen aus, sondern auch nach anderen Überlegungen. Sehen Sie sich die Verhältnisse vor Ort genau an, und bilden Sie sich Ihre eigene Meinung.

Der Wegweiser zur optimalen Studienwahl

Fassen wir die bisherigen Überlegungen noch einmal ganz kurz zusammen. Sie wissen jetzt,

- welche Möglichkeiten Ihnen Ihre Hochschulreife bietet,
- welche Argumente für und gegen ein Hochschulstudium sprechen und nach welchen Überlegungen Sie sich entscheiden können,
- wie Sie aus der Stärken-Schwächen-Analyse die in Frage kommenden Fächer finden können,
- wie das deutsche Hochschulsystem aufgebaut ist, welche Studienfächer es gibt, womit sie abschließen und welche Voraussetzungen benötigt werden,
- welche grundsätzlichen Überlegungen notwendig sind und welche Rolle die Schulnoten für das Studium spielen,
- welche weiterführenden Informationen es gibt und wie man sie beschaffen kann,
- welche Unterschiede es zwischen dem Universitäts- und dem Fachhochschulstudium gibt,
- wie wichtig auch die Frage des richtigen Hochschulortes ist und nach welchen Überlegungen Sie den richtigen Ort finden.

Hieraus ergibt sich folgender Wegweiser:

Nachdem Sie jetzt erheblich mehr Informationen zum Studium haben, überlegen Sie sich noch einmal die grundsätzliche Frage, ob das Studium oder eine andere Berufsausbildung das Richtige für Sie ist. Diese Entscheidung sollte spätestens ein Jahr vor dem Abitur gefallen sein.

Wenn Sie sich möglicherweise gegen (oder *erst einmal* gegen) ein Studium entschieden haben oder entscheiden werden, möchten wir Ihnen Respekt zu der Entscheidung zollen, denn es gibt ja auch andere interessante Ausbildungsmöglichkeiten. Dann dürfte Sie das, was jetzt folgt, nicht mehr interessieren. Auch wenn Sie das Buch dann nur halb gelesen haben, war es eine gute Investition und hat Ihnen hoffentlich bei der Entscheidung geholfen. Aber werfen Sie es nicht gleich weg. Möglicherweise brauchen Sie es in einigen Jahren noch einmal. Sie erinnern sich noch, dass viele nach der Lehre doch noch Lust aufs Studium bekommen. Zuerst aber kümmern Sie sich darum, einen entsprechenden Ausbildungsplatz zu bekommen. Denken Sie daran: Ausbildungsverträge werden etwa ein Jahr vor Beginn abgeschlossen. Wenden Sie sich an die nächstgelegene Arbeitsagentur oder direkt an einen ausbildenden Betrieb oder recherchieren Sie im Internet (siehe S. 14f.).

Wenn Sie sich für ein Hochschulstudium entschieden haben, sollten Sie Folgendes überlegen: Soll ich eher ein wissenschaftliches Studium oder ein Fachhochschulstudium aufnehmen? Welche Fächergruppe oder welche Fächer kommen aufgrund Ihrer Begabungen, Interessen und persönlichen Vorstellungen, aber auch aufgrund Ihrer bisherigen Schulleistungen (Selbsteinschätzung ist dabei wichtig) in die engere Auswahl?

Anschließend, das wäre knapp ein Jahr vor dem Abitur, beschaffen Sie sich über diese Fächergruppe Fachstudienführer. Titel können in jeder Buchhandlung erfragt werden.

Wenn sich bei der Lektüre der Eindruck verschärft, dass Sie auf dem Weg zur richtigen Entscheidung sind, schauen Sie in *Studien- und Berufswahl* unter den jeweiligen Fächern (sind dort alphabetisch geordnet) nach, an welchen Hochschulen man sie studieren kann.

Anschließend (auf alle Fälle bevor der Abiturstress anfängt) schreiben Sie die Studienberatungsstellen derjenigen Hochschulen an, die Sie auch aufgrund der Überlegungen zum Hochschulort in die engere Auswahl genommen haben, und zwar mit der Bitte, Ihnen Informationen über die Fächer, die Hochschule, die Fachstudienberatung und die Stadt zuzuschicken (Adressen der Hochschulen ab S. 50).

Diese Unterlagen prüfen Sie kritisch und in aller Ruhe. Lesen Sie noch einmal die Ausführungen im vorigen Kapitel durch. Anschließend entscheiden Sie sich für ein oder zwei Fächer und für drei bis vier Hochschulen, die jetzt in die engste Auswahl gekommen sind.

Dann vereinbaren Sie (spätestens im Mai oder Juni des Jahres, in dem Sie das Studium beginnen wollen) einen Termin bei der Zentralen Studienberatung und gegebenenfalls bei den Fachstudienberatern und lassen sich dort ausführlich beraten. Schauen Sie sich die Hochschule sowie die Stadt an, und sprechen Sie auch mit Leuten, die dort bereits studieren.

Besorgen Sie sich bei Ihrem Besuch die Studienordnungen der in Frage kommenden Fächer und eventuell das Vorlesungsverzeichnis, wenn diese Unterlagen noch nicht auf der Homepage der Hochschule eingestellt sind.

Anschließend entscheiden Sie sich in aller Ruhe für Ihr Studienfach, beschaffen sich, soweit noch nicht geschehen, von der Hochschule das Vorlesungsverzeichnis und erfragen die Bewerbungs- oder Einschreibungstermine.

Dieser Wegweiser zur richtigen Studienwahl gilt grundsätzlich für alle Fächer. Er hat aber eine Einschränkung. Es gibt nämlich Studienfächer, bei denen entweder das Fach zulassungsbeschränkt ist oder eine zentrale Stelle entscheidet, an welchem Ort das Studium aufgenommen werden kann.

In diesem Fall genügt es nicht, die Einschreibungstermine zu erfragen, denn vor der Einschreibung steht erst einmal die Bewerbung um den Studienplatz an. Hierzu finden Sie ein eigenes ausführliches Kapitel mit allen Informationen zu Bewerbung und Zulassung (siehe ab S. 135).

Noch einmal im Überblick: Der optimale Fahrplan ins Studium

Nach der Lektüre von *Studieren, aber was?*:

Anfang Stufe 12/2	• Entscheidung über Berufsausbildung oder Studium
Falls Lehre:	• den passenden Ausbildungsberuf herausfinden und mit der Bewerbung unverzüglich beginnen
Falls Studium: **Im Laufe von Stufe 13/1**	• Zielfächer einkreisen • *Studien- und Berufswahl* durcharbeiten • Fachstudienführer besorgen • *Studieren, aber wo?* (siehe S. 130) durcharbeiten und in Frage kommende Orte heraussuchen • mehrere Studienberatungen um Informationsmaterial anschreiben oder auf der Homepage von Hochschulen recherchieren
April	• Studienberatung(en) aufsuchen, Studienordnungen beschaffen, sofern die nicht auf der Homepage der Hochschule zu finden sind • Gespräch mit Studierenden suchen • vor Ort umschauen
Mai/Juni	• Entscheidung für Studienfach treffen • Anspruch auf BAföG prüfen • Wahl des Studienorts treffen
15. Juni bis 15. Juli	• Bewerbung bei der ZVS oder der Hochschule • Bewerbung für einen Studentenwohnheimplatz
August/September	• Zulassungs- oder Ablehnungsbescheid
Anschließend:	• Einschreibung • Vorlesungsverzeichnis beschaffen • kommentiertes Vorlesungsverzeichnis beschaffen • Fachstudienberater aufsuchen • Stundenplan erstellen • Einführungsveranstaltungen besuchen • sich mit den Örtlichkeiten vertraut machen • ggf. BAföG-Antrag stellen (siehe S. 263ff.)
1. September	• Studienbeginn an den Fachhochschulen (Lehrveranstaltungen beginnen ungefähr zwei Wochen später)
1. Oktober	• Studienbeginn an den Universitäten (Lehrveranstaltungen beginnen ungefähr zwei Wochen später)

Vor dem Studium kommt der Studienplatz

Für Durchblicker: Das System der Studienplatzvergabe

Das System, wie in Deutschland Studienplätze vergeben werden, ist für die meisten – und nicht nur für Studierende – ein Buch mit sieben Siegeln. Es erscheint so kompliziert, dass nur wenige Spezialisten den Durchblick haben.

In der Tat ist es aber leicht zu verstehen, wenn man die Grundlagen des Systems kennt.

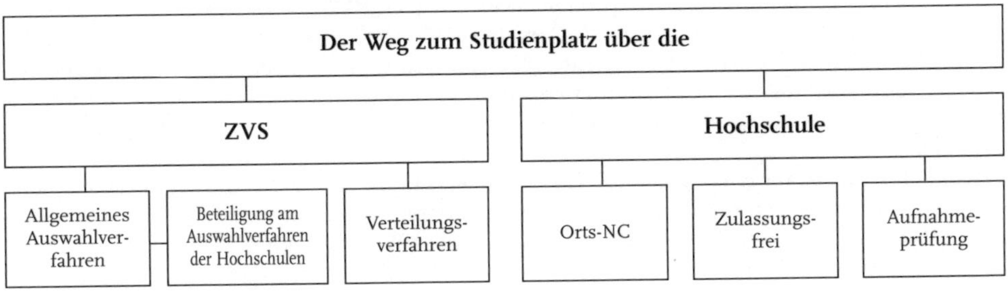

Es gibt in Deutschland zwei Möglichkeiten, einen Studienplatz zu bekommen, von der Hochschule selbst oder von einer zentralen Einrichtung, der so genannten *Zentralstelle für die Vergabe von Studienplätzen* in Dortmund, kurz ZVS genannt. Man kann sich nicht aussuchen, ob man sich den Studienplatz von der ZVS besorgt oder von der Hochschule. Für jedes Studienfach ist genau festgelegt, ob der Weg über die ZVS oder über die Hochschule führt.

Sie werden jetzt fragen, warum Hochschule oder ZVS? Warum nicht nur Hochschule oder nur ZVS?

Dahinter steckt ein durchdachtes System, das – obwohl es auf dem ersten Blick so erscheinen mag – keineswegs bürokratische Schikane ist. Der Grundgedanke ist, dass es kleine Fächer (wenige Studierende) und große Fächer (viele Studierende) gibt und dass es begehrte und weniger begehrte Studienplätze sowie beliebte und weniger beliebte Hochschulen gibt.

Dies führt zu folgender Situation: **Fach A** ist bundesweit überlaufen, das heißt, es gibt erheblich mehr Bewerberinnen und Bewerber für alle Hochschulen im Fach A, sodass nur ein Teil davon sofort einen Studienplatz bekommen kann. In diesem Fall sprechen wir von einem so genannten bundesweiten Numerus clausus, das heißt, das Fach ist für alle Hochschulen der Bundesrepublik Deutschland zulassungsbeschränkt, und der Weg zum Studienfach führt über das *Allgemeine Auswahlverfahren der ZVS*.

Bei **Fach B** ist die Situation anders. Das Fach ist bundesweit sehr begehrt, aber nicht überall überlaufen. Einige beliebte Hochschulen erleben seit Jahren einen großen Ansturm, den sie nicht bewältigen können. Sie verfügen über erheblich weniger Studienplätze, als Bewerber da sind. Das gleiche Fach B ist aber an einer anderen Hochschule nicht überlaufen, weil diese Hochschule bei Studierenden nicht so beliebt ist oder weil es dort mehr Studienplätze in diesem Fach gibt. Damit dennoch alle Bewerberinnen und Bewerber einen Studienplatz in diesem Fach B bekommen können, ist es notwendig, die Studienplätze zu verteilen, sodass diejenigen, die zu viel an den Ort X wollen, an Ort Y zugelassen werden. In diesem Fall spricht man vom so genannten *Verteilungsverfahren der ZVS*.

Beim **Fach C** ist es wieder anders. Nur einige Hochschulen haben, weil die Zahl der Studienbewerber die Zahl der Studienplätze an dieser Hochschule überschreitet, Zulassungsbeschränkungen. Die anderen Hochschulen hingegen haben, weil sie entweder weniger Bewerberinnen und Bewerber haben oder weil die Zahl der Studienplätze in diesem Fach größer ist, keine Probleme mit dem Andrang und können alle Zulassungsanträge berücksichtigen. Dort, wo es zu viele Bewerbungen gibt, besteht ein so genannter *Orts-NC*, das heißt, an diesem Hochschulort ist das Fach C mit einem lokalen Numerus clausus belegt. Im zweiten Fall sprechen wir von zulassungsfreien Studiengängen. In jedem Fall führt der Weg zur Vergabe dieser Studienplätze über die Hochschule.

Am einfachsten ist es beim **Fach D**. Hier haben wir seit Jahren entweder weniger oder nicht mehr Bewerbungen als Studienplätze an allen Hochschulen. Deshalb wird auch kein Numerus clausus und kein Verteilungsverfahren und kein Orts-NC benötigt. Wenn Sie also hören, dass Ihr Wunschfach an allen Hochschulen in Deutschland zulassungsfrei ist, bedeutet es, dass jeder, der über die notwendigen Voraussetzungen (Hochschulreife) verfügt und sich bis zu einem Termin bei der Hochschule anmeldet, unabhängig von Abiturnote oder Wartezeit einen Studienplatz bereits sicher hat.

Schließlich gibt es noch das **System E**. Dabei handelt es sich um Studienfächer, die eine besondere Begabung voraussetzen, die sich weder durch die Abiturgesamtnote noch an den Noten einzelner Fächer ablesen lässt. Das sind Fächer, die entweder eine besondere künstlerische, musische, körperliche oder sprachliche Begabung voraussetzen. Hier findet vor Beginn des Studiums eine entsprechende Aufnahme- oder Eingangsprüfung statt, von deren Bestehen oder Nichtbestehen es abhängt, ob man den Studienplatz erhält. Diese Eignungsprüfung soll aber nicht nur zeigen, dass man überdurchschnittlich talentiert ist, sondern auch, dass theoretische Grundkenntnisse vorhanden sind. Auch hier bewirbt man sich normalerweise direkt bei den Hochschulen.

Zentraler Verteiler: Bewerbung bei der ZVS

Die Zentralstelle für die Vergabe von Studienplätzen ist eine staatliche Behörde mit Sitz in Dortmund und hat die Aufgabe, einen Teil der Studienplätze in Deutschland zu vergeben.

Die Übersicht zeigt, dass die ZVS nicht nur für zwei Vergabeverfahren zuständig ist, das *Allgemeine Auswahlverfahren* und das *Verteilungsverfahren*, sondern auch beteiligt ist am *Auswahlverfahren der Hochschulen in ZVS-Fächern*.

Das **Allgemeine Auswahlverfahren** gilt für diejenigen Fächer, die, bundesweit gesehen, viele Studienplätze haben, aber eben nicht genug, da es seit langem erheblich mehr Bewerbungen als freie Plätze gibt (Fall A).

Damit ist aber noch nicht erklärt, warum wir hierfür die ZVS in Dortmund benötigen. Theoretisch könnten auch die einzelnen Hochschulen auswählen. Das hat praktische Gründe. Stellen Sie sich vor, Sie möchten Psychologie studieren, eines der Studienfächer, das an allen deutschen Universitäten zulassungsbeschränkt ist. Um sich für einen Studienplatz zu bewerben, müssten Sie an alle Universitäten, die dieses Studienfach anbieten, Ihre Unterlagen schicken. Das heißt, viele Briefe, viele Kopien und Beglaubigungen usw. Um den künftigen Studierenden diese Vielfachbewerbungen zu ersparen, genügt es, sich bei einer Stelle, nämlich der ZVS, zu bewerben. Hinzu kommt ein weiterer praktischer Grund. Zwischen dem Bewerbungsschluss und den Zulassungsbescheiden liegen nur wenige Wochen. In dieser kurzen Zeit müssten die einzelnen Hochschulen im Falle des Faches Psychologie aus Tausenden von Bewerbungen 50 oder 100 Personen auswählen. Damit wären sie personell völlig überfordert. Aus diesem Grund nimmt ihnen die ZVS diese Aufgabe ab.

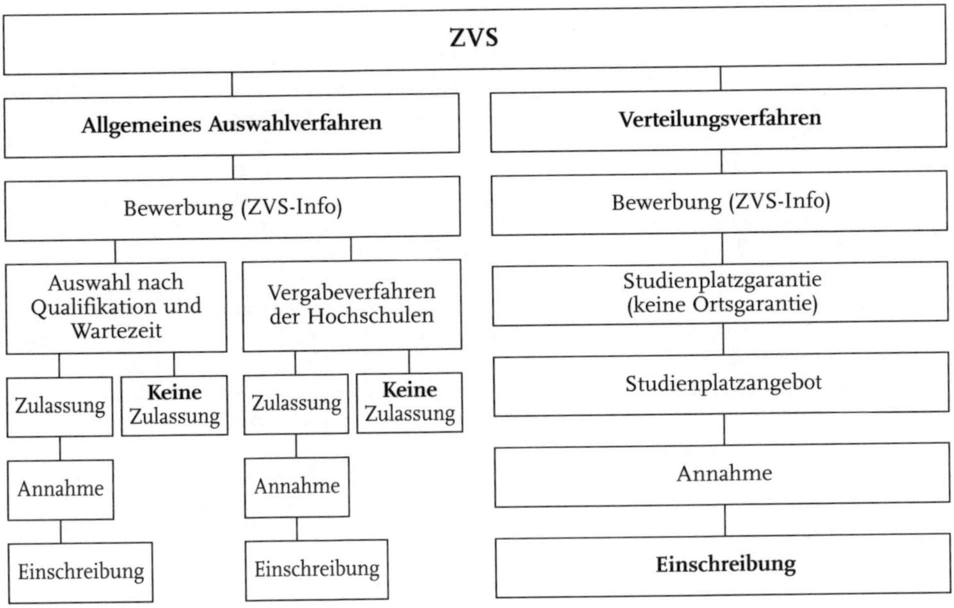

Wie vergibt die ZVS die Studienplätze im Rahmen des Allgemeinen Auswahlverfahrens? Zuerst einmal wird eine Quote von etwa 15 Prozent (Ausländer aus Nicht-EU-Ländern, Zweitstudienbewerber, Härtefälle) vorab ausgewählt. Die übrigen Studienplätze werden nach zwei Kriterien vergeben: Zu 51 Prozent nach der so genannten Qualifikation und zu 25 Prozent nach der Wartezeit sowie zu 24 Prozent von den Hochschulen in eigenen Auswahlverfahren. Der Begriff Qualifikation bedeutet nichts anderes, als dass es sich dabei um die Durchschnittsnote des Abiturs oder des Fachabiturs handelt. Wartezeit ist die Zahl an Halbjahren (= Semestern), die seit dem Abitur/Fachabitur vergangen sind und die man noch nicht studiert hat. Was in dieser Zeit seit dem Abitur gemacht wurde, ist für die ZVS unerheblich. Ob Bundeswehr oder Zivildienst abgeleistet, ob Sie eine Lehre begonnen, ob Sie gejobbt haben oder nach dem Abitur erst mal für längere Zeit verreist waren, interessiert die ZVS nicht. Man erhält die Wartezeit rückwirkend. Die ZVS rechnet aufs Abitur zurück und gibt pro Halbjahr ein Semester Wartezeit. Wenn Sie also im Frühjahr 2005 Ihr Abitur gemacht haben und im Herbst 2007 ein Studium aufnehmen möchten, ohne vorher etwas Anderes studiert zu haben, ergeben sich vier Semester Wartezeit.

Die Semesterzahl der Wartezeit konnte in der Vergangenheit durch eine Berufsausbildung weiter verbessert werden. Wer sich nach dem 15. Juli 2007 für einen ZVS-Studienplatz bewirbt, erhält für die Berufsausbildung keine *Wartezeitverbesserung* mehr.

Bei Studiengängen in Nordrhein-Westfalen werden 60 Prozent der Plätze nach der Qualifikation und 40 Prozent nach der Wartezeit vergeben.

Jetzt kommt noch eine wichtige Information: *Bei der Bewerbung bei der ZVS konkurrieren nur die Bewerber/innen aus dem jeweiligen Bundesland miteinander.* Die ZVS teilt die zur Vergabe anstehenden Studienlätze in 16 Landesquoten, sodass Bewerber/innen mit einem bestimmten Abiturdurchschnitt nur mit Bewerbern aus dem gleichen Bundesland im Wettbewerb stehen. Gleiches Bundesland bedeutet, dass dort das Abitur bestanden wurde. Dort geboren, aufgewachsen oder einen Teil der Schulzeit verbracht, gilt nicht. Mit diesem zugegeben komplizierten System wird sichergestellt, dass nicht Äpfel mit Birnen verglichen werden und diejenigen einen Vorteil haben, die das Abitur in einem Bundesland abgelegt haben, in dem die Abiturnoten erfahrungsgemäß besser sind als in einem anderen Bundesland. Die Autoren maßen sich nicht an, beurteilen zu können, ob das Abitur in Hessen wirklich leichter ist als in Baden-Württemberg, ob in Bremen Leute ein Abitur schaffen, die es in Bayern vergeblich versuchen würden, ob die Gesamtschulen geringere Anforderungen haben als die Gymnasien. Aber es dürfte allgemein bekannt sein, dass es in Deutschland kein Zentralabitur gibt, in dem festgelegt wäre, welches Wissen mit welchen Anforderungen geprüft wird. Welche Anforderungen an die Reifeprüfung gestellt werden, entscheidet die Regierung eines jeden Bundeslandes. Lediglich bestimmte Mindeststandards wurden vereinbart, die aber viel Raum lassen für Besonderheiten.

Was die ZVS allerdings nicht berücksichtigt, ist die jeweilige Situation in den Bundesländern. Auch dies ist kein Geheimnis, es gibt, häufig sogar in der gleichen Stadt, Gymnasien, denen der Ruf vorausgeht, dass die Schulausbildung besonders schwer ist und auch beim Abitur genau hingeschaut wird, anderen wieder wird nachgesagt, dass es leichter ist, zur Reifeprüfung zu gelangen. Ebenso wenig zählt, ob das Abitur mit schweren Leistungskursen oder mit etwas einfacheren bestanden wurde.

Im Klartext: Für die ZVS zählt nur die Durchschnittsnote auf Ihrem Abiturzeugnis und in welchem Bundesland die Schule sich befindet, wo Sie das Abitur bestanden haben.

Das gilt aber nur für die Frage, welche rund 51 Prozent der Bewerber mit den besten Abiturnoten den begehrten Studienplatz bekommen. Damit ist das ZVS-Auswahlverfahren aber noch nicht abgeschlossen. Bis jetzt ist noch offen, an welchem Ort man das Studium aufnehmen kann. Auch hierbei ist die Auswahl nicht willkürlich.

Zuerst erhalten 25 Prozent der Bewerber mit der besten Abiturnote den gewünschten Studienort. (Gilt nicht für die in NRW vergebenen Studiengänge.) Anschließend teilt die ZVS die restlichen 75 Prozent der ausgewählten Bewerber einer von fünf Gruppen zu, wobei eins die günstigste und Gruppe fünf die ungünstigste ist.

In **Gruppe eins** kommen die Schwerbehinderten, in **Gruppe zwei** verheiratete Personen oder solche, die am Hochschulort Kinder erziehen. **Gruppe drei** sind diejenigen, die wichtige Gründe für den bestimmten Hochschulort vorgebracht haben, **Gruppe vier** umfasst jene, die im Einzugsbereich der Wunschhochschule wohnen und diesen Ort bevorzugt angegeben haben. **Gruppe fünf** sind die übrigen.

Die Kriterien für die Gruppen eins, zwei, vier und fünf sind klar, aber was sind objektive Gründe für einen Hochschulort? Damit ist nicht gemeint, dass der Freund oder die Freundin bereits dort studiert, dass es dort nette Kneipen oder preisgünstige Zimmer gibt oder dass man eine bestimmte Stadt gerne einmal kennen lernen möchte. Auch Argumente, dort gebe es gute Studienbedingungen oder besonders bekannte Professoren, zählen nicht, weil es sich um subjektive Gründe handelt. Vorgebracht werden müssen objektive Gründe. Solche Gründe können sein: Mithilfe im elterlichen Betrieb, ehrenamtliche Tätigkeit oder Leistungssport am Hochschulort, Pflege eines kranken oder gebrechlichen Familienangehörigen, aber auch der Umstand, dass bereits Geschwister auswärts studieren und die Eltern finanziell nicht in der Lage sind, ein weiteres auswärtiges Studium zu bezahlen.

Die Zulassungsbescheide verschickt die ZVS Mitte August/Februar für Fachhochschulstudiengänge und Anfang September/März für die Universitätsstudiengänge. Wer wenige Tage später leider eine Ablehnung bekommt, sollte es ein Semester später (falls das gewünschte Studienfach zweimal im Jahr vergeben wird) oder im darauf folgenden Jahr erneut versuchen oder ein anderes Studienfach aufnehmen, was aber für eine erneute ZVS-Bewerbung wartezeitschädlich ist. Es gibt aber noch einige kleine Hoffnungsschimmer. Nicht alle, die eine Zulassung erhalten, nehmen den Studienplatz an. Da ohne Annahme (Achtung bei Urlauben in der genannten Zeit) der angebotene Studienplatz verfällt, werden diese Plätze etwa vier Wochen später an diejenigen vergeben, die auf der Warteliste mit Qualifikation und Wartezeit oben stehen. Wer nicht zu den glücklichen Nachrückern gehört, hat eine weitere Chance: Auch nicht alle, die den Studienplatz angenommen haben, schreiben sich tatsächlich an der Hochschule ein. Deren Plätze darf nach Ablauf der Einschreibefrist die Hochschule vergeben – normalerweise im Losverfahren. Schreiben Sie deshalb, falls Sie auch im Nachrückverfahren nicht zum Zuge kamen, ein formloses Schreiben an alle Hochschulen, die das gewünschte Studienfach anbieten, dass Sie sich hierfür offiziell bewerben. Die Chancen sind nicht hoch, weil meistens überbucht wird, das heißt, es werden ein paar mehr Leute angenommen, als Plätze vorhanden sind.

Wer auch jetzt wieder leer ausgeht, hat neben der Alternative erneute Bewerbung oder anderes Studienfach noch die Möglichkeit einer Klage gegen die ZVS. Dort sitzen wie in jeder Behörde erfahrene Juristen, die ein solches Ansinnen zu unterbinden versuchen. Aber dennoch gelingt es dem einen oder anderen, durch das Schlupfloch Kapazitätsklage zum Studium zugelassen zu werden. Wer sich auf diesen Weg einlässt, braucht aber einen guten und, noch wichtiger, seriösen Rechtsbeistand. Lassen Sie die Finger von Offerten, gegen eine bestimmte Geldsumme werde Ihr Studienplatz eingeklagt, mit der Zusage, ihn irgendwann zu bekommen. Das sind Tricks, denn irgendwann erhalten Sie jeden Studienplatz, wenn Sie nur lange genug warten, ob mit oder ohne Unterstützung.

Wer besondere gesundheitliche, wirtschaftliche, familiäre Gründe vortragen und glaubhaft nachweisen kann, oder als so genannter Spätaussiedler anerkannt ist, oder bereits früher in dem gleichen Studienplatz eine Zulassung hatte, aber aus Gründen, die nicht in der eigenen Person liegen, das Studium nicht begonnen hatte, kann einen Sonderantrag auf sofortige Zulassung stellen.

Wer außergewöhnliche soziale oder familiäre Gründe vorbringen kann, hat die Möglichkeit, einen Antrag auf Nachteilsausgleich zu stellen, der im Erfolgsfall die Durchschnittsnote verbessert. Das Gleiche gilt für die Wartezeit. Auch hier kann ein Antrag auf Nachteilsausgleich gestellt werden. Neben den genannten Gründen können solche zusätzlichen Anträge auch Absolventen des Zweiten Bildungswegs, Leistungssportler und Bundessieger verschiedener Wettbewerbe stellen.

Die Sonderanträge sollen Menschen vor den Folgen außergewöhnlicher Härten schützen, denen sie ausgesetzt wären, wenn sie mit anderen konkurrieren müssten, die solche Gründe nicht anführen können.

Wie bewirbt man sich für einen Studienplatz im Allgemeinen Auswahlverfahren? Bewerbungsfristen sind der 15. Januar für das darauf folgende Sommersemester beziehungsweise der 15. Juli für das nachfolgende Wintersemester. Alle Unterlagen müssen spätestens an diesem Tag bei der ZVS eingehen (nennt man auch Ausschlussfrist). Etwa drei bis vier Monate vorher kann man von der ZVS die Bewerbungsunterlagen anfordern.

Wenn Sie also in Erfahrung gebracht haben, dass das gewünschte Studienfach im Allgemeinen Auswahlverfahren der ZVS vergeben wird, schreiben Sie im November oder im Mai an die ZVS (Adresse: Sonnenstraße 171, 44128 Dortmund, Tel. 02 31 / 10 81-0, Internet: *www.zvs.de*) und bitten um die Zusendung des aktuellen ZVS-Infos, in dem der Bewerbungsvordruck enthalten ist. Auch kann der Zulassungsantrag von der ZVS-Homepage heruntergeladen und ausgedruckt werden. Es gibt auf der Homepage auch die Möglichkeit der Onlinebewerbung, wobei man sofort mitgeteilt bekommt, unter welcher Nummer die Angaben des Bewerbers bei der ZVS gespeichert sind. Nachgereicht werden müssen unbedingt ein unterschriebener Ausdruck der mitgeteilten Daten und die weiteren Belege zur Bewerbung.

Die zweite Gruppe von Fächern, für die die ZVS zuständig ist, sind die so genannten Verteilungsfächer. Sie erinnern sich: Bundesweit gibt es genügend Studienplätze, aber unterschiedliche Bewerberströme (Fall B). Die ZVS hat die Aufgabe, die Bewerberströme durch das *Verteilungsverfahren* so zu leiten, dass die Hochschulen nur so viele Studierende bekommen, wie sie aufnehmen können.

Die ZVS hat also die undankbare Aufgabe, diejenigen, die zu viel an die Universität oder Fachhochschule X wollen, zur Universität oder Fachhochschule Y zu schicken. Dieses Verfahren, das man auch Schülerverschickung oder Wundertüte nennen könnte (weil man erst mit dem Brief der ZVS weiß, wohin man kommt), garantiert zwar einen Studienplatz unabhängig von der Abiturnote oder von der Wartezeit, aber es garantiert nicht den Wunschort. Im ungünstigsten Fall kann es passieren, dass man nach Süddeutschland wollte, sich aber in Norddeutschland wiederfindet und umgekehrt.

Die Entscheidung, wer an welche Hochschule geschickt wird, ist aber nicht willkürlich. Es handelt sich um das gleiche System, das wir vom Allgemeinen Auswahlverfahren her kennen. Die ZVS teilt alle Bewerber und Bewerberinnen einer der fünf genannten Gruppen zu. Die **Gruppen eins** (Schwerbehinderte) und **zwei** (verheiratet/am Hochschulort Kinder erziehend) sind in aller Regel sichere Gruppen. **Gruppe drei** (objektive Gründe für den gewünschten Hochschulort) kann entweder ganz oder zumindest teilweise für den Wunschort berücksichtigt werden. **Gruppe vier** (im Einzugsbereich der Wunschhochschule lebend) ist bereits unsicher. Hier kann erfahrungsgemäß nur ein Teil dieser Gruppe berücksichtigt werden. **Gruppe fünf** (keine bevorzugten Gründe) ist die unsicherste Gruppe. Wer sich in dieser Gruppe befindet, sollte schon mal auf der Landkarte nachsehen, wo die anderen Hochschulorte liegen. Was kann man machen, wenn man sein Studium am zugewiesenen Ort nicht aufnehmen möchte? Praktisch nichts, außer der Radikallösung, den Studienplatz zurückzugeben und es im nächsten Semester noch einmal zu versuchen. Die Chancen, beim nächsten Mal den gewünschten Ort zu erhalten, verbessern sich aber nicht, weil man ja in der gleichen Gruppe bleibt.

Die zweite Möglichkeit ist, sich für ein anderes Studienfach zu entscheiden. Zu diesem Zeitpunkt sind die Bewerbungstermine für andere zulassungsbeschränkte Fächer für das nächste Semester bereits abgelaufen, sodass nur noch zulassungsfreie Studienfächer zur Auswahl stehen.

Wer aber am gewünschten Studienfach festhält, dem bleibt nichts Anderes übrig, als den von der ZVS zugewiesenen Ort zu akzeptieren. Abgesehen davon, dass es einem auch dort möglicherweise gefallen könnte, bleibt noch die Möglichkeit, in einem späteren Semester von der wenig geliebten an die Wunschhochschule zu wechseln.

Eine weitere Möglichkeit ist, zum ersten oder zu einem höheren Semester einen Tauschpartner zu finden. Entweder sucht man per Anzeige oder Aushang einen Tauschpartner oder nimmt die Dienste von zwei Tauschbörsen in Anspruch, deren Vermittlungsquote bei etwa einem Drittel liegt:

Verein für studentische Belange (VSB) – Büro für Studienplatztausch
Bonner Talweg 33–35
53113 Bonn
Tel. 02 28 / 21 42 20
Fax 02 28 / 9 14 08 99
E-mail: vsb@studienplatztausch.de
Internet: *www.studienplatztausch.de*

und

Ring Christlich-Demokratischer Studenten
RCDS-Studienplatztausch
Paul Lincke-Ufer 8 b
10999 Berlin
Telefon 0 30 / 61 65 18-20
Fax 0 30 / 61 65 18-40
Internet: *www.rcds.de*

Weitere Tauschbörsen stehen im Internet zur Verfügung unter:
⇒ *www.unicum.de/uni/tausch* (Studienplatztauschböse der Zeitschrift Unicum)
⇒ *www.allstudents.de* (Info-Portal von Studierenden für Studierende in Deutschland)
⇒ *www.studenten-wg.de*
⇒ *www.studienplatz-tausch.de*
⇒ *www.unitausch.de*
⇒ *www.spiegel.de/unispiegel/studium* (Tauschbörse von Uni-Spiegel)
⇒ *www.allemannda.de/Studienplatztausch*

Die Termine für das Verteilungsverfahren sind die gleichen wie beim Allgemeinen Auswahlverfahren. Der Bewerbungsschluss ist am 15. Januar und am 15. Juli (jeweils Ausschlussfristen, die Unterlagen müssen bis spätestens 24 Uhr dieses Tages komplett bei der Zentralstelle vorliegen).

Wer in Erfahrung gebracht hat, dass der gewünschte Studienplatz im ZVS-Verteilungsverfahren vergeben wird, beschafft sich entweder im Mai oder im November von der ZVS oder von der nächstgelegenen Hochschule das so genannte ZVS-Info, füllt die Antragsformulare aus, lässt sich, wenn man für die Ortsgruppe vier berücksichtigt werden möchte, die beigefügte Meldebestätigung bescheinigen oder fügt Nachweise bei, wenn man glaubt, dass man in eine der Gruppen eins bis drei gehört.

Eine Abschrift des Abiturzeugnisses braucht nicht mitgeschickt zu werden, da Abiturnote oder Wartezeit beim Verteilungsverfahren keine Rolle spielen. Etwa vier bis sechs Wochen nach Ablauf der Bewerbungsfristen verschickt die ZVS die Bescheide.

Im Allgemeinen Auswahlverfahren wählt die ZVS in den bundesweit einbezogenen Studiengängen nicht nur Bewerber/innen nach den Kriterien Abiturnote (51 Prozent der Studienplätze) und Wartezeit (25 Prozent) aus, sondern wirkt auch daran mit, die restlichen 24 Prozent der Studienplätze zu vergeben, für die die Hochschulen das Auswahlrecht haben. Nur diejenigen werden zum Auswahlverfahren der Hochschulen zugelassen, die nach Abiturnote und Wartezeit nicht ausgewählt wurden und in ihrem ZVS-Antrag angegeben haben, dass sie an diesen Auswahlverfahren der Hochschulen teilnehmen möchten. Eine direkte Bewerbung bei der Hochschule für ein Auswahlverfahren in einem ZVS- Fach ist nicht möglich.

Die ZVS nimmt dann aus diesem Personenkreis diejenigen mit den besten Abiturnoten und bildet für die zur Verfügung stehenden Studienplätze der Hochschulen 16 Landesquoten, das heißt, es konkurrieren wie schon beim Allgemeinen Auswahlverfahren nur diejenigen miteinander, die im gleichen Bundesland ihr Abitur abgelegt haben. Dann wählt die ZVS drei Mal so viel Bewerber aus, wie Studienplätze in einer Quote von den Hochschulen zu vergeben sind.

Stehen die Teilnehmer/innen an den Auswahlverfahren fest, werden sie nach ihren Studienortswünschen auf die Hochschulen verteilt. Wenn für eine Hochschule mehr Bewerber als Plätze vorhanden sind, wählt die ZVS unter den Studieninteressenten 70 Prozent nach den Sozialkriterien der Gruppen eins bis drei (siehe S. 138) aus . Die restlichen 30 Prozent werden vorrangig nach der Reihenfolge der besten Abiturnote vergeben. Haben Bewerber dieselbe Abiturnote, wird nach den Sozialkriterien der Gruppen eins bis fünf ausgewählt.

Wie sehen jetzt die Auswahlverfahren der Hochschulen aus? Diese sind von Fach zu Fach und von Hochschule zu Hochschule sehr unterschiedlich. Dabei werden die Studienplätze nach vier Kriterien vergeben:

1. Eine Hochschule führt am Hochschulort kein eigenes Auswahlverfahren durch, sondern beauftragt die ZVS damit, diejenigen mit der besten Abiturnote auszuwählen.
2. Die Bewerber werden in einem Auswahlgespräch mit Vertretern der Universität zu Motivation und Eignung für den gewünschten Studiengang befragt. Das Auswahlgremium vergibt auf der Grundlage dieses Gesprächs die Studienplätze.

3. Die Hochschulen berücksichtigen bei der Vergabe der Studienplätze Berufsausbildung oder Berufstätigkeit vor oder nach dem Abitur.
4. Die Hochschulen vergeben die Studienplätze unter Berücksichtigung der Kriterien 1–3.

Auf der Homepage der ZVS kann unter »download« ein Merkblatt zu den Auswahlverfahren der Hochschulen heruntergeladen werden. Es listet auch auf, welche Auswahlkriterien die jeweilige Universität in den einzelnen Studiengängen zugrunde legt.

Änderungen ab dem Wintersemester 2005/2006

Wichtig für alle Studienbewerber, die ab dem Wintersemester 2005/2006 ein Studium in den ZVS-Fächern des Allgemeinen Auswahlverfahrens aufnehmen wollen:

Ab dem Wintersemester 2005/2006 werden die Hochschulen ein viel stärkeres Mitspracherecht bei der Vergabe der Studienplätze erhalten. Dann vergibt die ZVS lediglich noch je 20 Prozent der Studienplätze nach der Abiturnote und der Wartezeit, und 60 Prozent werden in Auswahlverfahren der Hochschulen vergeben. Bisher weiß niemand genau, wie diese Auswahlverfahren ablaufen und nach welchem System die Studienbewerber ausgewählt werden. Bei der ab 2005/2006 hohen Quote von 60 Prozent der Studienplätze, die von den Hochschulen direkt vergeben werden, dürften Eignungstests oder Auswahlgespräche eine wichtigere Rolle als bisher spielen. Die Autoren dieses Buches werden im Frühjahr 2005 einen Ratgeber zu diesen Auswahlverfahren veröffentlichen: Dieter Herrmann, Angela Verse-Herrmann, *Hochschulauswahltests erfolgreich bestehen. So komme ich an den Studienplatz.*

Ortstermin: Bewerbung bei der Hochschule

Für die meisten Fächer wendet man sich nicht an die ZVS, sondern an die jeweilige Hochschule, die dieses Studienfach anbietet.

Ähnlich wie bei der ZVS, wo es verschiedene Vergabeverfahren gibt, werden Studienplätze an den Hochschulen ebenfalls nach verschiedenen Systemen vergeben: ohne Zulassungsbeschränkungen, nach einem Orts-NC oder durch eine besondere Eignungsprüfung.

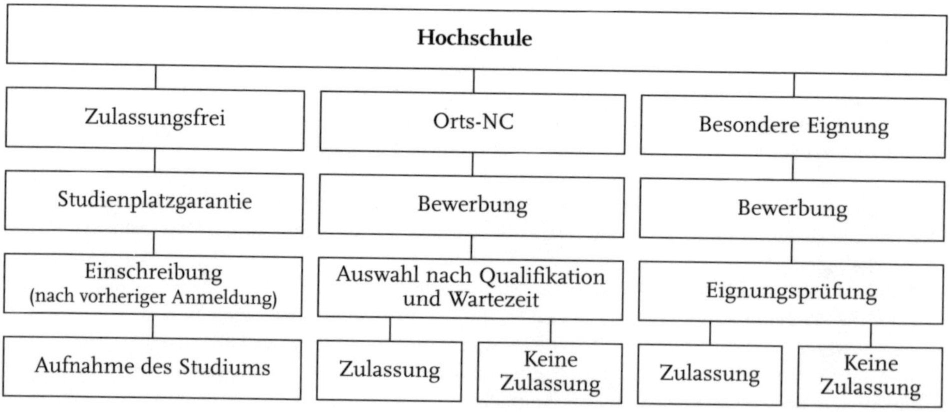

Für die Fächer ohne Zulassungsbeschränkungen gilt, dass alle Studienbewerberinnen und Studienbewerber unabhängig von der Abiturnote oder einer Wartezeit den Studienplatz am gewünschten Ort erhalten, da genügend Studienplätze vorhanden sind. Man braucht sich unter Vorlage bestimmter Unterlagen nur noch einzuschreiben (siehe hierzu ab S. 276).

Die Hochschulen verlangen auch für freie Fächer eine vorherige Anmeldung, die an Termine gebunden ist, oder haben feste Einschreibungstermine, die man nicht versäumen darf. Wenn Sie also hören, dass Ihr Fach zulassungsfrei ist, heißt das nicht, dass Sie erst am ersten Tag des Semesters dort erscheinen sollten.

Bei den Fächern mit Orts-NC ist es ähnlich wie beim Allgemeinen Auswahlverfahren der ZVS. Es gibt erfahrungsgemäß mehr Bewerber als Studienplätze. Deshalb muss die Hochschule auswählen. Die beiden Kriterien für die Zusage oder Absage sind wie bei der ZVS Qualifikation (= Abiturnote) und Wartezeit.

Wenn Sie hören, dass Ihr Wunschfach an Ihrer Wunschhochschule einen Orts-NC hat, dann heißt das nicht, dass dieses Fach automatisch auch an anderen Hochschulen mit einem Orts-NC belegt ist. Häufig gibt es anderswo entweder mehr Studienplätze oder weniger Bewerber/innen. Dann ist das Fach dort zulassungsfrei, und Sie können sich (unter Beachtung der Termine) direkt einschreiben.

Eine Studienplatzvergabe nach besonderer Eignungsprüfung betrifft erst einmal die Studienfächer an den Musik-, Kunst- und Sporthochschulen sowie die Studiengänge Journalistik/Publizistik und Übersetzen/Dolmetschen.

Bei der Bewerbung für das Sportstudium muss man in Form einer Aufnahmeprüfung seine sportlichen Fähigkeiten in mehreren Sportarten (Mannschafts- und Individualsport) unter Beweis stellen.

Für das Studium der Musik ist eine Prüfung vorgeschrieben, die eine entsprechende musikalische Grundbegabung und – je nach Studienfach – eine entsprechende Stimme, gutes Gehör, theoretische Kenntnisse und/oder die Beherrschung eines Musikinstrumentes nachweist.

Bei den Studienplätzen in freier oder angewandter Kunst haben die meisten Hochschulen ein zweistufiges Auswahlverfahren. Sie erwarten zunächst eine Mappe mit künstlerischen Objekten, die von Fachprofessoren begutachtet werden. Schafft man diese Hürde, wird man zur eigentlichen Aufnahmeprüfung eingeladen. Bei dieser Prüfung werden allgemeine künstlerische Begabungen sowie besondere Fähigkeiten und Kenntnisse im Hinblick auf das spätere Studienfach überprüft. Wer auch diese Hürde genommen hat, erhält entweder direkt die Zulassung oder kommt auf eine Warteliste und kann dann in einigen Semestern beginnen.

Die Auswahl für Studiengänge wie Publizistik oder Journalistik ist wieder anders. Man muss nachweisen, dass die entsprechenden sprachlichen und persönlichen Voraussetzungen vorhanden sind. Ein Beispiel soll dies erläutern: Alle Bewerber erhalten folgenden Aufgabe: Sie sollen eine bestimmte Person ausfindig machen, befragen und über sein oder ihr Leben einen dreiseitigen Artikel schreiben. Diese Person war früher sehr berühmt und ist heute unbekannt. Für die Bewältigung dieser Aufgabe hat man zehn Tage Zeit.

Mit einer solchen Aufgabe werden alle Fähigkeiten und Fertigkeiten geprüft, die man später in einem journalistischen Beruf benötigt:

- (allgemein) verständlich schreiben,
- unter Zeitdruck arbeiten (Erledigung innerhalb von eineinhalb Wochen),
- recherchieren (herausfinden, wer früher berühmt war und heute unbekannt lebt) sowie
- Durchsetzungsvermögen (diese Person zu einem Interview zu bewegen) unter Beweis stellen.

Wichtig ist, dass alle diejenigen, die ein Studium innerhalb dieses letztgenannten Zulassungssystems direkt nach dem Abitur aufnehmen möchten, sich bereits ein bis eineinhalb Jahre vor dem

Abitur mit den in Frage kommenden Hochschulen in Verbindung setzen, da sich die Eignungsprüfungen und die Auswahl der Kandidaten über einen längeren Zeitraum erstrecken.

Da solche Studienplätze sehr begehrt sind, ist eine Bewerbung bei mehreren Hochschulen zu empfehlen.

Studieninteressenten sollten sich darauf einstellen, dass die Hochschulen in Zukunft besondere Eignungsprüfungen verstärkt auch in anderen als den oben genannten Studiengängen durchführen werden. Schon jetzt haben in Baden-Württemberg die Hochschulen in Studiengängen mit Orts-NC ein Auswahlrecht von bis zu 90 Prozent, zehn Prozent der Studienplätze werden nach Dauer der Wartezeit vergeben.

Die Hochschulen in Baden-Württemberg führen jetzt in fast allen Fächergruppen so genannte »Studierfähigkeitstests« durch und suchen ihre Studierenden nach Verfahren aus, in denen die Ergebnisse der Tests mit der Gesamtabiturnote/der Gesamtnote des Fachhochschulreifezeugnisses oder mit ausgewählten Einzelnoten der Zeugnisse verbunden werden. Die Auswahlverfahren unterscheiden sich von Hochschule zu Hochschule und von Fach zu Fach.

Unter diese seit 2003 bestehende Regelung fallen rund 60 Prozent aller Studienanfängerplätze in Baden-Württemberg: Zum Studienjahr 2003/2004 wurden an den *Universitäten* 40 Prozent aller Studienanfängerplätze in Studiengängen mit Orts-NC vergeben, an *Pädagogischen Hochschulen* 56 Prozent und an *Fachhochschulen* 96 Prozent.

Die Bewerbungsfristen für Studienfächer, die von den Hochschulen vergeben werden, sind nicht so genau reglementiert wie bei der ZVS. Die Bewerbungstermine liegen zwischen drei und sechs Monaten vor dem Studienbeginn. Um keinen Termin zu versäumen, sollten Interessierte etwa sechs Monate vor Beginn des beabsichtigten Studiums mit der in Frage kommenden Hochschule Kontakt aufnehmen.

Die aktuelle Zulassungssituation

Da die Zulassung zum Studium nach verschiedenen Kriterien erfolgt, können sich von Semester zu Semester und von Fach zu Fach die Zulassungsbedingungen ändern. Was heute im ZVS-Auswahlverfahren ist, kann in einem Jahr Orts-NC an den Hochschulen sein und umgekehrt. Ein Fach, das heute noch zulassungsfrei ist, kann in ein oder zwei Jahren, wenn die Zahl der Bewerbungen stark ansteigt, ins ZVS-Verteilungs- oder Auswahlverfahren kommen.

Das *ZVS-Auswahlverfahren* umfasst derzeit (Stand Wintersemester 2004/2005) für die wissenschaftlichen Hochschulen bundesweit folgende Fächer:
- Betriebswirtschaftslehre
- Biologie
- Medizin
- Pharmazie
- Psychologie
- Tiermedizin
- Zahnmedizin

Studiengänge an wissenschaftlichen Hochschulen in Nordrhein-Westfalen (NRW):
- Geographie
- Heilpädagogik/Rehabilitationspädagogik
- Kunstgeschichte (Hauptfach)
- Kunstgeschichte (Nebenfach)

- Lebensmittelchemie
- Pädagogik
- Rechtswissenschaft
- Sportwissenschaft
- Wirtschaftsinformatik
- Lehramt für Grund-, Haupt- und Realschulen und die entsprechenden Jahrgangsstufen der Gesamtschulen, Studienschwerpunkt Grundschule mit den Fächern Deutsch und Mathematik
- Biologie auf Lehramt an Gymnasien und Gesamtschulen
- Sonderpädagogik für das Lehramt an Gymnasien und Gesamtschulen
- Biologie für das Lehramt an Berufskollegs
- Sonderpädagogik für das Lehramt an Berufskollegs
- Lehramt für Sonderpädagogik

Im *ZVS-Verteilungsverfahren* für wissenschaftliche Hochschulen befindet sich derzeit kein einziges Fach.

Für die Fachhochschulen vergibt die ZVS derzeit folgende Studiengänge:
im *Allgemeinen Auswahlverfahren* für Fachhochschulen in Nordrhein-Westfalen:

- Architektur ohne studiengangbezogene Eignungsfeststellung
- Landespflege/Landschaftsarchitektur
- Sozialarbeit
- Soziale Arbeit
- Sozialpädagogik
- Wirtschaft
- Wirtschaftsrecht
- Integrierte Studiengänge (nur für Bewerber mit Fachhochschulreife) Betriebswirtschaft, Lebensmittelchemie, Psychologie und Wirtschaftsinformatik

Verteilungsverfahren für die Fachhochschulen in Nordrhein-Westfalen:

- derzeit kein Fach

Für alle anderen Studienfächer, die hier nicht aufgeführt sind, wendet man sich nicht an die ZVS, sondern an die Hochschulen direkt. Die derzeitige Zulassungssituation für Studienplätze, die von den Hochschulen vergeben werden, kann nur bei den Hochschulen erfragt werden. Was an der einen Hochschule ein Orts-NC-Fach ist, ist an der anderen Hochschule zulassungsfrei. Ein Fach, das in diesem Semester an der gleichen Hochschule einen Orts-NC hat, kann im nächsten Semester zulassungsfrei sein und umgekehrt.

Die Fächer, für die eine besondere Eignungs- oder Aufnahmeprüfung erforderlich ist, wurden bereits im letzten Kapitel genannt (siehe S. 143f.).

Im Zusammenhang mit der Bewerbung um einen Studienplatz taucht bei den künftigen Studenten immer wieder die Frage auf, ob sie ihren Wehr- oder Zivildienst vor oder nach dem Studium ableisten sollen. Uns scheint eine vorherige Ableistung sinnvoller, weil die meisten nach dem Studium in den Beruf hinein und Geld verdienen möchten. Stellen Sie sich außerdem vor, Sie leisten beim Bund mit dann fünf oder sieben Jahre Jüngeren den Grundwehrdienst ab und müssen vor Vorgesetzten strammstehen, die manches Jahr jünger sind als Sie.

Wer aber erst nach dem Studium den Dienst ableisten will, vielleicht in der Hoffnung, dass bis dahin der ewige Frieden begonnen hat oder der Dienst abgeschafft wird, sollte rechtzeitig beim zuständigen Kreiswehrersatzamt eine Zurückstellung beantragen.

Hinweise für ausländische Studienbewerber:

Die folgenden Ausführungen sind nur für Studienbewerber ohne deutsche Staatsangehörigkeit von Interesse, die ein Studium in Deutschland aufnehmen möchten.

Grundsätzlich haben Ausländer, Staatenlose und anerkannte Asylberechtigte, soweit sie, wie es im Amtsdeutsch heißt, eine Hochschulzugangsberechtigung haben, das gleiche Recht auf ein Hochschulstudium wie Deutsche.

Doch hochschulrechtlich werden vier Gruppen von Ausländern unterschieden:

1. Ausländer, die ihr Abitur in Deutschland gemacht haben. Sie nennt man Bildungsinländer.
2. Ausländer, die ihr Abitur in einem anderen Land erworben haben und deren Abitur dem deutschen Abitur gleichgestellt ist.
3. Ausländer, die ihr Abitur in einem anderen Land erworben haben und deren Abitur mit dem deutschen Abitur nicht vergleichbar ist.
4. Angehörige von EU-Staaten.

Die unter Punkt 1 genannten Bildungsinländer sind den Deutschen gleichgestellt und unterliegen dem gleichen Zulassungssystem. Je nach Studienfach bewerben sie sich bei der ZVS oder bei der Hochschule. Die Studienplätze werden im Rahmen von Sonderquoten vergeben.

Die Ausländer der Gruppe zwei können, wenn sie über ausreichende Deutschkenntnisse verfügen, ihr Fachstudium sofort aufnehmen. Sie bewerben sich generell bei der Hochschule, unabhängig vom gewünschten Studienfach.

Die Ausländer der Gruppe drei können nur dann direkt mit ihrem Studium beginnen, wenn sie das gleiche Fach in einem anderen Land wenigstens zwei Jahre mit Erfolg studiert haben. Andernfalls müssen sie zuerst die so genannte Feststellungsprüfung ablegen, eine Art Abiturprüfung. Zur Vorbereitung auf diese Prüfung besuchen sie ein Jahr ein spezielles Studienkolleg.

Die Angehörigen von EU-Staaten sind, wie die Bildungsinländer, den Deutschen gleichgestellt. Je nach Studienfach bewerben sie sich bei der ZVS oder bei der Hochschule.

Eine Ausnahme gilt aber für alle Ausländer, egal zu welcher Gruppe von Ausländern sie gehören. Sie müssen im Gegensatz zu den deutschen Studierenden nachweisen, dass die Finanzierung für die Dauer des Studiums einschließlich Krankenversicherung sichergestellt ist. Andernfalls erhalten sie keinen Studienplatz. Bewerber aus Ländern, die nicht zur Europäischen Union gehören, müssen darüber hinaus eine Aufenthaltserlaubnis vorweisen. Wer mit einem Touristenvisum einreist, riskiert, zur deutschen Auslandsvertretung im Heimatland zurückgeschickt zu werden.

Der Blick nach vorn: Berufliche Möglichkeiten nach dem Hochschulstudium

In einem Buch über die Studienwahl darf natürlich die Frage nicht fehlen, welche beruflichen Möglichkeiten ein Hochschulstudium eröffnet und welche Perspektiven die jeweiligen Fächer voraussichtlich bieten. Im dritten Kapitel (siehe ab S. 83ff.) wurde bereits erläutert, welche Berufe die einzelnen Fächergruppen ermöglichen und wo man ihre Absolventen bevorzugt findet. Mögliche berufliche Tätigkeiten sind jedoch bei jedem akademischen Beruf vielfältig. Zwei Beispiele: Einen Ingenieur erwartet man am ehesten in der Entwicklungsabteilung eines Industrieunternehmens. Aber er oder sie kann genauso gut als Dozent an der Hochschule, als Berater eines Industrieverbandes, als Lektor in einem Verlag für technische Fachbücher, als Mitarbeiter in der Entwicklungshilfe, als Journalist für eine Fachzeitschrift oder als Mitarbeiter eines Abgeordneten arbeiten.

Kunsthistoriker arbeiten zwar bevorzugt in Museen und in Ämtern für Denkmalpflege. Doch auch hier muss man genauer hinschauen. Menschen, die ein solches Studium absolviert haben, können auch als Studien- und Berufsberater, als Dozent an einer Volkshochschule, als Kunsthändler, als Anbieter von Ausstellungskonzepten, als Inhaber einer Galerie oder einer Buchhandlung oder als Mitarbeiter bei einem Kunstverlag tätig sein.

Neben den so genannten traditionellen Berufsfeldern ergeben sich für die jeweiligen Studienfächer auch eine ganze Reihe anderer beruflicher Möglichkeiten.

Abiturienten und ihre Eltern stellen im Zusammenhang mit einem Hochschulstudium oft folgende Fragen:

- Welche Prognosen gibt es im Hinblick auf den künftigen Arbeitsmarkt?
- Finde ich nach einem Hochschulstudium überhaupt eine Arbeit?
- Finde ich eine der Ausbildung entsprechende Tätigkeit?
- Wie ist es um die Verdienstmöglichkeiten bestellt?
- Welche Studienfächer bieten welche beruflichen Perspektiven?
- Lohnt sich ein Studium überhaupt?

Welche Prognosen gibt es im Hinblick auf den künftigen Arbeitsmarkt?

Nach unserer Meinung gibt es keine wirklich verlässliche Aussage darüber, welches Studium welche beruflichen Chancen und Verdienstmöglichkeiten bietet. Es gibt verschiedene Prognosen, aber keine zuverlässigen Aussagen. Das liegt daran, dass diejenigen, die Prognosen erstellen, heute leben und nicht in die Zukunft sehen können. Außerdem gibt es nicht eine Prognose, sondern mehrere Prognosen, die zum Teil voneinander abweichen. Würden sich alle an eine Prognose halten, würde diese sich selbst aufheben und genau das Gegenteil bewirken. Ein Beispiel wird dies sofort verdeutlichen: Alle Schülerinnen und Schüler der Jahrgangsstufe 12 würden dieses Buch lesen, und wir wagten die Prognose, dass auch in den nächsten Jahren wirtschaftswissenschaftliche Studienfächer total gefragt sind und ein Studium der so genannten geisteswissenschaftlichen Fächer den Weg in die Arbeitslosigkeit bedeutet. Daraufhin würden alle Abiturienten VWL und BWL studieren, und niemand würde mehr ein Studium der Anglistik, Germanistik oder Geschichte beginnen. Zuerst einmal würde der gesamte Hochschulbetrieb zusammenbrechen, da er auf solch radikale Änderungen nicht vorbereitet ist. Acht Jahre später würden etwa 70 Prozent aller fertigen Wirtschaftswissenschaftler keine ihrem Studium entsprechende Tätigkeit finden, während Geisteswissenschaftler/innen händeringend gesucht würden. Hinzu käme ein weiterer Effekt.

Nach dem Prinzip von Angebot und Nachfrage würden die Gehälter für die Hochschulabsolventen der Wirtschaftsfächer drastisch fallen und die für Geisteswissenschaftler/innen steigen.

Anhand dieses simplen Beispiels sieht man den Mechanismus von Prognosen. Sie dienen der Politik und der Gesellschaft als Hilfe für Entscheidungen. Wenn zum Beispiel mehr Arbeitsplätze für Wirtschaftswissenschaftler/innen erwartet werden, muss man in den nächsten ein bis zwei Jahren mehr entsprechende Studienplätze schaffen. Prognosen sind also keine Hilfe für die persönliche Entscheidung.

Ein früherer Bildungsminister hat vor vielen Jahren einmal über Prognosen sinngemäß gesagt, dass sie eigentlich nur zeigen könnten, was geschieht, wenn sich nichts ändern würde. Dieser Ablauf sei jedoch die am wenigsten wahrscheinliche Möglichkeit, weil auch der Berufs- und Arbeitsmarkt sich in einem raschen Wandel befindet.

Deshalb ist die Prognose nur eine Orientierung und zeigt bestimmte Trends auf, nicht mehr, aber auch nicht weniger. Die Prognosen für den künftigen Arbeitsmarkt sind günstiger als die derzeitige Arbeitsmarktlage. Hierüber mehr im folgenden Unterkapitel.

Finde ich nach einem Hochschulstudium überhaupt eine Arbeit?

Diese Frage ist einfach zu beantworten. Jedes Hochschulstudium vermittelt Kenntnisse und Qualifikationen, die für den Arbeitsmarkt benötigt werden. Selbst in einem Fach wie Philosophie, weder in der Vergangenheit noch in der Zukunft ein »Renner" auf dem Arbeitsmarkt, lernt man Dinge, die sich beruflich nutzen lassen: Neben dem hohen Allgemeinwissen und Spezialwissen über philosophische Systeme und einzelne Philosophen erwirbt man die Fähigkeit zu logischem und abstraktem Denken, sich aus Büchern Informationen zu beschaffen, einen Text zu strukturieren und zu erstellen, Wissen über philosophische Fragen zu vermitteln und vieles mehr.

Ein Studium eröffnet verschiedene berufliche Möglichkeiten und ist, egal welches Fach Sie studieren, nur der erste Schritt ins Berufsleben.

Bislang hat jeder, der ein Hochschulstudium abgeschlossen hat, irgendwann eine Arbeit gefunden. Die Frage ist nur, ob es eine Tätigkeit ist, wo alles, was im Studium vermittelt wurde, für den Beruf benötigt wird, ob ich nur einen Teil dessen, was im Studium vermittelt wurde, für die berufliche Tätigkeit verwenden kann oder ob ich eine berufliche Tätigkeit ausübe, die nichts mit dem Studium zu tun hat. Die erste und die dritte Möglichkeit ist die Ausnahme. Die meisten Akademiker sind in Berufen tätig, in denen sie einen Teil des im Studium erworbenen Wissens einsetzen können.

Finde ich eine der Ausbildung entsprechende Tätigkeit?

Diese Frage ist hingegen schwer zu beantworten, weil sie von verschiedenen und zeitlich voneinander unterschiedlichen Einflussgrößen abhängig ist, die kaum zu beeinflussen sind – der Zahl der Studienanfänger und Studierenden im jeweiligen Fach, der Anzahl der künftigen Arbeitsplätze, dem Durchschnittsalter derjenigen, die in dem jeweiligen Beruf tätig sind (Frage des Ersatzbedarfs), den neu zu schaffenden Arbeitsplätzen in diesem Bereich (Neubedarf), der allgemeinen wirtschaftlichen Lage, der technologischen Entwicklung und einigem mehr.

Schon aus dieser Aufzählung wird deutlich, dass es bei diesen vielen Faktoren keine Garantie geben kann, dass alle nach Abschluss ihres Hochschulstudiums eine der Ausbildung entsprechende gut bezahlte Tätigkeit finden. Wenn Sie sich aber für ein Studium entscheiden, das Ihren persönlichen Neigungen und Interessen entspricht, wenn Sie dieses Studium in vernünftiger Zeit schaffen, sich zusätzliche Qualifikationen aneignen und auch offen sind für die Anforderungen des künftigen Arbeitsmarktes, werden Sie mit sehr hoher Wahrscheinlichkeit Ihren Wunschberuf finden.

Wie ist es um die Verdienstmöglichkeiten bestellt?

Hochschulabsolventen verdienen im Schnitt etwa 25 bis 40 Prozent mehr als Nichtakademiker. Es gibt aber eine große Spannbreite innerhalb der jeweiligen Berufe. Berufseinsteiger mit Hochschulabschluss bekommen am Anfang je nach vorheriger Ausbildung etwa 21.000 bis 39.000 € im Jahr. Wie viel Geld man nach einigen Jahren verdient, hängt dann nicht mehr davon ab, welches Fach studiert wurde, sondern wie gut man die berufliche Praxis bewältigt, welche Leistungen im Berufsleben erbracht werden und inwieweit die Bereitschaft vorhanden ist, das vorhandene Wissen zu aktualisieren und zu erweitern.

Eine Information geht bei den Diskussionen um die Verdienstmöglichkeiten für Hochschulabsolventen häufig unter, und zwar die nach dem Lebensverdienst. Wer studiert hat, beginnt erst fünf bis zehn Jahre später als andere mit dem Geldverdienen. Beim Vergleich eines durchschnittlichen Akademikergehalts mit dem eines Nichtakademikergehalts überholen Hochschulabsolventen erst mit Anfang fünfzig ihre Kollegen, die nicht studiert haben. Das Wichtigste am Beruf sollte aber nicht das Geld, sondern die Freude an der Arbeit sein. Niemand kann ein Berufsleben, das etwa 35 und mehr Jahre dauert, ohne körperliche oder psychische Probleme ertragen, wenn er oder sie einer Arbeit nachgeht, die ihm/ihr keinen Spaß macht und die bei noch so guter Bezahlung keine persönliche Zufriedenheit bringt.

Welche Studienfächer bieten welche beruflichen Perspektiven?

Bei aller Vorsicht gegenüber Prognosen lassen sich bestimmte Trends und Entwicklungen erkennen. Auf dieser Basis werden im letzten Teil dieses Kapitels diejenigen Berufe, die von rund 90 Prozent aller Hochschulabsolventen ergriffen werden, im Hinblick auf ihre voraussichtlichen Perspektiven vorgestellt.

Danach werden auch in den nächsten Jahren die technischen (einschließlich Informatik) sowie naturwissenschaftlichen und medizinischen Fächer die besten Chancen bieten, gefolgt von den wirtschaftswissenschaftlichen Fächern. Im Mittelfeld werden voraussichtlich die Sozialwissenschaften rangieren, im hinteren Bereich die geisteswissenschaftlichen Studiengänge. Doch Vorsicht: Es gibt einzelne technische Fächer, die wenig gefragt sind, während bestimmte Geisteswissenschaften, etwa in der »richtigen" Lehramtskombination sehr gefragt sein werden. Doch mehr hierzu im hinteren Teil des Kapitels.

Lohnt sich ein Studium überhaupt?

Wer das Wort »lohnt" ausschließlich auf Geld und Einkommen reduziert, für den lohnt sich ein Studium unter diesem Gesichtspunkt kaum oder nicht in dem Maße, wie Außenstehende vermuten würden, weil der Berufseinstieg bei Akademikern erst viel später erfolgt als bei anderen Ausbildungen.

Wer aber »lohnt" weiter fasst und damit auch ideelle und persönliche Aspekte meint, für den ist ein Studium nach wie vor eine sehr lohnende Zukunftsinvestition. Es bietet die Möglichkeit, selbstbestimmt und weitgehend frei von äußeren Zwängen die Ausbildung mit zu gestalten, sich vielfältiges Wissen anzueignen und die eigene Persönlichkeit zu bilden.

Der aktuelle Arbeitsmarkt für Akademiker

Gegenwärtig sind die Einstiegschancen für Hochschulabsolventen, nachdem sie Anfang und dann wieder Ende der 1990er-Jahre gut bis sehr gut waren, erst einmal unabhängig davon, welches Fach Sie studiert haben, durchweg wenig günstig. Selbst Ingenieure, Informatiker, Betriebswirte oder Naturwissenschaftler, die bis vor einigen Jahren durchaus gute Startbedingungen hatten, sind von dieser Entwicklung betroffen. Dass jede/r irgendwann mal eine Stelle einnimmt, die etwas mit dem Studium zu tun hat, ist bereits erläutert worden. Ob es aber ein Jahr oder drei Jahre dauert, bevor die Examinierten ihre erste Stelle gefunden haben, oder ob dies direkt nach dem Studium klappt, dies sagt etwas aus über die Berufseinstiegschancen. Ein weiterer Indikator sind die Zahl der angebotenen Stellen und die Zahl der Stellensuchenden. Und schließlich, wie viel Prozent der Akademiker unterhalb ihrer Qualifikation tätig ist. Vergleicht man nun die Arbeitsmarktchancen zwischen 1998 und 2000 mit denen von 2002 bis 2004, fällt auf, dass die Zeit zwischen Studienabschluss und erstem Job sich zunehmend verlängert. Waren es vor fünf Jahren noch zwischen einem halben und einem Jahr, so steigen die Zahlen derzeit auf zwischen einem und bis zu drei Jahren. Der Zahl der Bewerber steht ein mittlerweile über 50-prozentiges Mehrangebot gegenüber. Und schließlich müssen mehr Absolventen unterhalb und nicht auf der Basis ihres Studiums in den Beruf einsteigen.

Für diese insgesamt nicht erfreuliche Entwicklung gibt es mehrere Gründe: die verschlechterte wirtschaftliche Lage und die zu hohen Produktionskosten in Deutschland, die Schaffung von zu wenig neuen Arbeitsplätzen, die Verlagerung von Arbeitsplätzen ins Ausland, die technologische Entwicklung und der so genannte demographische Faktor. Der demographische Faktor bedeutet, dass immer mehr alte Menschen jungen Leuten gegenüberstehen, die deren Renten, Pensionen und soziale Sicherungssysteme finanzieren müssen. Die steigende Steuer- und Abgabenlast wirkt konjunkturbremsend.

Vom Ersatzbedarf (ältere Menschen scheiden aus dem Arbeitsleben aus und werden durch jüngere ersetzt) gehen derzeit auch wenige Impulse aus. Frei gewordene Stellen werden häufiger gestrichen als neu besetzt.

Die zweite Möglichkeit, einen Einsteigerjob zu bekommen, ist, dass neue Arbeitsplätze geschaffen werden. Dies hängt von den wirtschaftlichen Rahmenbedingungen (boomt die Wirtschaft oder befindet sie sich in einer Rezession) und vom Klima gegenüber Neugründungen von Unternehmen ab. Dieses Klima ist in Deutschland nach wie vor nicht günstig. Zu wenig Menschen wagen den Weg in die Selbstständigkeit und werden Unternehmer.

Auch die Zahl der Arbeitsplätze, die ins Ausland verlagert werden, um Kosten einzusparen oder um die Rendite zu erhöhen, steigt. Erst wenn die derzeitigen Reformen greifen sollten, kann man eine Erhöhung der Gesamtzahl der Arbeitsplätze in Deutschland erwarten.

Wichtige Impulse gehen aus vom technologischen Fortschritt. Und der ist rasant und verändert den Arbeitsmarkt in einem atemberaubenden Tempo. Arbeitsplätze werden von Computer & Co verändert oder wegrationalisiert. Die Anforderungen an die Anwendung dieses technischen Wissens steigt. Wer über dieses Wissen verfügt, ist gefragt, wer nicht, eben nicht. Anders ausgedrückt: Je höher die fachliche Qualifikation ist, umso höher ist auch der Anteil an Informations- und Kommunikationstechnologie, um die Arbeit bewältigen zu können. Das Gleiche gilt auch umgekehrt.

Da Sie, die Sie dieses Buch lesen, nicht jetzt, sondern erst in einigen Jahren auf den Arbeitsmarkt streben, möchten wir den Blick auf den künftigen Arbeitsmarkt lenken und, soweit Tendenzen erkennbar sind, ihn in seinen Grundlinien näher betrachten.

Die künftigen Perspektiven für Hochschulabsolventen

Blicken wir deshalb auf das Ende des ersten Jahrzehnts und auf das zweite Jahrzehnt des 21. Jahrhunderts, also auf den Zeitraum 2005 bis 2015, in dem die Leser dieses Buches auf den Arbeitsmarkt kommen.

Die Arbeitsmarktchancen zwischen 2005 und 2015 hängen von mehreren Faktoren ab, von denen einige schwer prognostizierbar sind wie nationale Konjunkturentwicklung, weltwirtschaftliche Rahmenbedingungen und der technologische Wandel. Besser schon prognostizierbar sind der Bedarf an Hochschulabsolventen und die Veränderungen innerhalb des Arbeitsmarktes.

In einer neuen umfangreichen wissenschaftlichen Studie der Bund-Länder-Kommission für Bildungsplanung und Forschungsförderung (BLK) von 2002 (*Zukunft von Bildung und Arbeit. Perspektiven von Arbeitskräftebedarf und -angebot bis 2015*) wurden für die Zeitraum bis 2015 folgende Kernaussagen getroffen:

Der Bedarf an Hochschulabsolventen wird weiter steigen. Bereits nach 2010 wird der steigende Bedarf an Hochschulabsolventen zu einer Knappheitssituation führen, vor allem in den zukunftsträchtigen Bereichen. Zu einer ähnlichen Einschätzung kommt das Institut der deutschen Wirtschaft Köln (Steigender Bildungsgrad, in: *Informationsdienst des Instituts der deutschen Wirtschaft Köln*, Nr. 29, vom 15. Juli 2004).

Welche Bedeutung ein Hochschulabschluss auf dem Arbeitsmarkt hat, lässt sich an folgenden Zahlen ermessen. Zwischen 1980 und 2002 ist die Zahl der Arbeitnehmer in Deutschland nur um drei Prozent gestiegen. Während gegenüber 1980 38 Prozent weniger Personen ohne abgeschlossene Berufsausbildung tätig waren, wuchs die Zahl der Personen mit abgeschlossener Berufsausbildung. Die Zahl der Personen mit Hochschulabschluss war um 150 Prozent, das heißt innerhalb von nur 22 Jahren um das 1,5fache angestiegen.

Akademiker sind also trotz Auf und Ab die Gewinner auf dem Arbeitsmarkt der vergangenen 20 Jahre. Ihr Anteil hat sich in Westdeutschland mehr als verdoppelt. 2002 hatten über zwei Millionen Beschäftigte einen Hochschulabschluss. Das ist bei 22.908.000 Beschäftigten fast jeder Zehnte – mit steigender Tendenz. Fazit: Immer häufiger bedarf es eines Studiums, um ein (qualifiziertes) Tätigkeitsprofil auszufüllen.

Akademiker verdanken ihre zunehmende Präsenz in der Arbeitswelt in etwa gleichermaßen den höheren Anforderungen innerhalb der Berufe und dem Trend in Richtung Dienstleistungen und technischer Sachverstand.

Bis 2015 wird sich der Anteil von Hochschulabsolventen gemessen am Gesamtangebot an Arbeitskräften von derzeit 15,7 Prozent auf etwa 18 Prozent erhöhen. Das ist, verglichen mit dem Basisjahr 1998, bis 2015 ein Anstieg von rund 164 Prozent.

Bis 2015 wird die Zahl der Erwerbspersonen mit Hochschulabschluss um weitere 500.000 steigen. Zwischen 1998 und 2015 steigt der Anteil der Erwerbstätigen mit Universitätsabschluss um rund 19 Prozent und mit einer jährlichen Steigerung zwischen 0,8 Prozent und 1,3 Prozent.

Für die geschilderte Entwicklung ist vor allem die zunehmende Technisierung und Computerisierung verantwortlich. Die Arbeitsabläufe werden immer komplizierter und stellen immer höhere fachliche Anforderungen an die Bediensteten. Insgesamt wird es zu einem Verdrängungsprinzip kommen. Arbeitsplätze, die eine fundierte Berufsausbildung voraussetzen, verdrängen zunehmend solche, für die man keine höhere Qualifikation benötigt. Gleichzeitig verdrängen die Absolventen von den Hochschulen die Fachkräfte, es findet also eine Verdrängung von oben nach unten statt. Diese Entwicklung ist bereits seit Jahren im Gange und hat zur Folge, dass immer mehr Arbeitsplätze, die früher von Nichtakademikern besetzt wurden, von akademisch Ausgebildeten eingenommen werden. Dieser Trend ist übrigens in allen Industriestaaten zu beobachten.

Es bleiben aber noch zwei Fragen offen, die nach dem europäischen und internationalen Arbeitsmarkt und die nach den Qualifikationen für den künftigen Arbeitsmarkt.

Seit Jahren geht die Angst vor dem europäischen Arbeitsmarkt um. Es wird befürchtet, dass jüngere Absolventen aus Frankreich oder England (dort sind die Hochschulabsolventen durchschnittlich etwa zwei Jahre jünger als ihre deutschen Kommilitonen) in großer Zahl auf den deutschen Arbeitsmarkt drängen.

Die anderen Länder haben aber die gleichen Ängste. Franzosen fürchten sich vor den deutschen Absolventen mit deren viel besseren Fremdsprachenkenntnissen, die Engländer vor den gut ausgebildeten deutschen Ingenieuren.

Seit dem Wegfall der Binnengrenzen 1991 beschließen erfahrungsgemäß innerhalb aller Länder der EU im Jahr weniger als 25.000 Personen mit Hochschulausbildung, in einem anderen EU-Land zu arbeiten. Das ist angesichts von rund 300 Millionen Arbeitsplätzen in Europa eine verschwindend geringe Zahl. Woran liegt das? Zuerst einmal bilden die Sprachgrenzen noch für Jahrzehnte natürliche Barrieren. Deutschland gehört zu den Ländern, in denen das Erlernen von Fremdsprachen gepflegt und gefördert wird. Aber selbst fünf oder zehn Jahre schulischer Fremdsprachenunterricht reicht oft nicht aus, um in einem anderen Land eine qualifizierte Berufstätigkeit aufzunehmen.

Hinzu kommt, dass nicht jede Ausbildung die Möglichkeit bietet, in einem anderen europäischen Land zu arbeiten, auch wenn die Gleichwertigkeit der Ausbildung grundsätzlich geregelt ist. Zwei Beispiele: Mit dem deutschen Lehramtsabschluss ist keine Berechtigung verbunden, in einem anderen Land als Lehrer/in an einer staatlichen Schule zu arbeiten. Jeder EU-Staat hat ein eigenes Lehrerausbildungssystem und verlangt von Ausländern entweder eine Zusatzprüfung oder bereits mehrjährige Berufserfahrung als Lehrer.

Das Jurastudium in Europa ist überwiegend auf nationales Recht beschränkt. Das deutsche (und römische) Recht, das englische *Common Law* oder der *Code Napoléon* in Frankreich sind aber derart unterschiedliche Rechtssysteme, dass es praktisch nicht einmal möglich ist, in einem anderen Rechtssystem als Anwalt zu arbeiten. Der staatliche Justizdienst ist ohnehin noch auf die eigenen Staatsbürger beschränkt.

Dennoch wird der Arbeitsmarkt insgesamt europäischer und internationaler. Aber hiervon gehen nicht nur Risiken, sondern auch Möglichkeiten aus. Wer eine gute Ausbildung hat, braucht sich vor der Konkurrenz nicht zu fürchten und hat auch Chancen in anderen Ländern.

Welche Mindestqualifikationen brauche ich für den künftigen Arbeitsmarkt? Einen Job auf dem Arbeitsmarkt in fünf oder zehn Jahren zu finden verlangt verschiedene fachliche und persönliche Qualifikationen. Ich brauche eine gute Ausbildung, die nicht zu lange dauert, mit einem guten Abschluss, einer Verbindung von Theorie und Praxis, internationale Erfahrungen, eine gute Allgemeinbildung, Beherrschung der Muttersprache, fundierte Kenntnisse in Englisch sowie Kompetenzen in einer weiteren Fremdsprache und schließlich anwendungsbezogene Kenntnisse in den Informations- und Kommunikationstechniken. Hinzu kommen die persönlichen Qualifikationen, die auch *soft skills* genannt werden, wie Fleiß, Ausdauer, Zielstrebigkeit bis hin zur Bereitschaft zum lebenslangen Lernen, womit die Halbwertszeit des Wissens gemeint ist: Früher lag sie bei 100 Prozent. Das, was man einmal erlernt hatte, reichte normalerweise für das Berufsleben aus. Heute beträgt die Halbwertszeit des Wissens nur fünf Jahre. Nach Abschluss einer Berufsausbildung oder eines Studiums ist nach fünf Jahren das Fachwissen bereits so veraltet, dass es nicht mehr für die Bewältigung des Berufs ausreicht. Deshalb ist es notwendig, bereits vom ersten Tag des Berufslebens an das Wissen zu aktualisieren und neue Entwicklungen aufzugreifen.

Der künftige berufliche Mindeststandard ist eine fundierte Ausbildung, eine Reihe von zusätzlichen Kenntnissen und Qualifikationen und die Bereitschaft zur dauernden Weiterbildung.

Was sich ebenfalls langfristig verändern wird, ist die Art zu arbeiten. Der Arbeitsplatz im Büro mit Kollegen, Mitarbeitern, PC, Telefon und Fax wird zunehmend verschwinden. Der Telearbeitsplatz von zu Hause aus wird das Büro nicht ganz überflüssig machen, aber ergänzen. Videokonferenzen werden manche Dienstreise überflüssig machen. Die verbundenen Systeme (PC, Telefon, Internet und Video) erlauben Arbeiten auch aus der Entfernung. Jede Information kann bereits heute per Mausklick in Sekunden ans andere Ende der Welt geschickt werden. Dies ist keine Zukunftsmusik, sondern wird bereits in den nächsten zehn Jahren den Berufsalltag bestimmen.

Nicht alles ist gefragt: Perspektiven nach Wirtschaftssektoren und Berufen

Die insgesamt günstige Entwicklung ab 2010 wird sich in den Wirtschaftssektoren unterschiedlich auswirken.

Der primäre Sektor, das heißt Landwirtschaft, Forstwirtschaft, Fischerei, Bergbau usw., wird weniger Arbeitsplätze benötigen, weil Nahrungsmittel in anderen Ländern preisgünstiger hergestellt und Rohstoffe anderswo günstiger eingekauft werden können.

Im sekundären Sektor, also Industrie und Gewerbe, sind die Arbeitsmarktchancen unterschiedlich. Arbeitsplätze mit geringer Technologie nehmen ab und werden auch in den nächsten zehn Jahren ins Ausland verlagert, wo die Kosten für die Produktion von Waren geringer sind. Gleichzeitig werden neue hochwertige Arbeitsplätze geschaffen, etwa bei den Informations- und Kommunikationstechnologien, in der Gen- und Biotechnologie, in der Verfahrenstechnik, in den Nanotechnologien, im Bereich der künstlichen Intelligenz und bei den Werkstoffwissenschaften.

Für den tertiären Sektor, das heißt bei den Dienstleistungen, wird eine Steigerung an neuen Arbeitsplätzen erwartet, vor allem im Bereich der selbstständigen und freien Berufe.

Auch zwischen Staatsdienst, Privatwirtschaft und selbstständigen oder freiberuflichen Tätigkeiten wird es Verschiebungen geben. Im Staatsdienst werden die Arbeitsplätze insgesamt zurückgehen, weil die öffentlichen Kassen leer sind und die Belastungen mit Steuern und Abgaben nicht weiter nach oben gesteigert werden können. Die privaten Unternehmen weisen die genannte Doppelentwicklung auf. Arbeitsplätze mit geringen fachlichen Anforderungen sind rückläufig, Arbeitsplätze mit hohem Technologieaufwand und hohen fachlichen Anforderungen werden zunehmen.

Gute Chancen bieten selbständige und freiberufliche Existenzen, weil immer mehr Betriebe Dienstleistungen, die sie bislang mit eigenem Personal gemacht haben, aus Kostengründen von außen einkaufen und weil sich momentan der Übergang von der Industriegesellschaft zur Dienstleistungs- und Informationsgesellschaft vollzieht.

Auch der Arbeitskräftebedarf bei den Berufen, für die ein Hochschulstudium üblich oder Voraussetzung ist, wird sich recht unterschiedlich entwickeln. Einige Berufe werden erheblich mehr Arbeitskräfte benötigen, andere etwa so viel wie derzeit, wiederum andere etwas weniger als bislang. Mit dieser allgemeinen Aussage dürfte Ihnen jedoch nicht gedient sein, Sie wollen es schon etwas genauer wissen.

Bis 2015 werden folgende Bereiche abnehmen: Landwirtschaft, Bergbau, Mineralabbau. Stagnieren oder leicht steigen werden: technische Dienste, leitende Verwaltungsdienste, kaufmännische Dienste. Im Anteil steigend sind: Unternehmensdienste, Ärzte, Apotheker, sonstige Gesundheitsdienste, Erziehung und Ausbildung. Die größte Steigerung wird bei den Bereichen Erziehung und Ausbildung, Unternehmensdienste (Werbeberufe, Organisations- und Wirtschaftsprüfungsberufe), bei EDV-Fachleuten, Publizisten, Bibliotheksbeschäftigten, bei den technischen Diensten (Ingenieure, Chemiker, Physiker, Mathematiker, Techniker, Biologen), bei Ärzten und Apothekern und bei leitenden Verwaltungsdiensten (Abteilungsleiter, Geschäftsführer) zu verzeichnen sein.

Nachfolgend haben wir eine Übersicht zusammengestellt, wie sich voraussichtlich der Arbeitskräftebedarf bei den einzelnen Berufen verändern wird. Doch bevor Sie sich die voraussichtliche Entwicklung genauer anschauen, einige kleine Vorbemerkungen: Auch wir verfügen nicht über hellseherische Begabungen und wissen nicht, wie viele Personen wann für welchen Beruf tatsächlich benötigt werden. Die rasanten Veränderungen auf dem Arbeitsmarkt und die technischen Entwicklungen entziehen sich einer exakten Prognose. Bekannt ist aber in etwa, wie viele Studierende derzeit in den jeweiligen Studienfächern eingeschrieben sind, wie sich in den vergangenen Jahren der Arbeitskräftebedarf in etwa entwickelt hat, welche Altersstrukturen die Berufe aufweisen und welchen Bedarf die Arbeitgeber für die nächsten Jahre haben werden.

Die Übersicht kann aber nicht mehr sein als eine Orientierung für Ihre Studien- und Berufswahl. Machen Sie auf keinen Fall den Fehler, sich den Beruf herauszusuchen, der vermeintlich gute Perspektiven verspricht, der aber ein Studium voraussetzt, für das Sie nicht das notwendige Interesse und die entsprechende Begabung mitbringen.

Studium und Berufsperspektiven
(Voraussichtlicher Arbeitskräftebedarf für Berufe mit Hochschulabschluss bis 2015)

Agrarberufe ↘
Apotheker/in und Pharmakologe/in ↗
Arbeits- und Berufsberater/in ↗
Architekt/in ↘
Archivar/in und Dokumentar/in →
Arzt/Ärztin ↗

Beamter/Beamtin im höheren Dienst ↘
Betriebswirt/in →
Bibliothekar/in ↗
Biowissenschaftler/in ↗

Chemiker/in ↗

Designer/in↗
Diplomat/in→
Dolmetscher/in/Übersetzer/in→

Entwicklungshelfer/in→
Erwachsenenbildner/in→
Europabeamter/-beamtin→

Forstwirt/in↘

Geodät/in→
Geowissenschaftler/in↗

Haushalts- und Ernährungswissenschaftler/in ↗
Hochschullehrer/in→

Informatiker/in↗
Ingenieur/in↗
Innenarchitekt/in↘

Journalist/in und Publizist/in↗
Justiziar/in→

Lehrer/in an allg. bildenden Schulen↗
Lektor/in im Verlagswesen→
Lektor/in als Sprachlehrer→

Manager/in→
Mathematiker/in↗

Notar/in→

Patentanwalt/-anwältin↑
Physiker/in↗
Psychologe/in→

Rechtsanwalt/-anwältin↘
Richter/in→

Sozialarbeiter/in↗
Sozialpädagoge/in→
Sportlehrer/in (Diplom)↗
Staatsanwalt/-anwältin→
Stadt- und Regionalplaner/in→
Statistiker/in→
Steuerberater/in↗

Theologe/in→

Umweltberufe↗
Unternehmensberater/in ↗

Volkswirt/in→

Werbung↗
Wirtschaftsinformatiker/in↗
Wirtschaftsingenieur/in↗
Wirtschaftsprüfer/in↑

Tierarzt/-ärztin→
Zahnarzt/-ärztin→

↑ = erheblich mehr Bedarf
↗ = mehr Bedarf
→ = in etwa gleich viel Bedarf
↘ = geringerer Bedarf
↓ = erheblich geringerer Bedarf

Die *Agrarberufe* gehören nicht zu den Rennern auf dem künftigen Arbeitsmarkt, weil Agrarprodukte, von einigen Ausnahmen abgesehen, in anderen Ländern preisgünstiger hergestellt werden und weil die Landwirtschaft ein abnehmender Wirtschaftsbereich ist. Wer sich dennoch für ein solches Studium entscheidet, sollte sich auf die Bereiche spezialisieren, die eher gefragt sind, wie zum Beispiel ökologische Landwirtschaft oder technische Spezialfächer (siehe hierzu auch S. 160).

Bei *Apothekern* und *Pharmakologen* – das sind ausgebildete Pharmazeuten, die in der industriellen Forschung tätig sind – dürfte es keine wesentlichen Veränderungen, aber ein leichtes Plus, geben. Einerseits profitieren sie vom Fortschritt in der pharmazeutischen Entwicklung und auch davon, dass das durchschnittliche Lebensalter der Menschen weiter ansteigt. Durch den Numerus clausus bleibt die Zahl der Absolventen recht konstant. In dem Maße aber, wie die Kosten im Gesundheitswesen steigen, sinken die Gewinne der Apotheker. Außerdem sind viele Menschen gegenüber Arzneimitteln kritisch eingestellt und vertrauen verstärkt auf Naturpräparate. Die Zahl der Arbeitsplätze wird in etwa konstant bleiben, aber ein Generationswechsel steht in den nächsten zehn Jahren an.

Arbeits- und Berufsberater, bislang hauptsächlich bei den Arbeitsämtern und an den Hochschulen anzutreffen, wird es in Zukunft vermehrt auch als Selbstständige geben. Sie werden ihr Auskommen finden, weil der Arbeitsmarkt immer komplizierter wird und die Hilfe von kompetenten Fachleuten benötigt wird. Außerdem ist diese Berufsgruppe noch klein.

Bei *Architekten* wird sich unterm Strich nicht viel ändern, aber es werden eher weniger als mehr Arbeitsplätze vorhanden sein. Beim Hoch- und Tiefbau, das heißt bei der Planung von Straßen, Fabriken, Häusern, Brücken usw., dürfte der Bedarf eher zurückgehen. Was aber gefragt sein wird, ist Modernisierung der in den letzten Jahrzehnten entstandenen Häuser und Gebäude und umweltgerechtes Bauen. Der Beruf ist allerdings sehr stark abhängig von der jeweiligen Konjunkturlage in der Bauwirtschaft. Die ist derzeit nicht berauschend.

Archivare und *Dokumentare* wird man in Zukunft eher mehr brauchen, weil die Fülle an Informationen immer größer wird, die mit Hilfe der elektronischen Datenverarbeitung an die jeweilige Zielgruppe weitergeleitet wird. Auch privatwirtschaftliche Informations- und Dokumentationsdienste werden auf den Markt drängen.

Die Beschäftigungssituation von *Medizinern* wird erst einmal durch die Kostendämpfungen im Gesundheitswesen bestimmt, die zur Sparsamkeit zwingen. Jedoch wird der Ersatzbedarf in den nächsten Jahren sehr hoch sein, weil bei vielen niedergelassenen Ärzten, vor allem Hausärzten, die Übergabe der Praxis ansteht. Innerhalb der medizinischen Fachgebiete wird es aber größere Unterschiede geben.

Betriebswirtschaftslehre und *Volkswirtschaftslehre* sind mit die größten Fächer und haben die höchsten Studentenzahlen in Deutschland. Die Unternehmen können sich ihre Kandidaten aus einer großen Absolventenzahl aussuchen, haben aber einen hohen Bedarf an »passgenauen" Bewerbern. Selbstständige und freiberufliche Tätigkeiten dürften bessere Perspektiven als angestellte Tätigkeiten bieten (siehe hierzu auch S. 239).

Hinter *Bibliothekar* steht ein etwas höherer Bedarf. Das hängt damit zusammen, dass die Zahl der Publikationen steigen wird. Ein (großer) Teil dessen, was bisher in Form eines Buches publiziert wird, wird künftig auf elektronischen Systemen angeboten werden. Der Bibliothekar der Zukunft wird deswegen kein »Bücherwurm«, sondern ein EDV-Spezialist sein.

Biowissenschaftler sind in der Gentechnologie und Biotechnologie und damit auf einem der großen Arbeitsmärkte der Zukunft tätig (siehe hierzu S. 166).

Chemie bestimmt auch in Zukunft unser Leben. Deshalb werden gut ausgebildete Chemiker auch weiter in großer Zahl gebraucht, vor allem auch vor dem Hintergrund weitgehend stagnierender Absolventenzahlen.

Designer wird es eher mehr als weniger geben, weil der Trend zur Individualisierung anhält. Gefragt sind aber nur diejenigen, die gute Ideen haben und sie auch umzusetzen vermögen.

Der Bedarf an *Diplomaten* ist seit Jahrzehnten in etwa konstant und dürfte es auch in Zukunft bleiben. Internationale politische Beziehungen sind für jedes Staatswesen wichtig.

Dass bereits in wenigen Jahren Computer *Dolmetscher* und *Übersetzer* ablösen, ist Utopie und nicht realistisch. Fachübersetzer haben bessere Karten als Literaturübersetzer. Vor allem Wirtschafts- und technische Fachsprachen dürften gefragt sein.

Entwicklungshelfer sind auch in Zukunft gefragt wegen der Notwendigkeit, Entwicklungsländer beim Aufbau ihrer Wirtschaft und technischen Infrastruktur zu unterstützen. Allerdings sind es selten Dauerarbeitsplätze.

Der Bedarf für *Erwachsenenbildner* dürfte stagnieren bis leicht ansteigen, weil die Freizeitaktivitäten nicht abnehmen und auch ein Bedarf an erwachsenenbezogener betrieblicher Weiterbildung vorhanden ist.

Während die Zahl der nationalen *Beamten* wegen der leeren Staatskasse zurückgehen wird, wird die Zahl der EU-Beamten in etwa gleich bleiben oder eventuell leicht steigen, schon deshalb, weil künftig immer mehr Kompetenzen nach Europa verlagert werden.

Der Bedarf an *Forstwirten* ist rückläufig, weil es sich um Tätigkeiten im öffentlichen Dienst handelt, wo gespart werden muss, und weil die Altersstruktur noch recht jung ist.

Geodäten sind *Vermessungsingenieure*, entweder im Staatsdienst, in Planungsbüros oder selbstständig tätig. Sie gehören aber zu einer sehr kleinen Berufsgruppe mit etwa gleichbleibendem Bedarf.

Ein Plus hingegen bei den *Geowissenschaftlern*, die Bodenschätze ausfindig machen, Deponien anlegen oder künstlich Mineralien herstellen. Rohstoffe werden knapp und teurer.

Auch gute *Ernährung* wird in Zukunft wichtig sein. Immer mehr Leute essen in Großküchen oder sind ernährungsbewusst und brauchen fachkundigen Rat.

Nachdem bereits in den vergangenen Jahren viele Professoren, das sind *Hochschullehrer*, aus Altersgründen ausgeschieden sind und ihre Stellen neu besetzt wurden, wird auch in den nächsten Jahren noch etwa jede siebte aller Professuren neu zur Besetzung anstehen. Danach ist der Ersatzbedarf für lange Jahre befriedigt.

Bei gut ausgebildeten *Informatikern* mit nützlichen Zusatzqualifikationen (etwa in BWL) gibt es in den nächsten Jahren einen wieder zunehmenden Bedarf.

Wer ein *Ingenieurfach* studiert und erfolgreich abschließt, braucht ebenfalls keine Angst vor Arbeitslosigkeit zu haben. Im Gegenteil: Die Firmen werden die nächsten Jahre einen großen Bedarf an Absolventen haben und ihnen gute Aufstiegsmöglichkeiten bieten.

Innenarchitekten sind abhängig von der Konjunktur im Bausektor. Eine Kombination mit Architektur ist weniger störanfällig.

Geschrieben wird in Zukunft eher noch mehr als heute. Deshalb werden *Journalisten* und *Publizisten* weiter gute Chancen haben. Ob das alles gelesen wird, ist eine andere Frage.

Justiziare sind ausgebildete Juristen und als Mitarbeiter in der staatlichen Verwaltung oder in der Rechtsabteilung von Unternehmen tätig. Die Zahl der Arbeitsplätze wird sich nicht erhöhen, aber auch nicht entscheidend zurückgehen.

Obwohl der Generationswechsel bei den *Lehrern* in vollem Gang ist, dürften diejenigen, die jetzt ein Lehramtsstudium aufnehmen oder aufgenommen haben, in dann sieben bis acht Jahren Möglichkeiten haben, Lehrer/in zu werden. Allerdings gibt es zwischen den westlichen und östlichen Bundesländern, bei den Lehrämtern und bei den Fächerkombinationen erhebliche Unterschiede.

Im *Verlagswesen* sind ähnlich wie beim Bibliothekar massive Veränderungen im Gange. Arbeiten, die von Lektoren bislang im Verlag gemacht werden, werden mehr von Selbstständigen wahrgenommen. Außerdem wird ein Teil der bisherigen Zeitungen, Zeitschriften und Bücher auf elektronischem Weg veröffentlicht.

Lektoren nennen sich auch Personen, die vor allem an ausländischen Hochschulen als Sprachlehrer/innen tätig sind. Sie sind eine sehr kleine Berufsgruppe, deren Zahl konstant bleiben dürfte.

Manager, noch vor einigen Jahren der Traumberuf vieler Abiturienten, wird es in Zukunft eher weniger als mehr geben. Die Wirtschaft steht weiterhin im Zeichen einer sparsamen Administration. Topmanager verdienen zwar viel Geld, haben aber recht wenig Zeit, es auszugeben.

Bei *Mathematikern* wird die Zahl der Arbeitsplätze etwas steigen. Sie sind vielseitig einsetzbar.

Die Zahl der Notariate ist vom Staat begrenzt. Da *Notare* zu den Juristen mit den besten Examensnoten gehören, dürfte sich an ihren Berufsperspektiven nicht viel ändern.

Patentanwälte sind Ingenieure mit einer zusätzlichen juristischen Ausbildung, die im Auftrag von Unternehmen nach bereits bestehenden Patenten recherchieren, Patentschriften erstellen und Patente anmelden. Sie erfreuen sich weiterhin guter bis sehr guter Arbeitsmarktchancen.

Psychologen werden schon deshalb auch künftig in entsprechender Anzahl benötigt, weil viele Menschen immer weniger in der Lage sind, ihre eigenen Probleme zu lösen. Es kommt auf den jeweiligen Studienschwerpunkt an (siehe hierzu auch S. 223).

Rechtsanwälte gehen weiter mageren Zeiten entgegen. Jura ist ein Fach mit sehr hohen Studentenzahlen. Rund 75 Prozent eines Absolventenjahrgangs eröffnen eine Anwaltskanzlei oder suchen dort einen Job. Etliche Anwaltskanzleien können den Inhaber schon jetzt kaum ernähren. Außerdem sind die meisten Anwälte noch weit vom Rentenalter entfernt (siehe hierzu auch S. 226).

Kriminelle wird es in Zukunft auch geben, und damit ist das Einkommen von *Richtern* und *Staatsanwälten* gesichert. Mehr als die bestehenden Stellen werden wegen der engen Finanzen des Staates aber nicht geschaffen. Ohne Prädikatsexamen kann man sich das Geld für eine Bewerbung aber sparen.

Bei *Sozialarbeitern* und *Sozialpädagogen* klafft eine Spanne zwischen der Notwendigkeit, mehr Personen als bisher einzustellen, und der Finanzierung, weil sie vor allem im Staatsdienst und bei konfessionellen Einrichtungen beschäftigt sind, wo das Geld auch künftig knapp sein wird. Die Anzahl der staatlichen Arbeitsplätze wird sich wohl insgesamt nicht verändern, aber eine Ausweitung des Arbeitsplatzangebotes bei privaten Arbeitgebern zeichnet sich seit Jahren ab.

Sport wird auch in Zukunft einen hohen Stellenwert in der Bevölkerung haben. Diese Aussage gilt gleichermaßen für den Leistungssport und für den Breitensport.

Stadt- und *Regionalplaner,* vor allem diejenigen, die sich in ökologischen Themen gut auskennen, werden weiterhin recht attraktive berufliche Möglichkeiten haben.

Für *Statistiker* sieht es nicht schlecht, aber auch nicht ganz so rosig aus, weil künftig ein Teil ihrer Arbeit von Computern gemacht wird.

Steuerberater blicken in eine sehr gute Zukunft, weil sie die einzigen sind, die die Pfade durch den immer dichteren Steuerdschungel kennen.

Bei den *theologischen Berufen* ist eine Prognose schwer. Religiosität liegt nicht im Trend unserer Zeit. Wer allerdings katholischer Priester werden möchte, hat sehr gute Berufsaussichten, da das Zölibat doch viele von diesem Berufswunsch abhält.

Es gibt keine Diplom-Umweltschützer. Wenn von *Umweltberufen* gesprochen wird, meint man Chemiker, die darauf spezialisiert sind, Boden- oder Wasseranalysen zu erstellen, Ingenieure, die umweltschonende Maschinen herstellen oder Filteranlagen bauen, Wirtschaftswissenschaftler, die Finanzierungskonzepte erarbeiten können, oder Juristen mit dem Schwerpunkt Umweltrecht. Die »grünen Berufe« sind weiterhin im Trend der Zeit.

Unternehmensberater sind weiterhin ein guter Tipp. Kaum ein Unternehmen kann auf den Rat dieser Spezialisten verzichten. In wirtschaftlich guten Zeiten geht es um Ausweitung und um neue Märkte, in mageren Zeiten um Rationalisierung und ums wirtschaftliche Überleben.

Auch in den nächsten Jahren wird man genügend Leute in der *Werbung* brauchen mit guten Ideen und der Fähigkeit, sie in Werbespots oder Plakate umzusetzen. Allerdings ist Werbung ein hartes Geschäft und ein Job für junge Leute mit einem guten Gespür für Trends.

Wirtschaftsingenieure haben eine Doppelausbildung in Technik und Wirtschaft. Wegen dieser besonderen Qualifikation sind sie seit Jahren auf dem Arbeitsmarkt sehr gefragt. An diesen guten bis sehr guten Perspektiven dürfte sich künftig nichts ändern.

Wirtschaftsprüfer sind Wirtschaftswissenschaftler oder Juristen mit mehrjähriger Berufspraxis und einer Zusatzprüfung, die im Auftrag von Unternehmen die Jahresbilanzen erstellen oder prüfen. Die Berufsperspektiven der Wirtschaftsprüfer können als weiterhin sehr günstig eingeschätzt werden.

Bei den *Tierärzten* und *Zahnärzten* wird es vermutlich keine nennenswerten Veränderungen geben. Haustiere sind beliebt und reparaturbedürftige Zähne nach wie vor recht häufig. Allerdings wird den Zahnärzten die Kostendämpfung im Gesundheitssystem künftig einiges zu schaffen machen.

Beliebte und gefragte Studienbereiche

In diesem Kapitel stellen wir Ihnen Studienfächer und Bereiche vor, die bei Abiturienten, Studierenden und zum Teil auch auf dem Arbeitsmarkt der Zukunft besonders gefragt sind. Diese Fächer werden derzeit von über 80 Prozent aller Studierenden an den deutschen Hochschulen belegt. Sie erhalten Informationen darüber, womit sich diese Fächer beschäftigen, wie das Studium aufgebaut ist, welche Fächerkombinationen und Abschlüsse möglich sind, für welche Berufe sie qualifizieren und wie es um die künftigen Berufsperspektiven bestellt ist.

- Agrarwissenschaften
- Architektur/Innenarchitektur
- Biowissenschaften
- Chemie und Lebensmittelchemie
- Geowissenschaften/Geographie
- Germanistik
- Geschichte und Kunstgeschichte
- Gestaltung, Grafik und Design
- Gesundheit und Pflege
- Haushalts- und Ernährungswissenschaften
- Informatik
- Ingenieurstudiengänge
- Lehramt
- Mathematik und Physik
- Medien
- Medizin (Human-, Veterinär- und Zahnmedizin)
- Ökologie/Umweltwissenschaften
- Pharmazie
- Psychologie
- Rechtswissenschaft
- Sozialwissenschaften
- Werkstoff- und Materialwissenschaften
- Wirtschaftsingenieurwesen
- Wirtschaftswissenschaften
- Internationale Studiengänge

Agrarwissenschaften

Agarwissenschaften ist der Oberbegriff für Fächer, die sich mit der wirtschaftlichen Nutzung und Pflege des Bodens durch den Anbau von Pflanzen und mit der Tierhaltung beschäftigen. Benachbarte Fächer sind Weinbau, Milch- und Molkereiwirtschaft und Forstwirtschaft und werden vor allem von Fachhochschulen angeboten.

Studiengänge an den Universitäten heißen meistens Agrarwissenschaften und sind stärker theoretisch ausgerichtet, während das Studium der Landwirtschaft eher technisch orientiert ist und überwiegend an den Fachhochschulen vertreten ist. Absolventen beider Studiengänge finden berufliche Einsatzmöglichkeiten im lehrenden, beratenden, technischen oder administrativen Bereich. In eine praktische Betätigung als Landwirt führen diese Studiengänge nur selten. Das Studium besteht aus naturwissenschaftlichen, technischen und wirtschafts- und sozialwissenschaftlichen Teilen und ist demnach sehr breit angelegt. Ein wichtiges Teilgebiet ist die Phytomedizin, die sich mit Pflanzenkrankheiten und -schädigungen und vor allem deren Verhütung beschäftigt. Wichtig sind auch ökologische Fragen, vor allem im Hinblick auf einen umweltverträglichen Einsatz von Düngemitteln und artgerechte Tierhaltung.

Die durchschnittliche Studiendauer an Universitäten beträgt etwa elf Semester. An Fachhochschulen ist die Ausbildung auf acht Semester (einschließlich eines Praxissemesters) angelegt. Je nach Hochschule müssen vor dem Studium oder während der Ausbildung zwischen sechs und zwölf Monate praktische Tätigkeit in der Landwirtschaft abgeleistet werden.

Das Grundstudium der Agrarwissenschaften und der Landwirtschaft besteht aus den naturwissenschaftlichen Fächern (Chemie, Biologie), Mathematik einschließlich Statistik, Grundlagen der Wirtschaftswissenschaften, Pflanzenproduktion, Tierzucht, Sozialwissenschaften des Landbaus,

Bodenkunde und Landtechnik. Im Hauptstudium erfolgt eine Spezialisierung entweder in die Fachrichtungen Pflanzenproduktion, Tierzucht oder in Wirtschafts- oder Sozialwissenschaften des Landbaus, an einigen Hochschulen ist auch eine Spezialisierung in Umwelt, Landschaftsentwicklung und Landschaftsökologie möglich. Die Fachhochschulen sehen zusätzlich Schwerpunktbildungen in Betriebswirtschaft und Landtechnik oder, bei den spezialisierten Studiengängen, in Weinbau, Getränketechnologie oder Milch- und Molkereiwirtschaft vor. Abschluss des Studiums ist das Diplom, an Fachhochschulen das Diplom (FH).

Bachelor- und Masterstudiengänge werden in diesem Studienbereich bereits sehr häufig angeboten, 43 Prozent aller derzeit (Oktober 2004) angebotenen Bachelor- und Masterstudiengänge entfallen auf diesen Studienbereich. An Universitäten besteht, auf dem Diplom oder dem Master aufbauend, die Möglichkeit einer Promotion zum Doktor der Agrarwissenschaften oder der Ingenieurwissenschaften.

Agrarwissenschaft kann auch für das Lehramt an beruflichen Schulen studiert werden und schließt in diesem Fall nach fünf bis sechs Jahren Studium mit dem Staatsexamen ab.

Die beruflichen Perspektiven sind schwer einzuschätzen. Einerseits ist die Bedeutung der Landwirtschaft rückläufig, andererseits gewinnt ökologische Landwirtschaft und Regional- und Landschaftsplanung immer mehr an Bedeutung. Absolventen der Fachrichtung Wirtschafts- und Sozialwissenschaften des Landbaus/Agrarökonomie eröffnen sich auch Einsatzmöglichkeiten in nationalen Entwicklungshilfeorganisationen oder internationalen Organisationen, wobei man für diesen Bereich Fremdsprachenkenntnisse, erste Auslandserfahrungen, etwa durch Praktika, Bereitschaft zur Mobilität und Kontaktfreudigkeit mitbringen sollte.

Agrarwissenschaften an Universitäten

Hochschule	**Studiengang**	**Abschluss**
Berlin HU	Agrarwissenschaften, Gartenbauwissenschaften, Land- und Gartenbauwissenschaft	Bachelor
Berlin TU	Land- und Gartenbauwissenschaft/ Landschaftsgestaltung	Staatsexamen
Bonn U	Agrarwissenschaften	Diplom
Cottbus TU	Landnutzung und Wasserbewirtschaftung	Diplom
Dresden TU	Forstwissenschaften	Diplom, Bachelor
Dresden TU	Landschaftsarchitektur	Diplom
Duisburg-Essen U	Landschaftsarchitektur	Diplom (FH)
Freiburg U	Forstwissenschaft	Diplom
Gießen U	Agrarökonomie	Magister
Gießen U	Agrarwissenschaften	Diplom
Göttingen U	Agrarwissenschaften, Forstwissenschaften und Waldökologie	Bachelor
Halle-Wittenberg U	Agrarwissenschaften	Diplom
Hamburg U	Holzwirtschaft	Diplom
Hannover U	Gartenbauwissenschaften, Pflanzenbiotechnologie	Bachelor
Hohenheim U	Agrarbiologie, Wirtschaftswissenschaften/ Agrarökonomie	Diplom
Hohenheim U	Agrarwissenschaften	Bachelor
Kassel U	Landwirtschaft, ökologische	Diplom, gestufter Studiengang

Kiel U	Agrarökonomie	Diplom
Kiel U	Agrarwissenschaft	Bachelor
München TU	Agrarwissenschaften, Forstwissenschaft, Gartenbauwissenschaften	Diplom, Bachelor
Rostock U	Agrarökologie	Bachelor

Agrarwissenschaften an Fachhochschulen

Hochschule	Studiengang	Abschluss
Anhalt H	Landwirtschaft	Bachelor
Anhalt H	Landwirtschaft/Agrarmanagement (Fernstudium)	Diplom (FH)
Berlin TFH	Gartenbau, Landschaftsarchitektur und Umweltplanung	Diplom (FH)
Bingen FH	Internationaler Agrarhandel, Landwirtschaft	Diplom (FH)
Dresden HTW	Agrarwirtschaft, Gartenbau, Landespflege	Diplom (FH)
Eberswalde FH	Forstwirtschaft, Landschaftsnutzung und Naturschutz	Diplom (FH)
Eberswalde FH	International Forest Ecosystem Management, Ökologischer Landbau und Vermarktung	Bachelor
Erfurt FH	Gartenbau, Landschaftsarchitektur	Diplom (FH)
Hannover FH	Technologie nachwachsender Rohstoffe	Diplom (FH)
Hildesheim/Holzminden/ Göttingen FH	Arboristik	Bachelor
Hildesheim/Holzminden/ Göttingen FH	Forstwirtschaft	Diplom (FH)
Kiel FH	Landwirtschaft	Diplom (FH)
Lippe/Höxter FH	Landschaftsarchitektur	Diplom (FH)
Neubrandenburg FH	Agrarwirtschaft	Bachelor
Neubrandenburg FH	Landschaftsarchitektur und Umweltplanung	Diplom (FH)
Nürtingen FH	Agrarwirtschaft	Diplom (FH), Bachelor
Nürtingen FH	Landschaftsarchitektur/Landschaftsplanung	Diplom (FH)
Osnabrück FH	Bodenwissenschaften, Gartenbau, Landwirtschaft	Diplom (FH)
Rottenburg FH	Forstwirtschaft	Diplom (FH)
Südwestfalen FH	Agrarwirtschaft	Diplom (FH)
Weihenstephan FH	Agrarmarketing und Management, Gartenbau, Landschaftsarchitektur, Landwirtschaft (Freising und Triesdorf), Wald und Forstwirtschaft	Diplom (FH)
Wiesbaden FH	Gartenbau-Management	Bachelor
Wiesbaden FH	Landschaftsarchitektur, Weinbau und Getränketechnologie	Diplom (FH)

Zum Weiterlesen: Michael Jischa, *Studium der Umweltwissenschaften. Ingenieurwissenschaften und Informatik*, 2001; Stefan Schaltegger, *Studium der Umweltwissenschaften. Wirtschaftswissenschaften*, 2000.

Architektur/Innenarchitektur

Architekten sind überall dort anzutreffen, wo es um das Planen, Entwerfen und Ausführen von Baumaßnahmen geht. Sie sind entweder selbstständig als Inhaber eines eigenen Architekturbüros oder in einem Büro als angestellter Architekt tätig. Weitere berufliche Einsatzmöglichkeiten bieten sich bei großen Bauunternehmen oder bei staatlichen Baubehörden, wo sie vor allem Koordinierungsaufgaben bei der Zusammenarbeit von staatlichen Behörden (Bauämter, Ämter für Denkmalpflege) und den Baufirmen übernehmen. Zum Tätigkeitsbereich des Architekten gehört nicht nur die Planung von Neubauten, sondern auch die Renovierung, Modernisierung und Sanierung bestehender Gebäude.

Zukünftige Architekten können zwischen einem Studium an einer Universität, einer Fachhochschule und einer Kunsthochschule wählen. Das Architekturstudium ist an wissenschaftlichen Hochschulen theoretischer, länger und eher grundlagenbezogener, an den Fachhochschulen anwendungsbezogener und kürzer angelegt. Das Studium schließt mit dem Diplom, dem Diplom (FH) oder einem Bachelor- oder Mastergrad ab. Unabhängig von der gewählten Hochschulart müssen Studienanfänger entweder vor dem Studium oder in den ersten Semestern Praktika ableisten. Eine dem Beruf nahe stehende Ausbildung vor dem Studium, etwa als Bauzeichner oder Maurer, empfiehlt sich, schon um zu prüfen, ob die Baubranche das richtige Berufsfeld ist. Dieser Beruf ist nichts für allzu empfindliche Naturen.

An Begabungen und fachlichen Qualifikationen werden Interesse an künstlerischer Gestaltung, technisches Verständnis und gutes räumliches Denken und Darstellungsvermögen sowie eine gute mathematisch-naturwissenschaftliche Begabung erwartet. Die meisten Hochschulen überprüfen die künstlerisch-gestalterischen Voraussetzungen in einer Aufnahmeprüfung. In der Regel muss eine Mappe mit künstlerischen Exponaten vorgelegt werden, die von Dozenten begutachtet wird. Wenn diese Hürde genommen ist, folgt noch eine künstlerische Prüfung an der Hochschule.

Das Studium besteht aus theoretischen und fachpraktischen Lehrveranstaltungen in Geometrie, Vermessungslehre, Malerei und bildnerischer Gestaltung, Baukonstruktion, Gebäudelehre, Tragwerkskonstruktion, Bauphysik, Bauchemie, Baustofflehre, Kostenplanung, EDV-Anwendung, Baurecht, Stadt- und Kommunalplanung, Architektur- und Kunstgeschichte.

Die durchschnittliche Studiendauer an Universitäten liegt bei 13 bis 14 Semestern; an Fachhochschulen ist das Studium auf acht Semester (einschließlich eines Praxissemesters) angelegt, wird im Durchschnitt aber erst nach elf Semestern abgeschlossen. Für die Studiendauer in Bachelor- und Masterstudiengängen existieren noch keine Untersuchungen; sie dürfte bei etwa sechs bis acht Semestern in Bachelorstudiengängen liegen, zusätzlich zwei bis vier weitere in einem anschließenden Masterstudiengang.

Um einen Studienplatz in Architektur an wissenschaftlichen Hochschulen bewirbt man sich bei den Hochschulen direkt, die Studienplätze an Fachhochschulen in Nordrhein-Westfalen werden von der ZVS vergeben. Bei den Studiengängen an Fachhochschulen in anderen Bundesländern und bei den Kunsthochschulen bewirbt man sich ebenfalls direkt bei der Hochschule.

Nach dem Studium folgt eine zwei- bis dreijährige Praxis bei Bauunternehmen oder in Architekturbüros. Diese Praxisphase ist Voraussetzung für die Aufnahme in die Architektenkammer und berechtigt zur Führung der geschützten Berufsbezeichnung »Architekt«.

Der Beruf weist einen hohen Anteil an Selbstständigen auf, deren Einkünfte abhängig sind von den Baukosten und der Größe des Projektes sowie dem Umfang der erbrachten Leistungen. Die Gehälter der Angestellten unterliegen der freien Vereinbarung, in der Regel erhalten Berufsanfänger Jahreseinstiegsgehälter zwischen 33.000 und 37.000 € (brutto). Von der derzeit angespannten Arbeitsmarktsituation profitieren vor allem die großen und renommierten Büros, die aufgrund der großen Konkurrenz der Bewerber/innen unter den üblichen Gehältern bleiben können.

Die beruflichen Möglichkeiten sind angesichts leerer öffentlicher Kassen und somit geringerer öffentlicher Bautätigkeit derzeit nicht günstig. Auch die übrige Baukonjunktur lahmt momentan. Überlegungen, die Eigenheimzulage zu streichen, lassen auch nicht auf einen Bauboom in den nächsten Jahren hoffen. Konstante Beschäftigungsmöglichkeiten werden vor allem im Bereich Altbausanierung und ökologisches Bauen erwartet.

Innenarchitekten gestalten, wie schon ihr Name sagt, den Innenraum. Als Vollstudiengang wird Innenarchitektur an Kunsthochschulen, Fachhochschulen und an Universitäten, dort aber nicht als eigenständiges Fach, sondern als Schwerpunkt in Architektur, angeboten. Das Studium, das mit einem Diplom, Diplom (FH) oder einem Bachelorgrad (Masterstudiengänge in Vorbereitung) abschließt, dauert in Diplomstudiengängen in der Regel acht bis zehn Semester an den Kunsthochschulen und acht bis neun Semester an den Fachhochschulen (inkl. Praxissemester). Ein Bachelorstudiengang dauert etwa sechs bis acht Semester. Vorausgesetzt werden zum Studienbeginn ein Praktikum von mehrmonatiger Dauer in Innenausbaubetrieben, vor allem in Bau- und Möbeltischlereien, und – wie zum Teil beim Architekturstudium – in der Regel auch eine erfolgreich bestandene Aufnahmeprüfung. Neben gestalterischen Fähigkeiten werden von den Studienbewerbern unter anderem Wissen über die Beschaffenheit der zu verwendenden Werkstoffe (u.a. Holz, Glas, Keramik, Textilien) und künstlerische Darstellungstechniken, vor allem Freihandzeichnen, erwartet.

Die Bewerbung für einen Studienplatz in Innenarchitektur geht an die Hochschule. Wegen der künstlerischen Aufnahmeprüfung wird ein erster Kontakt ein Jahr vor dem beabsichtigten Studienbeginn empfohlen.

Beschäftigungsmöglichkeiten finden Innenarchitekten im eigenen Architekturbüro oder als Angestellte in einem Büro. Hinzu kommen Tätigkeiten in Einrichtungshäusern, in Werbe- und Fotoateliers sowie im Gaststätten- und Ausstellungsbau. Die Absolventen dürfen die Berufsbezeichnung Innenarchitekt dann nach zwei- bis dreijähriger einschlägiger Berufstätigkeit (Bayern, Hessen, Hamburg, Schleswig-Holstein nach drei Jahren) führen.

Architektur/Innenarchitektur an Universitäten und Kunsthochschulen

Hochschule	Studiengang	Abschluss
Aachen TH	Architektur	Diplom
Berlin TU	Architektur	Diplom
Berlin UdK	Architektur	Diplom
Braunschweig TU	Architektur	Diplom
Cottbus TU	Architektur	Diplom
Darmstadt TU	Architektur	Diplom
Dortmund U	Architektur und Städtebau	Diplom
Dresden TU	Architektur, Landschaftsarchitektur	Diplom
Duisburg-Essen U	Landschaftsarchitektur	Diplom (FH)
Halle HfKuD	Innenarchitektur	Diplom
Hamburg HfBK	Architektur	Diplom
Hannover U	Architektur	Diplom
Kaiserslautern TU	Architektur	Diplom
Karlsruhe U	Architektur	Diplom
Kassel U	Architektur	Diplom, gestufter Studiengang
München AkdBK	Innenarchitektur	Diplom
München TU	Architektur	Diplom

München TU	Landschaftsarchitektur und Umweltplanung	Diplom, Bachelor
Siegen U	Architektur und Städtebau	Bachelor
Stuttgart AkdBK	Architektur und Design	Diplom
Stuttgart U	Architektur	Diplom
Weimar U	Architektur	Diplom
Wuppertal U	Architecture (Architektur)	Bachelor
Wuppertal U	Architektur	Magister

Architektur/Innenarchitektur an Fachhochschulen

Hochschule	**Studiengang**	**Abschluss**
Aachen FH	Architektur (integriertes Praxissemester)	Diplom (FH)
Anhalt H	Architektur, Landschaftsarchitektur und Umweltplanung	Bachelor
Augsburg FH	Architektur	Diplom (FH)
Berlin TFH	Architektur, Landschaftsarchitektur und Umweltplanung	Diplom (FH)
Biberach FH	Architektur	Bachelor
Bielefeld FH	Architektur	Diplom (FH)
Bochum FH	Architektur	Bachelor
Bremen H	Architektur	Bachelor
Coburg FH	Architektur, Innenarchitektur	Diplom (FH)
Darmstadt FH	Architektur, Innenarchitektur	Diplom (FH)
Dortmund FH	Architektur	Diplom (FH)
Dresden HTW	Architektur	Diplom (FH)
Düsseldorf FH	Architektur, Innenarchitektur	Diplom (FH)
Erfurt FH	Architektur, Landschaftsarchitektur	Diplom (FH)
Frankfurt am Main FH	Architektur	Diplom (FH)
Gießen-Friedberg FH	Architektur	Diplom (FH)
Hamburg HAW	Architektur	Bachelor
Hannover FH	Innenarchitektur, Design	Diplom (FH)
Heidelberg FH	Architektur	Diplom (FH)
Hildesheim/Holzm./Göttingen FH	Architektur	Diplom (FH)
Kaiserslautern FH	Architektur, Innenarchitektur	Diplom (FH)
Karlsruhe FH	Architektur	Diplom (FH)
Kiel FH	Architektur	Diplom (FH)
Koblenz FH	Architektur und Stadtplanung	Diplom (FH)
Köln FH	Architektur	Diplom (FH)
Konstanz FH	Architektur	Bachelor
Lausitz FH	Architektur	Bachelor
Leipzig HTWK	Architektur	Diplom (FH)
Lippe/Höxter FH	Architektur, Innenarchitektur, Landschaftsarchitektur	Diplom (FH)
Lübeck FH	Architektur	Diplom (FH)
Magdeburg-Stendal H	Architektur	Diplom (FH)
Mainz FH	Architektur (auch praxisintegrierend), Innenarchitektur	Diplom (FH)

München FH	Architektur	Diplom (FH)
Münster FH	Architektur	Bachelor
Neubrandenburg FH	Landschaftsarchitektur und Umweltplanung	Diplom (FH)
Nürnberg FH	Architektur	Diplom (FH)
Nürtingen FH	Landschaftsarchitektur/Landschaftsplanung	Diplom (FH)
Oldenburg/Ostfriesl./ Wilhelmshaven FH	Architektur	Diplom (FH)
Potsdam FH	Architektur und Städtebau	Bachelor
Regensburg FH	Architektur	Diplom (FH)
Rosenheim FH	Innenarchitektur	Diplom (FH)
Saarbrücken HTW	Architektur	Diplom (FH)
Stuttgart HFT	Architektur, Innenarchitektur	Diplom (FH)
Trier FH	Architektur, Innenarchitektur	Diplom (FH)
Weihenstephan FH	Landschaftsarchitektur	Diplom (FH)
Wiesbaden FH	Architektur, Innenarchitektur, Landschaftsarchitektur	Diplom (FH)
Wismar H	Architektur	Bachelor
Wismar H	Innenarchitektur	Diplom (FH)
Würzburg-Schweinfurt FH	Architektur	Diplom (FH)
Zittau/Görlitz H	Architektur	Diplom (FH)
Zwickau H	Architektur	Diplom (FH)

Zum Weiterlesen: Bund Deutscher Architekten (BDA) (Hrsg.), *Architektur. Informationen zum Studium*, 2000; Info-Broschüre *Ausbildung und Beruf des Innenarchitekten* vom Bund Deutscher Innenarchitekten (Bestelladresse: Königswinterer Str. 675, 53227 Bonn, Tel. 02 28 / 44 24 14, E-Mail: info@bdia.de, Internet: *www.bdia.de*).

Biowissenschaften

Unter dem Begriff Biowissenschaften werden verschiedene selbstständige Studiengänge zusammengefasst: Biologie, Biochemie, Biophysik, Biotechnologie und Bioinformatik. Das Studium ist vorwiegend an Universitäten möglich. Dabei handelt es sich um ein naturwissenschaftliches Studium, das im ersten Studienabschnitt im Wesentlichen aus Chemie, Physik, Mathematik, Biologie und zum Teil Informatik besteht und das erst im zweiten Studienabschnitt Spezialisierungsmöglichkeiten bietet. Studienabschluss ist ein Diplom in den Ingenieurwissenschaften mit der Möglichkeit einer anschließenden Doktorarbeit. An Fachhochschulen ist der Abschluss Diplom-Ingenieur/in (FH). Universitäten und Fachhochschulen haben in diesem Studienbereich bereits eine Vielzahl von Bachelor- und Masterstudiengänge eingerichtet, die je nach Studiengang mit dem Abschluss Bachelor of Science und Master of Science bzw. Bachelor of Engineering und Master of Engineering abschließen.

Die Regelstudienzeit beträgt in Diplomstudiengängen an Universitäten zehn Semester, an Fachhochschulen acht Semester. Die durchschnittliche Studiendauer ist etwa zwei Semester länger. Bachelorstudiengänge sind an Universitäten überwiegend auf sechs Semester, an Fachhochschulen auf sechs oder sieben Semester angelegt; ein sich anschließender Masterstudiengang an Fachhochschulen dauert noch einmal zwei weitere, an Universitäten vier weitere Semester.

Die Studienplätze in Biologie werden von der ZVS im Allgemeinen Auswahlverfahren vergeben, in den anderen Fächern von den Hochschulen. Einige haben interne Zulassungsbeschränkungen.

Bei den Biowissenschaften sind Tätigkeiten in den zwei Schlüsseltechnologien – Bio- und Gentechnologie – von besonderer Bedeutung, da zukünftig so gut wie jedes neu entwickelte Arzneimittel auf der Basis biotechnischer Verfahren oder gentechnischer Prozesse hergestellt sein dürfte und sich diese Industrien seit Mitte der 90er-Jahre in einem permanenten Aufwärtstrend befinden. Bereits mehrere Tausend Personen arbeiten in entsprechenden Unternehmen, wobei nicht die Arbeitsplätze eingerechnet sind, an denen biotechnologische Forschung vor der industriellen Nutzung betrieben wird. In Universitätslabors und anderen staatlichen Forschungseinrichtungen sind ebenfalls einige Tausend Wissenschaftler/innen mit biotechnologischer Grundlagenforschung beschäftigt oder auf der Suche nach neuen biotechnologischen Anwendungen.

Die Diskussionen um Klonen und Genmanipulationen bei Mensch und Tier versperren den Blick dafür, dass die Biotechnologie sehr viel weiter gefasst ist und ihre Verfahren so neu nicht sind. Seit Jahrtausenden braut der Mensch Bier durch Hefegärung, stellt Essig, Sauerkraut und Buttermilch mit Hilfe von Bakterien her und verwandelt über Schimmelpilze Milch in länger haltbaren Käse. Auch die moderne Biotechnologie nutzt besondere Stoffwechselleistungen von Mikroorganismen für technische Verfahren.

Der Biotechnologie bieten sich bei der Anwendung biologischer Erkenntnisse in technologische Verfahren und Produkte in Zukunft immer breitere Einsatzmöglichkeiten, zum Beispiel bei der biotechnologischen Herstellung von Arzneimitteln und Impfstoffen, beim Einsatz von Enzymen für die Waschmittelindustrie und für Anwendungen in der Milch-, Zucker- und Textilindustrie, bei der Haltbarmachung von Nahrungsmitteln, beim präventiven Umweltschutz (Biosensoren), bei der Bodensanierung und Abwasserreinigung mit Mikroorganismen, bei der Produktion nachwachsender Rohstoffe und bei der Herstellung biologischer Pflanzenschutzmittel, aber auch in der Energiewirtschaft und der Qualitätskontrolle.

Während die Biotechnologie biochemische Prozesse nutzt, versucht die Gentechnologie Organismen dazu zu bringen, Stoffe zu produzieren, zu denen sie aufgrund ihres Bauplans nicht in der Lage sind, indem ihnen bestimmte Erbanlagen eingepflanzt werden. Folge sind neue Medikamente, Impfstoffe und Enzyme in großer Menge und Reinheit. Durch eine planmäßige Veränderung des Erbgutes können auch Pflanzen resistent gegen Erreger gemacht und Nahrungsmittel in bislang nicht gekannter Güte und Größe erzeugt werden. Gegenüber gentechnisch veränderten Nahrungsmitteln gibt es bei den Verbrauchern noch erhebliche Widerstände. Gentechnisch veränderte Tiere stoßen zunehmend auf ethische Bedenken. Bei der somatischen Gentherapie, dem Einsatz der Gentechnik am Menschen zur Reparatur von defektem Erbgut und bei der Bekämpfung von Krankheiten, sehen die meisten eher Vor- als Nachteile.

In den Berufsbereich Biotechnologie und Gentechnologie führen mehrere Wege: Ein Studium der Biotechnologie wird von mehreren Universitäten und Fachhochschulen als Vollzeitstudiengang oder als Aufbaustudium oder innerhalb der Schwerpunkte Verfahrenstechnik oder Chemieingenieurwesen angeboten, oder es führt über ein Studium der Biochemie (nur an Universitäten), entweder als eigenständiger Studiengang oder als Schwerpunktfach in Biologie oder in Chemie. Auch ein traditionelles Chemie-, Biologie-, Medizin- oder Pharmaziestudium eröffnet Möglichkeiten mit entsprechenden Nebenfächern und Schwerpunkten wie organische Chemie, Molekularbiologie, Biochemie, pharmazeutische Chemie oder Verfahrenstechnik. Ein Studiengang Bioinformatik kann entweder als eigenständiger Studiengang oder als Vertiefungsschwerpunkt in Informatik gewählt werden.

Voraussetzungen sind neben einer fundierten mathematisch-naturwissenschaftlichen Begabung – Leistungskurs in Biologie alleine reicht nicht aus – technisches Verständnis/Fingergeschick und ein ausgeprägtes Interesse an Wissenschaft und Forschung, da es sich später überwiegend um Tätigkeiten im Labor handelt. Der Biotechnologe ist entweder stärker Naturwissenschaftler oder

Ingenieur, muss aber von beiden Seiten etwas verstehen, weil er in Projekten mit Vertretern anderer Fächer eng zusammenarbeitet. Deshalb ist auch Teamorientierung gefragt.

Während der Ausbildung werden Praktika in Forschungsinstituten und in der Industrie empfohlen. Eine Doktorarbeit ist wegen der forschungsintensiven Tätigkeiten sinnvoll und bietet die Möglichkeit, sich auf einem Feld besonders zu qualifizieren. Wichtig sind nach dem Studium Auslandsaufenthalte zur Vertiefung der Methoden und zum Erlernen von neuen Verfahren.

Biowissenschaften an Universitäten

Hochschule	Studiengang	Abschluss
Aachen TH	Biotechnologie	Bachelor
Berlin FU	Biologie	Diplom, Bachelor
Berlin HU	Biologie	Diplom, Bachelor
Berlin HU	Biophysik	Diplom
Bielefeld U	Biologie, molekulare Biotechnologie	Bachelor
Bochum U	Biologie	Diplom, Bachelor
Bonn U	Biologie	Diplom
Braunschweig TU	Biologie	Bachelor
Bremen IU	Biology	Bachelor
Bremen U	Biologie	Diplom
Darmstadt TU	Biologie	Diplom
Dresden TU	Biologie	Diplom
Dresden TU	Molekulare Biotechnologie	Bachelor
Düsseldorf U	Biologie	Diplom, Bachelor
Erlangen-Nürnberg U	Biologie	Diplom
Frankfurt am Main U	Biologie	Diplom
Freiburg U	Biologie	Diplom
Gießen U	Biologie	Diplom
Göttingen U	Biologie	Diplom
Greifswald U	Biologie, Humanbiologie	Diplom
Halle-Wittenberg U	Biologie	Diplom
Hamburg U	Biologie	Diplom
Hannover U	Biologie	Bachelor
Heidelberg U	Biologie	Diplom
Heidelberg U	Molekulare Biotechnologie, Molekulare Zellbiologie	Bachelor
Hildesheim U	Biologie	Bachelor
Hohenheim U	Biologie	Diplom
Jena U	Biologie	Diplom
Kaiserslautern TU	Biologie, Biophysik	Diplom
Karlsruhe U	Biologie	Diplom
Kassel U	Biologie	Diplom
Kiel U	Biologie	Diplom
Köln U	Biologie	Diplom, Bachelor
Konstanz U	Biologie	Diplom
Leipzig U	Biologie	Diplom
Lübeck U	Molecular Life Sciences	Bachelor
Magdeburg U	Biologie, Neurowissenschaften	Diplom

Mainz U	Biologie	Diplom
Mainz U	Molekulare Biologie	Bachelor
Marburg U	Biologie, Humanbiologie	Diplom
München TU	Biologie	Diplom, Bachelor
München TU	Molekulare Biotechnologie	Bachelor
München U	Biologie	Diplom
Oldenburg U	Biologie	Diplom
Osnabrück U	Biologie	Diplom, Bachelor
Osnabrück U	Biologie der Organismen, Biologie der Zellen	Bachelor
Potsdam U	Biologie	Diplom
Regensburg U	Biologie	Diplom
Rostock U	Biologie	Diplom
Saarbrücken U	Biologie	Diplom
Stuttgart U	Biologie, technische	Diplom
Tübingen U	Biologie	Diplom
Ulm U	Biologie	Diplom
Vechta H	Biologie	Bachelor
Würzburg U	Biologie	Diplom, Bachelor

Biowissenschaften an Fachhochschulen

Hochschule	**Studiengang**	**Abschluss**
Anhalt H	Biotechnologie	Bachelor
Bingen FH	Bioinformatik	Diplom (FH)
Bonn-Rhein-Sieg FH	Biology	Bachelor
Bremen H	Biologie, technische und angewandte	Bachelor of Science
Furtwangen FH	Biotechnologie	Bachelor
Gelsenkirchen FH	Biologie, Molekulare	Bachelor
Gießen-Friedberg FH	Bioinformatik, biopharmazeutische Technologie	Diplom (FH)
Lausitz FH	Biotechnologie	Bachelor
Lippe/Höxter FH	Biotechnologie	Bachelor
Oldenburg/Ostfriesl./ Wilhelmshaven FH	Bioinformatik	Diplom (FH)
Weihenstephan FH	Bioinformatik	Diplom (FH)
Wildau TFH	Bioinformatik/Biosystemtechnik	Bachelor
Zittau/Görlitz H	Biotechnologie	Bakkalaureus

Zum Weiterlesen: Monika Trost, Carsten Roller (Bearb.), *Studienführer Biologie, Biochemie, Biotechnologie, Bioinformatik*, hrsg. vom Verband Deutscher Biologen e.V., 2001.

Siehe auch die Hompepage des Verbandes (*www.vdbiol.de*) mit vielen nützlichen Tipps für angehende Biowissenschaftler.

Chemie und Lebensmittelchemie

Die Chemie erforscht die Eigenschaften, Zusammensetzung und Umwandlung von Stoffen und chemischen Verbindungen. Das Fach wiederum besteht aus verschiedenen Teilgebieten wie anorganische Chemie, organische Chemie, physikalische Chemie, theoretische Chemie, angewandte Chemie, Polymer-Chemie.

Ein eigenständiges Fach, aber mit der Chemie eng verwandt, ist die Lebensmittelchemie. In diesem Fach lernen die Studierenden vor allem die Nahrungsmittel im Hinblick auf Reinheit und Qualität zu analysieren, Zusatzstoffe zu untersuchen sowie Bedarfsgegenstände (etwa Verpackungen von Lebensmitteln) auf ihre Verträglichkeit hin zu prüfen. Abgeschlossen wird das Studium der Lebensmittelchemie mit dem Staatsexamen.

Das Fach Chemie ist überwiegend an Universitäten, aber auch an einigen Fachhochschulen vertreten, während Lebensmittelchemie nur von Universitäten angeboten wird, entweder als eigener Studiengang oder als Spezialisierung im Chemie- oder im Pharmaziestudium. Beim Universitätsstudium stehen die wissenschaftlichen Grundlagen und Methoden der Chemie sowie ihre Anwendungen in der chemischen Industrie im Vordergrund. Das FH-Studium ist eher technisch ausgerichtet im Hinblick auf Tätigkeiten in der Produktion und Betriebsleitung von Chemieunternehmen.

Die Bewerbung für einen Studienplatz Chemie erfolgt direkt bei der jeweiligen Universität oder Fachhochschule, nur vereinzelt gibt es örtliche Zulassungsbeschränkungen. Die meisten Studiengänge sind zulassungsfrei.

Die Vorstellung vom eigenbrötlerischen Chemiker, der im Labor allerlei Mixturen zusammenbraut, hat mit der Realität nichts gemein. Chemiker arbeiten im Team und in enger Zusammenarbeit mit anderen Abteilungen wie Produktion und Qualitätsprüfung.

Die Chemieindustrie, eine der größten Industrien weltweit, arbeitet zunehmend global. Aus diesem Grunde müssen angehende Chemiker über sehr gute Fremdsprachenkenntnisse verfügen – zumal die meiste Fachliteratur in englischer Sprache vorliegt – und sollten auch während des Studiums oder spätestens nach dem Examen eine Zeitlang im Ausland geforscht oder gearbeitet haben.

Chemie gehört zu den Fächern, wo die Regelstudienzeit eingehalten wird, zwölf bis 14 Semester in universitären Diplomstudiengängen sind üblich, an Fachhochschulen etwa neun Semester obligatorisch. Für die Studiendauer in Bachelor- und Masterstudiengängen sind sechs bis sieben Semester zusätzlich zwei bis vier Semester Masterstudium zu veranschlagen.

Chemie gilt als das Fach mit dem höchsten Anteil an Promotionen. In der Vergangenheit schloss sich dem Diplom nahtlos der Dr. rer. nat. an, weil die Unternehmen Wert darauf legen, Absolventen einzustellen, die mit neusten wissenschaftlichen Methoden vertraut sind. Seit einiger Zeit ist die Zahl der Promotionen etwas rückläufig. Allerdings haben Chemiker mit einem Doktortitel auch künftig bessere Karten als ihre nicht promovierten Kollegen.

Chemie ist ein naturwissenschaftliches Studium und erfordert eine breite Begabung in allen naturwissenschaftlichen Fächern einschließlich Mathematik. Aber die Vorliebe für Naturwissenschaften reicht alleine nicht aus. Chemiker sollten auch über eine gewisse Fingerfertigkeit und technisches Verständnis verfügen. Für die langwierigen Versuchsreihen benötigen sie zudem eine Menge Geduld.

Das Einstiegsgehalt junger Chemiker und Lebensmittelchemiker liegt im oberen Drittel. Allerdings erwarten die Unternehmen zusätzliche Qualifikationen in Betriebswirtschaftslehre, das eine oder andere Praktikum und, was besondere Pluspunkte einbringt, einen Auslandsaufenthalt an einem renommierten Forschungsinstitut.

Chemie und Lebensmittelchemie an Universitäten

Hochschule	Studiengang	Abschluss
Aachen TH	Chemie	Diplom
Bayreuth U	Biochemie	Diplom
Bayreuth U	Chemie	Diplom
Berlin FU	Biochemie	Diplom, Bachelor
Berlin FU	Chemie	Bachelor
Berlin HU	Chemie	Diplom, Bachelor
Berlin TU	Chemie	Diplom
Bielefeld U	Biochemie/Chemie der Lebenswissenschaften, Chemie	Bachelor
Bochum U	Biochemie, Chemie	Bachelor
Bonn U	Chemie	Diplom
Braunschweig TU	Chemie	Diplom, Bachelor
Bremen IU	Biochemistry and Cell Biology, Chemistry	Bachelor
Bremen U	Chemie	Diplom
Chemnitz TU	Chemie	Diplom
Clausthal TU	Chemie	Diplom, Bachelor
Darmstadt TU	Chemie	Diplom, Bachelor
Dortmund U	Chemie	Diplom, Bachelor
Dortmund U	Chemische Biologie	Bachelor
Dresden TU	Chemie	Diplom
Duisburg-Essen U	Chemie	Diplom, integrierter Studiengang
Duisburg-Essen U	Chemie/Molekulare Materialien, Wasser: Chemie, Analytik, Mikrobiologie, Biochemie	Bachelor
Düsseldorf U	Chemie, Wirtschaftschemie	Diplom
Erlangen-Nürnberg U	Chemie	Diplom
Erlangen-Nürnberg U	Molecular Science	Bachelor
Frankfurt am Main U	Biochemie, Chemie	Diplom
Freiberg TUBergAk	Chemie	Diplom
Freiburg U	Chemie	Diplom
Gießen U	Chemie	Diplom
Göttingen U	Chemie	Diplom
Greifswald U	Biochemie	Diplom
Halle-Wittenberg U	Biochemie	Diplom
Halle-Wittenberg U	Chemie	Diplom, Bachelor
Hamburg U	Biochemie/Molekularbiologie, Chemie	Diplom
Hannover U	Biochemie	Diplom
Hannover U	Chemie	Diplom, Bachelor
Heidelberg U	Chemie	Diplom
Jena U	Biochemie, Chemie, Chemie/Umweltchemie	Diplom
Kaiserslautern TU	Chemie, Wirtschaftschemie	Diplom
Karlsruhe U	Chemie	Diplom
Kiel U	Biochemie und Molekularbiologie, Chemie, Wirtschaftschemie	Diplom
Köln U	Chemie	Diplom
Konstanz U	Chemie	Diplom

Leipzig U	Biochemie	Diplom
Mainz U	Chemie	Diplom
Mainz U	Chemie, biomedizinische	Diplom
Marburg U	Chemie	Diplom
München TU	Biochemie	Bachelor
München TU	Chemie	Diplom, Bachelor
München U	Biochemie, Chemie	Diplom
München U	Chemie, Biochemie	Bachelor
Münster U	Chemie, Wirtschaftschemie	Diplom
Oldenburg U	Chemie	Diplom, Bachelor
Osnabrück U	Chemie	Bachelor
Paderborn U	Chemie und Chemietechnik	Bachelor
Potsdam U	Biochemie	Diplom
Potsdam U	Chemie	Diplom
Regensburg U	Biochemie, Chemie	Diplom
Rostock U	Chemie	Diplom
Saarbrücken U	Chemie	Diplom
Siegen U	Chemie	Bachelor
Stuttgart U	Chemie	Diplom, Bachelor
Tübingen U	Biochemie, Chemie	Diplom
Ulm U	Biochemie	Bachelor
Ulm U	Chemie, Wirtschaftschemie	Diplom
Witten/Herdecke U	Biochemie	Diplom
Wuppertal U	Chemie	Diplom, integrierter Studiengang
Würzburg U	Chemie	Diplom

Chemie und Lebensmittelchemie an Fachhochschulen

Hochschule	Studiengang	Abschluss
Aachen FH	Chemieingenieurwesen	Diplom (FH)
Aalen FH	Chemie	Diplom (FH)
Darmstadt FH	Chemische Technologie	Diplom (FH)
Dresden HTW	Chemieingenieurwesen	Diplom (FH)
Gelsenkirchen FH	Chemie	Diplom (FH)
Idstein FHFresen	Chemieingenieurwesen	Diplom (FH)
Isny FH	Chemie, pharmazeutische Chemie	Diplom (FH)
Kaiserslautern FH	Chemietechnik	Diplom (FH)
Lausitz FH	Chemieingenieurwesen	Diplom (FH)
Lübeck FH	Chemieingenieurwesen	Diplom (FH)
Magdeburg-Stendal H	Chemie/Pharmatechnik	Diplom (FH)
Mannheim FHTG	Biologische Chemie, Chemische Technik	Diplom (FH)
Merseburg FH	Chemieingenieurwesen	Diplom (FH)
Münster FH	Chemieingenieurwesen	Diplom (FH)
Niederrhein H	Chemieingenieurwesen	Diplom (FH)
Niederrhein H	Chemistry and Biotechnology, Chemistry and Biotechnology, kooperative Ingenieurausbildung	Bachelor

Nürnberg FH	Chemie, angewandte	Diplom (FH)
Oldenburg/Ostfriesl./ Wilhelmshaven FH	Chemietechnik	Diplom (FH)
Reutlingen FHTW	Chemistry with Marketing	Bachelor
Zittau/Görlitz H	Chemie	Diplom (FH)

Zum Weiterlesen: *Chemiestudiengänge in Deutschland – Statistische Daten 2003. Eine Umfrage der GDCh zu den Chemiestudiengängen an Universitäten und Fachhochschulen.* Die Broschüre steht auf der Homepage der Gesellschaft Deutscher Chemiker unter *www.gdch.de* als PDF-Datei zur Verfügung. Kurt Begitt, Renate Hoer, *Studienführer Chemie,* hrsg. von der Gesellschaft Deutscher Chemiker, 2000.

Geowissenschaften und Geographie

Unter dem Begriff Geowissenschaften sind mehrere selbstständige Studiengänge zusammengefasst, die sich im weitesten Sinne mit der Erforschung der Erde und der Nutzung ihrer Rohstoffe beschäftigen. Geologen einschließlich Ingenieurgeologen befassen sich mit der Entwicklung und dem Aufbau der festen Erdkruste. Sie sind an der Suche nach Rohstoffen etwa bei der Erdöl- und Erdgasgewinnung, bei der Durchführung von Bohrungen, Bodenuntersuchungen und Standortbestimmungen für Großbauwerke wie Staudämme oder Kraftwerke beteiligt.

Mineralogen sind Gesteinskundler für Kristalle einschließlich Halb- und Edelsteine und für petrologische Rohstoffe wie zum Beispiel Erdöl. Paläontologen sind überwiegend in wissenschaftlichen Funktionen tätig und erforschen das Erdalter und das frühe Leben auf der Erde. Geophysiker beschäftigen sich mit der Physik der Erde und ihrem Magnetfeld und mit den Einwirkungen aus dem Weltraum.

Während das Studium der Geologie und der genannten Einzeldisziplinen stark technisch-naturwissenschaftlich ausgerichtet ist, befindet sich das sehr beliebte Fach Geographie, in der Schule Erdkunde genannt, zwischen Naturwissenschaften und Kulturwissenschaft. Die Geographie ist die Wissenschaft von der Erdoberfläche, ihrer Beschaffenheit und ihrer Bedeutung für Wirtschaft und Menschen. Aus diesem Grund sind Geographen seltener in wissenschaftlichen Berufen tätig, sondern eher als Lehrer/innen an allgemein bildenden Schulen, in Schulbuchverlagen, in der Kartographie (Kartenherstellung), im Fremdenverkehr und im Umweltschutz. Im Gegensatz zu den Geowissenschaftlern haben sie aber abgesehen vom Schuldienst kein fest umrissenes Berufsfeld. Geowissenschaftler, um einige Beispiele zu nennen, die Bohrungen nach Erdgas oder Erdöl leiten, Rohstoffe im Meer ausfindig machen, neue Kohle- oder Erzvorkommen suchen, in der technischen Entwicklungshilfe arbeiten, Standortbestimmungen für ein Kraftwerk vornehmen, eine Mülldeponie anlegen oder sich um Entsorgung kümmern, neue Baustoffe oder künstliche Kristalle für die elektrotechnische Industrie entwerfen, stehen in Konkurrenz zu anderen Ingenieuren und Naturwissenschaftlern. Wer Geologie studieren möchte, hat die Möglichkeit, zwischen dem gleichnamigen Studiengang oder einem Studium der Mineralogie, Geophysik, Meteorologie oder der Ozeanographie zu wählen. Das Studium der Geographie bietet die Möglichkeit, sich im Laufe der Ausbildung auf folgende Gebiete zu spezialisieren: Physische Geographie, Klimatologie, Biogeographie, Kulturgeographie, Kartographie oder (nicht überall möglich) Umweltschutz und Landes-, Regional- und Stadtentwicklung. Das Studium der geowissenschaftlichen oder geographischen Studiengänge schließt entweder nach etwa neun bis zehn Semestern mit dem Diplom ab oder kann in einem sechs bis sieben Semester dauernden Bachelor- und einem anschließenden etwa viersemestrigen Masterstudiengang studiert werden. Es besteht die Möglichkeit einer anschließenden Promotion. Studienplätze werden nur von Universitäten angeboten und von den jeweiligen Hochschulen direkt vergeben. Ausnahme: An Fachhochschulen werden Geoinformatik-Studiengänge angeboten.

Der aktuelle und auch künftige Arbeitsmarkt für Geowissenschaftler ist angespannt, aber nicht schlecht. Das Studium der Geowissenschaften bietet wegen seiner breiten Einsatzfelder auch die Möglichkeit, in anderen Ländern oder in international tätigen Unternehmen arbeiten zu können. Das Studium sollte breit angelegt sein, aber sich nicht ausschließlich auf wissenschaftliche Theorie, sondern auch auf entsprechende Schwerpunkte für eine industrielle Anwendung hin orientieren. Frühzeitiger Kontakt zum Beruf, etwa durch Praktika, ist ebenso wichtig wie gute Fremdsprachenkenntnisse. Zusätzliche BWL-Kenntnisse etwa über eine Nebenfachwahl erhöhen die Attraktivität der Bewerber.

Als zukunftsträchtiger Berufsbereich gilt die Umweltplanung und -sanierung sowie die Rekultivierung von Lagerstätten.

Geowissenschaften an Universitäten

Hochschule	Studiengang	Abschluss
Augsburg U	Geographie	Diplom
Bamberg U	Geographie	Diplom
Bayreuth U	Afrikastudien, angewandte/Geographische Entwicklungsforschung Afrikas	Bachelor
Bayreuth U	Geographie, Geoökologie	Diplom
Berlin FU	Geographische Wissenschaften	Bachelor
Berlin FU	Meteorologie	Diplom
Berlin HU	Geographie	Diplom, Bachelor
Berlin TU	Geoingenieurwissenschaften und Angewandte Geowissenschaften	Diplom
Bochum U	Geographie, Geowissenschaften	Bachelor
Bonn U	Geographie	Diplom
Bonn U	Geographie, historische	Magister
Bonn U	Geologie/Paläontologie, Meteorologie, Mineralogie	Diplom
Braunschweig TU	Geoökologie	Diplom
Bremen U	Geographie	Diplom, Bachelor
Bremen U	Geowissenschaften	Bachelor
Clausthal TU	Geologie, Geophysik, Geotechnik, Bergbau, Erdöl-/Erdgastechnik	Diplom
Darmstadt TU	Geowissenschaften, angewandte	Diplom
Dresden TU	Geographie	Diplom
Düsseldorf U	Geographie	Magister
Eichstätt – Ingolstadt U	Geographie	Diplom
Erlangen-Nürnberg U	Didaktik der Geographie	Magister
Erlangen-Nürnberg U	Geographie	Bachelor
Erlangen-Nürnberg U	Physische Geographie, Geologie/Paläontologie, Mineralogie	Diplom
Erlangen-Nürnberg U	Kulturgeographie und Area Studies	Bachelor
Frankfurt am Main U	Geographie	Diplom
Frankfurt am Main U	Geologie-Paläontologie, Geophysik, Meteorologie, Mineralogie	Diplom

Freiberg TUBergAk	Geoinformatik, Geologie/Paläontologie, Geoökologie, Geophysik, Geotechnik und Bergbau, Mineralogie	Diplom
Freiburg U	Geologie, Mineralogie	Diplom
Gießen U	Didaktik der Geographie	Magister
Gießen U	Geographie	Diplom
Göttingen U	Geographie (Anthropographie)	Diplom
Göttingen U	Geophysik	Diplom
Göttingen U	Geowissenschaften	Bachelor
Greifswald U	Geographie, Geologie/Paläontologie	Diplom
Halle-Wittenberg U	Geographie, Mineralogie	Diplom
Halle-Wittenberg U	Geowissenschaften, angewandte	Bachelor
Hamburg U	Geographie, Geologie/Paläontologie, Geophysik, Meteorologie, Mineralogie, Ozeanographie	Diplom
Hannover U	Geodäsie und Geoinformatik, Geographie/Erdkunde, Meteorologie	Diplom
Hannover U	Geowissenschaften	Diplom, Bachelor
Heidelberg U	Geographie, Geologie, Mineralogie	Diplom
Jena U	Geographie	Bachelor
Jena U	Geowissenschaften-Geologie, Geowissenschaften-Geophysik, Geowissenschaften-Mineralogie	Diplom
Karlsruhe U	Geodäsie und Geoinformatik, Geologie, Geoökologie, Geophysik, Meteorologie, Mineralogie	Diplom
Kiel U	Geographie	Diplom
Kiel U	Geologie/Paläontologie, Meteorologie, Mineralogie, Ozeanographie, Paläontologie/Geologie	Diplom
Kiel U	Geophysik	Diplom, Bachelor
Köln U	Geographie	Diplom
Köln U	Geologie/Paläontologie, Geophysik, Meteorologie, Mineralogie	Diplom
Leipzig U	Geographie, Meteorologie	Diplom
Mainz U	Geographie, Geologie/Paläontologie, Mineralogie, Geographie	Diplom
Mainz U	Meteorologie	Diplom
Mannheim U	Geographie	Diplom
Marburg U	Geographie, Geologie, Geologie/Paläontologie, Mineralogie	Diplom
München TU	Geologie	Diplom
München TU	Geowissenschaften	Bachelor
München U	Geographie, Geologie/Paläontologie, Geophysik, Meteorologie, Mineralogie, Wirtschaftsgeographie	Diplom
München U	Geowissenschaften	Bachelor
München UBw	Geodäsie und Geoinformation	Diplom
Münster U	Geographie	Diplom
Münster U	Geoinformatik, Geophysik	Diplom
Münster U	Geowissenschaften	Bachelor
Osnabrück U	Geographie	Diplom, Bachelor
Potsdam U	Geologie, Geoökologie, Geophysik, Mineralogie	Diplom
Regensburg U	Geographie	Diplom

Stuttgart U	Geographie	Diplom
Stuttgart U	Technische Geowissenschaften	Diplom
Trier U	Biogeographie, angewandte	Diplom
Trier U	Geographie	Diplom
Tübingen U	Geographie	Diplom
Tübingen U	Geoökologie/Ökosystemmanagement	Diplom
Tübingen U	Geowissenschaften	Diplom, Bachelor
Vechta H	Geographie	Magister, Bachelor
Würzburg U	Geographie	Diplom

Geowissenschaften an Fachhochschulen

Hochschule	**Studiengang**	**Abschluss**
Anhalt H	Geoinformatik	Bachelor
Bochum FH	Geoinformatik	Diplom (FH)
Neubrandenburg FH	Geoinformatik	Diplom (FH)
Oldenburg/Ostfriesl./ Wilhelmshaven FH	Geoinformatik	Diplom (FH)

Germanistik

Germanistik, die Wissenschaft von der deutschen Sprache und Literatur, gehört zu den zahlenmäßig größten Fächern und erfreut sich großer Beliebtheit. Die Studienanfänger haben bisweilen eine falsche Vorstellung von den Inhalten und Zielen des Germanistikstudiums und glauben, man könne sich in dem Fach die Sporen für eine schriftstellerische Laufbahn verdienen oder zumindest sein Deutsch in Wort und Schrift verbessern. Doch hiermit hat das Germanistikstudium wenig zu tun. Germanistik ist die wissenschaftliche Beschäftigung mit dem Deutschen als Literatur- und Umgangssprache. Je nach Interesse wird der Schwerpunkt nach dem Grundstudium stärker auf Sprachwissenschaft oder Literaturwissenschaft gelegt. Doch bevor es so weit ist, müssen sich die Studierenden mit Sprachtheorie, Sprachanalyse und Grammatik ebenso intensiv beschäftigen wie mit den Gattungen der deutschen Literatur und ihren wichtigsten Vertretern. Die gegenwärtige Sprache und Literatur sind aber nur ein (häufig kleiner) Bereich des Studiums. Das Fach umfasst die Entwicklung der deutschen Sprache von den Anfängen schriftlicher Zeugnisse im 8. und 9. Jahrhundert n. Chr. bis zur Gegenwartssprache, weswegen auch die Vorstufen des Neuhochdeutschen, das Mittelhochdeutsche und das Althochdeutsche, erlernt werden müssen.

Für ein Germanistikstudium werden neben dem notwendigen Faktenwissen ein Interesse an Lesen und an Sprache und die Fähigkeit zur Analyse und Interpretation von Texten vorausgesetzt. Wer bereits im Deutschunterricht Mühe hatte, die Gedanken der Sprachgrößen zu erahnen und nie so richtig verstand, was an einem Gedicht interessant sein kann, sollte die Finger vom Germanistikstudium lassen.

Germanistik wird normalerweise nicht als Einzelfach studiert, sondern in Kombination mit anderen Fächern. Üblicherweise stehen hierfür die anderen sprach- und kulturwissenschaftlichen Fächer zur freien Auswahl. Eine Verbindung mit einem historischen Fach ist schon deshalb sinnvoll, weil Literatur ohne den jeweiligen historischen Kontext kaum verständlich ist und zu Fehldeutungen verleitet. Die Studiendauer liegt bei etwa sechs Jahren. Gewählt werden kann zwischen einem Magisterstudium (Abschluss: Magister Artium/Magistra Artium) und einem Lehramtsstudium, das mit einem Staatsexamen abschließt. Im zweiten Fall heißt das Fach auch nicht mehr Germanistik, sondern Deutsch, ist aber inhaltlich im Wesentlichen gleich, außer dass man zusätzlich noch pädagogische Veranstaltungen besucht und erste Hilfestellung bekommt, wie man das Fach Deutsch an der Schule unterrichtet (Fachdidaktik). Im Magisterstudiengang wird das Hauptfach Germanistik mit zwei Nebenfächern oder einem zweiten Hauptfach kombiniert, das Lehramtsfach Deutsch mit einem oder zwei weiteren Lehramtsfächern. Nach dem Examen besteht für gute und hervorragende Absolventen die Möglichkeit, eine Doktorarbeit anzufertigen, für die zwei bis drei Jahre veranschlagt werden müssen. Die ersten Bachelorstudiengänge Germanistik an den Universitäten sind in der Regel auf drei Jahre angelegt und enden mit der Vergabe des Bachelor of Arts (BA oder B. A. abgekürzt). Masterstudiengänge sind in Vorbereitung (Dauer: überwiegend zwei Jahre).

Germanistik ist wie die anderen Geisteswissenschaften (abgesehen vom Lehramtsstudium) kein Fach, in dem auf bestimmte Berufe hin ausgebildet wird. Trotz der eingangs gemachten Einschränkung, dass das Germanistikstudium keine Ausbildung für künftige Schriftsteller ist, streben die Absolventen häufig in die Medien und ins Verlagswesen. Weitere Tätigkeitsbereiche sind Erwachsenenbildung und (mit geeigneten Nebenfächern) Bibliotheken. Diese Aufzählung macht deutlich, dass Germanistik keine breiten beruflichen Möglichkeiten bietet, sondern sich auf einige Bereiche konzentriert. Deshalb sind zusätzliche Qualifikationen wie EDV, Wirtschaft, Fremdsprachen und praktische Berufserfahrungen, zum Beispiel durch Praktika und Hospitanzen während des Studiums, von besonderer Wichtigkeit. Das gilt ebenso für eine berufliche Ausbildung vor dem Studienbeginn, etwa als Verlagskauffrau/-mann oder Buchhändler/in. Mit Germanistik pur kann man sich die Briefmarken für die Bewerbung praktisch sparen.

Germanistik an Universitäten

Hochschule	Studiengang	Abschluss
Aachen TH	Literaturgeschichte, Neuere deutsche	Magister
Augsburg U	Didaktik der Deutschen Sprache und Literatur, neuere deutsche Literaturwissenschaft, Sprache und Literatur des Mittelalters, Sprachwissenschaft (deutsche unter bes. Berücksichtigung des Neuhochdeutschen)	Magister
Bamberg U	Germanistik	Diplom, Magister
Bayreuth U	Deutsch als Fremdsprache (Interkulturelle Germanistik), Germanistik/Ältere deutsche Philologie , Germanistik (Didaktik der deutschen Sprache und Literatur/ Germanistische Linguistik und Dialektologie/ Neuere deutsche Literaturwissenschaft)	Magister
Berlin FU	Ältere deutsche Literatur und Sprache, Neuere deutsche Literatur, Sprachwissenschaft, vergleichende und indogermanische	Magister
Berlin HU	Deutsch	Bachelor
Berlin HU	Historisch-Vergleichende Sprachwissenschaft (Indogermanistik), Germanistische Linguistik, Ältere deutsche Literatur und Sprache, Neuere deutsche Literatur	Magister
Berlin TU	Deutsch als Fremdsprache	Magister
Bielefeld U	Deutsch als Fremdsprache, Germanistik	Bachelor
Bochum U	Germanistik	Bachelor

Bonn U	Germanistik (Deutsche Sprache und Ältere deutsche Literatur/Neuere Deutsche Literatur), Vergleichende indogermanische Sprachwissenschaft	Magister
Braunschweig TU	Germanistik	Bachelor
Bremen U	Germanistik	Magister
Chemnitz TU	Germanistik, Germanistische Literaturwissenschaft, Germanistische Mediävistik, Germanistische Sprachwissenschaft	Magister
Darmstadt TU	Germanistik	Magister
Dresden TU	Germanistik (Literaturwissenschaft, Sprachwissenschaft, Deutsch als Fremdsprache)	Magister
Duisburg-Essen U	Germanistik	Magister
Düsseldorf U	Germanistik	Magister
Eichstätt – Ingolstadt U	Deutsch als Fremdsprache, Germanistik	Magister
Erfurt U	Germanistik	Bakkalaureus
Erlangen-Nürnberg U	Didaktik der deutschen Sprache und Literatur, Vergleichende indogermanische Sprachwissenschaft, Germanistik	Magister
Erlangen-Nürnberg U	Germanistische Linguistik, Neuere deutsche Literaturgeschichte	Magister, Bachelor
Freiburg U	Deutsch als Fremdsprache	Bakkalaureus
Freiburg U	Germanistik	Magister, Bakkalaureus
Freiburg U	Sprachwissenschaft, indogermanische	Magister
Gießen U	Deutsch als Fremdsprache, Didaktik der deutschen Sprache und Literatur, Deutsche Literaturwissenschaft, Deutsche Sprachwissenschaft	Magister
Göttingen U	Niederdeutsche Sprache und Literatur, Allgemeine und Indogermanische Sprachwissenschaft	Magister
Greifswald U	Deutsch als Fremdsprache, Germanistik	Magister, Bachelor
Greifswald U	Neuere deutsche Literatur, Ältere deutsche Philologie, Deutsche Sprache	Magister
Halle-Wittenberg U	Altgermanistik, Germanistische Literaturwissenschaft, Germanistische Sprachwissenschaft	Magister
Hamburg U	Deutsche Sprache und Literatur, Indogermanistik	Magister
Hannover U	Germanistik	Magister
Heidelberg U	Deutsch als Fremdsprachenphilologie (Literaturwissenschaft), Deutsch als Fremdsprachenphilologie (Sprachwissenschaft), Deutsche Philologie	Magister
Jena U	Auslandsgermanistik/Deutsch als Fremd- und Zweitsprache	Magister
Jena U	Germanistik, Germanistische Literaturwissenschaft, Germanistische Sprachwissenschaft , Indogermanistik	Magister
Karlsruhe U	Germanistik	Bakkalaureat (Bachelor)
Kassel U	Deutsch als Fremdsprache, Deutsche Philologie	Magister
Kiel U	Germanistik (Ältere deutsche Literaturwissenschaft/	

	Deutsche Sprachwissenschaft), Germanistik (Neuere deutsche Literaturwissenschaft und Medien), Friesische oder niederdeutsche Philologie	Magister
Koblenz-Landau U	Germanistik	Magister
Konstanz U	Deutsche Literatur	Bachelor
Leipzig U	Deutsch als Fremdsprache, Germanistik	Magister
Leipzig U	Künstlerischer Studiengang (Literatur)	Diplom
Magdeburg U	Germanistik	Magister
Mainz U	Deutsche Philologie	Magister
Mannheim U	Germanistik	Bachelor
Marburg U	Deutsch als Fremdsprache, Neuere deutsche Literatur, Deutsche Sprache und Literatur, Deutsche Sprache	Magister
München U	Deutsch als Fremdsprache, Deutsche Sprache u. Literatur des Mittelalters, Didaktik der deutschen Sprache und Literatur, Germanistische Linguistik, Indogermanische Sprachwissenschaft	Magister
Münster U	Deutsche Philologie (Germanistik), Indogermanische Sprachwissenschaft	Magister
Oldenburg U	Germanistik	Bachelor
Osnabrück U	Germanistik/Deutsch	Bachelor
Paderborn U	Literaturen, deutschsprachige	Bachelor
Paderborn U	Literaturwissenschaft, ältere deutsche oder neuere deutsche	Magister
Paderborn U	Sprachwissenschaft, germanistische	Magister, Bachelor
Passau U	Didaktik der Deutschen Sprache und Literatur, Deutsche Literaturwissenschaft, Deutsche Sprachwissenschaft	Magister
Potsdam U	Germanistische Linguistik, Literaturwissenschaft (Germanistik)	Magister
Regensburg U	Deutsche Philologie, Indogermanische Sprachwissenschaft	Magister
Rostock U	Germanistik	Bakkalaureus
Saarbrücken U	Sprach- und Literaturwissenschaft, deutsche	Magister
Siegen U	Germanistik	Magister
Stuttgart U	Deutsch als Fremdsprache, Literaturwissenschaft: Germanistik	Bachelor
Stuttgart U	Germanistik	Magister
Trier U	Deutsch als Fremdsprache, Germanistik	Magister
Tübingen U	Germanistik	Bakkalaureus
Tübingen U	Linguistik des Deutschen, Neuere deutsche Literatur, Ältere deutsche Sprache und Literatur	Magister
Vechta H	Germanistik	Bachelor
Wuppertal U	Germanistik	Magister
Würzburg U	Germanistik/Ältere deutsche Sprache und Literatur, Germanistik/Deutsche Sprachwissenschaft, Germanistik/Didaktik der deutschen Sprache und Literatur, Germanistik/Neuere deutsche Literaturwissenschaft	Magister

Würzburg U	Sprach- und Kulturwissenschaft, indogermanische	Bakkalaureus
Würzburg U	Vergleichende Indogermanische Sprachwissenschaft	Magister, Bakkalaureus

Zum Weiterlesen: Wolfgang Henning, *Karrieren unter der Lupe. Sprach- und Literaturwissenschaftler*, 2000. Weitere Infos unter: *www.germanistenverband.de.*

Geschichte und Kunstgeschichte

Diese Fächer gehören bei Abiturienten zu den beliebtesten Studienfächern. Während das Fach Geschichte bei Schülerinnen und Schülern gleichermaßen beliebt ist, ist Kunstgeschichte eine Frauendomäne. Mancherorts sind vier Fünftel der Studierenden weiblichen Geschlechts. Die Beliebtheit des Faches Geschichte ist um so bemerkenswerter, da – abgesehen vom Lehramt an staatlichen Schulen (Geschichte plus ein weiteres Schulfach, zusätzlich Erziehungswissenschaft und Fachdidaktik) – das Studium nicht auf fest umrissene Berufe hin ausbildet. Wer Zahnmedizin studiert, möchte später Zahnarzt werden. Eine ähnlich feste Orientierung haben angehende Historiker und Historikerinnen nicht. Sie streben traditionell in den staatlichen Archivdienst, in die Medien oder auch ins Verlagswesen, in Museen, in die Wissenschaft oder die Erwachsenenbildung. Die gleichen Berufsziele haben auch die künftigen Kunsthistoriker/innen im Blick. Außerdem gibt es einen Bereich, der gewissermaßen für Kunsthistoriker reserviert ist: die Denkmalpflege.

Geschichte und Kunstgeschichte gehören zu den Studiengängen, die eine sehr selbstständige Studienplanung und eine große Vielfalt an Nebenfächern und Möglichkeiten der Schwerpunktsetzung bieten. Das Fach Geschichte oder Kunstgeschichte wird nicht allein, sondern im Verbund mit anderen Fächern studiert. Je nach Hochschule erfolgt, wenn nicht der Lehramtsstudiengang Geschichte gewählt wird, die Verbindung mit einem weiteren Magister-Hauptfach oder mit zwei Nebenfächern. An manchen Universitäten stehen über 50 Kombinationsfächer zur Auswahl, die bei den meisten Studierenden nach den persönlichen Interessen zusammengestellt werden. Präferenzen gibt es wenige, außer dass man bei der Nebenfachwahl auch berufliche Perspektiven nicht ganz außer Acht lassen sollte. Wer beispielsweise das Hauptfach Geschichte mit BWL oder Informatik kombiniert – sofern diese Kombination an der gewählten Hochschule möglich und die notwendige Begabung vorhanden ist –, hat später sicherlich bessere Karten für den Arbeitsmarkt als ein anderer mit Fächerkombination Geschichte, Philosophie und Archäologie. Aber auch solche Verbindungen sind kein Ausschlussgrund für Berufsfähigkeit.

Ähnlich viel Freiheit hat der Studierende auch in der Studiengestaltung. Abgesehen von einigen obligatorischen Pflichtveranstaltungen für Studienanfänger (Einführung in die Geschichtswissenschaft/Kunstgeschichte o. Ä.) entscheiden die Studierenden selbst, ob sie Geschichte von »hinten" (Alte Geschichte, Mittelalterliche Geschichte, Neuere Geschichte, Zeitgeschichte) oder von »vorne" (umgekehrte Reihenfolge) aufrollen oder ob sie sich mal hier und mal dort ein Häppchen heraussuchen. Dass sich viele von der Gegenwart in die Vergangenheit zurückarbeiten, hat einen praktischen Grund. Für das Verständnis der Antike oder des Mittelalters ist es unerlässlich, lateinische Originaltexte lesen und (noch wichtiger) auch übersetzen zu können. Fehlende Lateinkenntnisse müssen in recht arbeitsaufwendigen Schnell- und Intensivkursen (zwei bis vier Semester Dauer) studienbegleitend nachgeholt werden. Auch für das Studium der Kunstgeschichte ist es unerheblich, ob man sich zuerst mit der Malerei, der Bildhauerei oder der Architektur befasst. Damit sind bereits die drei großen Bereiche genannt, zum Fächerkanon gehört an einigen Hochschulen noch das Kunsthandwerk.

Die Ausrichtung des Studiums ist deutsche oder europäische Geschichte/Kunstgeschichte. Wer über diesen nationalen oder europäischen Tellerrand hinausblicken möchte, sollte eine außereuropäische Philologie (Japanologie, Sinologie, Afrikanologie, o. Ä.) als Nebenfach wählen.

Trotz der Freiheit der Fächerwahl und der Schwerpunkte im Studium: Zum Examen darf sich erst anmelden, wer alle Teilgebiete des Faches (einschließlich Historischer Hilfswissenschaften in Geschichte) mit einem Schein bestanden und (fast überall) die notwendigen Fremdsprachenkenntnisse (Latein, Englisch, Französisch, beim Hauptfach Alte Geschichte zusätzlich noch Griechisch) nachgewiesen hat.

Das Fach Kunstgeschichte wird mit einem Magisterexamen abgeschlossen. Das Geschichtsstudium lässt einem die Wahl zwischen dem Magister, dem Staatsexamen im Lehramt und (an wenigen Universitäten) dem Diplom. Ob Magister Artium, Lehramtsexamen oder Diplom, die Abschlussprüfung besteht aus einer wissenschaftlichen Examensarbeit, schriftlichen Klausuren im Hauptfach (und ggf. in den weiteren Fächern) und mündlichen Prüfungen im Hauptfach und den Nebenfächern. Etwa zehn bis 15 Prozent promovieren anschließend zum Dr. phil. Der Doktortitel ist für die meisten Berufe, in denen Historiker/innen und Kunsthistoriker/innen tätig sind, kein Muss. Bei Tätigkeiten im Archivdienst, in Museen und Denkmalpflegeämtern ist die Promotion jedoch entweder Voraussetzung oder zumindest erwünscht. Erste Bachelorstudiengänge werden auch in Geschichte und Kunstgeschichte angeboten, allerdings erfolgt die Einrichtung nicht mit dem Tempo und dem Umfang wie in anderen Studienbereichen. Dauer der Bachelorstudiengänge: in der Regel drei Jahre. Masterstudiengänge sind in Vorbereitung.

Die künftigen beruflichen Perspektiven sind nur schwer einschätzbar. Der Staat – bisher der Hauptarbeitgeber – muss überall sparen. Deshalb sollten auch freiberufliche oder selbstständige Tätigkeiten (Kunsthandel, Dozent/in in der Erwachsenenbildung, Ausstellungsmanagement o. Ä.) mit in die beruflichen Überlegungen einbezogen werden.

Die Studienplätze werden – mit Ausnahme der Kunstgeschichte an nordrhein-westfälischen Hochschulen (über ZVS, siehe S. 136ff.) – direkt von den Hochschulen vergeben. In Geschichte sind die meisten Studienplätze frei, in Kunstgeschichte gibt es an einigen Universitäten einen internen Numerus clausus.

Geschichte und Kunstgeschichte an Universitäten und Kunsthochschulen

Hochschule	Studiengang	Abschluss
Aachen TH	Geschichte, Wirtschafts- und Sozialgeschichte	Magister
Augsburg U	Didaktik der Geschichte, Geschichte der frühen Neuzeit, Alte Geschichte, Bayerische Landesgeschichte, Mittelalterliche Geschichte, Neuere und neueste Geschichte	Magister
Bamberg U	Bauforschung und Baugeschichte	Magister
Bamberg U	Geschichte	Diplom, Magister
Bamberg U	Mittelalterstudien, interdisziplinäre/Medieval Studies	Bachelor
Bamberg U	Vor- und Frühgeschichte	Magister
Berlin FU	Geschichte	Bachelor
Berlin FU	Alte Geschichte, Mittelalterliche Geschichte, Neuere Geschichte, Ost- und südosteuropäische Geschichte, Indische Kunstgeschichte, Ostasiatische Kunstgeschichte	Magister
Berlin HU	Archäologie und Kulturgeschichte Nordostafrikas	Magister

Berlin HU	Geschichte, Geschichte und Gesellschaft Südasiens, Alte Geschichte, Mittelalterliche Geschichte, Neuere und neueste Geschichte, Ur- und Frühgeschichte	Bachelor
Berlin TU	Geschichte, Wissenschafts- und Technikgeschichte	Magister
Bielefeld U	Geschichte	Bachelor
Bochum U	Geschichte	Bachelor
Bonn U	Christliche Archäologie, Vor- und Frühgeschichtliche Archäologie, Alte Geschichte, Historische Hilfswissenschaften und Archivkunde, Mittlere Geschichte, Mittlere und neuere Geschichte, Neuere Geschichte, Osteuropäische Geschichte, Rheinische Landeskunde, Orientalische Kunstgeschichte	Magister
Braunschweig HBK	Kunstwissenschaft	Bachelor, Magister
Braunschweig TU	Geschichte	Bachelor
Bremen U	Geschichte / Kunstwissenschaft, Geschichte des Mittelalters, Alte Geschichte, Neuere und neueste Geschichte	Magister
Chemnitz TU	Geschichte, europäische	Bakkalaureus
Darmstadt TU	Geschichte	Magister
Dresden TU	Alte Geschichte, Mittelalterliche Geschichte, Neuere und neueste Geschichte	Magister
Duisburg-Essen U	Geschichte	Magister
Düsseldorf U	Geschichte, Kunstgeschichte	Magister
Eichstätt – Ingolstadt U	Geschichte, Geschichte Lateinamerikas, Landesgeschichte, Mittel- und Osteuropäische Zeitgeschichte, Wirtschafts- und Sozialgeschichte, Christliche Archäologie, Didaktik der Geschichte, Alte Geschichte, Mittlere Geschichte, Neuere und neueste Geschichte, Osteuropäische Geschichte, Bayerische und fränkische Landesgeschichte, Neuere deutsche Literaturgeschichte, Europäisches Mittelalter, Ur- und Frühgeschichte	Magister
Frankfurt am Main U	Archäologie und Geschichte der römischen Provinzen, Archäologie und Kulturgeschichte des vorderen Orients, Alte Geschichte, Mittlere und neue Geschichte, Religionswissenschaft und Religionsgeschichte, Vor- und Frühgeschichte	Magister
Freiburg U	Christliche Archäologie, Byzantinische Kunstgeschichte, Urgeschichtliche Archäologie, Geschichte, Kunstgeschichte	Magister
Gießen U	Geschichte, Didaktik der Geschichte, Fachjournalismus Geschichte, Osteuropäische Geschichte, Vor- und Frühgeschichte	Magister
Göttingen U	Archäologie, Christliche und Byzantinische Kunstgeschichte	Magister
Göttingen U	Alte, mittlere, neuere, osteuropäische Geschichte, Ur- und Frühgeschichte, Wirtschafts- und Sozialgeschichte, Wissenschaftsgeschichte	Magister

Greifswald U	Archäologie, christliche und Geschichte der Byzantinischen Kunst	Magister
Greifswald U	Geschichte, Alte Geschichte, Kunstgeschichte	Bachelor
Greifswald U	Alte, mittlere und neuere Geschichte, Neuere und neueste Geschichte, Nordische Geschichte, Osteuropäische Geschichte, Vergleichende und pommersche Landesgeschichte, Ur- und Frühgeschichte	Magister
Halle-Wittenberg U	Christliche Archäologie, Byzantinische Kunstgeschichte, Didaktik der Geschichte, Geschichte, alte und osteuropäische Geschichte, Landesgeschichte, Wirtschafts- und Sozialgeschichte, Zeitgeschichte	Magister
Hamburg U	Geschichte, Sozial- und Wirtschaftsgeschichte, Vor- und Frühgeschichtliche Archäologie	Magister
Hamburg U	Geschichte der Naturwissenschaften	Diplom
Hannover U	Geschichte	Magister
Heidelberg U	Christliche Archäologie, alte, mittlere und neuere, osteuropäische Geschichte, Geschichte Südasiens, europäische und ostasiatische Kunstgeschichte, Ur- und Frühgeschichte	Magister
Hildesheim U	Geschichte	Bachelor
Jena U	Geschichte der Naturwissenschaften und Technik, alte, mittelalterliche, neuere, osteuropäische Geschichte, Ur- und Frühgeschichte, Volkskunde/ Kulturgeschichte, Wirtschafts- und Sozialgeschichte	Magister
Karlsruhe U	Europäische Kultur und Ideengeschichte (European Studies), Geschichte	Bakkalaureat
Kassel U	Alte, mittlere und neuere Geschichte, Kunstwissenschaft	Magister
Kiel U	Alte, mittlere und neuere, osteuropäische Geschichte, Kunstgeschichte	Magister
Kiel U	Ur- und Frühgeschichte	Diplom, Magister
Koblenz-Landau U	Geschichte, Kunstwissenschaft	Magister
Köln U	Alte, angloamerikanische, iberische und lateinamerikanische, mittlere und neuere, osteuropäische Geschichte, Kunstgeschichte, Ur- und Frühgeschichte	Magister
Konstanz U	Geschichte	Bachelor
Leipzig U	Geschichte und Kulturgeschichte Afrikas, alte, mittlere und neuere, ost- und südosteuropäische Geschichte, Kunstgeschichte, Ur- und Frühgeschichte	Magister
Magdeburg U	Geschichte	Magister
Mainz U	Archäologie, christliche und byzantinische Kunstgeschichte, alte, mittlere und neuere, osteuropäische Geschichte, Kunstgeschichte, Vor- und Frühgeschichte	Magister
Mannheim U	Geschichte (Kultur, Gesellschaft, Wirtschaft)	Bachelor
Marburg U	Christliche Archäologie, Byzantinische Kunstgeschichte, Geschichte der Pharmazie, alte, mittelalterliche, neuere,	

	osteuropäische Geschichte, Kunstgeschichte, Religionsgeschichte, Sozial- und Wirtschaftsgeschichte, Vor- und Frühgeschichte	Magister
München U	Didaktik der Geschichte, Geschichte der Islamischen Kunst, Geschichte der Medizin, Geschichte der Naturwissenschaft und der Technik, Geschichte Ost- und Südeuropas, alte, bayerische, mittelalterliche, neuere und neueste Geschichte, frühchristliche und byzantinische, mittlere und neuere Kunstgeschichte, Sozial- und Wirtschaftsgeschichte, Vor- und Frühgeschichte, Wissenschafts- und Universitätsgeschichte	Magister
Münster U	Frühchristliche Archäologie, alte, mittlere, neuere und neueste, osteuropäische Geschichte, Kunstgeschichte, Ur- und Frühgeschichte	Magister
Oldenburg U	Geschichte	Bachelor
Osnabrück U	Geschichte, Kunstgeschichte	Bachelor
Paderborn U	Geschichte	Bachelor
Passau U	Didaktik der Geschichte, alte, mittlere und neuere Geschichte, Kunstgeschichte, bayerische Landesgeschichte	Magister
Potsdam U	Alte, mittelalterliche, neuere Geschichte	Magister
Regensburg U	Geschichte, Kunstgeschichte, Vor- und Frühgeschichte, Allgemeine Wissenschaftsgeschichte	Magister
Rostock U	Geschichte	Bakkalaureus
Saarbrücken U	Geschichte, Kunstgeschichte, Vor- und Frühgeschichte	Magister
Siegen U	Applied History	Bachelor
Siegen U	Geschichte	Magister
Stuttgart U	Geschichte, Geschichte der Naturwissenschaft und Technik	Bachelor
Stuttgart U	Geschichte, Geschichte der Naturwissenschaft und Technik, Kunstgeschichte	Magister
Trier U	Geschichte, Kunstgeschichte	Magister
Tübingen U	Geschichte, Kunstgeschichte, Ur- und Frühgeschichte	Magister
Tübingen U	Geschichte	Bakkalaureus
Vechta H	Geschichte, Neuere Geschichte	Magister
Vechta H	Geschichte	Bachelor
Wuppertal U	Geschichte	Magister
Würzburg U	Kunstgeschichte/Kunstwissenschaft, Vor- und Frühgeschichte	Magister

Zum Weiterlesen: Anja Berger, *Karrieren unter der Lupe. Geschichtswissenschaftler*, 2002. Weitere Infos: Verband der Historiker und Historikerinnen Deutschlands (VHD), *www.vhd.gwdg.de* oder Verband Deutscher Kunsthistoriker e.V., *www.kunsthistoriker.org*.

Gestaltung, Grafik und Design

Studiengänge im Bereich Gestaltung und Design gehören bei Schülern zu den besonders gefragten Fächern mit dem Berufsziel Werbung. Aber nur ein Teil von ihnen kann den Wunsch realisieren, weil vor dem Studium massive Hürden aufgebaut sind. Wer nicht das Abschlusszeugnis einer Fachoberschule für Gestaltung vorlegen kann, muss eine Mappe mit künstlerischen Exponaten einreichen und bei erfolgreicher Begutachtung zusätzlich eine künstlerische Aufnahmeprüfung bestehen, die im Fachdeutsch Prüfung zur Feststellung künstlerisch-gestaltender Begabung heißt; selbst wenn diese Hürde genommen ist, muss man unter Umständen noch ein oder zwei Jahre Wartezeit in Kauf nehmen. Daneben werden zum Teil vor Studienaufnahme noch einschlägige Praktika von unterschiedlicher Dauer vorausgesetzt.

Gestaltung/Design umfasst im Wesentlichen zwei Studiengänge: Industrial Design (Produktdesign) und Kommunikationsdesign (Visuelle Kommunikation). Industrial Designer streben in die Konsumgüter- und Investitionsgüterindustrie, wo Produkte durch werbewirksame technisch-funktionale oder ästhetische Gesichtspunkte gestaltet oder verschönert werden. Kommunikationsdesign ist vor allem Gestaltung von Kommunikationsmitteln, beispielsweise Zeitungen, Zeitschriften, Werbebroschüren und Werbeplakate. Der Kommunikationsdesigner arbeitet überwiegend in der Werbung.

Wer ein gestalterisches Fach studieren möchte, findet zahlreiche Angebote an fast allen Kunsthochschulen und an einer Reihe von Fachhochschulen. Allerdings sollten sich Interessenten vorab über die Inhalte und Schwerpunkte des Studiums genau informieren, weil es sehr unterschiedliche Schwerpunkte gibt. Nur einige Beispiele: Industriedesign, Bühnenbild, Modedesign, Produktdesign, Angewandte Grafik, Freie Keramik, Textildesign, Theaterausstattung, Druckgrafik, Buchkunst, Schmuck, Grafikdesign-Informatik, Glasgestaltung und vieles mehr.

Das Studium selbst dauert in der Regel sieben bis neun Semester und schließt mit einer Diplomprüfung ab. Im Grundstudium werden die gestalterischen Grundlagen, die künstlerischen Darstellungstechniken, Herstellung von Modellen und Konstruktionen sowie die naturwissenschaftlichen Grundlagen, gesellschaftlichen Bezüge und historischen Aspekte (z. B. Kunstgeschichte, Geschichte der Mode) vermittelt.

Die Berufsperspektiven sind wie bei anderen künstlerischen oder musischen Studien stark abhängig von der Fähigkeit, Ideen zu entwickeln und sie in Produkte oder Dienstleistungen umzusetzen. Die Branche lebt geradezu von immer neuen und kürzeren Trends und Modeerscheinungen. Ein ideales Betätigungsfeld also für junge Leute mit Ideen und Gestaltungswillen.

Studiengänge für Gestaltung, Grafik und Design an Universitäten und Kunsthochschulen

Hochschule	Studiengang	Abschluss
Berlin UdK	Bühnenbild, Bühnenkostüm, Industrial Design	Diplom
Berlin UdK	Experimentelle Mediengestaltung	Diplom
Berlin-Weißensee KHB	Bühnenbild, Kommunikationsdesign, Modedesign, Produktdesign, Textil- und Flächen-Design	Diplom
Bielefeld U	Medieninformatik und Gestaltung	Bachelor
Braunschweig HBK	Industrial Design, Kommunikationsdesign	Diplom
Bremen HfK	Design, Freie Keramik, freie Kunst	Diplom
Bremen HfK	Integriertes Design, Digitale Medien	Bachelor
Chemnitz TU	Grafische Technik	Magister
Dresden HfBK	Bühnen- und Kostümbild, Malerei/Grafik	Diplom

Duisburg-Essen U	Industrial Design, Kommunikationsdesign	Diplom, integrierte Studiengänge
Frankfurt am Main HfBK	Freie Grafik	Abgangszeugnis
Halle HfKuD	Kunst & Medien	Diplom
Hamburg HfBK	Design	Diplom
Karlsruhe AkdBK	Freie Malerei/Grafik	Abschlussprüfung
Karlsruhe HfGest	Grafik-Design, Produktdesign	Diplom
Kassel U	Visuelle Kommunikation	Künstlerische Abschlussprüfung
Kassel U	Produkt-Design	Diplom
Leipzig HfGuB	Buchkunst/Grafik-Design, Malerei/Grafik,	Diplom
Marburg U	Grafik und Malerei	Magister
München AkdBK	Bühnenbild und Kostüm, Fotografie und Layout, Visuelle Gestaltung, Glas, Goldschmiedekunst, Freie Grafik, Freie Keramik	Zeugnis auf Antrag/Studienbescheinigung
München HMT	Maskenbild	Bachelor
Nürnberg AkdBK	Gold- und Silberschmieden, Grafik, freie und Malerei/Objektkunst	Abschlusszeugnis
Offenbach HfGest	Produktgestaltung	Diplom
Oldenburg U	Kunst und Medien, Materielle Kultur: Textil	Bachelor
Saar HBK	Kommunikationsdesign, Produktdesign	Diplom
Stuttgart AkdBK	Architektur und Design, Industrial Design/Produktgestaltung, Kommunikationsdesign	Diplom
Stuttgart AkdBK	Bühnenbild, Glasgestaltung, Freie Grafik, Freie und angewandte Keramik	keine Abschlussprüfung
Weimar U	Visuelle Kommunikation, Produktdesign	Diplom
Weimar U	Mediengestaltung	Bachelor
Wuppertal U	Industrial Design, Kommunikationsdesign	Diplom, integrierte Studiengänge

Studiengänge für Gestaltung, Grafik und Design an Fachhochschulen

Hochschule	**Studienmöglichkeit**	**Abschluss**
Aachen FH	Communication and Multimediadesign	Bachelor
Aachen FH	Visuelle Kommunikation, Produktdesign	Diplom (FH)
Anhalt H	Design: Kommunikations-, Produkt- und Digitales Design	Diplom (FH)
Augsburg FH	Kommunikationsdesign	Diplom (FH)
Berlin FHTW	Kommunikationsdesign	Diplom (FH)
Berlin MDH	Mediadesign	Diplom (FH)
Bielefeld FH	Gestaltung	Diplom (FH)
Braunschweig/Wolfenbüttel FH	Mediengestaltung	Bachelor
Coburg FH	Integriertes Produktdesign, Industrie-Design, Kommunikations-Design, Media System Design	Diplom (FH)

Dortmund FH	Kommunikationsdesign	Diplom (FH)
Dresden HTW	Produktgestaltung	Diplom (FH)
Düsseldorf FH	Kommunikationsdesign, Produktdesign	Diplom (FH)
Hamburg HAW	Illustration und Kommunikationsdesign, Textil-, Mode- und Kostümdesign	Diplom (FH)
Hannover FH	Kommunikationsdesign, Mode- und Kostüm-Design, Produkt-Design	Diplom (FH)
Hildesheim/Holzm./ Göttingen FH	Gestaltung	Diplom (FH)
Hof FH	Textildesign	Diplom (FH)
Kaiserslautern FH	Virtual Design	Bachelor
Kiel FHKuG	Industriedesign, Kommunikationsdesign, Freie Kunst	Diplom (FH)
Koblenz FH	Freie Kunst, Keramik und Glas	Diplom (FH)
Köln FH	Design	Diplom (FH)
Köln FH	European Studies in Design	Bachelor
Konstanz FH	Kommunikationsdesign	Bachelor
Lübeck FH	Informationstechnologie und Gestaltung (int. Studiengang)	Diplom (FH)
Magdeburg-Stendal H	Industrial Design	Bachelor
Mainz FH	Design, Medien-Design	Diplom (FH)
Mannheim FHTG	Kommunikationsdesign	Bachelor
München FH	Fotodesign, Industrial Design, Kommunikations-Design	Diplom (FH)
Münster FH	Design	Diplom (FH)
Niederrhein H	Design, Design-Ingenieur	Diplom (FH)
Nürnberg FH	Kommunikationsdesign, Mediendesign	Diplom (FH)
Oldenburg/Ostfriesl./ Wilhelmshaven FH	Produktentwicklung und Design	Diplom (FH)
Ottersberg FHKunst	Freie bildende Kunst	Diplom (FH)
Pforzheim FH	Industrial Design, Visuelle Kommunikation, Mode, Schmuck und Gerät, Transportation Design	Diplom (FH)
Potsdam FH	Design	Bachelor, Diplom (FH)
Reutlingen FHTW	Textildesign/Modedesign	Bachelor
Schwäbisch Gmünd FHGest	Kommunikationsgestaltung, Produktgestaltung, Kulturgestaltung, Mediengestaltung,	Bachelor
Stuttgart HdM	Informationsdesign, Werbung und Marktkommunikation	Bachelor
Stuttgart MerzAk	Kommunikationsdesign	Diplom (FH)
Trier FH	Edelstein- und Schmuckdesign, Kommunikations-design, Modedesign	Diplom (FH)
Wiesbaden FH	Kommunikationsdesign	Diplom (FH)
Wismar H	Design, Kommunikationsdesign und Medien	Diplom (FH)
Würzburg-Schweinfurt FH	Kommunikations-Design	Diplom (FH)
Zwickau H	Holzbildhauerkunst	Bachelor
Zwickau H	Holzgestaltung, Modedesign, Textildesign, Textilkunst	Diplom (FH)

Zum Weiterlesen: Michael Jung, Studienführer Kunst und Design, 2002; Ingo Butters, *Karrieren unter der Lupe: Kunst und Design*, 2001.

Gesundheit und Pflege

Gesundheits- und Pflegeberufe liegen im Trend. Der Gesundheitsmarkt ist einer der größten Wirtschaftsbereiche in Deutschland mit einem weiterhin günstigen Entwicklungspotenzial und mit steigenden Beschäftigungsmöglichkeiten. Auch künftig werden gut ausgebildete Ärzte, Techniker und Pflegepersonal benötigt. Darüber hinaus erwarten Fachleute mehrere hunderttausend neue Stellen und neue, auch für Abiturienten attraktive Berufe, vor allem in drei Bereichen: in der Pflege, im Gesundheitsmanagement und in der Medizintechnik.

Menschen werden bekanntlich immer älter. Alte Menschen müssen medizinisch versorgt, gepflegt und betreut werden. Gleichzeitig steigt der medizinisch-technische Fortschritt. Die knappen Kassen zwingen aber zu Kostenbewusstsein und zum Sparen. Die Diskussionen um die Gesundheitsreform machen deutlich, dass durch wirtschaftliches Handeln viel Geld eingespart werden kann, ohne dass dadurch die Leistungen eingeschränkt werden müssen. Dies bedingt aber ein modernes Finanz- und Personalmanagement sowie eine gute Aus- und Weiterbildung des Personals. Etwa zwei Dutzend Hochschulen – in erster Linie Fachhochschulen – bieten bereits entsprechende vier- bis fünfjährige Diplomstudiengänge wie Pflegemanagement, Pflegeleitung oder Pflegepädagogik an. In ähnliche Richtung zielen Studiengänge wie Krankenhausbetriebswirtschaft und Gesundheitsmanagement. Voraussetzung sind Fachhochschulreife oder Abitur und häufig eine vorherige einschlägige Berufsausbildung. Auch gibt es universitäre Studiengänge wie Medizinpädagogik, die pädagogische und naturwissenschaftlich-medizinische Kenntnisse vermitteln, was für die Aus- und Weiterbildung von medizinischem und Pflegepersonal sehr wichtig ist (etwa Charité und Martin-Luther-Universität Halle-Wittenberg).

Außerdem besteht die Möglichkeit, innerhalb eines Studiums der Betriebswirtschaftslehre den Schwerpunkt Gesundheitsökonomie zu wählen, den etliche Hochschulen inzwischen anbieten.

Arbeitgeber für die Gesundheits- und Pflegespezialisten sind nicht nur Krankenhäuser und Pflegeeinrichtungen, sondern auch Krankenkassen und andere Träger der Gesundheitsverwaltung, Fachschulen, Gesundheitsindustrie und Berufsverbände.

Die Gesundheitseinrichtungen sind ohne medizinische Hochtechnologie und elektronische Informationssysteme nicht mehr denkbar. Für Diagnostik, Behandlung und Überwachung von Patienten müssen technische Geräte nicht nur eingerichtet und gewartet werden. Häufig sind sie EDV-gesteuert. Der Computer wird auch bei der medizinischen Diagnostik, der Behandlung und der Informationsrecherche eingesetzt. Hierfür werden in Zukunft vermehrt Spezialisten mit Hochschulausbildung benötigt. Einige Fachhochschulen und Universitäten bieten Ingenieurstudiengänge für Biomedizinische Technik oder für Medizintechnik an. Mehrere Fachhochschulen bilden auch Ingenieure für Technisches Gesundheitswesen oder für Krankenhausbetriebstechnik aus, die für die gesamten technischen Anlagen im Krankenhaus – nicht nur die medizinischen – verantwortlich sind. Im Aufbau begriffen sind auch Studiengänge für Medizinische Informatik an Fachhochschulen und an Universitäten. Diese Informatiker sind entweder direkt im medizinischen Bereich (Labordatenverarbeitung, Intensivüberwachung, Blutbankführung) oder im kaufmännisch-organisatorischen Bereich (Rechnungswesen, Beschaffung, Bettenverwaltung) tätig.

Abiturienten, die am Berufsbereich Gesundheit und Pflege interessiert sind, sollten sich aber nicht nur auf die Hochschulausbildungen konzentrieren. Es gibt eine Reihe technischer Berufe, Pflegeberufe, Assistentenberufe, therapeutischer Berufe und Schönheitsberufe, die auch über eine betriebliche Ausbildung oder eine Fachschulausbildung erlernt werden können. Zahntechniker/in, Ergotherapeut/in oder Logopädin/Logopäde sind nur einige Beispiele für attraktive Gesundheitsberufe.

Gesundheits- und Pflegewissenschaften an Universitäten

Hochschule	Studiengang	Abschluss
Aachen TH	Lehr- und Forschungslogopädie	Diplom
Bayreuth U	Gesundheitsökonomie	Diplom
Berlin HU	Medizin- und Pflegepädagogik, Rehabilitationspädagogik	Diplom
Bielefeld U	Health Communication, Klinische Linguistik	Bachelor
Bremen U	Pflegewissenschaft, Public Health/ Gesundheitswissenschaften	Bachelor
Erfurt U	Lehr-/Lern- und Trainingspsychologie	Bakkalaureus
Halle-Wittenberg U	Pflege- und Gesundheitswissenschaft	Diplom
Hamburg-Harburg TU	Medizingenieurwesen	Diplom
Heidelberg U	Pflegewissenschaft/Gerontologische Pflege	Lehramt an beruflichen Schulen
Köln U	Gesundheitsökonomie	Diplom
Witten/Herdecke U	Pflegewissenschaft	Bachelor

Gesundheits- und Pflegewissenschaften an Fachhochschulen

Hochschule	Studiengang	Abschluss
Aalen FH	Augenoptik , Augenoptik und Hörakustik, Hörakustik	Diplom (FH)
Berlin ASFH	Pflege/Pflegemanagement	Diplom (FH)
Berlin EvFH	Pflege/Pflegemanagement	Diplom (FH)
Berlin EvFH	Pflegewissenschaft	Bachelor
Berlin KathFH	Heilpädagogik	Diplom (FH)
Berlin TFH	Augenoptik/Optometrie, Technik, medizinisch-physikalische/Medical Engineering	Diplom (FH)
Bielefeld FH	Pflege und Gesundheit	Bachelor
Braunschweig/ Wolfenbüttel FH	Augenoptik (ausbildungsintegriert), Management im Gesundheitswesen	Diplom (FH)
Bremen H	Pflegeleitung	Diplom (FH)
Bremerhaven H	Medizintechnik	Diplom (FH)
Darmstadt EvFH	Pflegewissenschaft	Diplom (FH)
Dresden EvH	Pflegewissenschaft/Pflegemanagement (berufsbegleitend)	Diplom (FH)
Essen FOM	Health-Care- und Sozialmanagement	Diplom (FH)
Esslingen FHS	Pflege/Pflegemanagement, Pflegepädagogik	Bachelor
Frankfurt am Main FH	Pflege, Pflegemanagement	Diplom (FH)
Freiburg KathFHS	Pflegemanagement (berufsintegriert), Pflegepädagogik (berufsintegriert)	Diplom (FH)
Freiburg KathFHS	Therapiemanagement (berufsbegleitend)	Bachelor
Fulda FH	Gesundheitsmanagement (Health Care Management), Pflege, Pflegemanagement (Nursing Management), Physiotherapie (berufsbegleitend)	Bachelor
Furtwangen FH	Medical Engineering	Diplom (FH)
Gelsenkirchen FH	Mikrotechnik und Medizintechnik	Diplom (FH)

Gießen-Friedberg FH	Clinical Engineering	Bachelor
Gießen-Friedberg FH	KrankenhausTechnikManagement, Medizintechnik, Orthopädie- und Rehatechnik	Diplom (FH)
Göttingen DRKFH	Pflegemanagement	Bachelor
Hamburg FernH	Pflegemanagement	Diplom (FH)
Hamburg HAW	Gesundheit, Medizintechnik, Pflege	Diplom (FH)
Hannover EvFH	Heilpädagogik, Pflegemanagement (berufsbegleitend), Pflegepädagogik (berufsbegleitend)	Diplom (FH)
Heidelberg FH	Musiktherapie	Diplom (FH)
Hildesheim/Holzmin./ Göttingen FH	Medizinalfachberufe	Bachelor
Idstein FHFresen	Ergotherapie	Diplom (FH)
Idstein FHFresen	Logopädie, Physiotherapie	Bachelor
Jena FH	Augenoptik, Biomedizintechnik, Pflege/Pflegemanagement (Fernstudiengang)	Diplom (FH)
Kiel FH	Physiotherapie (ausbildungsintegriert)	Bachelor
Koblenz FH	Gesundheits- und Sozialwirtschaft, Medizintechnik und Sportmedizinische Technik	Diplom (FH)
Lübeck FH	Betriebswirtschaftslehre – Gesundheitswirtschaft	Bachelor
Lübeck FH	Medizintechnik	Diplom (FH)
Ludwigshafen EvFH	Pflegeleitung, Pflegepädagogik	Diplom (FH)
Ludwigshafen FH	Gesundheitsökonomie im Praxisverbund	Diplom (FH)
Magdeburg-Stendal H	Gesundheitsförderung und -management, Musiktherapie, Rehabilitationspsychologie	Diplom (FH)
Magdeburg-Stendal H	Gesundheitswissenschaften, angewandte	Bachelor
Mainz FH	Krankenhauswesen, Gesundheits- und Sozialökonomie	Diplom (FH)
Mainz KathFH	Pflegemanagement, Pflegepädagogik, Pflegemanagement	Diplom (FH)
Münster FH	Pflegemanagement, Pflegepädagogik, Technische Orthopädie	Diplom (FH)
Neubrandenburg FH	Gesundheitswissenschaften, Pflegewissenschaft/ Pflegemanagement	Bachelor
Niederrhein H	Gesundheitswesen-Technische Medizinwirtschaft	Diplom (FH)
Norddeutschland KathFH	Pflegemanagement (berufsbegleitend), Pflegepädagogik (berufsbegleitend)	Diplom (FH)
Nordhausen FH	Gesundheits- und Sozialwesen	Diplom (FH)
Nordhessen FH	Ergotherapie, Physiotherapie	Diplom (FH)
Nordrhein-Westfalen KathFH	Heilpädagogik, Pflegemanagement (berufsbegleitend), Pflegepädagogik	Diplom (FH)
Nürnberg EvFH	Pflegemanagement	Diplom (FH)
Nürtingen FH	Kunsttherapie	Diplom (FH)
Oldenburg/Ostfriesl./ Wilhelmshaven FH	Hörtechnik und Audiologie, Medizintechnik	Diplom (FH)
Oldenburg/Ostfriesl./ Wilhelmshaven FH	Logopädie, Physiotherapie	Bachelor
Osnabrück FH	Betriebswirtschaft in Einrichtungen des Gesundheits-	

	wesens, Dentaltechnologie, Krankenpflegemanagement, Pflege- und Gesundheitsmanagement (berufsbegleitend), Pflegewissenschaft	Diplom (FH)
Ottersberg FHKunst	Kunsttherapie	Diplom (FH)
Rheinland-Westfalen-Lippe EvFH	Pflege	Diplom (FH)
Riedlingen FH	Gesundheits- und Sozialwirtschaft	Diplom (FH)
Saarbrücken HTW	Management und Expertise für Pflege- und Gesundheitsfachberufe	Bachelor
Stralsund FH	Medizininformatik und Biomedizintechnik	Bachelor
Ulm FH	Medizinische Dokumentation und Informatik, Medizintechnik	Diplom (FH)
Ulm FH	Medizintechnik	Bachelor
Würzburg-Schweinfurt FH	Pflegemanagement	Diplom (FH)
Zwickau H	Pflegemanagement	Diplom (FH)

Haushalts- und Ernährungswissenschaften

Mit den physiologischen, wirtschaftlichen und technologischen Grundlagen einer ausgewogenen Ernährung als Voraussetzung von Gesundheit und Leistungsfähigkeit beschäftigt sich das Fach Ernährungswissenschaften, das von mehreren Universitäten und Fachhochschulen entweder als eigenes Studienfach oder in Kombination mit Haushaltswissenschaften (dann spricht man von Ökotrophologie) angeboten wird. An den Fachhochschulen heißen die Studiengänge meistens Haushalts- und Ernährungstechnik oder Haushalts- und Ernährungswirtschaft.

Unter Haushaltswissenschaften versteht man technische, wirtschaftliche und soziale Fragen bei der Führung von großen Haushalten wie zum Beispiel Kantinen, Mensen, Alten- und Pflegeheimen, Anstalten, Gefängnissen.

Haushalts- und Ernährungswissenschaften ist ein beliebtes Fach für Frauen mit einer breiten Ausbildung in Naturwissenschaften, Technik, Organisation, Wirtschaft und Sozialwissenschaften.

Entsprechend dieser Breite werden Vorlesungen, Übungen, Seminare, aber auch fachpraktische Veranstaltungen in Grundfächern wie Mathematik und Statistik, Physik, Chemie, Lebensmittelchemie, Biologie und Biochemie, in Hygiene und Soziologie und vor allem in den Wirtschaftswissenschaften besucht. Im zweiten Teil des Studiums erfolgt eine Schwerpunktbildung entweder in Haushaltswissenschaft oder in Ernährungswissenschaft. Das Studium endet nach etwa neun bis zehn Semestern (Universitäten) oder acht Semestern (Fachhochschulen) mit einer Diplomprüfung oder einer Lehramtsprüfung (nur an Universitäten), letztgenannte bietet die Möglichkeit einer Lehrtätigkeit an berufsbildenden Schulen. Häufig sehen die Studiengänge eine mehrmonatige praktische Tätigkeit in Großhaushalten oder in Unternehmen der Ernährungswirtschaft vor. Das Studium an den Fachhochschulen ist im Hauptstudium stärker auf Technik und Wirtschaft ausgerichtet.

Das Studium bietet nicht nur breite Ausbildungsmöglichkeiten, sondern auch breite Einsatzmöglichkeiten in der Industrie, bei den genannten Einrichtungen oder in der beruflichen Aus- und Weiterbildung.

Für das Studium der Haushalts- und Ernährungswissenschaften an wissenschaftlichen Hochschulen/Universitäten und an Fachhochschulen bewirbt man sich direkt bei der Hochschule.

Haushalts- und Ernährungswissenschaften an Universitäten

Hochschule	Studiengang	Abschluss
Berlin TU	Lebensmitteltechnologie	Diplom
Bonn U	Ernährungs- und Haushaltswissenschaft, Lebensmitteltechnologie	Diplom
Gießen U	Haushalts- und Ernährungswissenschaft	Diplom
Hohenheim U	Ernährungswissenschaft, Lebensmitteltechnologie	Diplom
Jena U	Ernährungswissenschaft	Diplom
Kiel U	Ökotrophologie (Haushalts- und Ernährungswissenschaft)	Bachelor
München TU	Braumeister, Brauwesen und Getränketechnologie, Technologie und Biotechnologie der Lebensmittel	Diplom
München TU	Ernährungswissenschaft, Brauwesen und Getränketechnologie, Technologie und Biotechnologie der Lebensmittel	Bachelor
Potsdam U	Ernährungswissenschaft	Diplom

Haushalts- und Ernährungswissenschaften an Fachhochschulen

Hochschule	Studiengang	Abschluss
Albstadt-Sigmaringen FH	Ernährungs- und Hygienetechnik	Diplom (FH)
Anhalt H	Lebensmitteltechnologie, Ökotrophologie	Bachelor
Anhalt H	Lebensmitteltechnologie (Fernstudium)	Diplom (FH)
Berlin TFH	Lebensmitteltechnologie	Diplom (FH)
Bremerhaven H	Lebensmitteltechnologie, Lebensmittelwirtschaft	Diplom (FH)
Fulda FH	Haushalt und Ernährungswirtschaft, Lebensmitteltechnologie	Diplom (FH)
Hamburg HAW	Ökotrophologie	Diplom (FH)
Hannover FH	Milchwirtschaftliche Lebensmitteltechnologie	Diplom (FH)
Lippe/Höxter FH	Lebensmitteltechnologie	Bachelor
Münster FH	Ökotrophologie (auch Europäischer Studiengang)	Diplom (FH)
Neubrandenburg FH	Lebensmitteltechnologie	Diplom (FH)
Niederrhein H	Ökotrophologie /Ernährung und Diätetik	Diplom (FH)
Osnabrück FH	Ökotrophologie	Diplom (FH)
Trier FH	Lebensmitteltechnik	Diplom (FH)
Weihenstephan FH	Ernährung und Versorgungsmanagement, Lebensmitteltechnologie	Diplom (FH)
Wiesbaden FH	Weinbau und Getränketechnologie	Diplom (FH)

Informatik

Informatik ist die noch recht junge Wissenschaft von der systematischen Informationsverarbeitung mit Hilfe von Computern. Aufgabe der Informatik ist es, komplexe Systeme der Informationsverarbeitung in Wissenschaft, Technik, Wirtschaft und Gesellschaft zu erstellen und ihre Beherrschbarkeit zu sichern. Ob Auto, Telefon, Fabrikanlage oder die multimediale Kommunikationstechnik – die Informatik ist längst in alle Lebensbereiche vorgedrungen.

Wer Informatik studieren möchte, steht vor einer Fülle von Angeboten und Möglichkeiten. Die meisten Universitäten, Technischen Hochschulen und Fachhochschulen bieten das Fach Allgemeine Informatik mit allerdings unterschiedlichen Schwerpunkten und Nebenfächern an.

Im Studium, das mit einem Diplom abschließt (danach an Universitäten Promotion möglich), wird ein breites Wissen in allen Teilgebieten der Informatik (theoretische, praktische, technische und angewandte Informatik), in Mathematik, Physik, Rechtswissenschaft und Wirtschaftswissenschaften vermittelt. Auch in diesem Studienbereich gibt es schon eine Vielzahl von Bachelor- und Masterstudiengängen. Ob sich die neuen Abschlüsse auf dem Arbeitsmarkt für Informatiker etablieren können, bleibt abzuwarten. Vor allem der Bachelor of Science als berufsqualifzierender Abschluss steht in der Kritik. Er könne die Qualifikationen, die in einem Diplomstudiengang erworben werden, nicht vermitteln. Wenn Sie sich für einen neuen Studienabschluss entscheiden, sollten Sie deshalb von vorneherein einen Masterabschluss anstreben (siehe hierzu S. 100ff.).

Einige Universitäten und Fachhochschulen haben kombinierte Studiengänge mit starken Informatikanteilen eingerichtet. Die Wirtschaftsinformatik kümmert sich um Analyse und Steuerung betrieblicher, organisatorischer und gesamtwirtschaftlicher Vorgänge und bezieht wesentliche Teile der Wirtschaftswissenschaften, vor allem der Betriebswirtschaftslehre, ein.

Die Ingenieurinformatik orientiert sich auf Entwicklung und Einsatz von Informatikmethoden und -hilfsmitteln in der Gesamtheit der Ingenieurwissenschaften. Sie wird als eigenständiger Studiengang angeboten oder in Verbindung mit Elektrotechnik, Bauingenieurwesen oder Maschinenbau.

Medizininformatik ist die Anwendung der Informatik in der Medizin, um Erkenntnisse über Diagnostik, Therapie und Prävention zu systematisieren und aufzubereiten. Der Studiengang wird an einigen Fachhochschulen und an Universitäten nur an der Universität Heidelberg (in Zusammenarbeit mit der Fachhochschule Heilbronn) und an der Universität zu Lübeck angeboten.

Voraussetzung für das Studium der Informatik sind eine gute mathematisch-naturwissenschaftliche Begabung, technisches Geschick, die Fähigkeit, komplexe Probleme anhand von Modellen und Algorithmen zu lösen, zügig und systematisch arbeiten zu können, hohe Konzentrationsfähigkeit und Selbstdisziplin, ein Verständnis für wirtschaftliche Fragen und die Bereitschaft, das Wissen auf dem neuesten Stand zu halten. Unentbehrliche Voraussetzung für das Informatikstudium sind auch gute Englischkenntnisse.

Wichtig ist die Gestaltung des Studiums. Im Grundstudium sollte man sich einen differenzierten Überblick über das Fach verschaffen und mit den mathematischen und technischen Grundlagen vertraut machen. Mit dem Nebenfach und der Schwerpunktbildung im Hauptstudium werden die Weichen für die spätere berufliche Tätigkeit gestellt. Außerdem erwarten Arbeitgeber ein zügiges Studium, Beherrschung von mindestens zwei Programmiersprachen, Zusatzkenntnisse in Ökonomie, Praxiserfahrung (durch verschiedene Praktika), Fremdsprachenkenntnisse, soziale Kompetenz und Teamfähigkeit, ferner hohe Belastbarkeit und eine permanente Bereitschaft zur Weiterbildung, weil kaum ein Arbeitsbereich so schnell technischen Veränderungen unterliegt wie die elektronische Informationsverarbeitung, das gilt gleichermaßen für Hardware, Software und Systemtechniken.

Informatik an Universitäten

Hochschule	Studiengang	Abschluss
Aachen TH	Computational Engineering Science, Computermathematik, Informatik, Technische Informatik, Werkstoffinformatik	Diplom
Augsburg U	Informatik und Electronic Commerce, Informatik und Multimedia	Bachelor
Augsburg U	Angewandte Informatik	Diplom
Bamberg U	Kulturinformatik	Magister
Bamberg U	Wirtschaftsinformatik, Angewandte Informatik	Diplom
Berlin FU	Bioinformatik	Bachelor
Berlin FU	Informatik	Diplom, Magister, Bachelor
Berlin HU	Informatik	Diplom, Magister, Bachelor
Berlin TU	Informatik, Technische Informatik	Diplom
Bielefeld U	Bioinformatik und Genomforschung, Informatik, Kognitive Informatik, Naturwissenschaftliche Informatik, Medieninformatik und Gestaltung	Bachelor
Bochum U	Angewandte Informatik	Bachelor
Bonn U	Informatik	Diplom
Braunschweig TU	Informatik	Diplom, Magister
Braunschweig TU	Wirtschaftsinformatik	Diplom
Bremen IU	Bioinformatics and Computational Biology, Computational Science, Electrical Engineering and Computer Science	Bachelor of Science
Bremen U	Informatik	Diplom, Bachelor
Bruchsal IU	Informatik, Information Technology	Bachelor
Chemnitz TU	Computational Science/Rechnergestützte Naturwissenschaften	Bakkalaureus
Chemnitz TU	Informatik	Diplom
Chemnitz TU	Angewandte Informatik, Wirtschaftsinformatik,	Diplom
Chemnitz TU	Kombinationsprofil Sportwissenschaft – Informatik	Magister
Clausthal TU	Informatik, Wirtschaftsinformatik	Diplom
Cottbus TU	Informatik	Diplom, Bachelor
Darmstadt TU	Informatik, Mathematics with Computer Science, Sportwissenschaft mit Schwerpunkt Informatik, Wirtschaftsinformatik	Diplom
Darmstadt TU	Mathematics with Computer Science	Bachelor
Dortmund U	Datenanalyse und Datenmanagement/Data Analysis and Data Management	Bachelor
Dortmund U	Informatik, Angewandte Informatik	Diplom
Dresden TU	Informatik	Diplom, Bachelor
Dresden TU	Medieninformatik	Diplom, Bachelor
Dresden TU	Wirtschaftsinformatik	Diplom
Duisburg-Essen U	Computer Science and Communications Engineering, Control and Information Systems	Bachelor

Duisburg-Essen U	Angewandte Informatik	Diplom
Duisburg-Essen U	Wirtschaftsinformatik	Diplom, integrierter Studiengang
Düsseldorf U	Informatik	Bachelor
Eichstätt-Ingolstadt U	Informatik	Magister
Erlangen-Nürnberg U	Computational Engineering	Bachelor
Erlangen-Nürnberg U	Informatik, Wirtschaftsinformatik	Diplom
Erlangen-Nürnberg U	Informatik, linguistische	Magister, Bachelor
Frankfurt am Main U	Bioinformatik, Informatik	Diplom
Freiberg TUBergAk	Engineering & Computing, Geoinformatik	Diplom
Freiberg TUBergAk	Network Computing	Bakkalaureus
Freiburg U	Informatik	Bachelor, Diplom
Göttingen U	Angewandte Informatik	Bachelor
Göttingen U	Wirtschaftsinformatik	Magister, Diplom
Greifswald U	Mathematik mit Informatik	Bachelor
Hagen FernU	Informatik	Diplom, integrierter Studiengang
Hagen FernU	Informatik	Bachelor
Halle-Wittenberg U	Bioinformatik, Informatik	Diplom
Halle-Wittenberg U	Wirtschaftsinformatik	Diplom
Hamburg U	Bioinformatik, Informatik, Wirtschaftsinformatik,	Diplom
Hamburg-Harburg TU	Informatik-Ingenieurwesen	Diplom
Hannover U	Elektrotechnik/Technische Informatik, Geodäsie und Geoinformatik, Mathematik/Informatik, Mathematik/Rechnergestützte Wissenschaft	Diplom
Hannover U	Angewandte Informatik	Bachelor
Heidelberg U	Anwendungsorientierte Informatik	Bachelor
Heidelberg U	Medizinische Informatik	Diplom
Ilmenau TU	Informatik, Ingenieurinformatik, Wirtschaftsinformatik	Diplom
Jena U	Bioinformatik, Wirtschaftsinformatik	Diplom
Jena U	Informatik	Diplom
Kaiserslautern TU	Informatik, Angewandte Informatik, Maschinenbau mit angewandter Informatik, Technoinformatik	Diplom
Karlsruhe U	Geodäsie und Geoinformatik, Informatik	Diplom
Kassel U	Informatik	Bachelor
Kiel U	Informatik	Bachelor, Diplom
Kiel U	Ingenieurinformatik	Diplom
Koblenz-Landau U	Computervisualistik, Informatik	Diplom
Köln U	Wirtschaftsinformatik	Diplom
Konstanz U	Information Engineering	Bachelor
Leipzig U	Informatik	Diplom, Magister, Bakkalaureus
Leipzig U	Wirtschaftsinformatik	Diplom
Lübeck U	Informatik	Diplom, Bachelor
Lüneburg U	Kulturinformatik	Magister
Magdeburg U	Computervisualistik, Ingenieurinformatik, Wirtschaftsinformatik	Diplom
Magdeburg U	Informatik	Diplom

Mainz U	Informatik	Bachelor
Mannheim U	Technische Informatik, Mathematik und Informatik, Wirtschaftsinformatik	Diplom
Mannheim U	Software- und Internettechnologie	Bachelor
Marburg U	Informatik	Diplom
München TU	Informatik	Diplom, Bachelor
München TU	Wirtschaftsinformatik	Bachelor
München U	Bioinformatik	Diplom, Bachelor
München U	Informatik	Diplom
München U	Medieninformatik	Diplom
München UBw	Elektrotechnik und Technische Informatik	Diplom (FH)
München UBw	Informatik, Wirtschaftsinformatik	Diplom
Münster U	Geoinformatik, Informatik, Wirtschaftsinformatik	Diplom
Oldenburg U	Informatik	Diplom, Bachelor
Osnabrück U	Information Systems (Wirtschaftsinformatik), Mathematik/Informatik, Physik mit Informatik	Bachelor
Paderborn U	Informatik	Bachelor
Paderborn U	Ingenieurinformatik (Elektrotechnik)	Diplom, integrierter Studiengang
Paderborn U	Ingenieurinformatik (Maschinenbau)	Diplom, integrierter Studiengang
Paderborn U	Wirtschaftsinformatik	Diplom, integrierter Studiengang
Passau U	Informatik	Bachelor, Diplom
Potsdam U	Informatik	Diplom, Bachelor
Regensburg U	Wirtschaftsinformatik	Diplom
Rostock U	Business Informatics, Informationstechnik/ Technische Informatik	Bachelor
Rostock U	Informatik, Wirtschaftsinformatik	Diplom
Saarbrücken U	Bioinformatik, Informatik, Wirtschaftsinformatik	Bachelor
Siegen U	Informatik in den Geistes- und Sozialwissenschaften	Magister
Siegen U	Angewandte Informatik, Wirtschaftsinformatik	Diplom, integrierte Studiengänge
Stuttgart U	Geodäsie und Geoinformatik	Diplom
Stuttgart U	Informatik	Diplom
Stuttgart U	Wirtschaftsinformatik	Bachelor
Trier U	Informatik, Wirtschaftsinformatik	Diplom
Tübingen U	Bioinformatik	Diplom
Tübingen U	Informatik (auch als Kurzzeitstudiengang)	Diplom
Ulm U	Informatik	Bachelor, Diplom
Ulm U	Informatik (Intensivstudiengang)	Diplom
Ulm U	Medieninformatik	Diplom
Würzburg U	Informatik	Diplom
Würzburg U	Technische Informatik	Diplom
Würzburg U	Wirtschaftsinformatik	Bachelor

Informatik an Fachhochschulen

Hochschule	Studiengang	Abschluss
Aachen FH	Informatik (integriertes Praxissemester/ Auslandssemester)	Diplom (FH)
Aalen FH	Elektronik/Technische Informatik, Informatik	Diplom (FH)
Albstadt-Sigmaringen FH	Wirtschaftsinformatik	Diplom (FH)
Anhalt H	Geoinformatik, Informatik	Bachelor
Ansbach FH	Wirtschaftsinformatik	Diplom (FH)
Augsburg FH	Informatik, Wirtschaftsinformatik	Diplom (FH)
Berlin FHTW	Angewandte Informatik	Diplom (FH)
Berlin FHTW	Technische Informatik	Diplom (FH)
Berlin FHTW	Internationale Medieninformatik, Mobile Computing, Betriebliche Umweltinformatik, Wirtschaftsinformatik	Bachelor
Berlin MDH	Medieninformatik	Bachelor
Berlin TFH	Communication Systems (kooperierender Studiengang)	Bachelor
Berlin TFH	Technische Informatik, Medieninformatik, Produktionsinformatik	Diplom (FH)
Berlin TFH	Medieninformatik (Onlinestudium)	Bachelor
Bielefeld FHM	Wirtschaftsinformatik	Diplom (FH)
Bingen FH	Bioinformatik, Angewandte Informatik, Ingenieurinformatik	Diplom (FH)
Bochum FH	Elektrotechnik und Informatik (auch als kooperative Ingenieurausbildung)	Diplom (FH), Bachelor
Bochum FH	Geoinformatik	Diplom (FH)
Bochum TFH	Maschinenbau-Informatik (auch berufsbegleitend)	Bachelor
Bonn-Rhein-Sieg FH	Computer Science, Wirtschaftsinformatik	Bachelor
Brandenburg FH	Informatik, Wirtschaftsinformatik	Diplom (FH)
Brandenburg FH	Medieninformatik (Onlinestudiengang)	Bachelor
Braunschweig/Wolfenbüttel FH	Fahrzeuginformatik oder Industrieinformatik (auch im Praxisverbund – ausbildungsintegriert), praktische oder technische Informatik, Medieninformatik (auch als Onlinestudiengang), Wirtschaftsinformatik	Diplom (FH)
Bremen H	Informatik (Internationaler Frauenstudiengang)	Diplom (FH)
Bremen H	Technische Informatik (auch als Europäischer Studiengang)	Diplom (FH)
Bremen H	Medieninformatik	Diplom (FH)
Bremerhaven H	Informatik/Wirtschaftsinformatik	Diplom (FH)
Bremerhaven H	Medieninformatik	Bachelor
Brühl EUFH	Wirtschaftsinformatik	Diplom (FH)
Coburg FH	Informatik	Diplom (FH)
Darmstadt FernFH	Informatik	Diplom (FH), Bachelor
Darmstadt FH	Kooperativer Studiengang Informatik	Bachelor
Deggendorf FH	Wirtschaftsinformatik (auch berufsbegleitend)	Diplom (FH), Bachelor

Dortmund FH	Informatik, Wirtschaftsinformatik	Diplom (FH)
Dortmund FH	Medizinische Informatik	Bachelor
Dresden HTW	Informatik, Wirtschaftsinformatik	Diplom (FH)
Elmshorn FH Nordakademie	Wirtschaftsinformatik	Diplom (FH)
Erfurt FH	Angewandte Informatik	Bachelor
Essen FOM	Wirtschaftsinformatik (auch als Fernstudiengang)	Diplom (FH)
Esslingen FHT	Technische Informatik	Diplom (FH)
Esslingen FHT	Softwaretechnik und Medieninformatik	Diplom (FH)
Esslingen FHT	Wirtschaftsinformatik	Diplom (FH)
Flensburg FH	Informatik	Diplom (FH)
Flensburg FH	Wirtschaftsinformatik	Diplom (FH), Bachelor
Frankfurt am Main FH	Informatik, Ingenieur-Informatik	Diplom (FH)
Frankfurt am Main FH	Wirtschaftsinformatik	Bachelor
Frankfurt am Main HfB	Wirtschaftsinformatik	Bachelor
Fulda FH	Angewandte Informatik	Diplom (FH)
Furtwangen FH	Allgemeine Informatik	Diplom (FH)
Furtwangen FH	Medieninformatik, Wirtschaftsinformatik	Bachelor
Gelsenkirchen FH	Angewandte Informatik, Medieninformatik	Bachelor
Gelsenkirchen FH	Angewandte Informatik im Maschinenbau, Wirtschaftsinformatik	Diplom (FH)
Gießen-Friedberg FH	Bioinformatik, Informatik, Technische Informatik, Medieninformatik, Medizininformatik, Wirtschaftsinformatik	Diplom (FH)
Göttingen FH	Wirtschaftsinformatik	Diplom (FH)
Hamburg HAW	Informatik, Technische Informatik, Information Engineering	Bachelor
Hannover FH	Technische Informatik im Maschinenbau, Wirtschaftsinformatik	Diplom (FH)
Hannover FH	Angewandte Informatik	Bachelor
Hannover FHDW	Informatik, Wirtschaftsinformatik	Diplom (FH)
Harz H	Ingenieurinformatik, Kommunikationsinformatik	Diplom (FH)
Harz H	Medieninformatik, Wirtschaftsinformatik	Bachelor
Heidelberg FH	Informatik	Diplom (FH)
Heilbronn FH	Medizinische Informatik	Diplom (FH)
Hildesheim/Holzmin./Göttingen FH	Informatik	Diplom (FH)
Hof FH	Angewandte Informatik, Technische Informatik, Medieninformatik, Wirtschaftsinformatik	Diplom (FH)
Ingolstadt FH	Informatik (Technik)	Diplom (FH), Bachelor
Ingolstadt FH	Informatik (Wirtschaft)	Bachelor
Iserlohn BiTS	Wirtschaftsinformatik	Diplom (FH)
Isny FH	Anwendungsorientierte Informatik, Technische Informatik (auch ausbildungsintegriert)	Diplom (FH)
Kaiserslautern FH	Angewandte Informatik, Ingenieurinformatik (auch als kooperatives Ingenieurstudium), Wirtschaftsinformatik	Diplom (FH)

Karlsruhe FH	Informatik, Wirtschaftsinformatik	Bachelor
Karlsruhe FH	Informatik, Wirtschaftsinformatik	Diplom (FH)
Kempten FH	Informatik	Diplom (FH)
Kiel FH	Internet Science and Technology, Wirtschaftsinformatik	Bachelor
Köln FH	Informatik, Technische Informatik, Wirtschaftsinformatik	Diplom (FH)
Köln FH	Information Engineering, Medieninformatik	Bachelor
Köln FH	Wirtschaftsinformatik (Verbundstudiengang)	Bachelor, Diplom (FH)
Köln RheinFH	Wirtschaftsinformatik	Diplom (FH)
Konstanz FH	Technische Informatik, Wirtschaftsinformatik	Diplom (FH)
Lahr FH	Wirtschaftsinformatik	Diplom (FH)
Landshut FH	Informatik	Diplom (FH)
Lausitz FH	Informatik	Diplom (FH)
Lausitz FH	Technische Informatik und Kommunikationstechnik	Bachelor
Leipzig FHTelekom	Telekommunikationsinformatik (auch als kooperativer Studiengang)	Bachelor, Diplom (FH)
Leipzig HTWK	Informatik	Diplom (FH)
Leipzig HTWK	Medien-Informatik	Bachelor
Lippe/Höxter FH	Angewandte Informatik	Bachelor
Lübeck FH	Medieninformatik	Bachelor
Ludwigshafen FH	Wirtschaftsinformatik	Bachelor
Mainz FH	Geoinformatik und Vermessung	Diplom (FH)
Mannheim FHTG	Technische Informatik	Diplom (FH)
Mannheim FHTG	Informatik	Diplom (FH), Bachelor
Merseburg FH	Informatik	Diplom (FH)
Mittweida H	Informatik, Wirtschaftsinformatik	Diplom (FH)
München FH	Informatik, Wirtschaftsinformatik, Angewandte Informatik	Bachelor
München FH	Vermessung und Geoinformatik, Maschinenbauinformatik	Diplom (FH)
Neubrandenburg FH	Bauinformatik, Geoinformatik	Diplom (FH)
Neu-Ulm FH	Wirtschaftsinformatik	Diplom (FH)
Niederrhein H	Technische Informatik	Diplom (FH), Bachelor
Niederrhein H	Wirtschaftsinformatik	Diplom (FH)
Nordhausen FH	Technische Informatik	Diplom (FH)
Nordostniedersachsen FH	Angewandte Informatik, Ingenieur-Informatik, Wirtschaftsinformatik	Diplom (FH)
Nürnberg FH	Informatik	Bachelor, Diplom (FH)
Nürnberg FH	Wirtschaftsinformatik	Bachelor, Diplom (FH)
Oldenburg/Ostfriesl./ Wilhelmshaven FH	Bioinformatik, Geoinformatik, Informatik, Angewandte	

	Informatik (Prozessautomatisierung), Maschinenbau-Informatik (auch ausbildungsintegriert), Medizininformatik, Wirtschaftsinformatik	Diplom (FH)
Oldenburg/Ostfriesl./Wilhelmshaven FH	Medieninformatik, Wirtschaftsinformatik	Bachelor
Osnabrück FH	Europäisches Elektrotechnik/Informatik-Studium (EES/EIS), Technische Informatik, Maschinenbauinformatik, Medieninformatik	Diplom (FH)
Paderborn FHDW	Technische Informatik, Medieninformatik, Wirtschaftsinformatik, Wirtschaftsinformatik (berufsbegleitend)	Diplom (FH)
Pforzheim FH	Betriebswirtschaft/Wirtschaftsinformatik	Diplom (FH)
Pforzheim FH	Technische Informatik	Bachelor
Pinneberg FH	Wirtschaftsinformatik	Diplom (FH)
Ravensburg-Weingarten FH	Angewandte Informatik, Wirtschaftsinformatik und eBusiness	Diplom (FH)
Ravensburg-Weingarten FH	Wirtschaftsinformatik und eBusiness	Bachelor
Regensburg FH	Informatik, Technische Informatik	Diplom (FH)
Reutlingen FHTW	Medien- und Kommunikationsinformatik, Wirtschaftsinformatik	Bachelor
Rosenheim FH	Informatik	Diplom (FH)
Saarbrücken HTW	Praktische Informatik, Informatik/Informatique	Diplom (FH)
Saarbrücken HTW	Kommunikationsinformatik	Bachelor
Schmalkalden FH	Informatik, Wirtschaftsinformatik	Diplom (FH)
Stralsund FH	Business Informatics, Informatik, Medizininformatik und Biomedizintechnik	Bachelor
Stuttgart HdM	Information Systems (Wirtschaftsinformatik), Medieninformatik	Bachelor
Stuttgart HFT	Informatik	Bachelor
Stuttgart HFT	Vermessung und Geoinformatik	Diplom (FH)
Südwestfalen FH	Business Administration with Informatics	Bachelor
Südwestfalen FH	Angewandte Informatik, Wirtschaftsinformatik	Diplom (FH)
Trier FH	Informatik	Bachelor
Ulm FH	Medizinische Dokumentation und Informatik, Technische Informatik, Wirtschaftsinformatik	Bachelor, Diplom (FH)
Vechta/Diepholz FHWT	Wirtschaftsinformatik (ausbildungsintegriert)	Diplom (FH)
Wedel FH	Technische Informatik, Medieninformatik, Wirtschaftsinformatik	Diplom (FH)
Weihenstephan FH	Bioinformatik	Diplom (FH)
Wiesbaden FH	Allgemeine Informatik, Medieninformatik	Diplom (FH)
Wildau TFH	Bioinformatik/Biosystemtechnik	Bachelor
Wildau TFH	Wirtschaftsinformatik	Diplom (FH)
Wismar H	Wirtschaftsinformatik (auch als dt.-poln. Studiengang)	Diplom (FH), Bachelor
Wismar H	Wirtschaftsinformatik (Fernstudium)	Diplom (FH)

Worms FH	Informatik	Diplom (FH)
Würzburg-Schweinfurt FH	Informatik, Ingenieurinformatik, Vermessung und Geoinformatik, Wirtschaftsinformatik	Diplom (FH)
Zittau/Görlitz H	Informatik	Diplom (FH)
Zwickau H	Informatik	Diplom (FH)

Zum Weiterlesen: Dieter Herrmann, Angela Verse-Herrmann u. a., *Informatik. Die Studienmappe für ein maßgeschneidertes Studium und den erfolgreichen Berufseinstieg*, 2000.

Ingenieurstudiengänge

Häufig orientieren sich Abiturienten bei der Fächerwahl an der aktuellen Arbeitsmarktlage. Für die Ingenieurfächer hatte dies in den 1990er-Jahren fatale Folgen, als wegen der damals schlechten Berufsperspektiven für Ingenieure, die Studienanfängerzahlen um 30 bis 50 Prozent dramatisch einbrachen. Seit einigen Jahren sind die Studienanfängerzahlen wieder angestiegen, aber haben die Zahlen von vor 15 oder 20 Jahren noch nicht erreicht. Deshalb geht auch heute noch in den Führungsetagen der Unternehmen die Angst um, den künftigen Bedarf an Ingenieuren nicht mehr decken zu können. Fachleute rechnen damit, dass die niedrigen Absolventenzahlen noch bis ca. 2007 bestehen bleiben. Gut qualifzierte Ingenieurabsolventen erwartet in den nächsten Jahren ein gutes Arbeitsplatzangebot.

Insgesamt gehen vom aktuellen Arbeitsmarkt für Ingenieure sehr unterschiedliche Signale aus, aber verglichen mit anderen Hochschulabsolventen hat der Ingenieurnachwuchs nicht nur *gute*, sondern vor allem *breite Einstiegsmöglichkeiten*. Berufanfänger erhalten Gehälter zwischen 25.000 und 35.000 (FH-Abschluss) und 30.000 bis 37.000 € (Uni-Diplom) im Jahr. Wer an sein Diplom noch einen Doktor dranhängt, erhält beim Berufseintritt durchschnittlich 40.000 bis 55.000 €. Ingenieure, die an der Schnittstelle zur Informations- und Kommunikationstechnik arbeiten, können noch höhere Gehälter verlangen.

Künftig dürften vor allem Elektro- und Informationsingenieure, Maschinenbauer einschließlich Fahrzeugbauer und Fertigungsingenieure auf einen breiteren Arbeitsmarkt stoßen als Bergbau- und Hütteningenieure und, falls sich die Situation in der Bauwirtschaft nicht merklich verbessert, auch als Bauingenieure und Vermessungsingenieure.

Bei Umwelttechnologie ist genaues Hinsehen geboten. Nach wie vor dominieren auf dem Arbeitsmarkt die klassischen Studiengänge mit umweltbezogenen Vertiefungsmöglichkeiten gegenüber spezialisierten Umweltstudiengängen. Als günstig werden die Perspektiven für spezialisierte Studiengänge wie Medizintechnik eingeschätzt und die Studiengänge im Bereich der Versorgungs- und Entsorgungstechnik.

Wer ein ingenieurwissenschaftliches Fach studieren möchte, hat die Wahl zwischen rund 30 verschiedenen Fächern und einer großen Anzahl von Schwerpunkten und auch zwischen einem Universitäts- und einem Fachhochschulstudium (zu den einzelnen Fächern siehe S. 91ff.). Der Studienaufbau ist aber im Grundstudium ähnlich; er besteht aus den technischen Teilgebieten und aus Mathematik. Erst im zweiten Studienabschnitt erfolgt eine Vertiefung im Hinblick auf den Studienschwerpunkt. Das Studium schließt an Universitäten mit dem Diplom, an Fachhochschulen mit dem Diplom (FH) ab. Auch eine Vielzahl von Bachelor- und Masterstudiengängen ist in den Ingenieurwissenschaften bereits eingerichtet worden. Ob sich die neuen Abschlüsse auf dem Arbeitsmarkt für Ingenieure etablieren können, bleibt abzuwarten. Vor allem der Bachelor als berufsqualifizierender Abschluss in den Ingenieurwissenschaften, der Bachelor of Engineering (BEng oder

B. Eng. abgekürzt), steht in der Kritik. Er könne, so die Kritiker, die Qualifikationen, die in einem Diplomstudiengang erworben werden, nicht vermitteln. Wenn Sie sich für einen neuen Studienabschluss entscheiden, sollten Sie deshalb von vorneherein einen Masterabschluss anstreben (siehe hierzu auch S. 100ff.).

Für jedes dieser Fächer ist ein Interesse und eine Begabung für die Naturwissenschaften und für die (angewandte) Mathematik unerlässlich, ferner Vorkenntnisse in Datenverarbeitung/Informatik, gutes Deutsch und flüssiges Englisch. Spaß an der Technik und naturwissenschaftliche Neigung sind die wichtigsten Motivationen für das nicht eben leichte Ingenieurstudium.

Als wichtige Qualifikationen für künftige Ingenieure sind überschaubare Ausbildungszeit, Fremdsprachen, Praxissemester, gute Noten, Fachwissen plus betriebswirtschaftliche Kenntnisse, vor allem im Marketing, ferner die Bereitschaft zur Weiterbildung und zur Arbeit im Team gefragt. Das Studium bietet auch gute Möglichkeiten, im europäischen und außereuropäischen Ausland tätig zu sein.

Fazit: Wer für ein Ingenieurstudium geeignet ist und auch das notwendige Durchhaltevermögen für dieses arbeitsintensive Studium mitbringt, trifft auch zukünftig auf günstige berufliche Möglichkeiten.

Zum Weiterlesen: Klaus Henning, Joerg E. Staufenbiel, *Berufsplanung für Ingenieure,* 2002; Dieter Herrmann, Angela Verse-Herrman u. a., *Ingenieurwissenschaften. Die Studienmappe für ein maßgeschneidertes Studium und den erfolgreichen Berufseinstieg,* 2001.

Lehramt

In Deutschland sind derzeit über 800.000 Lehrer und Lehrerinnen an staatlichen Schulen tätig. Die Ausbildung von Lehrern gehört in die Zuständigkeit der Bundesländer, sodass es in Deutschland verschiedene Lehrämter gibt. Unterschieden werden allgemein bildende Lehrämter (je nach Bundesland Primarschule, Grundschule, Hauptschule, Sekundarstufe I, II, Realschule, Gymnasium, Höhere Handelsschule), berufsbildende Schulen (verschiedene Arten von Berufsschulen) und Sonderschulen. Das Lehramtsstudium ist an Universitäten, Pädagogischen Hochschulen, an Kunst- und Musikhochschulen (Kunst, Musik) sowie an der Sporthochschule Köln (Lehramt Sport) möglich. Die Ausbildung dauert zwischen 3,5 (Primarschulbereich) und knapp sechs Jahren (Gymnasialbereich, Sekundarstufe II, Berufsbildende Schulen, Sonderschulen). Nach dem Staatsexamen folgt eine rund zweijährige Zusatzausbildung an Schulen (Referendariat), die wiederum mit einer Prüfung (zweites Staatsexamen) abschließt. Jedes Lehramt schreibt das Studium von mehreren Schulfächern (meistens zwei oder drei), von Pädagogik und der so genannten Fachdidaktik vor.

Die Studienplätze in den Lehramtsfächern werden mit Ausnahme von Nordrhein-Westfalen, wo der Weg in einigen Fächern über die ZVS führt (siehe S. 136), direkt von den Hochschulen vergeben.

In den Beruf der Lehrerin/des Lehrers sollen jetzt auch Bachelor- und Masterstudiengänge führen. Entsprechende Studienangebote gibt es etwa an der Humboldt-Universität in Berlin, der Universität Erfurt, der Universität Bochum und der Universität Bielefeld. Sie ermöglichen nach drei Jahren einen Bachelor/Bakkalaureus-Abschluss, nach dem entschieden werden kann, ob man einen zweijährigen Masterstudiengang für das Lehramt oder – wenn der Lehrerberuf doch nicht das ist, was man will – für eine wissenschaftliche Ausbildung anschließt. Wer sich für einen solchen Studiengang entscheidet, sollte sich bei den anbietenden Universitäten genau erkundigen, welche Kultusministerien den Master als Zugangsqualifikation zum Referendariat anerkennen.

Die Lehramtsabsolventen der nächsten Jahre werden – insgesamt gesehen – auf gute Einstiegsmöglichkeiten treffen. Fachleute prognostizieren für 2005 bis 2010, dass in den westlichen Bundesländern 120.000 Lehrer in Pension gehen, in den östlichen Bundesländern weitere 35.000, was zu einem großen Ersatzbedarf führen wird.

Schon jetzt ist der Lehrermangel so eklatant, dass viele Bundesländer Seiteneinsteiger einstellen. Hierbei handelt es sich an allgemein bildenden Schulen vor allem um diplomierte Chemiker, Mathematiker und Physiker, an beruflichen Schulen werden vor allem Absolventen der Elektrotechnik und Metalltechnik nachgefragt.

Die Perspektiven bis 2010 sind für die westlichen und östlichen Bundesländer, für einzelne Fächer und Schulformen jedoch sehr unterschiedlich. In den östlichen Bundesländern wurden bis zur Wiedervereinigung noch kontinuierlich Neueinstellungen vorgenommen, sodass hier der Anteil der Lehrer/innen im Pensionsalter geringer ist. Auch hat die niedrige Geburtenrate seit 1990 zu einem dramatischen Rückgang der Schülerzahlen und zur Schließung von vielen Schulen geführt, was durch den Wegzug vieler Familien von Ost nach West derzeit noch verschärft wird.

Der Arbeitskräftebedarf an Lehrern in den östlichen Bundesländern dürfte künftig eher gering sein. Wer dort ein Lehramtsstudium aufnimmt, sollte darauf achten, dass die jeweilige Ausbildung und die Fächer auch in den westlichen Bundesländern anerkannt werden.

Gute berufliche Möglichkeiten dürften auch zukünftig die berufsbildenden Schulen bieten. Hier verbessern sich die Einstiegschancen vor allem dann, wenn entweder zwei berufsbezogene Fächer oder ein berufsbezogenes mit einem breit angelegten allgemein bildenden Fach (z. B. Mathematik, Englisch, Deutsch u. Ä.) gewählt wurde. Auch die Perspektiven für Sonderschulen sind günstig, allerdings mit Unterschieden je nach Bundesland.

Über die Perspektiven nach 2010 lässt sich im Moment nur prognostizieren, dass sie sich verschlechtern werden, weil die Pensionierungen danach geringer sein werden als bis 2010. Generell dürften technische und naturwissenschaftliche Lehramtsfächer im zweiten Jahrzehnt des 21. Jahrhunderts mehr gefragt sein als allgemein bildende Lehramtsfächer.

Interessenten für ein Lehramtsstudium sollten sich deshalb Materialien der Kultusministerien zum Lehrerbedarf beschaffen, um sich über den Bedarf im jeweiligen Bundesland zu informieren. Einige Kultusministerien bieten diese auch im Internet an. Siehe etwa für NRW unter *www.bildungsportal.nrw.de/BP/Service/broschueren*.

Mathematik und Physik

Um Missverständnissen vorzubeugen: Mathematik und Physik sind zwei verschiedene Studienfächer. Sie stellen jedoch ähnliche Voraussetzungen ans Studium, sind in den ersten Semestern ähnlich aufgebaut und erschließen den Absolventen vergleichbare Berufstätigkeiten, weshalb es sinnvoll ist, beide in einem Kapitel abzuhandeln. Physik und Mathematik haben weitere Gemeinsamkeiten: Das Studium wird überwiegend von Universitäten und nur von wenigen Fachhochschulen angeboten. Die Studiendauer für beide Fächer beträgt etwa fünf bis sechs Jahre. Beide Studiengänge schließen mit einem Diplom ab. Physiker und Mathematiker sind in der überwiegenden Mehrzahl als Lehrer/innen im staatlichen Schuldienst tätig oder im Bereich Forschung und Entwicklung, wo sie physikalische und technische Geräte entwickeln, überwachen oder wo neue technische Verfahren umgesetzt werden müssen. Während Physiker mehr in der Grundlagenforschung tätig sind, trifft man Mathematiker eher dort an, wo es um die Bewältigung und Strukturierung von Zahlen oder um Entscheidungen geht, für die Planberechnungen und Risikoabschätzungen notwendig sind. Der größte Arbeitgeber der Mathematiker ist die Versicherungswirtschaft, wo sie entweder in eigenen mathematischen Abteilungen oder in der Datenverarbeitung tätig sind. Auch Physiker bedienen sich moderner EDV-Technik. Deshalb gibt es eine Menge beruflicher Tätigkeiten, um die Mathematiker und Physiker miteinander konkurrieren. Mitkonkurrenten um die Jobs sind aber auch häufig Informatiker und Ingenieure. Das gilt vor allem für Tätigkeiten in der Datenverarbeitung.

Wer sich auf ein Physik- oder Mathematikstudium einlässt, weiß bereits von der Schule um die notwendigen Voraussetzungen. Spaß an physikalischen Versuchen oder an der Auflösung mathematischer Formeln reicht aber als Voraussetzung für ein erfolgreiches Studium nicht aus. Beide Fächer erfordern eine hohe Begabung zum abstrakten Denken, Interesse an den benachbarten Naturwissenschaften und die Bereitschaft zu einem arbeitsintensiven Studium. Das Physikstudium verlangt außerdem viel Ausdauer bei den langen Versuchsreihen, technisches Geschick und Fingerfertigkeit. Für beide Fächer sind gute Englischkenntnisse wichtig, da Englisch die Wissenschaftssprache für beide Fächer ist. Niemand würde sich heute mehr die Mühe machen, englischsprachige Fachliteratur zu übersetzen, weil die Fachkongresse in Englisch abgehalten werden und selbst deutsche Fachwissenschaftler untereinander ihre physikalischen oder mathematischen Fragen auf Englisch klären.

Wer Studienordnungen der beiden Fächer miteinander vergleicht, findet in den ersten Semestern viele Gemeinsamkeiten – Erlernen physikalischer, mathematischer und chemischer Grundkenntnisse und Methoden, Statistik, Mechanik und Informatik. Mit Beginn des Hauptstudiums überwiegen dann die Besonderheiten des Faches.

Die Berufschancen für junge Mathematiker und Physiker sind nach wie vor recht günstig. Allerdings stellen die Unternehmen höhere Anforderungen als in der Vergangenheit. Gefragt ist ein breites, forschungsintensives Studium, aber keine Beschränkung nur auf Forschung und Tüftelei. Frühzeitiger Bezug zur beruflichen Praxis, zum Beispiel durch Praktika in den Ferien, Zusatzkenntnisse in BWL oder in Informatik oder ein Forschungsaufenthalt an einer renommierten nordamerikanischen Universität stellen wichtige Zusatzqualifikationen dar.

Eine Doktorarbeit, wofür zwei bis drei Jahre eingerechnet werden müssen, ist für die meisten Berufe keine Pflicht. Während ein Doktor für Tätigkeiten in Forschung und Entwicklung als notwendig erachtet wird – geradezu ideal ist es, wenn in der Doktorarbeit ein konkretes Forschungsthema mit betrieblicher Relevanz bearbeitet wird –, ist ein Doktor für Arbeiten in Planung, Produktion, Vertrieb und Kundenbetreuung durchaus sinnvoll, aber nicht zwingend notwendig. Eine Promotion im Lehramtsfach ist allenfalls dem Selbstwertgefühl förderlich, spielt aber für die beruflichen Perspektiven keine Rolle.

Mit solchen Problemen brauchen sich die Kollegen Physiker und Mathematiker an den Fachhochschulen nicht herumzuschlagen. Ihr Studium endet nach etwa neun Semestern mit einem Diplom (FH) in Physikalischer Technik oder im Falle der Mathematik mit einem Diplom (FH), entweder in Mathematik oder in Wirtschaftsmathematik. Letzteres ist mittlerweile ein eigenständiges Fach, das auch von einigen Universitäten angeboten wird.

Mathematik an Universitäten

Hochschule	Studiengang	Abschluss
Aachen TH	Computermathematik, Mathematik	Diplom
Augsburg U	Mathematik	Diplom
Augsburg U	Wirtschaftsmathematik	Diplom, Bachelor
Bayreuth U	Mathematik	Diplom, Bachelor
Bayreuth U	Technomathematik, Wirtschaftsmathematik	Diplom
Berlin FU	Mathematik	Diplom, Bachelor

Berlin HU	Mathematik	Diplom, Bachelor
Berlin TU	Mathematik, Techno- und Wirtschaftsmathematik	Diplom
Bielefeld U	Mathematik	Diplom, Bachelor
Bielefeld U	Wirtschaftsmathematik	Diplom
Bochum U	Mathematik	Diplom, Bachelor
Bonn U	Mathematik	Diplom
Braunschweig TU	Finanz- und Wirtschaftsmathematik	Diplom
Braunschweig TU	Mathematik	Bachelor
Bremen U	Mathematik, Technomathematik	Diplom
Chemnitz TU	Finanzmathematik	Bakkalaureus
Chemnitz TU	Mathematik	Diplom
Chemnitz TU	Technomathematik, Wirtschaftsmathematik	Diplom
Clausthal TU	Mathematik, Technomathematik, Wirtschaftsmathematik	Diplom
Cottbus TU	Mathematik, Wirtschaftsmathematik	Diplom
Darmstadt TU	Mathematics with Computer Science	Diplom, Bachelor
Darmstadt TU	Mathematik	Diplom
Dortmund U	Mathematik, Wirtschaftsmathematik	Diplom
Dresden TU	Mathematik	Diplom
Dresden TU	Technomathematik, Wirtschaftsmathematik	Diplom
Duisburg-Essen U	Mathematik (auch integrierter Studiengang)	Diplom
Duisburg-Essen U	Technomathematik, Wirtschaftsmathematik	Diplom
Düsseldorf U	Mathematik	Diplom
Düsseldorf U	Mathematik und Anwendungsgebiete	Bachelor
Eichstätt – Ingolstadt U	Mathematik	Diplom
Eichstätt – Ingolstadt U	Wirtschaftsmathematik	Diplom
Erfurt U	Mathematik	Baccalaureus
Erlangen-Nürnberg U	Mathematik, Technomathematik, Wirtschaftsmathematik	Diplom
Frankfurt am Main U	Mathematik	Diplom
Freiberg TUBergAk	Angewandte Mathematik	Diplom
Freiberg TUBergAk	Wirtschaftsmathematik	Bakkalaureus
Freiburg U	Mathematik	Diplom
Gießen U	Mathematik	Diplom
Göttingen U	Mathematik	Diplom
Greifswald U	Biomathematik	Diplom
Greifswald U	Mathematik	Diplom
Greifswald U	Mathematik mit Informatik	Bachelor
Hagen FernU	Mathematik	Bachelor, Diplom, integrierter Studiengang
Halle-Wittenberg U	Mathematik, Technomathematik, Wirtschaftsmathematik	Diplom
Hamburg U	Mathematik, Technomathematik, Wirtschaftsmathematik	Diplom
Hannover U	Mathematik	Diplom, Bachelor
Hannover U	Mathematik/Informatik, Mathematik/Rechnergestützte Wissenschaft	Diplom
Heidelberg U	Mathematik, Wissenschaftliches Rechnen	Diplom
Hildesheim U	Mathematik	Bachelor
Ilmenau TU	Mathematik	Diplom

Jena U	Mathematik	Diplom, Bakkalaureat
Jena U	Wirtschaftsmathematik	Diplom, Bakkalaureat
Kaiserslautern TU	Mathematik	Diplom, Bachelor
Kaiserslautern TU	Technomathematik, Wirtschaftsmathematik	Diplom
Karlsruhe U	Mathematik, Technomathematik, Wirtschaftsmathematik	Diplom
Karlsruhe U	Wissenschaftliches Rechnen	Bachelor
Kassel U	Mathematik	Diplom
Kiel U	Mathematik	Diplom
Köln U	Mathematik, Wirtschaftsmathematik	Diplom
Konstanz U	Mathematik	Diplom
Leipzig U	Mathematik	Diplom
Leipzig U	Wirtschaftsmathematik	Diplom
Magdeburg U	Computermathematik	Diplom, Bachelor
Magdeburg U	Mathematik	Diplom
Magdeburg U	Technomathematik, Wirtschaftsmathematik	Diplom
Mainz U	Mathematik	Diplom
Mannheim U	Mathematik und Informatik, integrierter Studiengang	Diplom
Marburg U	Mathematik, Wirtschaftsmathematik	Diplom
München TU	Finanz- und Wirtschaftsmathematik, Technomathematik	Diplom
München TU	Mathematik	Diplom, Bachelor
München U	Mathematik, Wirtschaftsmathematik und Aktuarwissenschaft	Diplom
Münster U	Mathematik	Diplom
Oldenburg U	Mathematik	Diplom, Bachelor
Osnabrück U	Mathematik	Diplom, Bachelor
Osnabrück U	Mathematik/Informatik	Bachelor
Paderborn U	Mathematik, Technomathematik	Diplom, integrierte Studiengänge
Paderborn U	Algorithmische Mathematik	Bachelor
Potsdam U	Mathematik	Diplom
Regensburg U	Mathematik	Diplom
Rostock U	Mathematik, Technomathematik, Wirtschaftsmathematik	Diplom
Saarbrücken U	Mathematik	Diplom
Siegen U	Mathematik	Bachelor
Stuttgart U	Mathematik	Bachelor, Diplom
Trier U	Angewandte Mathematik, Wirtschaftsmathematik	Diplom
Tübingen U	Mathematik	Diplom
Ulm U	Mathematik	Diplom, Bachelor
Ulm U	Wirtschaftsmathematik	Diplom
Vechta H	Mathematik	Bachelor
Wuppertal U	Mathematik	Diplom (integrierter Studiengang)
Wuppertal U	Wirtschaftsmathematik (Business Mathematics)	Bachelor
Würzburg U	Mathematik, Wirtschaftsmathematik	Diplom

Mathematik an Fachhochschulen

Hochschule	Studiengang	Abschluss
Aachen FH	Technomathematik (auch ausbildungsbegleitend)	Diplom (FH)
Berlin FHTW	Wirtschaftsmathematik	Diplom (FH)
Berlin TFH	Mathematik	Diplom (FH)
Bielefeld FH	Mathematik	Diplom (FH)
Darmstadt FH	Mathematik	Diplom (FH)
Flensburg FH	Mathematik	Diplom (FH)
Gießen-Friedberg FH	Mathematik	Diplom (FH)
Koblenz FH	Biomathematik, Wirtschaftsmathematik	Diplom (FH)
Leipzig HTWK	Wirtschaftsmathematik	Diplom (FH)
Mittweida H	Angewandte Mathematik	Diplom (FH)
Oldenburg/Ostfriesl./ Wilhelmshaven FH	Mathematik	Diplom (FH)
Regensburg FH	Mathematik	Diplom (FH)
Stuttgart HFT	Mathematik	Diplom (FH)
Zittau/Görlitz H	Biomathematik, Wirtschaftsmathematik	Diplom (FH)

Physik an Universitäten

Hochschule	Studiengang	Abschluss
Aachen TH	Physik	Diplom
Augsburg U	Physik	Diplom
Bayreuth U	Physik, Technische Physik, Biophysik	Diplom
Berlin FU	Physik	Diplom, Bachelor
Berlin HU	Biophysik	Diplom
Berlin HU	Physik	Diplom, Bachelor
Berlin TU	Physikalische Ingenieurwissenschaft, Physik	Diplom
Bielefeld U	Physik	Diplom, Bachelor
Bochum U	Physik	Diplom
Bochum U	Physik	Bachelor
Bonn U	Physik	Diplom
Braunschweig TU	Physik	Diplom, Bachelor
Bremen U	Physik	Diplom
Chemnitz TU	Physik	Diplom
Clausthal TU	Physik/Physikalische Technologien	Diplom
Cottbus TU	Physik	Diplom
Cottbus TU	Physik der Halbleitertechnologie	Bachelor
Dortmund U	Physik	Diplom
Dresden TU	Physik	Diplom
Duisburg-Essen U	Physik	Diplom
Duisburg-Essen U	Physik	Diplom, integrierter Studiengang
Düsseldorf U	Physik	Diplom
Erlangen-Nürnberg U	Physik	Diplom
Frankfurt am Main U	Physik	Diplom

Freiburg U	Physik	Diplom
Gießen U	Physik	Diplom
Göttingen U	Physik	Diplom
Greifswald U	Physik	Diplom
Halle-Wittenberg U	Physik, Medizinische Physik	Diplom
Hamburg U	Physik	Diplom
Hannover U	Physik	Bachelor
Hannover U	Allgemeine Physik, Technische Physik	Diplom
Heidelberg U	Physik	Diplom
Ilmenau TU	Technische Physik	Diplom
Jena U	Physik/Technische Physik	Diplom
Jena U	Physik	Diplom, Bakkalaureat
Kaiserslautern TU	Biophysik, Physik	Diplom
Karlsruhe U	Physik	Diplom
Kassel U	Physik	Diplom
Kiel U	Physik	Diplom
Köln U	Physik	Diplom
Konstanz U	Physik	Diplom
Leipzig U	Physik	Diplom, Bakkalaureus
Leipzig U	Theoretische Physik	Magister
Magdeburg U	Physik	Diplom
Mainz U	Physik	Diplom
Marburg U	Physik	Diplom
München TU	Physik	Diplom
München U	Physik	Diplom
Münster U	Physik	Diplom
Oldenburg U	Physik	Diplom
Oldenburg U	Physik	Bachelor
Osnabrück U	Physik	Diplom, Bachelor
Osnabrück U	Physik mit Informatik	Bachelor
Paderborn U	Physik	Bachelor
Potsdam U	Physik	Diplom
Regensburg U	Physik	Diplom
Rostock U	Physik	Diplom
Saarbrücken U	Physik	Diplom
Siegen U	Physik	Magister, Bachelor
Stuttgart U	Physik	Diplom
Tübingen U	Physik	Diplom
Ulm U	Physik, Wirtschaftsphysik	Diplom
Wuppertal U	Physik	Diplom (auch als integrierter Studiengang)

Physik an Fachhochschulen

Hochschule	Studiengang	Abschluss
Aachen FH	Physikalische Technik/Biomedizinische Technik	Diplom (FH)
Berlin TFH	Technik, medizinisch-physikalische/Medical Engineering	Diplom (FH)
Coburg FH	Physikalische Technik	Diplom (FH)
Gießen-Friedberg FH	Physikalische Technik	Diplom (FH)
Hildesheim/Holzmin./Göttingen FH	Physiktechnik	Diplom (FH)
Isny FH	Physikalische Elektronik, allgemeine Physik	Diplom (FH)
Jena FH	Physikalische Technik	Diplom (FH)
Lübeck FH	Physikalische Technik	Diplom (FH)
Merseburg FH	Physikalische Technik und Informationsverarbeitung	Diplom (FH)
Mittweida H	Physikalische Technik	Diplom (FH)
München FH	Physikalische Technik	Diplom (FH)
Münster FH	Physikalische Technik	Diplom (FH)
Ravensburg-Weingarten FH	Physikalische Technik	Bachelor
Wiesbaden FH	Physikalische Technik	Diplom (FH)
Zwickau H	Physikalische Technik	Diplom (FH)

Zum Weiterlesen: Max Rauner, Stefan Jorda, *Big Business und Big Bang. Berufs- und Studienführer Physik*, 2002; Wolfram Wickel, *Studienführer Informatik, Mathematik, Physik*, 2001.

Medien

Die Medienbranche gehört zu den Berufsbereichen, in die Abiturienten bevorzugt streben, vor allem Studierende der sprach- und literaturwissenschaftlichen Fächer. Die Unterscheidung dieser Fächergruppe ist wichtig, da die Ausbildung unterschiedlich ist.

Man unterscheidet grundsätzlich zwischen *Printmedien* (Zeitungen, Zeitschriften und im weitesten Sinne auch Verlage) – also überall, wo Informationen auf dem Medium Papier weitergegeben werden – und den *audiovisuellen Medien* (wie Rundfunk, Fernsehen, Film, Video, Internet und CD-ROM).

In den Bereich der Printmedien führen vier Wege:

1. Die Ausbildung an einer der zwei Journalistenschulen. Da aber nur etwa 20 bis 30 Plätze im Jahr zur Verfügung stehen und es sehr viele Bewerber/innen gibt, ist es sehr schwer, an einen solchen Ausbildungsplatz zu gelangen. Zu den Auswahlkriterien zählen unter anderem die Abiturnote und eine interne Aufnahmeprüfung. Die engagierte Mitarbeit an der Schülerzeitung oder eigene Beiträge in einer lokalen Zeitung bringen zusätzlich Pluspunkte.
2. Ein Volontariat nach dem Abitur. Als Volontär bei einer Zeitung/Zeitschrift angenommen zu werden, kann ebenfalls recht schwierig werden, da Tageszeitungen oft eher Bewerber mit Hochschulabschluss vorziehen, die zudem oft schon erste praktische Erfahrungen (Praktika o.Ä.) vorweisen können. Aus diesem Grund ist es oft sinnvoller, sich vielschichtig umzusehen und zum Beispiel bei einem Verband, der auch Medienarbeit betreibt, anzuklopfen. Die Volontärs-

ausbildung dauert meist zwei Jahre. Man durchläuft dabei alle zur Verfügung stehenden Abteilungen eines Unternehmens.

3. Das Studium von medienorientierten Fächern wie Journalistik, Publizistik, Medienwissenschaft u. a., welche von rund einem Dutzend Hochschulen in Deutschland angeboten werden. Das fünf- bis sechsjährige Studium schließt mit einem Diplom- oder Magisterexamen ab. Ein medienorientiertes Studienfach verbindet theoretisches Wissen (Medientheorie, Gesellschaftswissenschaften, Kommunikationswissenschaften) mit fachpraktischen Kenntnissen (z. B.: Wie wird eine Zeitung hergestellt? Wie sollte das Layout aufgebaut sein?). Eine Aufnahmeprüfung vor der Einschreibung ist inzwischen fast überall obligatorisch. Auf S. 143 ist ein Beispiel hierfür genannt.
4. Die Ausbildung, die von den meisten Medienspezialisten durchlaufen wird, ist die Kombination aus einem fachbezogenen Studium und einem anschließenden Volontariat. Welches Studienfach dabei gewählt wird, hängt von den eigenen Interessen und Begabungen ab und natürlich auch davon, welche Tätigkeit im Bereich des Journalismus später angestrebt wird. Denn obwohl man während der Ausbildung alle Ressorts einer Zeitung (Lokales, Innenpolitik, Außenpolitik, Kultur, Sport u. a.) kennen lernt, ist man später meist nur in einer Sparte tätig. Sinnvolle Studiengänge sind deshalb u. a. Wirtschaftswissenschaften (VWL, BWL), Politikwissenschaft, Germanistik, Philosophie, Geschichte, Musikwissenschaft, Kunstgeschichte. Genauso gut können sich aber auch Fächer wie Archäologie, Theologie, Theaterwissenschaften oder Psychologie anbieten. Wer eine spätere Tätigkeit als Auslandskorrespondent anstrebt, benötigt fundierte Fremdsprachenkenntnisse in Englisch und einer weiteren Sprache. Für den, der diesen Weg wählt, ist es besonders wichtig, schon während des Studiums enge Tuchfühlung zu den Medien aufzubauen und auch zu halten, etwa als freier Mitarbeiter oder durch Praktika bei (mehreren) Zeitungen. Denn diese suchen sich ihre späteren Volontäre gerne aus dem Mitarbeiter- und Praktikantenkreis aus. Keine noch so gute Examensnote kann diese fachpraktischen Erfahrungen aufwiegen. Wer erst nach dem Studium die ersten Gehversuche im Journalismus unternimmt, hat schlechte Karten. Kleiner Geheimtipp: Einige Begabtenförderungswerke (siehe S. 268ff.), die Stipendien für das Studium vergeben, haben Sonderprogramme für angehende Journalisten.

Kommen wir nun zu den audiovisuellen Medien. Hier ist entweder ein Studium an einer Hochschule für Film und Fernsehen (etwa Ludwigsburg, München, Potsdam) möglich oder ein Studium der Fächer Mediendesign, Kommunikationsdesign und Fotografie, die an einer Reihe von Fachhochschulen und einigen Kunsthochschulen in Deutschland angeboten werden. Auch hier müssen recht hohe Hürden genommen werden, um eine Aufnahme zu erreichen. Meist handelt es sich hier um selbst zusammengestellte Mappen oder Videosequenzen und eine anschließende künstlerische Aufnahmeprüfung. Ganz ähnlich gestaltet es sich auch bei Studiengängen wie Mediendesign, Medienmanagement, Medienwirtschaft u. a. Notwendige Begabungen für Bewerber sind künstlerisches Talent, Kreativität und Affinität in technischen Arbeitsweisen. Bei den Printmedien zählt vor allem die Fähigkeit, seine Informationen und Gedanken in verständlichem Deutsch zu Papier bringen zu können, die Geduld, gründlich zu arbeiten und seriös zu recherchieren, Beharrlichkeit und Kommunikationsfreudigkeit, aber auch die Fähigkeit, unter Druck arbeiten zu können.

Die verschiedenen Tätigkeiten in der Medienbranche haben aber auch ihre Nachteile: kein geregelter 40-Stunden-Job, viel Stress und ständig wechselnde Trends.

Die Printmedien dürften im Gegensatz zu den audiovisuellen Medien in einigen Jahren eher rückläufig sein. Im Verlagswesen ist die häufigste Ausbildung heute eine Lehre als Verlagskaufmann/-frau oder als Buchhändler/in. Möglich ist in diesem Bereich aber auch genau wie bei den audiovisuellen Medien ein Studium (bevorzugt Germanistik, Geschichte, Kunstgeschichte) und ein anschließendes Volontariat bei einem Verlag.

Studiengänge im Bereich Medien an Universitäten und Kunsthochschulen

Hochschule	Studiengang	Abschluss
Bamberg U	Kommunikationswissenschaft	Magister
Bayreuth U	Theater und Medien	Bachelor
Berlin FU	Publizistik	Bachelor
Berlin FU	Publizistik- und Kommunikationswissenschaft	Magister
Berlin HU	Medienwissenschaft	Magister
Berlin TU	Kommunikationswissenschaft	Magister
Berlin UdK	Gesellschafts- und Wirtschaftskommunikation	Diplom
Bochum U	Medienwissenschaft	Bachelor
Bonn U	Medienwissenschaft	Magister
Braunschweig HBK	Medienwissenschaften, Technik der Medien	Magister
Braunschweig TU	Medienwissenschaft	Magister
Bremen HfK	Mediengestaltung/Informatik	Bachelor
Bremen U	Digitale Medien	Bachelor
Chemnitz TU	Medienkommunikation	Bachelor
Cottbus TU	Informations- und Medientechnik	Bachelor
Dortmund U	Journalistik	Diplom
Dortmund U	Wissenschaftsjournalismus	Bachelor
Dresden TU	Kommunikationswissenschaft	Magister
Duisburg-Essen U	Angewandte Kommunikations- und Medienwissenschaft	Bachelor
Düsseldorf U	Medienwissenschaft	Magister, Bachelor
Düsseldorf U	Medienwissenschaft	Magister
Eichstätt – Ingolstadt U	Journalistik	Diplom
Erlangen-Nürnberg U	Theater- und Medienwissenschaft	Magister, Bachelor
Frankfurt am Main U	Theater-, Film- und Medienwissenschaft	Magister
Friedrichshafen ZU	Kommunikations- und Kulturwissenschaft, angewandte	Bachelor
Gießen U	Drama, Theater, Medien (Theaterwissenschaften)	Diplom
Gießen U	Fachjournalismus Geschichte	Magister
Greifswald U	Kommunikationswissenschaft	Magister
Halle HfKuD	Kunst und Medien, Multimedia/VR-Design	Diplom
Hamburg HfBK	Visuelle Kommunikation/Medien	Diplom
Hamburg U	Journalistik und Kommunikationswissenschaft, Medienkultur	Magister
Hannover HfM	Medienmanagement	Bachelor
Hildesheim U	Internationales Informationsmanagement	Magister
Ilmenau TU	Medientechnologie, Medienwirtschaft, Angewandte Medienwissenschaft	Diplom
Jena U	Medienwissenschaft	Magister
Karlsruhe HfGest	Medienkunst	Diplom
Kiel U	Germanistik (Neuere deutsche Literaturwissenschaft und Medien)	Magister
Koblenz-Landau U	Computervisualistik	Diplom

Köln KuHMedien	Audiovisuelle Medien	Diplom
Köln U	Medienwissenschaften	Diplom
Köln U	Medienwissenschaften/Medienmanagement	Diplom
Leipzig HfGuB	Medienkunst	Diplom
Leipzig U	Journalistik	Diplom, Magister
Leipzig U	Kommunikations- und Medienwissenschaft	Magister
Mainz U	Medienmanagement	Diplom
Mainz U	Publizistik	Magister
Marburg U	Medienwissenschaft	Magister
München AkdBK	Medienkunst	Abschlussprüfung nicht vorgesehen
München HFF	Produktion und Medienwirtschaft	Diplom
München U	Medieninformatik	Diplom
Paderborn U	Medienwissenschaft	Bachelor, Magister, Diplom
Paderborn U	Populäre Musik und Medien	Bachelor
Potsdam U	Medienwissenschaft	Magister
Potsdam U	Europäische Medienwissenschaft	Bachelor
Potsdam-Babelsberg HFF	AV-Medienwissenschaft, Medienspezifisches Schauspiel	Diplom
Trier U	Medienwissenschaft	Magister
Ulm U	Telekommunikations- und Medientechnik	Bachelor
Weimar U	Medienkultur, Mediensysteme	Bachelor
Wuppertal U	Print and Media Technologies (Druck- und Medientechnologie)	Bachelor

Studiengänge im Bereich Medien an Fachhochschulen

Hochschule	Studiengang	Abschluss
Aachen FH	Communication and Multimediadesign	Bachelor
Aalen FH	Medien- und Kommunikationstechnik	Diplom (FH)
Amberg-Weiden FH	Medienproduktion und Medientechnik	Bachelor
Anhalt H	Medientechnik	Bachelor
Ansbach FH	Multimedia und Kommunikation	Diplom (FH)
Augsburg FH	Multimedia	Diplom (FH)
Berlin FHTW	Internationale Medieninformatik	Bachelor
Berlin MDH	Mediadesign – Intensivstudium	Diplom (FH)
Berlin MDH	Medieninformatik	Bachelor
Berlin OTA	Information und Kommunikation (Intensivstudium)	Bachelor
Berlin TFH	Druck- und Medientechnik	Diplom (FH)
Berlin TFH	Medien, audiovisuelle (Kamera), Medieninformatik	Diplom (FH)
Berlin TFH	Medieninformatik, Onlinestudium	Bachelor
Bielefeld FHM	Medienwirtschaft	Diplom (FH)
Bonn-Rhein-Sieg FH	Technikjournalismus	Diplom (FH)
Brandenburg FH	Computing and Media, Medieninformatik (Online-Studiengang)	Bachelor

Braunschweig/ Wolfenbüttel FH	Mediendesign (Intensivstudiengang), Medieninformatik (auch als Onlinestudiengang)	Diplom (FH)
Bremen H	Digitale Medien, Fachjournalistik	Bachelor
Bremen H	Medieninformatik	Diplom (FH)
Bremerhaven H	Digitale Medien, Medieninformatik	Bachelor
Darmstadt FH	Media Production	Bachelor
Darmstadt FH	Media System Design, Onlinejournalismus	Diplom (FH)
Deggendorf FH	Medientechnik	Diplom (FH)
Dresden HTW	Medieninformatik	Diplom (FH)
Düsseldorf FH	Kommunikation und Multimedia	Bachelor
Düsseldorf FH	Medientechnik	Diplom (FH)
Essen FOM	Unternehmenskommunikation	Diplom (FH)
Esslingen FHT	Softwaretechnik und Medieninformatik	Diplom (FH)
Flensburg FH	Internationale Fachkommunikation	Bachelor
Furtwangen FH	Medieninformatik, Onlinemedien	Bachelor
Gelsenkirchen FH	Journalismus/Technik-Kommunikation, Medieninformatik	Bachelor
Gießen-Friedberg FH	Medieninformatik	Diplom (FH)
Hamburg HAW	Medien und Information, Medientechnik	Diplom (FH)
Hannover FH	Informationsmanagement	Diplom (FH)
Hannover FH	Journalistik, PR/Öffentlichkeitsarbeit	Bachelor
Harz H	Medieninformatik	Bachelor
Hof FH	Medieninformatik	Diplom (FH)
Idstein FHFresen	Medienwirtschaft	Diplom (FH)
Iserlohn BiTS	Medienmanagement	Diplom (FH)
Jena FH	Kommunikationstechnik/Medientechnik (auch ausbildungsintegriert)	Diplom (FH)
Kaiserslautern FH	Digitale Medien	Diplom (FH)
Kiel FH	Multimedia Production	Bachelor
Köln FH	Medieninformatik, Onlineredakteur	Bachelor
Köln FH	Photoingenieurwesen und Medientechnik	Diplom (FH)
Köln RheinFH	Medienwirtschaft	Diplom (FH)
Leipzig HTWK	Medien-Informatik	Bachelor
Leipzig HTWK	Medientechnik	Diplom (FH)
Lippe/Höxter FH	Medienproduktion	Bachelor
Lübeck FH	Elektrotechnik – Kommunikations-, Informations- u. Medientechnik	Diplom (FH)
Lübeck FH	Medieninformatik	Bachelor
Magdeburg-Stendal H	Journalistik/Medienmanagement	Diplom (FH)
Mainz FH	Medien-Design	Diplom (FH)
Merseburg FH	Medien- und Kommunikationstechnologie	Diplom (FH)
Mittweida H	Medienmanagement, Medientechnik	Bakkalaureus
Mittweida H	Multimediatechnik	Diplom (FH)
München FH	Druck- und Medientechnik	Diplom (FH)
Neu-Ulm FH	Informationsmanagement und Unternehmenskommunikation	Diplom (FH)
Nürnberg FH	Mediendesign	Diplom (FH)
Nürnberg FH	Medientechnik	Diplom (FH)

Offenburg FH	Medien und Informationswesen	Diplom (FH)
Oldenburg/Ostfriesl./ Wilhelmshaven FH	Medieninformatik	Bachelor
Oldenburg/Ostfriesl./ Wilhelmshaven FH	Medientechnik, Medienwirtschaft und Journalismus	Diplom (FH)
Osnabrück FH	Kommunikationsmanagement, Medieninformatik	Diplom (FH)
Paderborn FHDW	Medieninformatik	Diplom (FH)
Reutlingen FHTW	Medien- und Kommunikationsinformatik	Bachelor
Schwäbisch Hall FHGest	Mediengestaltung	Bachelor
Stuttgart HdM	Audiovisuelle Medien, Bibliotheks- und Medienmanagement, Druck- und Medientechnologie, Informationsdesign, Mediapublishing, Medieninformatik, Medienwirtschaft	Bachelor
Ulm FH	Media, digital	Bachelor
Wedel FH	Medieninformatik	Diplom (FH)
Wiesbaden FH	Fernsehtechnik und elektronische Medien, Medieninformatik, Medienwirtschaft	Diplom (FH)
Wismar H	Kommunikationsdesign und Medien, Multimediatechnik	Diplom (FH)
Würzburg-Schweinfurt FH	Medienmanagement	Diplom (FH)
Zittau/Görlitz H	Informations- und Kommunikationsmanagement	Bachelor

Zum Weiterlesen: Inge Behrens, *Karriereführer Multimedia. Neue Berufe in den neuen Medien*, 2002.

Medizin (Human-, Veterinär- und Zahnmedizin)

Medizin ist die Wissenschaft von den Ursachen, von der Heilung und Vorbeugung von Krankheiten. Je nach Ausbildung sind Mediziner zuständig für Menschen (Humanmedizin), Tiere (Veterinärmedizin) oder für die Beißwerkzeuge des Menschen (Zahnmedizin).

Wer den Arztberuf ergreifen will, sollte folgende Bedingungen erfüllen: Interesse an und Begabung für Naturwissenschaften, hohe körperliche und psychische Belastbarkeit und Bereitschaft, auch mehr als 40 Stunden pro Woche zu arbeiten. Der Arztberuf gehört zu den verantwortungsvollsten Berufen. Aber auch zu denen mit der längsten Ausbildungsdauer.

Das Studium besteht aus einem dreimonatigen Krankenhauspflegedienst und einer Ausbildung in Erster Hilfe *vor* dem Studium, aus einem vorklinischen Studienabschnitt (Dauer: etwa zwei Jahre), einer Zwischenprüfung, auch Physikum genannt, und einem dreijährigen klinischen Studium. Während der vorlesungsfreien Zeit nach der ärztlichen Vorprüfung ist eine viermonatige Famulatur (auch im Ausland möglich) obligatorisch. Nach etwa fünfjährigem Studium folgt ein praktisches Jahr (PJ), das in einem Krankenhaus abgeleistet wird und in Ausbildungsabschnitte in Innerer Medizin, Chirurgie, Allgemeinmedizin oder einem weiteren klinisch-praktischen Fachgebiet unterteilt ist.

Erst anschließend erfolgt die Approbation, das heißt die Berechtigung, als Arzt zu arbeiten. Nach der Approbation ist eine Weiterbildung zum Arzt für Allgemeinmedizin oder zum Facharzt möglich.

Die Arbeitsmarktperspektiven sind derzeit für Ärzte günstig. Bei einer Arbeitslosenquote von lediglich zwei Prozent kann von Vollbeschäftigung ausgegangen werden. Bis 2010, so die Bundesärztekammer, werden 22.000 Hausärzte in den Ruhestand gehen, was auch für die nächsten Jahre gute Einstiegsmöglichkeiten eröffnet. Eine Promotion zum Dr. med. ist entweder vor oder nach der Approbation möglich. Hierfür sind etwa weitere zwei Jahre zu veranschlagen.

Dass Medizin ein naturwissenschaftliches Studium ist, merken die Studierenden bereits im Grundstudium in den zahlreichen Vorlesungen und Praktika in Physik, Chemie, Biologie und Biochemie. Die eigentlichen medizinischen Fachgebiete Krankheitslehre, Grundlagen der klinischen Medizin und die praktische Ausbildung im Krankenhaus (praktisches Jahr) sowie die einzelnen medizinischen Teilgebiete sind erst Bestandteil des zweiten und dritten Studienabschnitts.

Mit der geänderten Approbationsordnung von 2003 soll die bisher strikte Gliederung in theoretische und klinische Ausbildung aufgehoben und während des ganzen Studiums Theorie und Praxis miteinander verbunden werden. Praxisbezogener Unterricht am Krankenbett, Vergrößerung der allgemeinmedizinischen Anteile im Studium, Einbeziehung neuer Ausbildungsstoffe wie Schmerztherapie und Palliativmedizin und eine ganzheitliche Sicht auf den Patienten, das heißt die Verbindung von naturwissenschaftlichen Aspekten der Medizin mit dem psychosozialen Bezug, sind weitere neue Ausbildungsinhalte.

Einen Modellstudiengang, der schon im ersten Semester Patientenkontakt und das vom Symptom ausgehende Lehren und Lernen in Kleingruppen vorsieht, gibt es an der Charité in Berlin (FU Berlin/HU Berlin). Auch an der privaten Universität Witten/Herdecke, der RWTH Aachen und der Ruhr-Universität Bochum sind so genannte Reformstudiengänge entstanden.

Das Studium der Tiermedizin und der Zahnmedizin ist mit fünf bis fünfeinhalb Jahren erheblich kürzer.

In Zahnmedizin folgt dem zweijährigen vorklinischen Studium ein vergleichbar langes klinisches Studium. Etappen zur Approbation als Zahnarzt sind eine naturwissenschaftliche Vorprüfung nach dem zweiten Semester, eine zahnärztliche Vorprüfung nach dem fünften Semester und die abschließende zahnärztliche Prüfung. Ergänzt werden sollte das Studium durch praktische Tätigkeiten in zahntechnischen Labors. Der fertige Zahnarzt hat dann die Möglichkeit, eine Doktorarbeit anzufertigen oder eine Weiterbildung, etwa in Kieferorthopädie, zu beginnen.

Das Studium der Tiermedizin ist in ein vorklinisches Studium (zwei Jahre), ein klinisches Studium (drei Jahre) und in eine staatliche Prüfung unterteilt. Während des Studiums sind vier Monate praktische Tätigkeiten im Schlachthof, bei einem Tierarzt oder in einer Tierklinik vorgeschrieben. Ein mehrmonatiges Praktikum vor der Studienaufnahme erleichtert die Entscheidung, ob die notwendige Eignung für den Beruf vorhanden ist. Wichtigste Voraussetzung für künftige Tierärzte ist die Liebe zum Tier. Das heißt aber nicht nur, Tiere zu mögen, sondern ihnen auch helfen zu wollen. Ähnlich wie beim Studium der Humanmedizin ist eine fundierte mathematisch-naturwissenschaftliche Begabung und für den späteren Beruf physische Belastbarkeit, Ausdauer, Standfestigkeit sowie gute Beobachtungsgabe und eine gute Motorik (sichere Hand) notwendig.

Vom Zahnarzt erwartet man nicht so sehr die Liebe zum Menschen, sondern viel Verständnis und Einfühlungsvermögen, weil die meisten Menschen, darunter auch die Autoren dieses Studienführers, Angst vorm Zahnarzt haben. Zur notwendigen naturwissenschaftlichen und mathematischen Begabung lässt sich der Beruf nur mit einer enormen Stehfähigkeit und sicherem Hand- und Fingergeschick bewältigen. Nur in wenigen Berufen muss man derart lange im Stehen und in einer recht ungewöhnlichen Körperhaltung seine Arbeit verrichten.

Der Zugang zum Medizinstudium wird sich ab dem Wintersemester 2005/2006 wesentlich verändern. Die Zentralstelle für die Vergabe von Studienplätzen (ZVS) in Dortmund, über die die Vergabe der Medizinstudienplätze läuft, vergibt derzeit – Stand November 2004 – 51 Prozent der Studienplätze an Bewerber mit den besten Abiturnoten und 25 Prozent an diejenigen mit der längsten Wartezeit. Die restlichen 24 Prozent können die Hochschulen in eigenen Auswahlverfahren vergeben, wozu man zugelassen ist, wenn man im Allgemeinen Auswahlverfahren der ZVS nach Abinote und Wartezeit nicht zum Zuge gekommen ist und man im ZVS-Antrag vermerkt hat, dass man an diesen Auswahlverfahren teilnehmen möchte. Zum Wintersemester 2005/2006 wird den Hochschulen ein noch stärkeres Mitspracherecht bei der Studierendenauswahl eingeräumt. Dann erhalten die Hochschulen ein 60-prozentiges Auswahlrecht. Aufgabe der ZVS ist dann, nur noch je 20 Prozent der Studienplätze nach der besten Abiturnote und der Wartezeit zu vergeben. Zu den neuen Auswahlverfahren der Hochschulen ab 2005/2006 (siehe S. 142).

Humanmedizin an Universitäten

Hochschule	Studiengang	Abschluss
Aachen TH	Medizin	Staatsexamen
Berlin HU	Medizin	Staatsexamen
Bochum U	Medizin	Staatsexamen
Bonn U	Medizin	Staatsexamen
Dresden TU	Medizin	Staatsexamen
Duisburg-Essen U	Medizin	Staatsexamen
Düsseldorf U	Medizin	Staatsexamen
Erlangen-Nürnberg U	Medizin	Staatsexamen
Frankfurt am Main U	Medizin	Staatsexamen
Freiburg U	Medizin	Staatsexamen
Gießen U	Humanmedizin	Staatsexamen
Göttingen U	Medizin	Staatsexamen
Greifswald U	Medizin	Staatsexamen
Halle-Wittenberg U	Medizin	Staatsexamen
Hamburg U	Medizin	Staatsexamen
Hannover MedH	Medizin	Staatsexamen
Heidelberg U	Medizin	Staatsexamen
Jena U	Medizin	Staatsexamen
Kiel U	Medizin	Staatsexamen
Köln U	Medizin	Staatsexamen
Leipzig U	Medizin	Staatsexamen
Lübeck U	Medizin	Staatsexamen
Magdeburg U	Medizin	Staatsexamen
Mainz U	Medizin	Staatsexamen
Marburg U	Medizin	Staatsexamen
München TU	Medizin	Staatsexamen
München U	Medizin	Staatsexamen
Münster U	Medizin	Staatsexamen
Regensburg U	Medizin	Staatsexamen
Rostock U	Medizin	Staatsexamen
Saarbrücken U	Medizin	Ärztliche Prüfung
Tübingen U	Medizin	Staatsexamen
Ulm U	Medizin	Staatsexamen
Witten/Herdecke U	Medizin	Staatsexamen
Würzburg U	Medizin	Staatsexamen

Tiermedizin (Veterinärmedizin) an Universitäten

Hochschule	Studiengang	Abschluss
Berlin FU	Veterinärmedizin	Staatsexamen
Gießen U	Veterinärmedizin	Staatsexamen
Hannover TiHo	Tiermedizin	Staatsexamen
Leipzig U	Veterinärmedizin	Staatsexamen
München U	Tiermedizin	Staatsexamen

Zahnmedizin an Universitäten

Hochschule	Studiengang	Abschluss
Aachen TH	Zahnmedizin	Staatsexamen
Berlin HU	Zahnmedizin	Staatsexamen
Bonn U	Zahnmedizin	Staatsexamen
Dresden TU	Zahnmedizin	Staatsexamen
Düsseldorf U	Zahnmedizin	Staatsexamen
Erlangen-Nürnberg U	Zahnmedizin	Staatsexamen
Frankfurt am Main U	Zahnmedizin	Staatsexamen
Freiburg U	Zahnmedizin	Staatsexamen
Gießen U	Zahnmedizin	Staatsexamen
Göttingen U	Zahnmedizin	Staatsexamen
Greifswald U	Zahnmedizin	Staatsexamen
Halle-Wittenberg U	Zahnmedizin	Staatsexamen
Hamburg U	Zahnmedizin	Staatsexamen
Hannover MedH	Zahnmedizin	Staatsexamen
Heidelberg U	Zahnmedizin	Staatsexamen
Jena U	Zahnmedizin	Staatsexamen
Kiel U	Zahnmedizin	Staatsexamen
Köln U	Zahnmedizin	Staatsexamen
Leipzig U	Zahnmedizin	Staatsexamen
Mainz U	Zahnmedizin	Staatsexamen
Marburg U	Zahnmedizin	Staatsexamen
München U	Zahnmedizin	Staatsexamen
Münster U	Zahnmedizin	Staatsexamen
Regensburg U	Zahnmedizin	Staatsexamen
Rostock U	Zahnmedizin	Staatsexamen
Saarbrücken U	Zahnmedizin	Zahnärztliche Prüfung
Tübingen U	Zahnmedizin	Staatsexamen
Ulm U	Zahnmedizin	Staatsexamen
Witten/Herdecke U	Zahnmedizin	Staatsexamen
Würzburg U	Zahnmedizin	Staatsexamen

Zum Weiterlesen: Hans-Joachim Anders, *Erfolgreich Medizin studieren. Der Weg zur Traumstelle – kein Zufall*, 2001; Detlev E. Gagel, Thomas Peters, *Studienführer Medizin. Humanmedizin, Zahnmedizin, Tiermedizin*, 2004.

Ökologie/Umweltwissenschaften

Seit einigen Jahren haben die deutschen Hochschulen durch Schaffung neuer Studiengänge und durch ökologische Schwerpunkte in bestehenden Studiengängen eine Fülle von Studienmöglichkeiten geschaffen, um dem Ziel »Schutz der Umwelt« gerecht zu werden. Um von vorneherein Missverständnissen vorzubeugen: Die Liebe zur Umwelt und eine umweltfreundliche Gesinnung reichen als Voraussetzung für ein umweltbezogenes Studium nicht aus. Das Studium ist entweder auf technischen Umweltschutz, planerischen Umweltschutz, naturwissenschaftlichen Umweltschutz oder auf agrar- und forstwirtschaftlichen Umweltschutz ausgerichtet. Neben der Bereitschaft, aktiv für die Umwelt einzutreten, gehören je nach Ausrichtung des Studiums eine technische, betriebswirtschaftlich-planerische oder eine naturwissenschaftliche Begabung zur Grundvoraussetzung eines erfolgreichen Studiums. »Abnehmer« dieser Studiengänge sind Unternehmen – kein Betrieb kann es sich heute mehr leisten, auf den Rat von Fachleuten zu verzichten oder in dem Ruf zu stehen, nicht umweltfreundlich zu produzieren –, Behörden, die entweder Umweltgesetze oder -bestimmungen erlassen oder kontrollieren, Forschungs- und Entwicklungslabors, die Verfahren zur Luftreinhaltung, Lärmbekämpfung, Abfallbeseitigung und Wasserreinhaltung entwickeln, und schließlich Unternehmensberatungen, die private und staatliche Stellen fachkundig beraten oder Umweltkonzepte entwerfen. In kaum einem Bereich arbeiten die Experten derart eng zusammen wie im Umweltschutz. Politiker erlassen Gesetze und Bestimmungen, die von Behörden umgesetzt und kontrolliert werden, von Unternehmen und Privatpersonen eingehalten werden müssen und von Planungsspezialisten vorbereitet und organisiert werden. Wirtschaftswissenschaftler müssen Finanzierungsmodelle aufstellen und Ingenieure schließlich bei der Produktion darauf achten, dass die Bestimmungen eingehalten werden, und, was sich fürs Image und für die Verkaufszahlen förderlich auswirkt, neuartige, besonders umweltschonende Verfahren einführen. Das alles wiederum ist nicht möglich ohne Rechtsspezialisten, die die gesetzlichen Vorgaben kennen, und ohne Naturwissenschaftler, die etwas Fundiertes über Grenzwert und Verträglichkeit zu sagen haben. Umweltwissenschaftler sind im Idealfall Experten mit einer naturwissenschaftlichen, wirtschaftswissenschaftlichen oder technischen Ausbildung mit fundierten Kenntnissen in Organisation, Finanzierung und Recht sowie mit der Fähigkeit, auch Überzeugungsarbeit leisten zu können.

Alle Absolventen von Umweltstudiengängen erhalten nach erfolgreicher Abschlussprüfung ein Diplom, aber in recht unterschiedlichen Studiengängen wie etwa Geoökologie, Landeskultur und Umweltschutz, Landschaftsökologie, Verfahrenstechnik, Qualitäts- und Umweltmanagement oder, vor allem an Fachhochschulen, Umwelttechnik mit den unterschiedlichsten Schwerpunkten.

Die Berufschancen für die Umweltexperten hängen künftig davon ab, welche Bedeutung Wirtschaft und Gesellschaft dem Umweltschutz beimessen. Die »grünen Studiengänge« erfreuen sich zumindest derzeit einer hohen Attraktivität.

Studieninteressenten sollten wegen der Vielzahl der verschiedenen Studiengänge, der unterschiedlichen Ausrichtung und der Zulassungsbedingungen sich direkt mit den folgenden Universitäten und Fachhochschulen in Verbindung setzen.

Die Studiendauer an Universitäten beträgt etwa zehn bis zwölf Semester, an Fachhochschulen zwischen acht und neun Semester. Für Bachelorstudiengänge sind an Universitäten überwiegend sechs Semester (ggf. plus vier Mastersemester) vorgesehen, an Fachhochschulen sechs oder sieben Semester (ggf. plus zwei oder drei Mastersemester).

Ökologie/Umweltwissenschaften an Universitäten

Hochschule	Studiengang	Abschluss
Bayreuth U	Geoökologie	Diplom
Berlin TU	Technischer Umweltschutz	Diplom
Bielefeld U	Umweltwissenschaften	Bachelor
Bochum U	Umwelttechnik und Ressourcenmanagement	Diplom
Braunschweig TU	Geoökologie	Diplom
Clausthal TU	Umweltschutztechnik	Diplom
Cottbus TU	Umwelt- und Ressourcenmanagement	Bachelor
Dresden TU	Abfallwirtschaft und Altlasten	Bachelor, Diplom
Flensburg U	Energie- und Umweltmanagement	Diplom
Freiberg TUBergAk	Geoökologie, Umwelt-Engineering	Diplom
Göttingen U	Forstwissenschaften und Waldökologie	Bachelor
Greifswald U	Landschaftsökologie und Naturschutz, Umweltwissenschaften	Diplom
Hamburg-Harburg TU	Bauingenieurwesen und Umwelttechnik, Energie- und Umwelttechnik	Diplom
Jena U	Chemie/Umweltchemie	Diplom
Kaiserslautern TU	Umweltverfahrenstechnik	Diplom
Karlsruhe U	Geoökologie	Diplom
Kassel U	Ökologische Landwirtschaft	Diplom, gestufter Studiengang
Koblenz-Landau U	Umweltwissenschaften	Diplom
Lüneburg U	Umweltwissenschaften	Diplom
München UBw	Bauingenieurwesen und Umwelttechnik	Diplom
Münster U	Landschaftsökologie	Diplom
Oldenburg U	Landschaftsökologie, Marine Umweltwissenschaften	Diplom
Potsdam U	Geoökologie	Diplom
Rostock U	Agrarökologie	Bachelor
Rostock U	Landeskultur und Umweltschutz	Diplom
Stuttgart U	Umweltschutztechnik	Diplom, Bachelor
Trier U	Angewandte Umweltwissenschaften	Diplom
Tübingen U	Geoökologie/Ökosystemmanagement	Diplom
Vechta H	Umweltwissenschaften	Diplom
Zittau IHI	Umwelttechnik	Diplom

Ökologie/Umweltwissenschaften an Fachhochschulen

Hochschule	Studiengang	Abschluss
Aachen FH	Maschinenbau/Energie- und Umweltschutztechnik	Diplom (FH)
Amberg-Weiden FH	Umwelttechnik	Diplom (FH)
Ansbach FH	Energie- und Umweltsystemtechnik	Diplom (FH)
Augsburg FH	Umwelt- und Verfahrenstechnik	Diplom (FH)
Berlin FHTW	Umwelttechnik/Regenerative Energien, Umweltverfahrenstechnik	Diplom (FH)

Berlin FHW	Wirtschaftsingenieurwesen (Fachrichtung Umwelt)	Diplom (FH)
Berlin TFH	Verfahrens- und Umwelttechnik, Wirtschafts-ingenieurwesen-Umwelt	Diplom (FH)
Bingen FH	Umweltschutz	Diplom (FH)
Braunschweig/Wolfenbüttel FH	Umwelttechnik	Diplom (FH)
Bremen H	Umwelttechnik, internationaler Studiengang	Diplom (FH), Bachelor
Düsseldorf FH	Prozess-, Energie- und Umwelttechnik	Bachelor
Eberswalde FH	Landschaftsnutzung und Naturschutz	Diplom (FH), Bachelor
Esslingen FHT	Chemieingenieurwesen/Farbe-Lack-Umwelt, Versorgungstechnik und Umwelttechnik	Diplom (FH)
Furtwangen FH	Umwelt und Verfahrenstechnik	Diplom (FH)
Gelsenkirchen FH	Environmental Engineering Entsorgungstechnik	Diplom (FH)
Gießen-Friedberg FH	Umwelt-, Hygiene- und Sicherheitstechnik	Diplom (FH)
Hamburg HAW	Environmental Engineering	Bachelor
Hamburg HAW	Umwelttechnik	Diplom (FH)
Hannover FH	Verfahrens-, Energie- und Umwelttechnik	Diplom (FH)
Heilbronn FH	Verfahrens- und Umwelttechnik	Diplom (FH)
Jena FH	Umwelttechnik	Diplom (FH)
Konstanz FH	Verfahrenstechnik und Umwelttechnik	Bachelor
Lippe/Höxter FH	Technischer Umweltschutz	Diplom (FH)
Lübeck FH	Umweltingenieurwesen	Diplom (FH)
Magdeburg-Stendal H	Abfallwirtschaft	Diplom (FH)
Merseburg FH	Versorgungs-, Entsorgungs- und Umwelttechnik	Diplom (FH)
Mittweida H	Umwelttechnik/Biotechnologie	Diplom (FH)
Münster FH	Gebäude- und Umwelttechnik	Bachelor
Nürtingen FH	Energie- und Recycling-Management	Bachelor
Offenburg FH	Verfahrens- und Umwelttechnik	Diplom (FH)
Oldenburg/Ostfriesl./Wilhelmshaven FH	Umwelttechnik, Umweltverfahrenstechnik (auch ausbildungsintegriert)	Diplom (FH)
Trier FH	Umwelt- und Betriebswirtschaft, Umweltplanung	Diplom (FH)
Weihenstephan FH	Umweltsicherung	Diplom (FH)
Wiesbaden FH	Umwelttechnik/Umweltmesstechnik	Diplom (FH)
Wismar H	Verfahrens- und Umwelttechnik	Diplom (FH)
Zittau/Görlitz H	Energie- und Umwelttechnik, Ökologie und Umweltschutz	Diplom (FH)
Zwickau H	Versorgungs- und Umwelttechnik	Diplom (FH)

Zum Weiterlesen: Michael Jischa, *Studium der Umweltwissenschaften. Ingenieurwissenschaften und Informatik*, 2001; Stefan Schaltegger, *Studium der Umweltwissenschaften, Wirtschaftswissenschaften*, 2000.

Pharmazie

Pharmazie wird definiert als »Wissenschaft von den Arzneimitteln, ihrer Entwicklung, Herstellung, Prüfung auf Identität, ihrer Reinheit und ihrem Gehalt einschließlich der sachgemäßen Zubereitung und Lagerung sowie ihrer Wirkung« (Zitat: *Studien- und Berufswahl*). 84 Prozent der mit solchen Aufgaben vertrauten Pharmazeuten sind als Apotheker oder Krankenhausapotheker tätig. Die Übrigen arbeiten in der Pharmaindustrie, wo sie als so genannte Pharmakologen tätig sind.

Der erste Eindruck beim Apotheker täuscht. Sie sind keine gut bezahlten Verkäufer von Arzneimitteln, auch wenn sie im Gegensatz zu früheren Zeiten ihre Arzneimittel und Rohstoffe nicht mehr selber herstellen, sondern von der Industrie beziehen. Sie müssen dennoch einen guten Überblick über die pharmazeutische Forschung haben, Kunden über Nebenwirkungen von Arzneimitteln und Neuentwicklungen auf dem Markt fachkundig beraten können und auch in der Lage sein, hömöopathische Heilmittel oder Kosmetika selbst herzustellen.

Der Berufsweg zum Apotheker ist nur über ein Studium der Pharmazie an einer Universität möglich. Die rund fünfjährige Ausbildung schließt mit dem Staatsexamen ab. Im Anschluss daran folgt ein praktisches Jahr, von dem sechs Monate in einer Apotheke, die übrigen in einer Krankenhausapotheke, in der Industrie oder einer Wissenschaftseinrichtung abgeleistet werden. Ohne eine naturwissenschaftlich-mathematische Begabung ist der Weg hinter die Apothekertheke nicht möglich. Wer Pharmazie studieren möchte, sollte sich auch ein Chemie- oder Biologiestudium vorstellen können – im ersten Studienabschnitt sind kaum Unterschiede festzustellen. Erst im Hauptstudium liegen die Schwerpunkte eindeutig auf Pharmazie (pharmazeutische Chemie, pharmazeutische Biologie, Toxikologie u. a.).

Wer Pharmazie studieren möchte, ist gezwungen, den Weg über die Zentralstelle für die Vergabe von Studienplätzen (ZVS) in Dortmund anzutreten. Die Berufsaussichten sind durch die Sparmaßnahmen im Gesundheitswesen und eine hohe Apothekendichte für Berufsanfänger nicht umwerfend. Der Weg zum Inhaber einer Apotheke ist nur mit entsprechendem Startkapital und nach gründlicher Analyse, wie viele Apotheken es dort bereits an welchen Stellen gibt, möglich. Wer den Weg in eine Krankenhausapotheke einschlagen will (für Berufsanfänger sehr schwer), sollte sich in »klinischer Pharmazie« fortbilden. Jungpharmazeuten finden in der Pharmaindustrie etwas bessere Startchancen, besonders dann, wenn sie wissenschaftlich ausgewiesen (eine Dokorarbeit ist keine Bedingung, erleichtert aber den Einstieg) sowie betriebswirtschaftlich orientiert sind.

Pharmazie an Universitäten

Hochschule	Studiengang	Abschluss
Berlin FU	Pharmazie	Staatsexamen
Bonn U	Pharmazie	Staatsexamen
Braunschweig TU	Pharmazie	Staatsexamen
Düsseldorf U	Pharmazie	Staatsexamen
Erlangen-Nürnberg U	Pharmazie	Staatsexamen
Frankfurt am Main U	Pharmazie	Staatsexamen
Freiburg U	Pharmazie	Staatsexamen
Greifswald U	Pharmazie	Staatsexamen
Halle-Wittenberg U	Pharmazie	Staatsexamen
Hamburg U	Pharmazie	Staatsexamen

Heidelberg U	Pharmazie	Staatsexamen
Jena U	Pharmazie	Staatsexamen
Kiel U	Pharmazie	Staatsexamen
Leipzig U	Pharmazie	Staatsexamen
Mainz U	Pharmazie	Staatsexamen
Marburg U	Geschichte der Pharmazie	Magister
Marburg U	Pharmazie	Staatsexamen
München U	Pharmazie	Staatsexamen
Münster U	Pharmazie	Staatsexamen
Regensburg U	Pharmazie	Staatsexamen
Saarbrücken U	Pharmazie	Pharmazeutische Prüfung
Tübingen U	Pharmazie	Staatsexamen
Würzburg U	Pharmazie	Staatsexamen

Pharmazie an Fachhochschulen

Hochschule	**Studiengang**	**Abschluss**
Albstadt-Sigmaringen FH	Pharmatechnik	Diplom (FH)
Anhalt H	Pharmazeutische Technik	Bachelor
Berlin TFH	Pharma- und Chemietechnik	Diplom (FH)
Gießen-Friedberg FH	Biopharmazeutische Technologie	Diplom (FH)
Isny FH	Pharmazeutische Chemie	Diplom (FH)
Lippe/Höxter FH	Pharmatechnik	Bachelor

Psychologie

»Psychologie ist die Wissenschaft von den Formen und Gesetzmäßigkeiten des Lebens und Verhaltens des Menschen in Abhängigkeit von den inneren und äußeren Faktoren und deren Deutung.« (Zitat aus: *Studien- und Berufswahl*) Diese etwas akademische Formulierung will sagen, dass Psychologen überall dort zu finden sind, wo es um Probleme und ihre Lösungen bei einzelnen Menschen oder um zwischenmenschliche Konflikte geht. Früher kümmerte sich um diese Dinge die Dorfgemeinschaft oder der Pfarrer, heute sind es eher Psychologen, Pädagogen und Sozialarbeiter. Da Probleme des Einzelnen und gesellschaftliche Probleme zunehmen, gleichzeitig die Fähigkeit, sie selbst zu lösen, zurückgeht, finden Psychologen ein breites Feld von Arbeitsmöglichkeiten, die sich in sechs Felder aufteilen lassen: Klinische Psychologen sind für psychologische Diagnose, Beratung und Behandlung entweder in der eigenen Praxis oder in Kliniken tätig. Schulpsychologen helfen bei Erziehungsproblemen und Verhaltensstörungen von Schülern und bei der Beratung von Eltern und Lehrern. Forensische Psychologen sind im Strafvollzug tätig und betreuen dort Gefangene oder erstellen Gutachten über die Resozialisationsfähigkeit und über die Wahrscheinlichkeit eines Rückfalls in kriminelle Aktivitäten. Psychologen sind als Arbeits- und Betriebspsychologen in Unternehmen und Verwaltungen tätig, das heißt konkret: bei der Auswahl von Bewerbern, bei der Verbesserung des Betriebsklimas oder auch in der Aus- und Weiterbildung der Mitarbeiter. Verkehrspsychologen betreuen Piloten, prüfen Kraftfahrer auf ihre Eignung und erstellen Maßnahmen zur Unfallverhütung. Markt- und Kommunikationspsychologen arbeiten in Meinungsforschungsinstituten, bei Werbeagenturen oder bei Wirtschaftsverbänden.

Das wesentliche (und häufig einzige) Arbeitsmittel des Psychologen ist das Gespräch, entweder mit einzelnen Personen oder mit Gruppen von Personen. Im Gespräch versucht der Psychologe, sich einen Überblick über Hintergrund, Ursachen und Auswirkung des Problems zu verschaffen, mit den Beteiligten Lösungskonzepte zu entwickeln und bei der Umsetzung mitzuhelfen.

Der Weg zum Psychologen führt über ein Universitätsstudium, das die meisten Universitäten anbieten. Psychologie ist eines der beliebtesten Studienfächer in Deutschland. Das Verhältnis zwischen freien Studienplätzen und Bewerbern schwankt zwischen 1 : 3 und 1 : 4. Aus diesem Grund werden die Studienplätze über die ZVS im Allgemeinen Auswahlverfahren vergeben. Um einen der begehrten Studienplätze zu erhalten, ist entweder eine gute Abiturnote, eine mehrsemestrige Wartezeit oder ein erfolgreiches Bestehen des Auswahlverfahrens der Hochschulen vonnöten (siehe S. 141f.).

Psychologiestudium ist nicht gleich Psychologiestudium. Je nach Universität sind die Schwerpunkte im Studium sehr unterschiedlich. An einigen Universitäten sind Psychoanalyse und Sozialpsychologie Schwerpunkte des Studiums, anderswo Klinische Psychologie, andernorts Experimentelle Psychologie, wieder woanders Arbeits-, Betriebs- und Organisationspsychologie. Von künftigen Psychologen wird erwartet, dass sie über ein stabiles Innenleben verfügen und belastbar sind, sozial engagiert und kommunikativ sind, gleichzeitig zuhören und auf andere Menschen zugehen können und über Realitätssinn verfügen. Wer Psychologie als Therapiestudium für eigene Probleme betreiben möchte, ist im falschen Studienfach. Das Studium, das derzeit im Durchschnitt zehn bis zwölf Semester dauert, vermittelt im Grundstudium Einführungen in die Teilgebiete der Psychologie (Allgemeine Psychologie, Entwicklungspsychologie, Persönlichkeitspsychologie, Sozialpsychologie, Klinische Psychologie), in die Methodenlehre des Faches einschließlich Statistik und leistet auch eine Einführung in die Physiologie und die Biologie des Menschen. Hinzu kommen verschiedene empirisch-praktische Lehrveranstaltungen. Das Hauptstudium bietet die Möglichkeit der Vertiefung und Spezialisierung. In diesem Studienabschnitt erfolgt eine Ausrichtung auf mögliche spätere Berufsfelder. Traditioneller Abschluss ist die Diplomprüfung.

Psychologen finden zwar breite Einsatzmöglichkeiten, aber gleichzeitig muss bedacht werden, dass durch die hohe Zahl der Studierenden in den nächsten Jahren weiterhin eine große Anzahl von Absolventen auf den Arbeitsmarkt drängen wird. Aus diesem Grund sind zusätzliche Qualifikationen gefragt. Hierzu gehören vor allem Grundkenntnisse in Wirtschaft, Verwaltung und der Besuch von Weiterbildungsveranstaltungen, die in diesem Beruf eine besondere Rolle spielen. Weiterbildungsmöglichkeiten bieten die Verbände und private Unternehmen. Solche Investitionen sind wohl teuer, aber, wenn die richtigen Angebote ausgewählt werden, lohnend für den Beruf.

Schüler verwechseln häufig Psychologen und Psychiater. Psychiater sind ausgebildete Mediziner mit Facharztausbildung und dürfen Patienten auch medikamentös behandeln. Vor allem in der Klinischen Psychologie arbeiten Psychiater und Psychologen eng zusammen.

Psychologie an Universitäten

Hochschule	Studiengang	Abschluss
Aachen TH	Psychologie	Diplom
Augsburg U	Psychologie	Diplom
Bamberg U	Psychologie	Diplom
Berlin HU	Psychologie	Diplom
Berlin TU	Psychologie	Diplom
Bielefeld U	Psychologie	Diplom, Bachelor

Bochum U	Psychologie	Diplom, Bachelor
Bochum U	Sozialpsychologie und Sozialanthropologie, Wirtschaftspsychologie	Bachelor
Bonn U	Psychologie	Diplom
Braunschweig TU	Psychologie	Diplom
Bremen IU	Integrated social and cognitive Psychology	Bachelor
Bremen U	Psychologie	Diplom
Chemnitz TU	Psychologie	Diplom
Darmstadt TU	Psychologie	Diplom
Dresden TU	Psychologie	Diplom
Düsseldorf U	Psychologie	Diplom
Eichstätt–Ingolstadt U	Psychologie	Diplom
Erfurt U	Lehr-/Lern- und Trainingspsychologie	Bakkalaureus
Erlangen-Nürnberg U	Psychologie	Diplom
Frankfurt am Main U	Psychoanalyse	Magister
Frankfurt am Main U	Psychologie	Diplom
Freiburg U	Kognitionswissenschaft	Magister
Freiburg U	Psychologie	Diplom, Bakkalaureus
Gießen U	Psychologie	Diplom
Göttingen U	Psychologie	Diplom
Göttingen U	Wirtschafts- und Sozialpsychologie	Magister
Greifswald U	Psychologie	Diplom
Halle-Wittenberg U	Psychologie	Diplom
Hamburg U	Psychologie	Diplom
Heidelberg U	Psychologie	Diplom
Jena U	Psychologie	Diplom
Kiel U	Psychologie	Diplom
Koblenz-Landau U	Psychologie	Diplom
Köln U	Psychologie	Diplom
Konstanz U	Psychologie	Diplom
Leipzig U	Psychologie	Diplom
Magdeburg U	Psychologie	Diplom
Mainz U	Psychologie	Diplom
Mannheim U	Psychologie	Diplom
Marburg U	Psychologie	Diplom
München U	Psychologie	Diplom
München U	Psychology of Excellence	Magister
Münster U	Psychologie	Diplom
Osnabrück U	Psychologie	Diplom
Potsdam U	Psychologie	Diplom
Regensburg U	Psychologie	Diplom
Saarbrücken U	Psychologie	Diplom
Siegen U	Psychologie	Magister
Trier U	Psychologie	Diplom
Tübingen U	Psychologie	Diplom
Wuppertal U	Psychologie	Diplom – integrierter Studiengang
Würzburg U	Psychologie	Diplom

Psychologie an Fachhochschulen

Hochschule	**Studiengang**	**Abschluss**
Harz H	Wirtschaftspsychologie	Bachelor
Heidelberg FH	Wirtschaftspsychologie	Diplom (FH)
Magdeburg-Stendal H	Rehabilitationspsychologie	Diplom (FH)
Nordostniedersachsen FH	Wirtschaftspsychologie	Diplom (FH)

Rechtswissenschaft

Jura zählt sei vielen Jahren zu den beliebtesten Studienfächern. Obwohl jährlich die Zahl der Rechtsanwälte stark ansteigt, drängen 70 bis 75 Prozent eines Absolventenjahrgangs weiter in den Anwaltsberuf, was dazu geführt hat, dass die Zahl der Rechtsanwälte bei derzeit 121.000 liegt und ein immer größer werdender Teil kaum das finanzielle Existenzminimum erwirtschaftet. Aus diesem Grund verwundert es nicht, dass 2003 1.089 Anwälte unter 39 Jahren ihre Zulassung zurückgaben und von Anwälten bekannt ist, dass sie nebenberuflich Taxi fahren oder andere Nebenjobs ausüben.

Erschwerend kommt hinzu, dass der Staat aus finanziellen Gründen keine neuen Planstellen für Richter, Staatsanwälte und Verwaltungsjuristen einrichten kann. Unternehmen bauen Hierarchieebenen ab und überlassen ihre Rechtsangelegenheiten verstärkt Anwaltskanzleien, die auf bestimmte Rechtsthemen spezialisiert sind. Aus diesen Gründen kann davon ausgegangen werden, dass die Zahl derjenigen, die entsprechend ihrer juristischen Ausbildung einen adäquaten Arbeitsplatz finden, zukünftig drastisch abnehmen wird. Ausgenommen hiervon sind nur die Absolventen mit Prädikatsexamen. Aber nur etwa zehn bis 15 Prozent eines Absolventenjahrganges verfügen über zwei Examina mit der Note »voll befriedigend« oder besser. Da das Juraexamen als schwer gilt und Jura für manche Studierende ein Verlegenheitsstudium ist, beenden rund 40 Prozent ihre akademische Ausbildung oder das zweite Staatsexamen lediglich mit »ausreichend«.

Auf dem künftigen Arbeitsmarkt werden vor allem diejenigen erfolgreich sein, die vom Arbeitsmarkt gefragte (siehe weiter unten im Text) Schwerpunkte und Spezialisierungen vorweisen können. Bis 2003 war die Aneignung besonderer Qualifikationen auf die Zeit nach dem Studium beschränkt, denn das Jurastudium war als Einheitsausbildung mit dem Ziel Rechtsgeneralist konzipiert.

Nach der Reform der Juristenausbildung, die zum 1. Juli 2003 in Kraft trat, können die Hochschulen nach der Zwischenprüfung Schwerpunktbereiche anbieten, die in der Abschlussprüfung ein Gewicht von 30 Prozent erhalten. Deren Wahl wird die beruflichen Wege der Nachwuchsjuristen entscheidend bestimmen. War es in der Vergangenheit nicht von großer Bedeutung, wo man studierte, die Inhalte waren bundesweit fast identisch, müssen Studienanfänger jetzt vorher gründlich recherchieren, welche Schwerpunktbereiche die einzelnen Hochschulen anbieten und anschließend die Entscheidung für die jeweilige Hochschule treffen. Zu den Schwerpunktbereichen der einzelnen Hochschulen siehe unter *www.jura.uni-muenchen.de/einrichtungen/fakultaetentag/ausbildungsreform*.

Auch sollen jetzt bereits während des Studiums Zusatzqualifikationen wie Gesprächsführung, Rhetorik und Kommunikationsfähigkeit vermittelt sowie fremdsprachliche rechtswissenschaftliche Veranstaltungen angeboten werden.

Unternehmen haben großes Interesse an Bewerbern, die über fundierte Wirtschaftskenntnisse verfügen und Kenntnisse in Rechtsgebieten wie Handelsrecht, Wirtschafts- und Steuerrecht, Aktienrecht, Internationales Vertragsrecht, Umweltrecht, Technikrecht, Patentrecht nachweisen können.

Besonders gefragt werden die Juristen sein, die über internationale juristische Kompetenz verfügen, da die Globalisierung, die weitere europäische Integration und der technische Fortschritt den Regelungsbedarf erhöhen. Hier sollten als Schwerpunktbereich Europarecht, Internationales Recht oder Rechtsvergleich gewählt werden, oder man sollte sich intensiv mit dem Rechtssystem der angelsächsischen Länder oder dem französischen Recht beschäftigen. Die Universitäten Köln und Potsdam etwa bieten einen deutsch-französischen Studiengang Recht an, der neben dem Staatsexamen auch den Erwerb der entsprechenden französischen Hochschulabschlüsse vorsieht.

Für eine mehr internationale Ausrichtung des Studiums sind auch Auslandsaufenthalte im Studium sinnvoll; davon machen Studierende der Rechtswissenschaft jedoch wegen der Andersartigkeit anderer nationaler Rechtssysteme noch verhältnismäßig wenig Gebrauch. Auch ein Praktikum bei einer europäischen oder internationalen Institution erhöht die Attraktivität am Arbeitsmarkt. Der Deutschen Akademische Austauschdienst (DAAD) in Bonn (*www.daad.de*) hält eine Fülle von Fördermöglichkeiten bereit, die von Sommerkursstipendien über Stipendien für einjährige Auslandsaufenthalte bis hin zu Fachkursstipendien für angehende Rechtswissenschaftler reichen.

Eine Reihe von ausländischen Hochschulen, vor allem in Großbritannien, Frankreich und den USA, bieten Bewerbern mit abgeschlossenem Studium einjährige Zusatzausbildungen an. Besonders gefragt ist der in den angelsächsischen Ländern beliebte Master of Laws (LL. M.), aber auch beispielsweise der Master Degree in Comparative, European oder International Legal Studies. Auch hierfür vergibt der DAAD besondere Graduiertenstipendien.

Die Universitäten Passau und Trier, ohnehin bekannt für die Internationalität ihrer Juristenausbildung, bieten Studierenden der Rechtswissenschaft eine sehr attraktive Zusatzausbildung an, die so genannte Fachspezifische Fremdsprachenausbildung. Die Studierenden können sich während des Studiums mit einem anderen Rechtssystem und mit seiner juristischen Fachsprache intensiv vertraut machen.

All diejenigen, die sich mit dem Gedanken angefreundet haben, die Juristerei als Studienfach zu wählen, sollten ihre Fähigkeiten, Interessen und Begabungen im Hinblick auf die Anforderungen des Jurastudiums sehr kritisch prüfen. Das bereitet zugegebenermaßen Schwierigkeiten, weil es an der Schule kein Fach gibt, bei dem sich die Eignung für das Jurastudium ablesen ließe. Generell gilt: Wer gute Leistungen in Deutsch, Mathematik und in Latein hat, scheint für ein Jurastudium geeignet zu sein. Darüber hinaus erfordert Jura wie kein anderes Studium die Fähigkeit, einen konkreten Fall in allgemeine Rechtsprinzipien einordnen zu können und nach einem bestimmten Schema zu recherchieren, welche vergleichbaren Fälle es gibt und wie hierüber entschieden wurde. Zum guten Juristen gehört auch die Fähigkeit, zuhören zu können, überzeugend zu sein in Wort und Schrift und Verschwiegenheit zu bewahren. Wer die Motivation für ein Jurastudium aus spannenden Filmen ableitet, in denen ein rhetorisch brillanter Anwalt mit einer Sherlock-Holmes-reifen Kombinationsbegabung alle Zeugenaussagen auseinander nimmt und mit einem furiosen Plädoyer den zu Unrecht Angeklagten freibekommt, hat falsche Vorstellungen vom Juristenberuf. Juristen haben es bei ihrer alltäglichen Arbeit eher mit banalen Dingen zu tun wie Nachbarschaftsstreitigkeiten, Kleinkriminalität, Eintreibung von Geldforderungen, Scheidungen, Wasserrechtsbestimmungen oder Lärmbelästigungen.

Noch einige Informationen zum Aufbau des Studiums: Das Studium an der Universität dauert neun bis zehn Semester. Das vor allem in Vorlesungen Gelernte wird durch Klausuren überprüft. Im Hauptstudium stehen mehr Seminare, die mit Hausarbeiten abgeschlossen werden, auf dem Stundenplan. Vor dem Examen wird einige Monate beim (zumeist privaten) Repetitor für das Staatsexamen gebüffelt. Jura gehört zu den Fächern mit einer anstrengenden und umfangreichen

Abschlussprüfung. Auch sind erste Bachelorstudiengänge mit einer vorgesehenen Studiendauer von drei Jahren eingerichtet worden (siehe hierzu auch S. 101).

Mit dem Staatsexamen kann aber noch keiner der traditionellen Rechtsberufe (Richter, Staatsanwalt, Rechtsanwalt, Notar) ergriffen werden. Hierfür bedarf es einer zusätzlichen zweijährigen Ausbildung bei Gerichten, Anwaltskanzleien, Finanzbehörden – des Referendariats. Erst mit dem bestandenen zweiten Staatsexamen, mit dem das Referendariat abgeschlossen wird, wird man Volljurist.

Juristen, die es nicht zum juristischen Staatsdienst (derzeit sind dort ca. vier Prozent der Juristen beschäftigt) oder zum Anwaltsberuf (Mitglied, Inhaber oder Mitarbeiter einer Anwaltskanzlei) zieht, haben die Möglichkeit, bei Unternehmen als Wirtschaftsjuristen (ca. 15 Prozent) oder bei Behörden als Verwaltungsjuristen (etwa sechs Prozent eines Absolventenjahrgangs) zu arbeiten.

Innerhalb der Unternehmen sind die meisten Juristen bei Versicherungen und Banken zu finden, also dort, wo die meisten Rechtsfälle anfallen.

Mit der Reform der Juristenausbildung 2003 besteht für Absolventen auch die Möglichkeit, wenn sie nicht im volljuristischen Tätigkeitsbereich (Anwalt, Richter, Staatsanwalt, Notar) tätig werden möchten, ohne weiteren Prüfungsaufwand ihr Staatsexamen in ein Diplom (Diplom-Jurist) umzuwandeln.

Über die Gehälter von Juristen lässt sich nichts Verbindliches aussagen. Sie bewegen sich zwischen der Höhe der staatlichen Sozialhilfe (vor allem bei Einmann- oder Einfraukanzleien mit wenigen Mandanten) und Supergehältern in international tätigen Anwaltskanzleien.

Fazit: Die Berufschancen für Juristen gestalten sich in den nächsten Jahren weiter ungünstig. Wer seine Eignung für ein Jurastudium im Hinblick auf die Begabungen und Interessen kritisch überprüft hat und eine Hochschule wählt, die entsprechende europäische und internationale Schwerpunktmöglichkeiten bietet oder seine Studienschwerpunkte frühzeitig auf interessante wirtschaftsnahe Vertiefungen oder besonders gefragte Rechtsgebiete legt, braucht, wenn er oder sie sich auch noch ein Prädikatsexamen oder ein Dreierexamen zutraut, keine Angst vor dem künftigen Arbeitsmarkt zu haben.

Rechtswissenschaft an Universitäten

Hochschule	Studiengang	Abschluss
Augsburg U	Rechts- und Wirtschaftswissenschaft	Diplom
Augsburg U	Rechtswissenschaft	Staatsexamen
Bayreuth U	Rechtswissenschaft	Staatsexamen
Berlin FU	Rechtswissenschaft	Staatsexamen
Berlin HU	Rechtswissenschaft	Staatsexamen
Bielefeld U	Rechtswissenschaft	Staatsexamen, Bachelor
Bochum U	Rechtswissenschaft	Staatsexamen
Bonn U	Rechtswissenschaft	Staatsexamen
Bremen U	Comparative and European Law/Hanse Law School	Bachelor, Master
Bremen U	Rechtswissenschaft	Staatsexamen
Dresden TU	Rechtswissenschaft	Magister
Düsseldorf U	Rechtswissenschaft	Staatsexamen
Erfurt U	Staatswissenschaften – Rechtswissenschaft	Bakkalaureus
Erlangen-Nürnberg U	Rechtswissenschaft	Staatsexamen

Frankfurt (Oder) U	German and Polish Law	Bachelor
Frankfurt (Oder) U	Rechtswissenschaft	Erste Juristische Prüfung
Frankfurt am Main U	Rechtswissenschaft	Staatsexamen
Freiburg U	Rechtswissenschaft	Staatsexamen
Gießen U	Rechtswissenschaft	Staatsexamen
Göttingen U	Rechtswissenschaft	Staatsexamen
Greifswald U	Rechtswissenschaft	Staatsexamen, Bachelor
Hagen FernU	Rechtswissenschaft	Bachelor
Halle-Wittenberg U	Rechtswissenschaft	Staatsexamen
Hamburg BLS	Rechtswissenschaft	Staatsexamen
Hamburg U	Rechtswissenschaft	Staatsexamen
Hannover U	Rechtswissenschaften	Staatsexamen
Heidelberg U	Rechtswissenschaft	Staatsexamen
Jena U	Rechtswissenschaft	Staatsexamen
Kiel U	Rechtswissenschaft	Staatsexamen
Köln U	Rechtswissenschaft	Staatsexamen
Konstanz U	Rechtswissenschaft	Staatsexamen
Leipzig U	Rechtswissenschaft	Staatsexamen
Mainz U	Rechtswissenschaft	Staatsexamen
Mannheim U	Rechtswissenschaft	Staatsexamen
Marburg U	Rechtswissenschaft	Staatsexamen
München U	Rechtswissenschaft	Staatsexamen
Münster U	Rechtswissenschaft	Staatsexamen
Oldenburg U	Comparative and European Law/Hanse Law School	Bachelor, Master
Osnabrück U	Rechtswissenschaften	Staatsexamen
Osnabrück U	Wirtschaftsrecht	Bachelor
Passau U	Rechtswissenschaft	Staatsexamen
Potsdam U	Rechtswissenschaft	Staatsexamen
Regensburg U	Rechtswissenschaft	Staatsexamen
Rostock U	Öffentliches Recht	Bakkalaureus
Rostock U	Rechtswissenschaft	Staatsexamen
Saarbrücken U	Rechtswissenschaft	Staatsexamen
Siegen U	Wirtschaftsrecht, deutsches und europäisches (integrierter Studiengang)	Diplom
Trier U	Rechtswissenschaft	Staatsexamen
Tübingen U	Rechtswissenschaft	Staatsexamen
Würzburg U	Rechtswissenschaft	Staatsexamen

Sozialwissenschaften

Unter dem Studium der Sozialwissenschaften wird im Allgemeinen das Studium der Soziologie und das Lehramtsstudium Sozialwissenschaft (oft auch Sozialkunde genannt) verstanden.

Soziologie ist die Wissenschaft, die sich mit den Grundlagen, Erscheinungsformen und Entwicklungen des menschlichen Zusammenlebens unter historischen und vor allem gegenwärtigen sozialen Gebilden beschäftigt. Soziologen sind also Gesellschaftswissenschaftler, die von der

Annahme ausgehen, dass Menschen und ihr Verhalten maßgeblich von gesellschaftlichen Verhältnissen bestimmt werden.

Die Sozialwissenschaften gehören zu den beliebtesten Studienfächern deutscher Studierender. Entsprechend hoch ist der Andrang an den Hochschulen, und entsprechend schwer fällt die Suche nach einem angemessenen Arbeitsplatz. Während in der Vergangenheit der Staat etwa die Hälfte aller Sozialwissenschaftler aufnahm, suchen sie derzeit vor allem Beschäftigungsverhältnisse in der Wirtschaft, konkurrieren aber hier vor allem mit Wirtschaftswissenschaftlern. Diesen Trend haben sich zahlreiche Hochschulen zunutze gemacht und bieten kombinierte wirtschaftswissenschaftlich-sozialwissenschaftliche Studiengänge an oder ein sozialwissenschaftliches Schwerpunktstudium, verzahnt mit BWL und VWL. Aus diesem Grunde ist es von Vorteil, wenn diejenigen, die sich der Gesellschaftsanalyse oder Gesellschaftsveränderung verschreiben wollen, auch BWL oder VWL etwas abgewinnen können.

Das Angebot der Universitäten an Teilgebieten und Vertiefungsmöglichkeiten ist recht unterschiedlich. Studieninteressenten sollten sich deshalb über das Angebot genau informieren. Diese Frage spielt im grundständigen Studium keine so wichtige Rolle, weil in den ersten vier bis fünf Semestern Basiswissen in allgemeiner Soziologie, in den benachbarten Wirtschaftswissenschaften, in der politischen Wissenschaft, Statistik und Methodenlehre (Methoden der empirischen Sozialforschung) und in Psychologie, Rechtswissenschaft und in Neuerer Geschichte vermittelt wird. Erst im Hauptstudium erfolgt die Schwerpunktbildung in Richtung Wirtschaft, Bildungswesen (vor allem Weiterbildung) und öffentliche Verwaltung.

Je nachdem, ob das Studium mit einem Diplom, einem Magisterexamen oder einem Lehramtsexamen abschließt, gestalten sich die Kombinationsmöglichkeiten unterschiedlich. Im Diplomstudiengang sind Wahlfächer üblich, im Magisterstudiengang die Kombination von einem Hauptfach mit zwei Nebenfächern oder von zwei Hauptfächern. Im Lehramtsstudium ist die Kombination von mindestens zwei Schulfächern zusammen mit einem erziehungswissenschaftlichen Begleitstudium vorgeschrieben. Auch einige Bachelorstudiengänge sind schon eingerichtet worden (siehe unten und S. 101).

Wer Sozialwissenschaften studieren möchte, bewirbt sich direkt bei den Universitäten, die dieses Fach anbieten. Der Übergang von der Schule in die Universität ist recht unproblematisch, weil die meisten Universitäten keine Zulassungsbeschränkungen für diese Studiengänge haben.

Sozialwissenschaften und Soziologie an Universitäten

Hochschule	Studiengang	Abschluss
Aachen TH	Soziologie	Magister
Augsburg U	Didaktik der Sozialkunde, Soziologie	Magister
Bamberg U	Soziologie	Diplom, Magister
Berlin FU	Sozialkunde/Politikwissenschaft	Bachelor
Berlin HU	Geschlechterstudien/Gender Studies	Magister
Berlin HU	Sozialwissenschaften	Bachelor
Berlin HU	Soziologie	Magister
Berlin TU	Soziologie technikwissenschaftlicher Richtung	Diplom
Bielefeld U	Sozialwissenschaften	Bachelor
Bielefeld U	Soziologie	Diplom
Bochum U	Sozialwissenschaft	Diplom
Bochum U	Soziologie	Bachelor
Braunschweig TU	Soziologie	Magister

Bremen IU	Integrated Social Sciences	Bachelor
Bremen U	Soziologie	Bachelor, Diplom, Magister
Chemnitz TU	Soziologie	Diplom, Magister
Darmstadt TU	Soziologie	Diplom, Magister
Dresden TU	Soziologie	Diplom, Magister
Duisburg-Essen U	Soziologie	Magister
Duisburg-Essen U	Sozialwissenschaft	Magister
Düsseldorf U	Sozialwissenschaften	Bachelor
Düsseldorf U	Soziologie	Magister, Bachelor
Eichstätt-Ingolstadt U	Sozialkunde	Magister
Eichstätt-Ingolstadt U	Soziologie	Bachelor, Diplom, Magister
Erfurt U	Staatswissenschaften–Sozialwissenschaften	Bakkalaureus
Erlangen-Nürnberg U	Sozialwissenschaft	Diplom
Erlangen-Nürnberg U	Soziologie	Magister, Bachelor
Frankfurt am Main U	Soziologie	Diplom, Magister
Freiburg U	Gender Studies, Soziologie	Magister
Friedensau ThH	Sozialwesen	Diplom
Friedensau ThH	Sozialwissenschaften, internationale	Magister
Gießen U	Sozialwissenschaft	Diplom
Gießen U	Soziologie	Magister
Göttingen U	Geschlechterforschung, Soziologie	Magister
Göttingen U	Sozialwissenschaften	Diplom
Halle-Wittenberg U	Soziologie	Diplom, Magister
Hamburg U	Soziologie	Diplom
Hannover U	Sozialwissenschaften	Diplom
Heidelberg U	Soziologie	Diplom, Magister
Jena U	Soziologie	Magister
Kassel U	Soziologie	Magister
Kiel U	Soziologie	Magister
Koblenz-Landau U	Sozialwissenschaften	Diplom
Koblenz-Landau U	Soziologie	Magister
Köln U	Sozialwissenschaften, Volkswirtschaftslehre (sozialwissenschaftliche Richtung)	Diplom
Köln U	Soziologie	Magister
Konstanz U	Soziologie	Bachelor, Magister
Leipzig U	Soziologie	Diplom, Magister
Lüneburg U	Wirtschafts- und Sozialwissenschaften	Diplom
Magdeburg U	Soziologie	Magister
Mainz U	Soziologie	Magister, Diplom
Mannheim U	Sozialwissenschaften	Diplom
Marburg U	Soziologie	Diplom, Magister
München U	Soziologie	Diplom, Magister
Münster U	Soziologie	Magister
Oldenburg U	Sozialwissenschaften	Bachelor
Osnabrück U	Social Sciences	Bachelor
Passau U	Soziologie	Magister

Potsdam U	Soziologie	Magister
Regensburg U	Soziologie	Magister
Rostock U	Soziologie	Bakkalaureus
Siegen U	Social Science	Bachelor
Stuttgart U	Sozialwissenschaft	Bachelor
Stuttgart U	Sozialwissenschaften (dt.-franz. Studiengang)	Diplom
Stuttgart U	Soziologie	Bachelor, Magister
Trier U	Soziologie	Diplom, Magister
Tübingen U	Soziologie	Magister
Vechta H	Sozialwissenschaft	Magister, Bachelor
Vechta H	Soziologie	Magister
Weilheim-Bierbronnen GSA	Soziologie	Magister
Wuppertal U	Sozialwissenschaften	Magister
Würzburg U	Didaktik der Sozialkunde/Politische Bildung, Soziologie	Magister
Zittau IHI	Sozialwissenschaften	Diplom

Werkstoff- und Materialwissenschaften

Unsere Vorfahren lernten Steine so zu bearbeiten, dass sie Nahrungsmittel damit zerkleinern konnten. Der Faustkeil markiert die Anfänge menschlicher Zivilisation und ist zugleich der Beginn der Werkstoffwissenschaften. Der Steinzeit folgte die Bronzezeit und schließlich die Eisenzeit. Zwischen der Steinzeit und der Bronzezeit gelang es den Menschen, Häuser aus Lehmgeflechten zu errichten, Gefäße aus Ton zu brennen und Edelmetalle zu Schmuck zu verarbeiten.

Die modernen Werkstoff- und Materialwissenschaften beschäftigen sich mit Vertrautem und Neuem. Sie arbeiten mit Metallen und den nichtmetallisch-anorganischen Werkstoffen wie Porzellan, Keramik und Glas und mit organischen Werkstoffen wie Gummi, entwickeln neue Bindemittel und Verbundwerkstoffe und sind ständig auf der Suche nach neuen Legierungen und Kunststoffen.

Materialwissenschaftler sind Spezialisten für Gewinnung, Entwicklung und Verarbeitung all dieser Materialien und erkunden ihre ganz speziellen Eigenschaften. Ihre Arbeit ist Grundlage für die Werkstoffwissenschaftler, die aus diesen Materialien Verfahren und Produkte entwickeln. Beim Hausbau, in der Fahrzeugtechnik, im Umweltschutz, in der Energiewirtschaft, in der Medizintechnik oder in der Luftfahrt, überall gilt es, besonderen Bedingungen gerecht zu werden. Künstliche Implantate müssen gut verträglich sein. Materialien für die Luft- und Raumfahrt müssen extremen Kälte-, Hitze- oder Druckbedingungen standhalten. Moderne Windschutzscheiben aus Glas-Kunststoff-Verbundstoffen und Karosserien mit Knautschzonen sollen das Verletzungsrisiko bei Unfällen minimieren. So genannte Supraleiter dürfen keinen messbaren elektrischen Widerstand mehr besitzen, um den hohen Anforderungen in der modernen Energietechnik gerecht zu werden.

Diese weit gefassten Aufgaben bieten Werkstoff- und Materialwissenschaftlern vielfältige berufliche Möglichkeiten in Unternehmen, die sich mit der Verarbeitung und Weiterentwicklung von Werkstoffen und Materialien beschäftigen, vor allem in der Forschung und in der technischen Entwicklung, aber auch in Materialämtern, Planungsbüros, als Sachverständige und in der staatlichen Forschung, zum Beispiel an Hochschulen und industrienahen Forschungsinstituten.

Die Studiengänge, in denen Werkstoff- und Materialwissenschaftler ausgebildet werden, leiden derzeit unter einem Rückgang an Studierenden. Viele assoziieren damit nur den Werkstoff Eisen und den Personalabbau in der Metallbranche. Die Bedeutung von Eisen und Stahl ist zwar rückläufig, aber allein in den vergangenen Jahren wurden über 2.000 neue Stahlsorten entwickelt.

Seit einigen Jahren ist Sand ein neuer Renner. Silicium, das Material für Mikrochips, und Glasfaser, über die Computer und das Internet betrieben werden, werden aus dem Rohstoff Sand hergestellt.

Studierende finden in solchen Fächern optimale Studienbedingungen – fast überall überschaubare Studienatmosphäre, kein Numerus clausus, kein Weg über die ZVS in Dortmund, gute Betreuung und vielfältige Möglichkeiten von Praktika und Diplomarbeiten in der Praxis. Hinterher winkt häufig ein Job in der Industrie mit weitergehenden Perspektiven. Im Studium können solche Fächer entweder als eigenständige Studiengänge Materialwissenschaft, Werkstoffwissenschaft, Metallurgie und Werkstofftechnik oder als Schwerpunkt Werkstoffe in Fächern wie Maschinenbau und Physik oder als spezialisierte Studiengänge wie Kunststofftechnik, Metalltechnik, Keramik und Glas belegt werden. Die erstgenannten werden vor allem an Universitäten, die letztgenannten eher an Fachhochschulen angeboten. Trotz der verschiedenen Studiengänge und Vertiefungsmöglichkeiten: Das Studium erfordert eine gute mathematisch-naturwissenschaftliche Begabung und viel technisches Verständnis. Es schließt in der Regel mit einem Diplom ab. Bachelor- und Masterstudiengänge werden bisher nur wenige angeboten (siehe hierzu auch S. 101).

Die Suche nach dem optimalen Material und dem idealen Werkstoff – leicht, korrosionsfrei, kälte- und hitzebeständig, elastisch und gleichzeitig von hoher Festigkeit, lang haltbar und leicht abbaubar, preiswert in der Herstellung und gut umweltverträglich – wird noch einigen Generationen von Werkstoff- und Materialwissenschaftlern Kopfzerbrechen bereiten, ihnen aber ihre berufliche Existenz noch lange sichern.

Werkstoff- und Materialwissenschaften an Universitäten

Hochschule	**Studiengang**	**Abschluss**
Aachen TH	Metallurgie und Werkstofftechnik, Werkstoffinformatik	Diplom
Bayreuth U	Materialwissenschaft	Diplom
Berlin TU	Werkstoffwissenschaften	Diplom
Clausthal TU	Glas – Keramik – Bindemittel, Kunststofftechnik, Metallurgie, Werkstoffwissenschaften	Diplom
Darmstadt TU	Materialwissenschaft	Diplom
Dresden TU	Werkstoffwissenschaft	Diplom
Duisburg-Essen U	Material Science	Bachelor
Duisburg-Essen U	Angewandte Materialtechnik	Bachelor
Erlangen-Nürnberg U	Materials Sciences	Bachelor
Erlangen-Nürnberg U	Werkstoffwissenschaften	Diplom
Freiberg TUBergAk	Fahrzeugbau: Werkstoffe und Komponenten, Keramik-/Glas-/Baustofftechnik, Werkstoffwissenschaft und Werkstofftechnologie	Diplom
Freiberg TUBergAk	Werkstofftechnologie/Gießereitechnik	Bakkalaureus
Halle-Wittenberg U	Werkstoffwissenschaft	Diplom
Hamburg-Harburg TU	Materialwissenschaft	Diplom
Ilmenau TU	Werkstoffwissenschaft	Diplom
Jena U	Werkstoffwissenschaft/Materialwissenschaft	Diplom
Kiel U	Materialwissenschaft	Diplom
Saarbrücken U	Werkstoffwissenschaften	Diplom

Stuttgart U	Werkstoffwissenschaft	Diplom
Weimar U	Werkstoffwissenschaft	Diplom

Werkstoff- und Materialwissenschaften an Fachhochschulen

Hochschule	Studiengang	Abschluss
Aalen FH	Kunststofftechnik, Oberflächentechnik und Werkstoffkunde	Diplom (FH)
Bonn-Rhein-Sieg FH	Chemistry with Materials Science	Bachelor
Braunschweig/Wolfenbüttel FH	Verfahrenstechnik/Kunststofftechnik	Diplom (FH)
Darmstadt FH	Kunststofftechnik	Diplom (FH)
Gelsenkirchen FH	Materialtechnik	Diplom (FH)
Hof FH	Werkstoff- und Oberflächentechnik	Diplom (FH)
Jena FH	Werkstofftechnik	Diplom (FH)
Kaiserslautern FH	Kunststofftechnik	Diplom (FH)
Koblenz FH	Werkstofftechnik Glas und Keramik	Diplom (FH)
München FH	Verfahrenstechnik Papier und Verpackung	Diplom (FH)
Nürnberg FH	Werkstofftechnik	Diplom (FH)
Osnabrück FH	Kunststoff- und Werkstofftechnik, Kunststofftechnik im Praxisverbund	Diplom (FH)
Rosenheim FH	Kunststofftechnik	Diplom (FH)
Würzburg-Schweinfurt FH	Kunststoff- und Elastomertechnik	Diplom (FH)

Wirtschaftsingenieurwesen

»Weder Fisch noch Fleisch« hieß es, als die ersten Studiengänge Wirtschaftsingenieurwesen eingerichtet wurden. Was anfangs belächelt wurde, hat sich wie kaum ein anderer neu entwickelter Studiengang auf dem Arbeitsmarkt behauptet. Die vermeintliche Schwäche – Breite statt Spezialisierung – wurde schnell zur Stärke. Ein Blick in die Stellenangebote zeigt, dass Wirtschaftsingenieure aufgrund ihrer weitgefächerten Ausbildung in immer mehr Tätigkeitsfelder dringen, die ursprünglich als rein technisch oder rein kaufmännisch galten.

Der Grund hierfür ist einfach: Alle Wirtschaftsbereiche sind seit Jahrzehnten durch immer mehr Arbeitsteilung und Spezialisierung der Arbeitskräfte gekennzeichnet. Immer mehr Leute verstehen von immer mehr Dingen immer weniger. Entscheidungen an der Schnittstelle zwischen Technik und Wirtschaft erfordern aber technisch-naturwissenschaftliches Verständnis, wirtschaftliche Kompetenz und gesellschaftliche Akzeptanz. Nur die Unternehmen, die strategisch planen und das technisch Mögliche mit dem wirtschaftlich Richtigen verbinden und auch dem Umweltschutz Rechnung tragen, können sich auf Dauer am Markt behaupten. In diesem Wechselbereich zwischen Technik und Wirtschaft liegt das breite Einsatzpotenzial von Wirtschaftsingenieuren.

Nach einer neueren Untersuchung sind über 90 Prozent der Wirtschaftsingenieure in der Privatwirtschaft tätig, davon zwei Drittel in leitenden Positionen. Etwa jeder Sechste ist selbstständig. Entgegen dem Akademikertrend arbeiten über 50 Prozent von ihnen auch in mittelgroßen und kleineren Betrieben, die es sich häufig nicht leisten können, einen Diplom-Ingenieur *und* einen Diplom-Kaufmann zu beschäftigen.

Was die Zeit zwischen Studienabschluss und Berufseinstieg, Einstiegsgehälter, Verdienstmöglichkeiten und die Berufszufriedenheit anbelangt, sind Wirtschaftsingenieure in den Spitzenpositionen. Kein Wunder, dass sich über 95 Prozent aller Befragten erneut für dieses Studium entscheiden würden.

Innerhalb der Unternehmen arbeiten die meisten Wirtschaftsingenieure in der Unternehmensleitung, im Marketing und Vertrieb, in der Beratung, im Rechnungswesen und Controlling, in der Logistik und im Einkauf. Aber auch in Forschung und Entwicklung, Fertigung und Produktion, Datenverarbeitung, Fortbildung, Mitarbeiterschulung und im Personalwesen sind Wirtschaftsingenieure tätig.

Zum Diplom-Wirtschaftsingenieur führen zwei Wege:

1. Über ein Simultanstudium an Universitäten und Fachhochschulen, das technische (einschl. EDV), naturwissenschaftliche sowie wirtschafts- und gesellschaftswissenschaftliche Studienfächer verbindet. Hinzu kommen Praktika in kaufmännischen und technischen Bereichen.

2. Über ein »klassisches« ingenieurwissenschaftliches oder naturwissenschaftliches Studium und ein anschließendes Aufbaustudium, das wirtschaftswissenschaftliche und weitere technische Fächer enthält.

Die Ausbildung setzt eine breite Begabung, analytisches Denken und die Bereitschaft zu einem arbeitsintensiven Studium voraus. Die durchschnittliche Studiendauer (Semester) ist 12,3 an Universitäten, an Fachhochschulen 9,5. Derzeit sind an den Hochschulen knapp 33.000 Studierende eingeschrieben. Pro Jahr beenden etwa 5.000 Studierende ihre Ausbildung mit Erfolg. Mit einem Anteil von rund 20 Prozent schließen überdurchschnittlich viele Absolventen noch eine Promotion an, für die weitere zwei bis drei Jahre eingeplant werden sollten.

»Eliteschmieden« für angehende Wirtschaftsingenieure sind die TU Berlin und die TU Karlsruhe, wo im Simultanstudium die meisten Wirtschaftsingenieure in Deutschland ausgebildet werden.

Die beruflichen Perspektiven für Wirtschaftsingenieure können als gut bis sehr gut eingeschätzt werden. Die Jahreseinstiegsgehälter für FH-Absolventen liegen bei ca. 35.000 €, für Uni-Absolventen bei etwa 38.000 €. Rund die Hälfte der berufstätigen Wirtschaftsingenieure erzielt Gehälter zwischen 50.000 und 100.000 €.

Wirtschaftsingenieurwesen an Universitäten

Hochschule	Studiengang	Abschluss
Aachen TH	Wirtschaftsingenieurwesen (Bauingenieurwesen, Elektrische Energietechnik, Maschinenbau, Rohstoff- und Werkstofftechnik)	Diplom
Berlin TU	Wirtschaftsingenieurwesen	Diplom
Braunschweig TU	Wirtschaftsingenieurwesen(Bauingenieurwesen, Elektrotechnik, Maschinenbau)	Diplom
Bremen U	Wirtschaftsingenieurwesen	Diplom
Chemnitz TU	Wirtschaftsingenieurwesen	Diplom
Clausthal TU	Wirtschaftsingenieurwesen	Diplom
Cottbus TU	Wirtschaftsingenieurwesen	Diplom
Darmstadt TU	Wirtschaftsingenieurwesen (Bauingenieurwesen, Elektrotechnik, Maschinenbau)	Diplom
Dortmund U	Wirtschaftsingenieurwesen	Diplom
Dresden TU	Wirtschaftsingenieurwesen	Diplom
Duisburg-Essen U	Wirtschaftsingenieurwesen	Bachelor

Erlangen-Nürnberg U	Wirtschaftsingenieurwesen	Diplom
Freiberg TUBergAk	Wirtschaftsingenieurwesen	Diplom
Halle-Wittenberg U	Wirtschaftsingenieurwesen	Diplom
Hamburg UBw	Wirtschaftsingenieurwesen	Diplom
Hamburg-Harburg TU	Wirtschaftsingenieurwesen	Diplom
Hannover U	Wirtschaftsingenieur	Diplom
Ilmenau TU	Wirtschaftsingenieurwesen	Diplom
Kaiserslautern TU	Wirtschaftsingenieurwesen	Diplom
Karlsruhe U	Wirtschaftsingenieurwesen	Diplom
Kassel U	Wirtschaftsingenieurwesen	Diplom, gestufter Studiengang
Kiel U	Wirtschaftsingenieurwesen	Diplom
Magdeburg U	Wirtschaftsingenieurwesen (Elektrotechnik, Logistik, Maschinenbau)	Diplom
Paderborn U	Wirtschaftsingenieurwesen	Diplom, integrierter Studiengang
Rostock U	Wirtschaftsingenieurwesen	Diplom
Siegen U	Wirtschaftsingenieurwesen	Diplom, integrierter Studiengang
Zittau IHI	Wirtschaftsingenieurwesen	Diplom

Wirtschaftsingenieurwesen an Fachhochschulen

Hochschule	**Studiengang**	**Abschluss**
Aalen FH	Wirtschaftsingenieurwesen	Diplom (FH)
Albstadt-Sigmaringen FH	Wirtschaftsingenieurwesen	Diplom (FH)
Amberg-Weiden FH	Wirtschaftsingenieurwesen	Diplom (FH)
Anhalt H	Wirtschaftsingenieurwesen	Bachelor
Ansbach FH	Wirtschaftsingenieurwesen	Diplom (FH)
Aschaffenburg FH	Wirtschaftsingenieurwesen	Diplom (FH)
Berlin FHTW	Wirtschaftsingenieurwesen (auch als Fernstudium)	Diplom (FH)
Berlin FHW	Wirtschaftsingenieurwesen (Fachrichtung Umwelt)	Diplom (FH)
Berlin TFH	Wirtschaftsingenieurwesen (auch als Onlinestudiengang)	Bachelor, Diplom (FH)
Berlin TFH	Wirtschaftsingenieurwesen-Umwelt	Diplom (FH)
Bingen FH	Wirtschaftsingenieurwesen	Diplom (FH)
Braunschweig/Wolfenbüttel FH	Wirtschaftsingenieurwesen (Automobiltechnologie, Verkehrsmanagement)	Diplom (FH)
Bremen H	Wirtschaftsingenieurwesen	Bachelor
Darmstadt FH	Wirtschaftingenieurwesen	Diplom (FH)
Dresden HTW	Wirtschaftsingenieurwesen	Diplom (FH)
Elmshorn FH Nordakademie	Wirtschaftsingenieurwesen	Diplom (FH)
Esslingen FHT	Wirtschaftsingenieurwesen	Diplom (FH)
Fulda FH	Wirtschaftsingenieur (Fachrichtung Elektrotechnik)	Diplom (FH)

Gelsenkirchen FH (in Bocholt u. Recklinghausen)	Wirtschaftsingenieurwesen	Diplom (FH)
Gießen-Friedberg FH	Wirtschaftsingenieurwesen (auch dual)	Bachelor, Diplom (FH)
Hamburg FernH	Wirtschaftsingenieurwesen	Diplom (FH)
Hamburg HAW	Wirtschaftsingenieur	Diplom
Hannover FH	Wirtschaftsingenieurwesen	Diplom (FH)
Hannover FH	Wirtschaftsingenieurwesen/Technischer Vertrieb	Diplom (FH)
Harz H	Wirtschaftsingenieurwesen	Diplom (FH)
Harz H	Wirtschaftsingenieurwesen, internationales	Bachelor
Heidelberg FH	Wirtschaftsingenieurwesen	Diplom (FH)
Heilbronn FH	Wirtschaftsingenieurwesen	Diplom (FH)
Hildesheim/Holzmin./Göttingen FH	Wirtschaftsingenieurwesen	Diplom (FH)
Hof FH	Wirtschaftsingenieurwesen	Diplom (FH)
Ingolstadt FH	Wirtschaftsingenieurwesen	Bachelor, Diplom (FH)
Jena FH	Internet Business Engineering (Kooperationsstudiengang)	Bachelor
Jena FH	Wirtschaftsingenieurwesen	Diplom (FH)
Kaiserslautern FH	Wirtschaftsingenieurwesen (auch als kooperatives Ingenieurstudium)	Diplom (FH)
Karlsruhe FH	Wirtschaftsingenieurwesen	Bachelor, Diplom (FH)
Kempten FH	Wirtschaftsingenieurwesen (Elektro- und Informationstechnik, Maschinenbau)	Diplom (FH)
Köln FH	Wirtschaftsingenieurwesen	Diplom (FH)
Konstanz FH	Wirtschaftsingenieurwesen (Bau, Maschinenbau)	Bachelor
Landshut FH	Wirtschaftsingenieurwesen	Diplom (FH)
Lausitz FH	Wirtschaftsingenieurwesen (auch dual)	Diplom (FH)
Leipzig HTWK	Wirtschaftsingenieurwesen (Bau, Elektrotechnik, Maschinenbau und Energietechnik)	Diplom (FH)
Lippe/Höxter FH	Wirtschaftsingenieurwesen Bau	Diplom (FH)
Lübeck FH	Wirtschaftsingenieurwesen	Diplom (FH), Bachelor
Mannheim FHTG	Wirtschaftsingenieurwesen	Diplom (FH)
Merseburg FH	Wirtschaftsingenieurwesen	Diplom (FH)
Mittweida H	Wirtschaftsingenieurwesen	Diplom (FH)
München FH	Wirtschaftsingenieurwesen	Diplom (FH)
Münster FH	Wirtschaftsingenieurwesen	Diplom (FH)
Neu-Ulm FH	Wirtschaftsingenieurwesen	Diplom (FH), Bachelor
Niederrhein H	Wirtschaftsingenieurwesen	Diplom (FH)
Niederrhein H	Wirtschaftsingenieurwesen/Logistik-Management	Diplom (FH)
Offenburg FH	Wirtschaftsingenieurwesen	Diplom (FH)
Oldenburg/Ostfriesl./Wilhelmshaven FH	Wirtschaftsingenieurwesen (Industrial and Business Systems, Telekommunikation, Bauwirtschaft)	Diplom (FH)

Oldenburg/Ostfriesl./ Wilhelmshaven FH	Wirtschaftsingenieurwesen (Onlinestudiengang)	Bachelor
Osnabrück FH	Wirtschaftsingenieurwesen	Diplom (FH)
Osnabrück FH	Wirtschaftsingenieurwesen im Handwerk	Diplom (FH)
Pforzheim FH	Wirtschaftsingenieurwesen	Diplom (FH)
Reutlingen FHTW	Produktionsmanagement (Wirtschaftsingenieurwesen)	Bachelor
Rosenheim FH	Wirtschaftsingenieurwesen	Diplom (FH)
Saarbrücken HTW	Wirtschaftsingenieurwesen	Diplom (FH)
Schmalkalden FH	Wirtschaftsingenieurwesen	Diplom (FH)
Stralsund FH	Wirtschaftsingenieurwesen (auch als dualer Studiengang und Frauenstudiengang)	Diplom (FH)
Südwestfalen FH (in Hagen u. Meschede)	Wirtschaftsingenieurwesen	Diplom (FH)
Trier FH	Wirtschaftsingenieurwesen	Diplom (FH)
Ulm FH	Wirtschaftsingenieurwesen	Diplom (FH)
Vechta/Diepholz FHWT	Wirtschaftsingenieurwesen (ausbildungsintegriert)	Diplom (FH)
Wedel FH	Wirtschaftsingenieurwesen	Diplom (FH)
Wiesbaden FH	Wirtschaftsingenieurwesen, internationales	Diplom (FH)
Wildau TFH	Wirtschaftsingenieurwesen (auch als Fernstudium)	Diplom (FH)
Würzburg-Schweinfurt FH	Wirtschaftsingenieurwesen	Diplom (FH)
Zittau/Görlitz H	Wirtschaftsingenieurwesen	Diplom (FH)
Zwickau H	Wirtschaftsingenieurwesen	Diplom (FH)

Zum Weiterlesen: Helmut Baumgarten, Philippe Tufinkgi, *Berufsbild des Wirtschaftsingenieurs*, hrsg. vom Verband Deutscher Wirtschaftsingenieure e.V. (VWI), 11. Auflage, 2003 (10. Auflage steht zum Download bereit), zu beziehen bei: VWI-Geschäftsstelle, Hardenbergstr. 4–5, 10623 Berlin, Tel. 0 30 / 31 50-57 77, Fax 0 30 / 3 15 05-8 88, E-Mail: info@vwi.org, Internet: *www.vwi.org*.

Unter www.vwi.org/studium/index/htm kann die Broschüre entweder in einer Kurzfassung heruntergeladen bzw. über eine Bestellmaske angefordert werden.

Wirtschaftswissenschaften

Die Wirtschaftswissenschaften sind die mit Abstand größte Fächergruppe in Deutschland. Etwa 46.000 Personen beginnen jährlich mit dem Studium. Die Gruppe umfasst die Fächer Volkswirtschaftslehre (VWL), Betriebswirtschaftslehre (BWL), Ökonomie und kombinierte Studiengänge wie Wirtschaftspädagogik oder Wirtschaftsinformatik. Wegen ihrer besonderen Bedeutung für die Studien- und Berufswahl erfolgt eine besonders ausführliche Beschreibung der Fächergruppe.

Wirtschaftswissenschaften beschäftigen sich mit der Darstellung, Erklärung und Analyse wirtschaftlichen Handelns und mit den Instrumenten zu dessen Gestaltung. Diese weit gefasste Definition macht bereits deutlich, dass es sich bei den Wirtschaftswissenschaften nicht um einen einheitlichen Studienbereich, sondern um mehrere fachlich benachbarte, aber selbstständige Studiengänge mit jeweils unterschiedlichen Sichtweisen und Schwerpunkten handelt.

An den wissenschaftlichen Hochschulen (Universitäten und Technischen Hochschulen/Universitäten) wird der Studiengang Betriebswirtschaftslehre (BWL), der sich vor allem mit den Unternehmen befasst, der Studiengang Volkswirtschaftslehre (VWL), wo es mehr um gesamtwirtschaftliche Zusammenhänge geht, und der Studiengang Wirtschaftswissenschaften/Ökonomie (besteht aus BWL- und VWL-Anteilen) angeboten. Das Angebot der Fachhochschulen beschränkt sich auf Betriebswirtschaft, mit allerdings sehr unterschiedlichen Schwerpunkten, zum Beispiel Technische Betriebswirtschaft, Management und Rechnungswesen, Marketing, Management und Controlling, Personal- und Ausbildungswesen, Organisation, Finanz-, Steuer- und Prüfungswesen, European Business, Außenhandel/Außenwirtschaft, Touristik.

Der Unterschied zwischen dem Studium an wissenschaftlichen Hochschulen und an Fachhochschulen ist außer den unterschiedlichen Zulassungsvoraussetzungen (Abitur, Fachhochschulreife) vor allem durch die Struktur des Studiums bedingt. Das Studium an wissenschaftlichen Hochschulen ist mehr theoretisch-methodisch angelegt, dauert im Schnitt zwei Jahre länger und bietet nach dem Studienabschluss die Möglichkeit der Promotion (Dr. rer. pol. oder Dr. rer. oec.). Das FH-Studium ist anwendungsbezogener, kürzer und stärker auf konkrete Berufstätigkeiten hin ausgerichtet. Auch werden bereits eine Vielzahl von Bachelor- und Masterstudiengängen in diesem Studienbereich angeboten (siehe hierzu S. 101).

Neben diesen »klassischen« wirtschaftswissenschaftlichen Fächern gibt es Studiengänge, die Wirtschaftswissenschaften mit anderen Fächern kombinieren, wie etwa Wirtschaftspädagogik, Wirtschaftsingenieurwesen, Wirtschaftsmathematik und Wirtschaftsinformatik. Das Studium der Statistik ist mathematisch ausgerichtet, ist aber eine wichtige Hilfswissenschaft für die wirtschaftswissenschaftlichen Fächer und kann an mehreren Universitäten als Studienschwerpunkt in Wirtschaftswissenschaften gewählt werden.

Wer ein wirtschaftswissenschaftliches Fach studieren möchte, steht nicht nur vor der Entscheidung zwischen BWL, VWL und Ökonomie und (möglicherweise) im Falle der BWL vor der Entscheidung Universität oder Fachhochschule. Auch die Wahl des richtigen Studienortes ist ein wesentliches Kriterium, denn es gibt beim gleichen Fach von Hochschule zu Hochschule sehr unterschiedliche Schwerpunkte, Ausrichtungen und Wahlmöglichkeiten bei den Neben- und Ergänzungsfächern. Deshalb sollte Wert auf eine ausführliche Studienberatung und auf die Lektüre der jeweiligen Studienordnungen gelegt werden.

Das Fach **Betriebswirtschaftslehre** an wissenschaftlichen Hochschulen beschäftigt sich mit allen wirtschaftlichen Fragen von Betrieben und Unternehmen. Übergreifend über einzelne Wirtschaftszweige und Wirtschaftsformen geht es dabei vor allem um Fragen und Probleme der Beschaffung, der Produktion, des Absatzes, der Finanzierung und der Organisation und damit um die übergreifende Frage der Wirtschaftlichkeit. Die hierfür zu erarbeitenden Lösungskonzepte münden in diesbezügliche Vorschläge zu Handlungsalternativen der Unternehmensleitungen. Deshalb wird an einigen Universitäten Unternehmensführung als Schwerpunkt im Studium angeboten.

Das Fach **Volkswirtschaftslehre** an wissenschaftlichen Hochschulen befasst sich stärker mit den allgemeinen Entwicklungen und Gesetzmäßigkeiten innerhalb einer Volkswirtschaft und (zunehmend mehr) zwischen Volkswirtschaften verschiedener Länder. Sie untersucht die Funktionen und Beziehungen zwischen den Unternehmen, den privaten Haushalten und dem Staat. Neben der theoretischen Durchdringung der maßgeblichen ökonomischen Sachverhalte und Zusammenhänge geht es dabei um die Erarbeitung von Konzepten für eine zielgerichtete Wirtschaftspolitik. Von daher arbeitet die Volkswirtschaftslehre stark mit theoretischen Modellen und Szenarien. Volkswirtschaftslehre wird als FH-Studiengang nur vereinzelt, etwa in Nürtingen, Bremen und Schmalkalden, angeboten.

Der Studiengang **Wirtschaftswissenschaften/Ökonomie** an wissenschaftlichen Hochschulen geht von der Überlegung aus, dass die Aufteilung der Studiengänge in BWL und VWL den Anforderungen des Arbeitsmarktes nicht gerecht wird, zumal es keine klar abgegrenzten Tätigkeiten für Diplom-Kaufleute und Diplom-Volkswirte gibt. Außerdem steht eine frühzeitige Spezialisierung dem Trend entgegen, dass für Entscheidungen betriebliche Kenntnisse und die Fähigkeit, diese in gesamtwirtschaftlichen Zusammenhang einordnen zu können, benötigt werden.

Aufbau des Studiums im Grundstudium: Trotz der unterschiedlichen Ausrichtung der drei Studiengänge ist der erste Studienabschnitt, das Grundstudium, sehr ähnlich und mittlerweile an mehreren Universitäten gleich aufgebaut. Das Grundstudium, das üblicherweise nach vier (bis sechs) Semestern mit der Diplom-Vorprüfung abschließt, soll grundlegende inhaltliche und methodische Kenntnisse und Fertigkeiten vermitteln, die Studierenden in die wirtschaftswissenschaftlichen Denkweisen einführen, die notwendigen instrumentellen Kenntnisse vermitteln und sie zu problemorientierter und kooperativer Arbeit befähigen. Kernfächer sind normalerweise Volkswirtschaftslehre und Betriebswirtschaftslehre, Betriebliches Rechnungswesen (Kostenrechnung und Bilanzen), Mathematik, Statistik, Rechtswissenschaft, EDV für Wirtschaftswissenschaftler und mancherorts auch gesellschaftswissenschaftliche Lehrveranstaltungen. Hinzu kommen Wahlfächer, die je nach Hochschule unterschiedlich sind, zum Beispiel Fremdsprachen, Arbeitslehre, Soziologie, Psychologie.

Die Lehrveranstaltungen bestehen im Wesentlichen aus Vorlesungen und Übungen, die mit schriftlichen Prüfungen (Klausuren) abgeschlossen werden.

Im Hauptstudium erfolgt neben der Vertiefung der Wissensvermittlung im jeweiligen Studienfach (BWL, VWL, Wirtschaftswissenschaften/Ökonomie) eine Schwerpunktbildung in einem von den Studierenden auszuwählenden Schwerpunkt (an einigen Universitäten auch mehrere Schwerpunkte). Beispiele sind Betriebliche Finanzwirtschaft, Unternehmensführung; Steuerlehre, Absatz, Markt; Konsum, Wirtschaftstheorie, Verwaltungswissenschaft, Statistik. Nicht mehr die Wissensvermittlung steht jetzt im Vordergrund der Ausbildung, sondern stärker die wissenschaftliche Arbeit und die Erarbeitung von Problemlösungsstrategien. Deshalb überwiegen Seminare und Übungen.

An den meisten Universitäten wird keine Berufsausbildung vor Studienbeginn oder ein Praktikum im Studium vorausgesetzt. Nur wenige Universitäten sehen bei BWL ein bis zu sechsmonatiges Praktikum vor. An manchen Universitäten sind Firmen- oder Forschungspraktika Bestandteil im Hauptstudium.

Die Regelstudienzeit beträgt neun bis zehn Semester, die durchschnittliche Studiendauer derzeit zwölf bis 14 Semester. Förderungshöchstdauer für BAföG ist neun Semester. Das Examen setzt das Bestehen aller Einzelprüfungen voraus. Es besteht aus einer wissenschaftlichen Arbeit (sechs Monate Bearbeitungszeit), aus Klausuren in den Einzelfächern und aus mehreren mündlichen Prüfungen.

Der Studiengang Betriebswirtschaftslehre wird mit dem akademischen Grad Diplom-Kaufmann oder Diplom-Kauffrau abgeschlossen, das VWL-Studium mit dem/r Diplom-Volkswirt/in. Wer Wirtschaftswissenschaften/Ökonomie studiert hat, verlässt die Hochschule als Diplom-Wirtschaftswissenschafter/in oder Diplom-Ökonom/in.

Im Studienbereich der Wirtschaftswissenschaften sind schon sehr viele Bachelor- und Masterstudiengänge eingerichtet worden. Bachelorstudiengänge an Universitäten sind überwiegend auf sechs Semester, darauf aufbauende Masterstudiengänge auf vier Semester angelegt. An Fachhochschulen studiert man in Bachelorstudiengängen überwiegend sechs oder sieben Semester; sich anschließende Masterstudiengänge dauern überwiegend zwei weitere.

Die Ausrichtung des Faches Betriebswirtschaft an Fachhochschulen ist vergleichbar mit dem Universitätsstudium Betriebswirtschaftslehre. Analysiert werden die Bedingungen, unter denen Betriebe der Gütererzeugung, des Handels, der Kreditwirtschaft, des Verkehrs, der öffentlichen Hand und der Versicherungswirtschaft effektiv wirtschaften und planen. Auch hier stehen Fragen wie etwa Beschaffung von Rohstoffen und Betriebsmitteln, Produktion, Verkauf, Arbeit, Organisation und Unternehmensführung im Vordergrund der Ausbildung. Die Studierenden sollen sich das betriebswirtschaftliche Wissen für die spätere berufliche Praxis aneignen, betriebliche Lösungsansätze exemplarisch erarbeiten und auch das methodische Instrumentarium erlernen.

Das Grundstudium ist ähnlich angelegt und umfasst üblicherweise die Fächer Allgemeine Betriebswirtschaftslehre, Spezielle Betriebswirtschaftlehre, Volkswirtschaftslehre, Rechnungswesen, Steuerlehre, Marketing, Mathematik, Statistik, EDV, Recht, Wirtschaftsfremdsprachen. Zusätzlich werden Wahlpflichtfächer entsprechend des gewählten Studienschwerpunktes belegt, überwiegend Vorlesungen und Übungen. Nach vier Semestern erfolgt in der Regel die Diplomvorprüfung.

Im Hauptstudium erfolgen die Erweiterung der betriebswirtschaftlichen Kernfächer (meist BWL, VWL, Recht) und die Wahl von Vertiefungs- oder Wahlpflichtfächern entsprechend dem Studienschwerpunkt. Beispiel Schwerpunkt Marketing: Marketingkonzeption, internationales Marketing, Personalführung.

Die meisten Fachhochschulen erwarten ein Vorpraktikum von zwischen sechs Wochen und zwölf Monaten, das sich bei einer vorher einschlägigen Berufsausbildung erübrigt. Im Studium sind ein bis zwei Praxissemester zu absolvieren.

Das Fachhochschulstudium ist auf acht bis neun Semester (einschließlich der Praxissemester und der Abschlussprüfung) ausgerichtet, die durchschnittliche Studiendauer ist etwa ein bis zwei Semester höher.

Der Studienabschluss ist in der Regel Diplom-Betriebswirt/Diplom-Betriebswirtin, an manchen Fachhochschulen auch Diplom-Kauffrau/Diplom-Kaufmann, jeweils mit dem Zusatz FH. Auch hier setzt die Anmeldung zum Examen das Bestehen der Einzelprüfungen voraus. Das Examen besteht aus einer drei- bis sechsmonatigen Examensarbeit, häufig in Zusammenarbeit mit einem Betrieb, Lösung einer konkreten betrieblichen Fragestellung, aus Klausuren und mehreren mündliche Teilprüfungen.

Die Studienplätze im Fach Betriebswirtschaftslehre an den wissenschaftlichen Hochschulen und die Studiengänge Wirtschaft an Fachhochschulen in Nordrhein-Westfalen werden von der Zentralstelle für die Vergabe von Studienplätzen (ZVS) im Rahmen des Allgemeinen Auswahlverfahrens (Kriterien sind Abiturnote oder Wartezeit) vergeben: Bewerbungen erfolgen bis zum 15. Juli oder 15. Januar (Ausschlussfristen) an die ZVS. Auch muss man sich über die ZVS anmelden, wenn man sich für die 24 Prozent der Studienplätze bewerben möchte, die über eigene Auswahlverfahren der Hochschulen vergeben werden. Ab dem Wintersemester 2005/2006 werden 60 Prozent der Studienplätze durch die Hochschulen vergeben. Die ZVS vergibt dann nur noch je 20 Prozent der Studienplätze nach Abiturnote und nach der Wartezeit (siehe hierzu auch S. 142).

Die Studienplätze der anderen Fächer werden von den Hochschulen vergeben. Je nach Hochschule sind die Studiengänge zulassungsfrei oder haben einen örtlichen NC.

Was Berufstätigkeiten und Berufsperspektiven anbelangt, sind Wirtschaftswissenschaftler/innen überall dort zu finden, wo es um wirtschaftliche Fragen, Geld und Organisation geht. Wenn man nach den Schwerpunkten ihrer Tätigkeit sucht, sind Diplom-Kaufleute überwiegend als Angestellte in der Industrie und Dienstleistungsunternehmen, vor allem in leitenden Positionen, vertreten; Volkswirte stärker im öffentlichen Dienst, bei Banken und Versicherungen. Etwa die Hälfte von ihnen ist in leitenden Positionen tätig.

Die Berufsperspektiven werden auch für die Zukunft als durchaus passabel eingeschätzt, aber mit erheblichen Einschränkungen. Der Ansturm auf die wirtschaftswissenschaftlichen Fächer hat auch in den nächsten Jahren hohe Absolventenzahlen zur Folge. Die Arbeitgeber suchen passgenaue Bewerber mit den richtigen Fächerschwerpunkten. Was ebenso wichtig ist, sind breite methodische Ausbildung, fundierte EDV- und Fremdsprachenkenntnisse, möglichst verbunden mit einem Auslandsaufenthalt, praktische Erfahrungen, etwa durch eine vorherige Berufsausbildung, und vor allem keine einseitige Theorielastigkeit. Eine Zusatzqualifikation kann auch der Master of Business Administration (MBA) sein.

Die Wirtschaftswissenschaften bieten wie kaum eine andere Fächergruppe vielfältige Möglichkeiten der Selbstständigkeit und der Existenzgründung. Studiengänge wie BWL und Ökonomie vermitteln das notwendige Rüstzeug bereits im Studium. Allerdings wird für einen erfolgreichen Start in die berufliche Selbstständigkeit auch ein tragfähiges Unternehmenskonzept und eine solide Finanzierung benötigt. Gute bis sehr gute Möglichkeiten bieten Berufstätigkeiten als Steuerberater/in, Wirtschaftsprüfer/in (jeweils nach mehrjähriger Berufserfahrung und einer Zusatzprüfung) sowie Unternehmensberater/in.

Wirtschaftswissenschaften an Universitäten

Hochschule	Studiengang	Abschluss
Aachen TH	Betriebswirtschaftslehre	Diplom
Augsburg U	Betriebswirtschaftslehre, Rechts- und Wirtschaftswissenschaft	Diplom
Augsburg U	Volkswirtschaftslehre	Diplom
Bamberg U	European Economic Studies (EES)	Bachelor
Bamberg U	Volkswirtschaftslehre, Europäische Wirtschaft, Wirtschaftspädagogik, Wirtschaftspädagogik/ Informationstechnologie	Diplom
Bamberg U	Betriebswirtschaftslehre	Diplom
Bayreuth U	Betriebswirtschaftslehre, Gesundheitsökonomie, Sportökonomie, Volkswirtschaftslehre	Diplom
Berlin ESCP-EAP	Betriebswirtschaftslehre, internationale	Diplom
Berlin FU	Betriebswirtschaftslehre, Volkswirtschaftslehre	Diplom
Berlin HU	Betriebliches Rechnungswesen	Bachelor
Berlin HU	Wirtschaftswissenschaft	Bachelor
Berlin HU	Wirtschaftspädagogik	Diplom
Berlin HU	Volkswirtschaftslehre, Betriebswirtschaftslehre	Diplom
Berlin TU	Betriebswirtschaftslehre, Volkswirtschaftslehre	Diplom
Bielefeld U	Wirtschaftswissenschaften	Bachelor
Bielefeld U	Betriebswirtschaftslehre, Volkswirtschaftslehre	Diplom
Bochum U	Wirtschaftswissenschaft	Diplom
Bonn U	Volkswirtschaftslehre	Diplom
Bremen U	Betriebswirtschaftslehre, Wirtschaftswissenschaft	Diplom
Bruchsal IU	Business Administration, Internationale Betriebswirtschaftslehre	Bachelor
Chemnitz TU	Volkswirtschaftslehre, Wirtschaftspädagogik	Diplom
Chemnitz TU	Betriebswirtschaftslehre	Diplom
Clausthal TU	Betriebswirtschaftslehre	Bachelor
Dortmund U	Logistik, Wirtschaftswissenschaften	Diplom
Dresden TU	Betriebswirtschaftslehre, Volkswirtschaftslehre, Wirtschaftspädagogik	Diplom
Duisburg-Essen U	Betriebswirtschaftslehre (auch als integrierter Studiengang), Medizin-Management, Volkswirtschaftslehre	Bachelor
Duisburg-Essen U	Wirtschaftspädagogik	Diplom
Duisburg-Essen U	Wirtschaftswissenschaft	Diplom
Düsseldorf U	Betriebswirtschaftslehre	Diplom

Eichstätt – Ingolstadt U	Betriebswirtschaftslehre, Betriebswirtschaftslehre-Wirtschaftsprüfung	Diplom
Erfurt U	Staatswissenschaften – Wirtschaftswissenschaft	Bakkalaureus
Erlangen-Nürnberg U	Wirtschaftswissenschaften	Bachelor
Erlangen-Nürnberg U	Betriebswirtschaftslehre (auch internationale Betriebswirtschaftslehre), Volkswirtschaftslehre, Wirtschaftspädagogik	Diplom
Flensburg U	International Management	Bachelor
Frankfurt (Oder) U	International Business Administration	Bachelor
Frankfurt (Oder) U	Betriebswirtschaftslehre (auch internationale Betriebswirtschaftslehre), Volkswirtschaftslehre	Diplom
Frankfurt am Main U	Betriebswirtschaftslehre, Volkswirtschaftslehre	Diplom, Bachelor
Frankfurt am Main U	Wirtschaftspädagogik	Diplom
Freiberg TUBergAk	Betriebswirtschaftslehre, Technologiemanagement	Diplom
Freiburg U	Volkswirtschaftslehre	Diplom
Friedrichshafen ZU	Betriebswirtschaft, internationale	Bachelor
Gießen U	Betriebswirtschaftslehre, Volkswirtschaftslehre, Wirtschaftswissenschaften/Ökonomie	Diplom
Göttingen U	Economics (VWL)	Bachelor
Göttingen U	Volkswirtschaftslehre, Wirtschaftspädagogik I und II	Diplom
Göttingen U	Betriebswirtschaftslehre	Diplom
Greifswald U	Betriebswirtschaftslehre	Diplom
Hagen FernU	Wirtschaftswissenschaft	Diplom
Halle-Wittenberg U	Volkswirtschaftslehre, Betriebswirtschaftslehre	Bachelor, Diplom
Hamburg U	Betriebswirtschaftslehre, Volkswirtschaftslehre	Diplom
Hamburg UBw	Betriebswirtschaftslehre, Volkswirtschaftslehre	Diplom
Hannover U	Wirtschaftswissenschaften	Diplom
Heidelberg U	Volkswirtschaftslehre	Diplom
Hohenheim U	Sozialökonomie, Wirtschaftspädagogik, Wirtschaftswissenschaften, Wirtschaftswissenschaften (Sozialmanagement, Agrarökonomie)	Diplom
Jena U	Betriebswirtschaftslehre, BWL/Interkulturelles Management, Volkswirtschaftslehre, Wirtschaftspädagogik	Diplom
Kaiserslautern TU	Betriebswirtschaftslehre mit technischer Qualifikation, Wirtschaftspädagogik/Technik	Diplom
Karlsruhe U	Technische Volkswirtschaftslehre	Diplom
Kassel U	Wirtschaftspädagogik, Wirtschaftswissenschaften (gestufter Studiengang)	Diplom
Kiel U	Handelslehrer (Wirtschaftspädagogik), Volkswirtschaftslehre	Diplom
Kiel U	Betriebswirtschaftslehre	Diplom
Köln U	Betriebswirtschaftslehre, Gesundheitsökonomie, Volkswirtschaftslehre, Volkswirtschaftslehre (sozialwissenschaftliche Richtung), Wirtschaftspädagogik	Diplom
Konstanz U	Volkswirtschaftslehre, Wirtschaftspädagogik	Diplom
Leipzig HandelsH	Betriebswirtschaftslehre	Diplom
Leipzig U	Wirtschaftspädagogik	Diplom
Leipzig U	Betriebswirtschaftslehre, Volkswirtschaftslehre	Diplom

Lüneburg U	Betriebswirtschaftslehre, Volkswirtschaftslehre	Diplom
Lüneburg U	Wirtschaftswissenschaften	Diplom, Bachelor
Magdeburg U	Management and Economics, Management/Wissenschaftlicher Kurzstudiengang	Bachelor
Magdeburg U	Betriebswirtschaftslehre/Internationales Management, Wirtschaftspädagogik	Diplom
Magdeburg U	Betriebswirtschaftslehre, Volkswirtschaftslehre	Diplom
Mainz U	Betriebswirtschaftslehre, Volkswirtschaftslehre, Wirtschaftspädagogik	Diplom
Mannheim U	Betriebswirtschaftslehre, Volkswirtschaftslehre, Wirtschaftspädagogik	Diplom
Marburg U	Betriebswirtschaftslehre, Volkswirtschaftslehre	Diplom
München TU	Technologie- und Managementorientierte Betriebswirtschaftslehre	Diplom, Bachelor
München U	Volkswirtschaft	Bachelor
München U	Wirtschaftspädagogik	Diplom
München U	Betriebswirtschaftslehre, Volkswirtschaftslehre	Diplom
München UBw	Wirtschafts- und Organisationswissenschaften, Betriebswirtschaft	Diplom
Münster U	Betriebswirtschaftslehre, Volkswirtschaftslehre	Diplom
Oestrich-Winkel EBS	Betriebswirtschaftslehre	Diplom,
Oldenburg U	Business Administration	Bachelor
Oldenburg U	Wirtschaftswissenschaften	Bachelor, Diplom
Oldenburg U	Betriebswirtschaftslehre	Diplom
Osnabrück U	Betriebswirtschaftslehre, Volkswirtschaftslehre	Diplom
Paderborn U	Economics, International Business Studies	Bachelor
Paderborn U	Wirtschaftswissenschaften	Diplom
Passau U	Betriebswirtschaftslehre, Management and Intercultural Studies, Volkswirtschaftslehre	Diplom
Potsdam U	Betriebswirtschaftslehre, Volkswirtschaftslehre	Diplom
Regensburg U	Betriebswirtschaftslehre, Volkswirtschaftslehre	Diplom
Rostock U	Betriebswirtschaftslehre	Diplom
Rostock U	Volkswirtschaftslehre, Wirtschaftspädagogik	Diplom
Saarbrücken U	Betriebswirtschaftslehre, Wirtschaftspädagogik	Diplom
Siegen U	Volkswirtschaftslehre/Economics (europaorientiert)	Bachelor
Siegen U	Betriebswirtschaftslehre (integrierter Studiengang)	Diplom
Stuttgart U	Betriebswirtschaftslehre, Volkswirtschaftslehre	Bachelor
Stuttgart U	Betriebswirtschaftslehre (technisch orientiert), Immobilientechnik und Immobilienwirtschaft, Volkswirtschaftslehre (technisch orientiert)	Diplom
Trier U	Betriebswirtschaftslehre, Volkswirtschaftslehre	Diplom
Tübingen U	Internationale Betriebswirtschaftslehre	Diplom
Tübingen U	Betriebswirtschaftslehre, Volkswirtschaftslehre	Diplom
Ulm U	Wirtschaftswissenschaften	Diplom
Vallendar WHU	Betriebswirtschaftslehre/Unternehmensführung	Diplom
Witten/Herdecke U	Wirtschaftswissenschaften	Diplom
Wuppertal U	Wirtschaftswissenschaft	Diplom, Bachelor
Würzburg U	Volkswirtschaftslehre	Diplom

Würzburg U	Betriebswirtschaftslehre	Diplom
Zittau IHI	Betriebswirtschaftslehre	Diplom

Wirtschaftswissenschaften an Fachhochschulen

Hochschule	**Studiengang**	**Abschluss**
Aachen FH	Wirtschaft, Wirtschaft (europäischer Studiengang), Wirtschaft (integrierter dt.-frz. Studiengang), Wirtschaft (dt.-brit. Studiengang), Wirtschaft (integriertes Praxissemester), Wirtschaft (integriertes Auslandssemester)	Diplom (FH)
Aalen FH	Betriebswirtschaft für kleine und mittlere Unternehmen, Internationaler technischer Vertrieb	Diplom (FH)
Aalen FH	Internationale Betriebswirtschaft	Diplom (FH), Bachelor
Albstadt-Sigmaringen FH	Betriebswirtschaft	Diplom (FH)
Amberg-Weiden FH	Betriebswirtschaft	Diplom (FH)
Anhalt H	Betriebswirtschaft, Betriebswirtschaft (dt.-brit., dt.-fin., dt.-frz., dt.-russ.), Immobilienwirtschaft	Bachelor
Ansbach FH	Betriebswirtschaft	Diplom (FH)
Aschaffenburg FH	Betriebswirtschaft	Diplom (FH)
Augsburg FH	Betriebswirtschaft	Diplom (FH)
Bad Honnef – Bonn FH	International Business Administration, International Hospitality and Tourism Management, Luftverkehrsmanagement	Bachelor
Berlin FHTW	Betriebswirtschaftslehre (auch Schwerpunkt Banken), Betriebswirtschaftslehre (Immobilien)	Diplom (FH)
Berlin FHTW	International Business	Bachelor
Berlin FHW	Betriebswirtschaft (ausbildungsintegriert), Business Administration, Economics	Bachelor
Berlin FHW	International Business, Wirtschaft (auch berufsbegleitendes Abendstudium)	Diplom (FH)
Berlin OTA	Wirtschaft-Business Administration (Intensivstudium)	Bachelor
Berlin SHB	Business Administration	Bachelor
Berlin TFH	Betriebswirtschaftslehre	Diplom (FH)
Biberach FH	Betriebswirtschaft (Bau und Immobilien)	Diplom (FH)
Bielefeld FH	Betriebswirtschaft, Europäischer Studiengang Management (E.S.M.)	Diplom (FH)
Bielefeld FH	Wirtschaft	Diplom (FH)
Bielefeld FHM	Betriebswirtschaft	Diplom (FH)
Bingen FH	Internationaler Agrarhandel	Diplom (FH)
Bochum FH	Betriebswirtschaft	Diplom (FH), Bachelor
Bochum FH	Betriebswirtschaft – BIS (berufsbegleitend)	Diplom (FH)
Bochum FH	Europäische Betriebswirtschaft – Business in Europe (dt./brit.), Comercio Internacional (dt./span.),	

	Commerce International (dt./frz.), Economia Aziendale (dt./ital.)	Diplom (FH)
Bonn-Rhein-Sieg FH	Business Administration	Bachelor
Bonn-Rhein-Sieg FH	Wirtschaft	Diplom (FH)
Brandenburg FH	Betriebswirtschaft	Diplom (FH)
Braunschweig/Wolfenbüttel FH	Bank- und Finanzmanagement, Betriebswirtschaftslehre, Betriebswirtschaftslehre/Automobilwirtschaft, Krankenversicherungsmanagement, Logistik- und Informationsmanagement, Management im Gesundheitswesen	Diplom (FH)
Bremen H	Betriebswirtschaft, Betriebswirtschaft/Internationales Management, Finanz- und Rechnungswesen, Global Industrial Management, International Studies of Global Management, Management im Handel, Tourismusmanagement, Volkswirtschaft (internationaler Studiengang), Wirtschaft und Verwaltung (Europäischer Studiengang)	Bachelor
Bremerhaven H	Betriebswirtschaftslehre, Lebensmittelwirtschaft, Transportwesen/Logistik	Diplom (FH)
Bremerhaven H	Cruise Industry Management	Bachelor
Brühl EUFH	Dienstleistungsmanagement, Handelsmanagement (Street-, Mobile- and Electronic Commerce), Industriemanagement (Industrial Management in Global Markets)	Diplom (FH)
Coburg FH	Betriebswirtschaft	Diplom (FH)
Coburg FH	Betriebswirtschaft, Versicherungswirtschaft	Bachelor
Darmstadt FH	Betriebswirtschaft, Energiewirtschaft	Diplom (FH)
Deggendorf FH	Betriebswirtschaft	Diplom (FH)
Deggendorf FH	International Management	Bachelor
Dortmund FH	International Business (dt.-brit., dt.-frz., dt.-span.), Wirtschaft	Diplom (FH)
Dortmund ISM	Internationale Betriebswirtschaft, Finanz- und Anlagemanagement, Tourismus-, Event- und Hospitalitymanagement	Diplom (FH)
Dresden HTW	Betriebswirtschaft	Diplom (FH)
Dresden HTW	International Business	Bachelor
Düsseldorf FH	Internationale Betriebswirtschaft, Wirtschaft	Diplom (FH)
Eberswalde FH	Betriebswirtschaft	Diplom (FH)
Elmshorn FH Nordakademie	Betriebswirtschaftslehre	Diplom (FH)
Erfurt FH	Betriebswirtschaft	Diplom (FH)
Essen FOM	Energiewirtschaft, Handelsmanagement, Immobilienmanagement, Logistik, Unternehmensführung im Mittelstand, Wirtschaft (ausbildungs-/berufsbegleitend oder Fernstudiengang)	Diplom (FH)
Essen FOM	International Management	Bachelor
Flensburg FH	Betriebswirtschaft	Diplom (FH)
Frankfurt am Main FH	Betriebswirtschaft, Finance and Law (internationaler Studiengang)	Diplom (FH)

Frankfurt am Main HfB	Business Administration, Finance and Management	Bachelor
Fulda FH	Betriebswirtschaft	Diplom (FH)
Fulda FH	Internationales Management	Bachelor
Furtwangen FH	Internationale Betriebswirtschaft, Marketing und Vertrieb	Diplom (FH)
Furtwangen FH	International Business Management, WirtschaftsNetze	Bachelor
Gelsenkirchen FH	Wirtschaft (deutsch-französischer oder deutsch-niederländischer Studiengang)	Diplom (FH)
Gelsenkirchen FH	International Business Law and Business Management	Bachelor
Gießen-Friedberg FH	Betriebswirtschaft	Diplom (FH)
Gießen-Friedberg FH	Betriebswirtschaft (auch dual)	Bachelor
Göttingen FH	Betriebswirtschaftslehre, Betriebswirtschaftslehre für Absolvent(inn)en von Berufsakademien	Diplom (FH)
Hamburg EFH	Betriebswirtschaftslehre, europäische	Diplom (FH), Bachelor
Hamburg FernH	Betriebswirtschaft	Diplom (FH)
Hamburg HAW	Außenwirtschaft/Internationales Management	Diplom (FH)
Hannover FH	Betriebswirtschaft	Diplom (FH)
Hannover FHDW	Betriebswirtschaft	Diplom (FH)
Hannover FHDW	Business Administration	Bachelor
Harz H	Betriebswirtschaft, International Business Studies, International Tourism Studies, Tourismusmanagement	Bachelor
Heidelberg FH	Betriebswirtschaft	Diplom (FH)
Heilbronn FH	Betriebswirtschaft und Kultur-, Freizeit-, Sportmanagement, Betriebswirtschaft und Medien-, Produkt-, Kundenmanagement, Betriebswirtschaft und Unternehmensführung, Internationale Betriebswirtschaft mit Wirtschaftsfremdsprachen, Tourismusbetriebswirtschaft, Weinbetriebswirtschaft	Bachelor
Hildesheim/Holzminden/Göttingen FH	Immobilienwirtschaft und -management	Diplom (FH)
Hof FH	Betriebswirtschaft, Internationales Management	Diplom (FH)
Idstein FHFresen	Betriebswirtschaftslehre	Diplom (FH)
Ingolstadt FH	Betriebswirtschaft	Diplom (FH), Bachelor
Iserlohn BiTS	Betriebswirtschaftslehre	Diplom (FH)
Jena FH	Betriebswirtschaft	Diplom (FH)
Kaiserslautern FH	Bankmanagement, Mittelstandsökonomie	Diplom (FH)
Karlsruhe FH	International Management	Bachelor
Kempten FH	Betriebswirtschaft, Tourismus-Management	Diplom (FH)
Kiel FH	Betriebswirtschaftslehre	Bachelor
Koblenz FH	Betriebswirtschaft, Gesundheits- und Sozialwirtschaft	Diplom (FH)
Köln FH	Banking and Finance, Betriebswirtschaftslehre, Versicherungswesen	Diplom (FH)
Köln RheinFH	Medizin-Ökonomie, Wirtschaft	Diplom (FH)
Konstanz FH	Betriebswirtschaft	Diplom (FH)
Lahr FH	Betriebswirtschaft	Diplom (FH)
Landshut FH	Betriebswirtschaft, Europäische Betriebswirtschaft	Diplom (FH)

Lausitz FH	Betriebswirtschaftslehre	Diplom (FH)
Leipzig FH	Betriebswirtschaft	Diplom (FH)
Leipzig HTWK	Betriebswirtschaft	Diplom (FH)
Lippe/Höxter FH	Logistik, Wirtschaft	Diplom (FH)
Lübeck FH	Betriebswirtschaftslehre – Gesundheitswirtschaft	Bachelor
Ludwigshafen FH	Betriebswirtschaft (berufsintegriert), Internationale Betriebswirtschaft (im Praxisverbund), Betriebswirtschaftliche Steuerlehre und Wirtschaftsprüfung, Controlling, Management und Information, Finanzdienstleitungen und Corporate Finance, Internationales Personalmanagement und Organisation, Marketing, Marketing Ostasien	Bachelor
Ludwigshafen FH	Gesundheitsökonomie im Praxisverbund	Diplom (FH)
Magdeburg-Stendal H	Betriebswirtschaft, Gesundheitsförderung und -management	Diplom (FH)
Mainz FH	Betriebswirtschaft, BIS-Betriebswirtschaft, International Business	Diplom (FH)
Merseburg FH	Betriebswirtschaft	Bachelor
Merseburg FH	Betriebswirtschaft (Fernstudium)	Diplom (FH)
Mittweida H	Betriebswirtschaft	Diplom (FH)
München FH	Betriebswirtschaft, Tourismus-Management	Diplom (FH)
München MBS	Internationale Betriebswirtschaft	Diplom (FH), Bachelor
Münster FH	Betriebswirtschaft (Wirtschaft) mit und ohne Praxissemester, dt.-lateinamerikanische Betriebswirtschaft (Regional Studies), Betriebswirtschaft/EBP (dt.-brit., dt.-frz., dt.-span. Studiengang)	Diplom (FH)
Neu-Ulm FH	Betriebswirtschaft	Diplom (FH)
Niederrhein H	Betriebswirtschaft/Wirtschaftsrecht, Betriebswirtschaftliches Fernstudium, Gesundheitswesen-Technische Medizinwirtschaft, Internationales Marketing, Sozialmanagement, Wirtschaft	Diplom (FH)
Nordhausen FH	Betriebswirtschaft, Sozialmanagement, Betriebswirtschaftslehre (Fernstudium)	Diplom (FH)
Nordostniedersachsen FH	Betriebswirtschaft	Diplom (FH)
Nürnberg FH	Internationale Betriebswirtschaft, Betriebswirtschaft	Diplom (FH)
Nürtingen FH	Internationales Finanzmanagement	Bachelor
Nürtingen FH	Betriebswirtschaft, Immobilienwirtschaft, Volkswirtschaft	Diplom (FH)
Offenburg FH	Betriebswirtschaft, technische	Diplom (FH)
Oldenburg/Ostfriesl./ Wilhelmshaven FH	Baumanagement, Betriebswirtschaft, Business Consulting, European Civil Engineering Management, Reedereilogistik/Reedereimanagement, Seeverkehrs- und Hafenwirtschaft, Tourismuswirtschaft, Internationales Transportmanagement, Wirtschaft, Internationale Wirtschaftsbeziehungen	Diplom (FH)

Osnabrück FH	Betriebswirtschaft, Betriebswirtschaft in Einrichtungen des Gesundheitswesens, European Business Studies	Diplom (FH)
Osnabrück FH	International Business and Management (IBM),	Bachelor
Paderborn FHDW	Betriebswirtschaft (auch berufsbegleitend)	Diplom (FH)
Paderborn FHDW	Business Administration	Bachelor
Pforzheim FH	Betriebswirtschaft/Beschaffung und Logistik, Betriebswirtschaft/Controlling, Finanz- und Rechnungswesen, Betriebswirtschaft/International Business, Betriebswirtschaft/Marketing, Betriebswirtschaft/Markt- und Kommunikationsforschung, Betriebswirtschaft/Personalmanagement, Betriebswirtschaft/Steuer- und Revisionswesen, Betriebswirtschaft/Werbung, Wirtschaftsinformatik)	Diplom (FH)
Pforzheim FH	Business Information Systems, International Marketing, Marketing	Bachelor
Pinneberg FH	Betriebswirtschaft	Diplom (FH)
Plauen FH	Betriebswirtschaftslehre (auch Fernstudium)	Diplom (FH)
Ravensburg-Weingarten FH	Betriebswirtschaft und Management	Bachelor
Ravensburg-Weingarten FH	Produktion und Management	Diplom (FH)
Regensburg FH	Betriebswirtschaft, Europäische Betriebswirtschaft	Diplom (FH)
Reutlingen FHTW	Außenwirtschaft	Bachelor
Reutlingen FHTW	Betriebswirtschaftslehre (dt.-frz., dt.-irisch, dt.-span., dt.-amerik., dt.-engl., dt.-ital.), International Business	Diplom (FH)
Riedlingen FH	Betriebswirtschaft, Gesundheits- und Sozialwirtschaft	Diplom (FH)
Rosenheim FH	Betriebswirtschaft	Diplom (FH)
Saarbrücken HTW	Betriebswirtschaft, Betriebswirtschaft/Sciences de Gestion, Logistik/Logistique (dt.-frz. Studiengang)	Diplom (FH)
Saarbrücken HTW	Internationale Betriebswirtschaft, International Tourism Management	Bachelor
Schmalkalden FH	Betriebswirtschaftslehre, Volkswirtschaftslehre	Diplom (FH)
Stralsund FH	Baltic Management Studies, Leisure and Tourism Management	Bachelor
Stralsund FH	Betriebswirtschaftslehre	Diplom (FH)
Stuttgart HFT	Betriebswirtschaft	Bachelor
Südwestfalen FH	Betriebswirtschaft (Verbundstudiengang), Technische Betriebswirtschaft (Verbundstudiengang), Business Administration and Engineering, International Studies, Engineering and Project Management, Wirtschaft	Diplom (FH)
Südwestfalen FH	Business Administration with Informatics, European Studies in Technology and Business	Bachelor
Trier FH	Betriebswirtschaft, International Business (Englisch, Französisch, Spanisch), Umwelt- und Betriebswirtschaft	Diplom (FH)
Vechta/Diepholz FHWT	Betriebswirtschaft	Diplom (FH)
Wedel FH	Betriebswirtschaftslehre	Bachelor
Weihenstephan FH	Agrarmarketing und Management	Diplom (FH)
Westküste FH	Betriebswirtschaft (auch ausbildungsintegriert)	Diplom (FH)

Westküste FH	Internationales Tourismusmanagement	Bachelor
Wiesbaden FH	Betriebswirtschaft, International Business Administration, Internationale Weinwirtschaft	Bachelor
Wiesbaden FH	Versicherungsmanagement/Financial Services	Diplom (FH)
Wildau TFH	Betriebswirtschaft (auch Fernstudium)	Diplom (FH)
Wildau TFH	Europäisches Management	Bachelor
Wismar H	Betriebswirtschaft, Betriebswirtschaft (Fernstudium), Management sozialer Dienstleistungen	Diplom (FH)
Worms FH	Betriebswirtschaft, internationale und Außenwirtschaft, European Business Management (auch im Praxisverbund), Handelsmanagement, Internationales Handelsmanagement (im Praxisverbund), Steuerwesen, Touristik	Diplom (FH)
Würzburg-Schweinfurt FH	Betriebswirtschaft	Diplom (FH)
Zittau/Görlitz H	Betriebswirtschaft	Diplom (FH)
Zittau/Görlitz H	Tourismus	Bakkalaureus
Zittau/Görlitz H	Wohnungs- und Immobilienwirtschaft	Diplom (FH)
Zwickau H	Betriebswirtschaft, Industrial Management and Engineering	Diplom (FH)

Zum Weiterlesen: Dieter Herrmann, Angela Verse-Herrmann u. a., *Wirtschaftswissenschaften. Die Studienmappe für ein maßgeschneidertes Studium und den erfolgreichen Berufseinstieg*, 2001.

Internationale Studiengänge

Angesichts der zunehmenden wirtschaftlichen Verflechtung und der Globalisierung der Märkte wird in Zukunft internationale Kompetenz auf dem Arbeitsmarkt zu den wichtigsten Qualifikationen gehören. Gute Fremdsprachenkenntnisse, Denken in globalen Strukturen sowie Sensibilität für andere gesellschaftliche, politische, soziale und kulturelle Systeme gehören immer mehr zum Anforderungsprofil in Stellenausschreibungen. Auslandsaufenthalte während des Studiums sind für viele Arbeitgeber ein Zeichen von Flexibilität, Mobilität und für internationale Orientierung.

Das Studium hat in der Vergangenheit dieser Entwicklung nicht ausreichend Rechnung getragen. Die Universitäten sind noch stark auf nationale Wirtschaftsfragen ausgerichtet, das Fachhochschulstudium der Betriebswirtschaft ist vor allem auf die Bedürfnisse der Unternehmen vor Ort zugeschnitten. Wer im Rahmen seiner Hochschulausbildung auf eigene Faust Auslandserfahrungen sammeln möchte, steht vor vielfältigen Schwierigkeiten bei der Bewerbung, bei der Finanzierung (in den meisten Ländern werden Studiengebühren erhoben) und vor allem bei der Anerkennung der im Ausland erbrachten Studienleistungen auf das hiesige Studium.

Seit einigen Jahren bieten immer mehr Hochschulen im Rahmen von Kooperationen eigenständige europäische oder international ausgerichtete Studiengänge an, bei denen neben entsprechenden Lehrangeboten ein Studienaufenthalt von zwei oder mehr Semestern an Partnerhochschulen im Ausland zum Bestandteil der Ausbildung gehört. Die Studieninhalte sind zwischen den Hochschulpartnern abgestimmt. Studien- und Prüfungsleistungen werden auf das hiesige Studium anerkannt. Studiengebühren fallen in der Regel nicht an. Gute Kenntnisse in der jeweiligen Landessprache werden ebenso vorausgesetzt wie die Bereitschaft zu einem arbeitsintensiven Studium. Besonders attraktiv ist die Möglichkeit eines doppelten Studienabschlusses (deutsches Diplom, ausländisches Examen, man spricht dann auch von Doppel-Diplom-Studiengängen) oder von Praktika bei ausländischen Unternehmen, die in das Studium integriert sind. Aber nicht alle dieser Studiengänge bieten solche Möglichkeiten.

Die meisten internationalen Studiengänge gibt es im Bereich der Wirtschaftswissenschaften und hier vor allem an den Fachhochschulen. Auch haben viele Hochschulen, ohne einen eigenen internationalen Studiengang einzurichten, Austauschprogramme mit europäischen und (teilweise) mit außereuropäischen Hochschulpartnern eingerichtet. Ebenfalls wurden Schwerpunkte wie europäische Wirtschaft oder internationale Wirtschaftsbeziehungen verstärkt in das Studienangebot aufgenommen und so genannte fachspezifische Fremdsprachenkurse angeboten.

Eine besondere Qualifikation für den internationalen Arbeitsmarkt ist der *Master of Business Administration*, abgekürzt *MBA*. Dabei handelt es sich nicht um ein grundständiges Studium, sondern um ein Aufbaustudium (siehe hierzu auch S. 113).

Darüber hinaus haben Hochschulen Studiengänge eingerichtet, die entweder von den Studieninhalten internationaler als herkömmliche Studienangebote sind oder deren Unterrichtssprache Englisch ist. Diese Studienangebote bieten die Möglichkeit, die Studienschwerpunkte internationaler zu fixieren, ohne hierfür im Ausland studiert zu haben oder hervorragende Fremdsprachenkenntnisse für den internationalen Arbeitsmarkt zu erwerben.

Wichtig: Diese Studiengänge haben nur eine begrenzte Zahl von Studienplätzen und sind sehr begehrt. Interessenten müssen in der Regel ein Auswahlverfahren an der Hochschule erfolgreich bestehen. Wird man in den Studiengang aufgenommen, ist die Teilnahme an Auslandssemestern, Auslandspraktika u. Ä. Bestandteil des Studienplans, und man muss sich nicht noch einmal extra hierfür bewerben.

Im Folgenden werden exemplarisch internationale Studiengängen aus allen Studienbereichen, nicht nur aus den Wirtschaftswissenschaften, vorgestellt.

Agrarwissenschaften

Hochschule	Studiengang	Bemerkungen
Fachhochschule Eberswalde	International Forest Ecosystem, Information Technology	Internationaler Studiengang mit Partnerhochschulen in Estland, Kanada, Lettland, Litauen, Russland, Skandinavien u. a.
Albert-Ludwigs-Universität Freiburg im Breisgau	Forstwirtschaft	Deutsch-französischer Studiengang mit Doppeldiplom

Geistes- und Gesellschaftswissenschaften

Hochschule	Studiengang	Bemerkungen
Universität Bielefeld	Geschichtswissenschaft	Deutsch-französischer Studiengang mit Doppeldiplom
Ruhr-Universität Bochum	Geschichte	Deutsch-französischer Studiengang mit Doppeldiplom
Rheinische Friedrich-Wilhelms-Universität Bonn	Deutsch-Italienische Studien	Internationaler Studiengang mit Partnerhochschulen in Italien
Johannes Gutenberg-Universität Mainz	Geschichte	Deutsch-französisches Studienprogramm mit Doppelabschluss

Johannes Gutenberg-Universität Mainz	Kunstgeschichte	Deutsch-französisches Studienprogramm mit Doppelabschluss
Westfälische Wilhelms-Universität Münster	Politikwissenschaft	Europäischer Studiengang mit Doppeldiplom; Schwerpunkte: Europastudien-Frankreich, Europastudien-Rumänien mit Partnerhochschulen in Frankreich, Rumänien
Friedrich-Alexander-Universität Erlangen-Nürnberg	Sozialwissenschaft	Internationaler Studiengang mit Doppeldiplom und Partnerhochschulen in Frankreich und Spanien
Eberhard-Karls-Universität Tübingen	Mittelalterliche Geschichte	Deutsch-französischer Studiengang mit Doppeldiplom

Informatik

Hochschule	**Studiengang**	**Bemerkungen**
Fachhochschule für Technik und Wirtschaft Berlin	Internationale Wirtschaftsinformatik	Internationaler Studiengang mit Doppeldiplom und Partnerhochschulen in Frankreich
Technische Universität Berlin	Informatik	Internationaler Studiengang mit Doppeldiplom und Partnerhochschulen in China und Frankreich
Hochschule Bremen	Europäisches Studium Technische Informatik (Angewandte Informatik, Automatisierungstechnik)	Europäischer Studiengang mit Doppeldiplom und Partnerhochschulen in Großbritannien
Technische Universität Dresden	Wirtschaftsinformatik	Deutsch-italienischer Studiengang mit Doppeldiplom
Fachhochschule Furtwangen Hochschule für Technik und Wirtschaft	Allgemeine Informatik	Internationaler Studiengang mit Doppeldiplom mit Partnerhochschulen in Frankreich
Fachhochschule Furtwangen Hochschule für Technik und Wirtschaft	Wirschaftsinformatik	Internationaler Studiengang mit Doppeldiplom und Partnerhochschulen in Frankreich
Universität Fridericiana zu Karlsruhe (TH)	Informatik	Internationaler Studiengang mit Doppeldiplom und Partnerhochschulen in Frankreich

Ingenieurwissenschaften

Hochschule	**Studiengang**	**Bemerkungen**
Fachhochschule Aachen	Maschinenbau, deutsch-französischer Studiengang	Doppeldiplom mit Partnerhochschulen in Frankreich
Fachhochschule Bochum University of Applied Sciences	Mechatronik International UK	Deutsch-britischer Studiengang mit Doppeldiplom

Fachhochschule Bochum University of Applied Sciences	Mechatronik International USA	Binationaler Studiengang mit Partnerhochschulen in den USA
Technische Universität Carolo-Wilhelmina zu Braunschweig	Bauingenieurwesen	»Dual Degree Program« möglich mit Partnerhochschulen in den USA
Technische Universität Carolo-Wilhelmina zu Braunschweig	Elektrotechnik	»Dual Degree Program« möglich mit Partnerhochschulen in den USA
Hochschule Bremen	Luftfahrtsystemtechnik und -management	Internationaler dualer Studiengang mit Partnerhochschulen in den USA
Hochschule Bremen	Microsystems Engineering (ISMS)	Internationaler Studiengang mit Partnerhochschulen in Großbritannien
Hochschule Bremerhaven	Process Engineering and Energy Technology	Akkreditierter internationaler Studiengang mit Partnerhochschulen in mehr als 10 Ländern
Brandenburgische Technische Universität Cottbus (BTU)	Umwelt- und Ressourcenmanagement	Akkreditierter, englischsprachiger internationaler Studiengang mit Partnerhochschulen in Mexiko, Venezuela, Brasilien, Argentinien, Tschechien, Polen, Ungarn, Bulgarien, Türkei, Ukraine, Russland
Technische Universität Darmstadt	Elektrotechnik und Informationstechnik	Deutsch-französisches Doppeldiplom möglich
Technische Universität Darmstadt	Maschinenbau	Deutsch-französischer Studiengang mit Doppeldiplom
Fachhochschule Esslingen Hochschule für Technik	Fahrzeugtechnik / Karosserie und Mechatronik	Internationaler Studiengang mit Doppeldiplom und Partnerhochschulen in Großbritannien
Fachhochschule Esslingen Hochschule für Technik	Maschinenbau / Entwicklung und Konstruktion	Deutsch-französischer Studiengang mit Doppeldiplom
Fachhochschule Esslingen – Hochschule für Technik	Maschinenbau / Produktion und Organisation	Deutsch-französischer Studiengang mit Doppeldiplom
Fachhochschule Frankfurt am Main	Mechanical Engineering	Akkreditierter Studiengang; Masterstudium mit Auslandssemester in Production Management and Automation/Automotive Engineering, NVH and Emission
Fachhochschule Gießen-Friedberg	Medizintechnik–Clinical Engineering	Internationaler Studiengang mit Doppeldiplom und Partnerhochschulen in Frankreich, Nordirland, Südafrika
Hochschule für Angewandte Wissenschaften Hamburg	Information Engineering	Akkreditierter internationaler Studiengang
Technische Universität Hamburg- Harburg	General Engineering Science	Akkreditierter internationaler Studiengang

Fachhochschule Aachen, Standort Jülich	Chemieingenieurwesen (International Studies of Technology)	Internationaler Studiengang mit Doppeldiplom und Partnerhochschulen in Australien, Südostasien, Pazifikregion
Fachhochschule Aachen, Standort Jülich	Elektrotechnik (International Studies of Technology)	Internationaler Studiengang mit Doppeldiplom und Partnerhochschulen in Australien, Südostasien, Pazifikregion
Fachhochschule Aachen, Standort Jülich	Maschinenbau (International Studies of Technology)	Internationaler Studiengang mit Doppeldiplom und Partnerhochschulen in Australien, Südostasien, Pazifikregion
Technische Universität Kaiserslautern	Energietechnik/Kraftmaschinen – Ingénieur franco- allemand Enérgetique et propulsion	Deutsch-französischer Studiengang mit Doppeldiplom; Beginn nach Vordiplom
Technische Universität Kaiserslautern	Wirtschaftsingenieurwesen (Chemie)	Internationaler Studiengang mit Doppeldiplom und Partnerhochschulen in Frankreich und den USA
Technische Universität Kaiserslautern	Wirtschaftsingenieurwesen (Informatik)	Internationaler Studiengang mit Doppeldiplom mit Partnerhochschulen in Frankreich und den USA
Universität Fridericiana zu Karlsruhe (TH)	Elektrotechnik und Informationstechnik	Internationaler Studiengang mit Doppeldiplom bzw. dreisprachigem Zertifikat, Partnerhochschulen in Frankreich, Großbritannien, Polen, Spanien
Hochschule Niederrhein Niederrhein University of Applied Sciences	Chemieingenieurwesen	Auch kooperative Ingenieurausbildung; europäisches Studienangebot Lackingenieurwesen mit Partnerhochschulen in den Niederlanden
Hochschule Niederrhein Niederrhein University of Applied Sciences	Mechatronik	Europäischer Studiengang mit Partnerhochschulen in den Niederlanden
Fachhochschule Mannheim Hochschule für Technik und Gestaltung	Nachrichtentechnik/ Elektronik	Internationaler Studiengang mit Doppeldiplom und Partnerhochschulen in Frankreich
Fachhochschule Münster	Elektrotechnik – European Engineering Programme (EEP)	Deutsch-Britischer/Deutsch-Französischer Studiengang
Fachhochschule Offenburg University of Applied Sciences	Verfahrens- und Umwelttechnik	Auch deutsch-französischer Studiengang mit Doppeldiplom, Partnerhochschulen in Frankreich
Fachhochschule Osnabrück University of Applied Sciences	Aircraft and Flight Engineering (AFE)	Internationaler Studiengang mit Doppeldiplom; auch parallele Ausbildung zum CPL/IFR- bzw. ATPL-Piloten möglich; Zusam-

		menarbeit mit Partnerhochschulen in Großbritannien
Fachhochschule Osnabrück University of Applied Sciences	Europäisches Elektrotechnik/ Informatik Studium (EES/EIS)	Europäischer Studiengang, auch Doppeldiplom möglich, mit Partnerhochschulen im europäischen Ausland
Fachhochschule Osnabrück University of Applied Sciences	European Mechanical Engineering Studies (EMS)	Europäischer Studiengang mit Doppeldiplom und Partnerhochschulen in Großbritannien, Frankreich, den Niederlanden und Spanien
Hochschule für Technik und Wirtschaft des Saarlandes	Elektrotechnik/Génie des Systèmes Industriels	Deutsch-französischer Studiengang mit Doppeldiplom
Fachhochschule Stuttgart – Hochschule der Medien	Drucktechnik	Deutsch-chinesischer Studiengang
Universität Stuttgart	Chemie	Auslandsstudium mit Doppeldiplom und mit Partnerhochschulen in Frankreich
Universität Stuttgart	Luft- und Raumfahrttechnik	Auch Auslandsstudium mit Doppeldiplom; Partnerhochschulen in Frankreich
Fachhochschule Trier	Bauingenieurwesen	Deutsch-britischer Studiengang mit Doppelabschluss
Fachhochschule Ulm	Industrieelektronik	Internationaler Studiengang mit Doppeldiplom und Partnerhochschulen in Frankreich und Großbritannien
Fachhochschule Ulm	Maschinenbau	Internationaler Studiengang mit Doppeldiplom und Partnerhochschulen in Frankreich und Großbritannien
Fachhochschule Oldenburg/ Ostfriesland/Wilhelmshaven	Biomedical Engineering	Internationaler Studiengang mit Doppeldiplom und Partnerhochschulen in Frankreich, Großbritannien und den Niederlanden

Naturwissenschaften

Hochschule	**Studiengang**	**Bemerkungen**
Universität Leipzig	Physik	Englischsprachiges International Physics Studies Program
Fachhochschule Bonn-Rhein-Sieg	Biology	Akkreditierter internationaler Studiengang mit Partnerhochschulen in Schottland und Spanien
Universität des Saarlandes	Chemie	Internationaler Studiengang mit Doppeldiplom und Partnerhochschulen in Frankreich

Universität des Saarlandes	Mathematik	Internationaler Studiengang mit Mehrfachabschlüssen und Partnerhochschulen in Belgien, Frankreich, Luxemburg
Universität des Saarlandes	Physik	Internationaler Studiengang mit Mehrfachabschlüssen und Partnerhochschulen in Frankreich und Luxemburg
Universität Stuttgart	Chemie	Internationaler Studiengang mit Doppeldiplom und Partnerhochschulen in Frankreich
Eberhard-Karls-Universität Tübingen	Physik	Internationaler Studiengang mit Doppeldiplom und Partnerhochschulen in Italien

Rechtswissenschaft

Hochschule	**Studiengang**	**Bemerkungen**
Humbold-Universität zu Berlin	Rechtswissenschaft	Deutsch-französisches Studienprogramm mit Doppelabschluss
Universität Bremen	Comparative and European Law/ Hanse Law School	Gemeinsamer Studiengang Uni Bremen und Uni Oldenburg; akkreditierter internationaler Studiengang mit Partnerhochschulen in den Niederlanden
Friedrich-Alexander-Universität Erlangen-Nürnberg	Rechtswissenschaft	Internationaler Studiengang mit Doppeldiplom und Partnerhochschulen in Frankreich und Großbritannien
Europa-Universität Viadrina Frankfurt (Oder)	German and Polish Law	Kombinierte Ausbildung in dt. und poln. Recht; dt. und poln. Sprachkenntnisse erforderlich, mit Partnerhochschulen in Polen
Bucerius Law School/Hochschule für Rechtswissenschaft	Rechtswissenschaft	Internationaler Studiengang mit Partnerhochschulen in Frankreich, Großbritannien und den USA
Universität zu Köln	Rechtswissenschaft	Deutsch-britischer Studiengang mit Doppelabschluss Bachelor of Laws (LL. B.)/Baccalaureus Legum mit Partnerhochschulen in Großbritannien
Universität zu Köln	Rechtswissenschaft, deutsch-französisch	Mit Partnerhochschulen in Frankreich
Johannes Gutenberg-Universität Mainz	Rechtswissenschaft	Deutsch-französisches Studienprogramm mit Doppelabschluss

Wirtschaftswissenschaften

Hochschule	Studiengang	Bemerkungen
Fachhochschule Aachen	Europäischer Studiengang Wirtschaft	Doppeldiplom mit Partnerhochschulen in Belgien, Frankreich, Großbritannien, Irland, Italien, den Niederlanden, Schweden, Spanien
Europäische Wirtschaftshochschule Berlin	Internationale Betriebswirtschaft	Nur Hauptstudium; internationaler Studiengang mit Doppeldiplom und Partnerhochschulen in Frankreich, Großbritannien, Italien
Fachhochschule für Wirtschaft Berlin	International Business	Internationaler Studiengang mit Doppeldiplom und Partnerhochschulen in Großbritannien
Fachhochschule Bochum University of Applied Sciences	Betriebswirtschaft – Business in Europe	Deutsch-britischer Wirtschaftsstudiengang mit Doppeldiplom und Partnerhochschulen in Großbritannien
International School of Management – ISM Dortmund	Internationale Betriebswirtschaft	Internationaler Studiengang mit Partnerhochschulen in Großbritannien, Frankreich, Irland, USA, Spanien, Argentinien, Kanada, Hawaii
Hochschule für Technik und Wirtschaft Dresden (FH)	International Business Studies	Internationaler Studiengang; auch Doppeldiplom möglich; mit Partnerhochschulen in England, Finnland, Frankreich, Irland, den Niederlanden, Polen, Russland, Schottland, Spanien
Technische Universität Dresden	Betriebswirtschaftslehre	Deutsch-französischer, deutsch-italienischer, deutsch-spanischer Studiengang mit Doppeldiplom
Universität Fridericiana zu Karlsruhe	Wirtschaftsingenieurwesen	Internationaler Studiengang mit Doppeldiplom und Partnerhochschulen in Frankreich
Handelshochschule Leipzig (HHL) Leipzig Graduate School of Management	Betriebswirtschaftslehre	Nur Hauptstudium, integriertes Auslandssemester, Doppeldiplomierung möglich
Universität Mannheim	Betriebswirtschaftslehre	Internationaler Studiengang mit Doppeldiplom und Partnerhochschulen in Frankreich
Fachhochschule Münster University of Applied Sciences	Betriebswirtschaft	Deutsch-lateinamerikanischer Studiengang mit Doppeldiplom und Partnerhochschulen in Brasilien, Chile, Kolumbien, Mexiko
Fachhochschule Münster University of Applied Sciences	European Business Programme (EBP)	Deutsch-britischer, deutsch-französischer, deutsch-niederländischer, deutsch-spanischer Studiengang mit Doppeldiplom

Friedrich-Alexander-Universität Erlangen-Nürnberg	Internationale Betriebswirtschaftslehre	Internationaler Studiengang; auch Doppeldiplom möglich
Friedrich-Alexander-Universität Erlangen-Nürnberg	Internationale Volkswirtschaftslehre	Internationaler Studiengang; auch Doppeldiplom möglich mit Partnerhochschulen in Europa und Übersee
Fachhochschule Reutlingen Hochschule für Technik und Wirtschaft	Europäisches Studienprogramm für Betriebswirtschaft (ESB)	Deutsch-amerikanischer, deutsch-englischer, deutsch-französischer, deutsch-irischer, deutsch-italienischer, deutsch-spanischer Studiengang mit Abschlussgrad einer Partnerhochschule
Fachhochschule Reutlingen Hochschule für Technik und Wirtschaft	International Business	Internationaler Studiengang; Doppeldiplomierung mit MBA einer Partnerhochschule; Partnerhochschulen in Australien, Großbritannien und den USA
Eberhard-Karls-Universität Tübingen	Internationale Betriebswirtschaftslehre	Internationaler Studiengang mit Partnerhochschulen in Europa, Kanada, Lateinamerika u. a.
Wissenschaftliche Hochschule für Unternehmensführung Otto-Beisheim-Hochschule	Betriebswirtschaftslehre/ Unternehmensführung	Internationaler Studiengang; auch Doppeldiplom MBA, Diplome de l'ESC möglich; über 70 Partnerhochschulen auf allen 5 Kontinenten
Hochschule Harz–Hochschule für angewandte Wissenschaften (FH)	International Business Studies	Internationaler Studiengang mit zusätzlichem Abschluss der Partnerhochschule; Partnerhochschulen in Dänemark, Finnland, Frankreich, Großbritannien und den USA
Hochschule Harz–Hochschule für angewandte Wissenschaften (FH	International Tourism Studies	Internationaler Studiengang mit zusätzlichem Abschluss der Partnerhochschule; Partnerhochschulen in Dänemark, Finnland, Frankreich, Großbritannien und den USA
Fachhochschule Worms University of Applied Sciences	Internationale Betriebswirtschaftslehre und Außenwirtschaft	Internationaler Studiengang mit Partnerhochschulen in Europa, Chile und den USA

Die Finanzen müssen stimmen: Studienfinanzierung

In diesem Kapitel werden folgende Fragen beantwortet:

1. Wie viel Geld wendet der Staat für jedes Studium auf?
2. Wie viel braucht ein Studierender durchschnittlich pro Monat für Lebensunterhalt und Studium?
3. Welche Möglichkeiten der Studienfinanzierung gibt es?
4. Welche Vergünstigungen können Studierende in Anspruch nehmen?
5. Welche Versicherungen brauchen Studierende?

Das unsichtbare Geld: Kosten des Studienplatzes

Wenn man von den Kosten des Studiums spricht, meint man in Deutschland die Lebenshaltungskosten, die der Student aufbringen muss, man fragt aber kaum, wie viel Geld der Staat und damit der Steuerzahler für jedes Studium aufwendet.

Hier gibt es von Fach zu Fach große Unterschiede. Die teuerste Ausbildung ist die der Mediziner, Ingenieure und Naturwissenschaftler, da hierfür vor allem teure technische Anlagen und Labors benötigt werden. Nach einer Untersuchung des Wissenschaftsrates lagen die jährlichen Ausgaben pro Student etwa im Fach Physik zwischen 7.700 € und 13.600 €, im Mittel bei 10.000 €. Eine komplette Physikausbildung kostet bei sechs Jahren Studiendauer also zwischen 46.200 und 81.600 €. Bei den Mathematikausbildungen schwankten – bei durchschnittlich 4.200 € – die Ausgaben zwischen 3.400 € und 5.800 €, was insgesamt Aufwendungen von 20.400 bis 34.800 € pro Student bedeutet.

Die Ausgaben lagen am niedrigsten bei den Germanisten, wo zwischen 800 und 1.500 € und im Mittel 1.000 € pro Jahr aufgewendet wurden. Für das Studium der Psychologie lagen die Ausgaben bei zwischen 2.200 € und 4.900 €, im Mittel bei 3.400 €.

In diesen Beträgen sind noch nicht die Baukosten für die Hochschulen eingerechnet. So müssen pro Hochschulausbildung noch einmal ein paar Tausend Euro hinzugezählt werden.

Wenn ein Engländer oder US-Amerikaner von Studienkosten spricht, meint er damit etwas anderes als ein Deutscher. In diesen Ländern ist es üblich, dass man Studien- und Prüfungsgebühren aus eigener Tasche bezahlt. 10.000 oder 15.000 Dollar pro Studienjahr und Student sind in den USA keine Seltenheit. Dass Absolventen mit Schulden von 50.000 bis 100.000 € ins Berufsleben starten, ist eher die Regel als die Ausnahme, sofern die Eltern nicht mit der Geburt des Kindes entsprechende Summen angespart haben oder man ein Stipendium erhält. Allerdings ist es für US-Banken normal, an Studierende Kredite für die Studienfinanzierung zu vergeben.

In Deutschland haben wir Bildungsfreiheit. Studien- oder Prüfungsgebühren dürfen bisher beim Studium in Deutschland, das gilt für Deutsche und Ausländer gleichermaßen, von den Hochschulen nicht erhoben werden. Gegen das Verbot von Studiengebühren liegt beim Bundesverfassungsgericht eine Klage mehrerer Bundesländer an, über die nicht vor Ende 2004 entschieden werden wird. Hebt das Bundesverfassungsgericht das Verbot auf, dürfen sich Studierende – hierfür liegen in den Bundesländern bereits Pläne vor – auf eine jährliche Studiengebühr von 1.000 € einstellen. Nach diesen Plänen sollen Studierende für einen Zeitraum von etwa fünf Jahren von Banken Kredite zu günstigen Zinsen (vier bis fünf Prozent) erhalten. Die Rückzahlung beginnt nach dem Berufseinstieg und ist abhängig vom Einkommen.

Derzeit werden Studiengebühren ausschließlich von Studierenden in einem Zweitstudiengang, von so genannten Seniorstudenten und Langzeitstudierenden erhoben. In Baden-Württemberg,

Niedersachsen, Thüringen und im Saarland müssen all diejenigen 500 € pro Semester zahlen, die die sog. Regelstudienzeit um vier Semester überschritten haben. In Bayern sind ab dem Wintersemester 2005/6 500 € pro Semester fällig, wenn die Regelstudienzeit um drei Semester überschritten wird. Berlin wird ab 2005 von allen Studierenden Gebühren erheben, die länger als 15 Semester an den Berliner Hochschulen studieren. Nordrhein-Westfalen und Rheinland-Pfalz haben ein so genanntes Studienkontenmodell entwickelt. Den Studierenden werden bei Studienbeginn eine bestimmte Anzahl von Semesterwochenstunden auf einem so genannten Studienkonto gutgeschrieben, die er oder sie im Verlauf des Studiums aufbraucht. Hat sich das Konto geleert, ohne dass ein Abschluss abgelegt wurde, werden Studiengebühren fällig. In NRW und Rheinland-Pfalz sind das 650 €/Semester. Auch in Hamburg (500 €/Semester) und Hessen (bis zu 900 €) werden die Langzeitstudierenden zur Kasse gebeten.

Bis jetzt entrichten alle Studierenden den so genannten *Sozialbeitrag*. Jedes Semester werden durchschnittlich zwischen 30 und 60 € fällig. Dieses Geld wird für die studentische Selbstverwaltung, für das Studentenwerk (Wohnheime, Essensversorgung, Notdarlehen usw.) und für die studentische Unfallversicherung verwendet. Die an das Studentenwerk bei Studienbeginn oder bei der Rückmeldung zu jedem weiteren Semester abzuführenden Kosten liegen an einigen Hochschulen mittlerweile aber durchaus schon bei 100 bis 200 €, weil das Studentenwerk gleichzeitig das Geld für Verkehrsbetriebe mit einzieht, deren Einrichtungen (Busse, Straßenbahnen usw.) die Studierenden mit ihrem Studentenausweis nutzen können.

Jede Hochschule versucht sicherzustellen, dass alle Geräte, Hilfsmittel und Bücher, die für das jeweilige Studium benötigt werden, vorhanden sind und kostenfrei benutzt werden können. Das schließt im Einzelfall natürlich nicht aus, dass ein Studierender der Musikwissenschaft über ein eigenes Musikinstrument verfügt, dass sich die Studierenden im Laufe des Studiums die wichtigsten Bücher des Faches beschaffen oder dass künftige Naturwissenschaftler sich die einen oder anderen Laborgeräte anschaffen. Hierbei kann man aber übertreiben. Nicht jeder benötigt eine kleine Fachbibliothek oder ein eigenes Forschungslabor zu Hause. Anschaffen sollte man sich nur das wirklich Notwendige.

Auf die Ansprüche kommt es an: Wie viel Geld braucht man/frau im Monat?

Wenn wir von den eigentlichen Kosten des Studiums sprechen, meinen wir damit das Geld, das wir für den monatlichen Lebensunterhalt benötigen. Wie viel Geld aber jemand im Monat für Unterkunft, Verpflegung, Kleidung und Transport benötigt, ist individuell verschieden und hängt in erster Linie von der Unterbringung (zu Hause oder auswärts) und den persönlichen Ansprüchen ab. Wer sich nur in einer Dachterrassenwohnung wohl fühlt, einen Sportwagen vor der Haustür sein Eigentum nennen möchte und regelmäßig im Restaurant statt in der Mensa isst, wird sicherlich erheblich mehr Ausgaben haben als ein Student, der im Studentenwohnheim wohnt, sich mit dem Bus vorwärts bewegt und sein Essen hauptsächlich in der Mensa oder zu Hause einnimmt.

Betrachten wir einmal die monatlichen Ausgaben des durchschnittlichen Studierenden, der ein Zimmer außerhalb des Elternhauses bewohnt, über kein eigenes Auto verfügt, entweder in der Mensa oder zu Hause isst, keine kostspieligen Hobbys pflegt, sich nur die notwendigsten Dinge fürs Studium anschafft und auch seine Kino-, Theater-, Kneipenbesuche auf das übliche Maß beschränkt.

Bei einem solchen Musterstudenten fallen (nach der 17. Sozialerhebung des Deutschen Studentenwerks) pro Monat folgende durchschnittlichen Kosten an:

Ausgaben	
Miete	250 €
Ernährung	159 €
Kleidung/Körperpflege	57 €
Lernmittel	37 €
Fahrtkosten (Auto/öffentliche Verkehrsmittel)	86 €
Krankenversicherung, Arztkosten, Medikamente	56 €
Telefon, Internet, Rundfunk- und Fernsehgebühren	49 €
Gesamt	694 €

Rechnet man noch einen Wert für »Sonstiges«, etwa Kosten für die Freizeitgestaltung, hinzu, die individuell sehr verschieden sind (dieser Posten konnte in der Sozialerhebung des Deutschen Studentenwerks nicht ermittelt werden), ergibt dies einen Betrag von **etwas mehr als 700 €.**

Wer im Heimatort studiert und zu Hause wohnt, hat geringere Kosten, da die Kosten für Miete und Heimfahrten wegfallen und die Kosten für die Verpflegung geringer sind oder entfallen. Aber auch hier kommt man schnell auf einen Betrag von rund 300 bis 400 €, den man braucht, wenn man nicht jeden Groschen zweimal umdrehen will.

Die Kosten für den Lebensunterhalt hängen nicht nur von den persönlichen Ansprüchen ab, sondern auch von dem Ort, an dem man studiert. In Großstädten sind die Kosten höher als in kleineren Städten. Auch in Orten, in denen der Anteil der Studierenden an der Gesamtbevölkerung sehr hoch ist, liegen die Kosten, vor allem für Miete, höher.

Die Summe, die den meisten Studierenden zur Verfügung steht, liegt unter dem genannten Betrag von etwas über 700 €. Abgesehen von einer kleinen finanziell sehr gut gestellten Gruppe, die über anscheinend unbegrenztes Geld im Monat verfügt, sieht die wirtschaftliche Lage vieler Studenten düster aus. Durchschnittlich werden 89 Prozent der Studierenden mit 435 €/Monat von den Eltern unterstützt.

Nachdem nun klar ist, was ein Studierender für das Dach über dem Kopf, für Essen und Trinken und für diverse andere Bedürfnisse braucht, stellt sich die Frage, wie man die anfallenden monatlichen Kosten decken kann, sofern man auf Unterstützung der Eltern nicht rechnen kann und alle Ausgaben alleine bestreiten muss.

Volle Finanzierung eines Studiums durch

Eltern | BAföG | Stipendium | Jobben

Ein Trost für all diejenigen – und das sind die meisten –, deren Eltern über nicht so viel Geld verfügen: Diese bequeme und problemloseste Art der Studienfinanzierung bleibt nur einer kleinen Zahl von Studierenden vorbehalten. Die 17. Sozialerhebung des Deutschen Studentenwerks von 2003 an den deutschen Hochschulen schlüsselt auf, dass nur 50,6 Prozent des monatlichen Geldes, das Studierenden zur Verfügung steht, von den Eltern kommt. 13,2 Prozent wird durch BAföG, 9,4 Prozent aus sonstigen Quellen (Stipendium, Oma) und 26,9 Prozent aus regelmäßigem Arbeiten, sprich Jobben, erzielt.

An diesen Zahlen sieht man, dass viele Studierende eine so genannte Mischfinanzierung haben. Sie bekommen etwas Geld von den Eltern, haben Anspruch auf 80 oder 150 € BAföG oder ein Stipendium ergattert und verdienen sich das, was noch fehlt, durch gelegentliches Jobben hinzu.

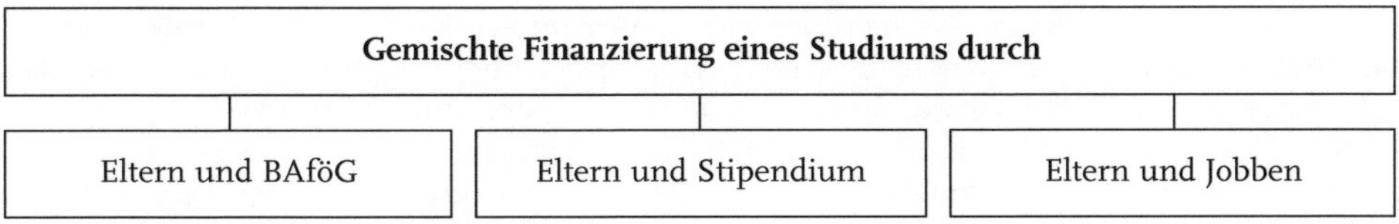

Staatliche Unterstützung europäisch ausgerichtet: Förderung durch BAföG

Was ist BAföG?

BAföG ist die Abkürzung für Bundesausbildungsförderungsgesetz, mit dem unter bestimmten Umständen Studierenden eine finanzielle Unterstützung gewährt wird, deren Eltern oder Ehepartner bestimmte Einkommensgrenzen nicht überschreiten. Eingeführt wurde es Anfang der 70er-Jahre, um begabten Schülern, deren Eltern kein Studium finanzieren konnten, das Studium zu ermöglichen. 2003 erhielten etwa 480.000 der zwei Millionen Studierenden BAföG, wobei der durchschnittliche BAföG-Förderungsbetrag 370 €/Monat betrug.

BAföG ist kein Geschenk des Staates. Nicht jeder, der sein Studium über BAföG finanzieren möchte, erhält eine entsprechende Ausbildungsbeihilfe. Anspruch auf BAföG haben nur diejenigen, denen, wie es im Amtsdeutsch heißt, für den Lebensunterhalt und für die Ausbildung die erforderlichen Mittel anderweitig nicht zur Verfügung stehen und deren gewählte Studienfächer den Neigungen und Fähigkeiten entsprechen. Im Klartext heißt das: BAföG bekommt, wer von Hause aus nicht begütert und fleißig im Studium ist.

BAföG ist ein Geschenk oder ein Darlehen des Staates, das ganz oder teilweise zurückgezahlt werden muss. Derzeit ist BAföG eine Mischung von beidem. Bis zu 50 Prozent müssen nach Ende des Studiums wieder zurückgezahlt werden. Bei einem durch BAföG finanzierten Auslandsaufenthalt wird der Auslandszuschlag als nicht zurückzahlbarer Zuschuss gezahlt. Die Darlehen werden nicht verzinst. Außerdem besteht die Möglichkeit, 25 Prozent des Darlehens durch schnellen Studienabschluss (2.600 € Erlass, wenn das Studium vier Monate vor Ende der Förderhöchstdauer abgeschlossen wird, 1.025 € Erlass, wenn es zwei Monate vor Ende der Förderhöchstdauer abgeschlossen wird) oder durch gute Studienleistungen (Abschlussprüfung innerhalb 30 Prozent der besten Prüfungen, die im jeweiligen Fach innerhalb des Kalenderjahres abgelegt wurden, Erlass: 15 bis 25 Prozent, je nach Studiendauer) erlassen zu bekommen. Es können beide Arten des Darlehensteilerlasses in Anspruch genommen werden, sodass man im günstigsten Fall die Hälfte des Darlehens nicht zurückzahlen muss. Wer diese Möglichkeiten nicht hat, kann Geld einsparen, indem er oder sie das Darlehen vorzeitig zurückzahlt und einen entsprechenden Nachlass erhält. Je nach Höhe des Ablösungsbetrages liegt dieser Nachlass zwischen acht und 50 Prozent. Mit der BAföG-Reform von 2001 wurde die Gesamtdarlehensbelastung auf 10.000 € begrenzt.

Wer hat Anspruch auf BAföG?

Grundsätzlich alle deutschen Studierenden, die an einer deutschen Hochschule ordnungsgemäß immatrikuliert sind. Bei Ausbildungsbeginn dürfen BAföG-Bewerber das 30. Lebensjahr noch nicht vollendet haben. Es gibt aber hiervon mehrere Ausnahmen (Bewerber, die über den zweiten Bildungsweg kommen; Bewerber, die durch langjährige Berufstätigkeit einen Studienplatz bekommen haben; Bewerber, die durch Krankheit oder Kindererziehung ein Studium nicht früher aufnehmen konnten). Ob aber jemand Anspruch auf Leistungen hat, hängt davon ab, wie gut oder schlecht die Einkommenssituation der Eltern ist, wie groß die Familie ist und ob die Antragsteller bei den Eltern wohnen oder außerhalb des Wohnortes untergebracht sind. Außerdem spielt der Familienstand des Antragstellers eine Rolle und gegebenenfalls das Einkommen des Ehepartners.

Das System der Einkommens- und Vermögensermittlung mit seinen Freibeträgen, Zuschlägen und Anrechnungsbeträgen ist sehr kompliziert und ändert sich von Jahr zu Jahr. Verfügen die Eltern nur über ein durchschnittliches Einkommen oder sind mehrere Kinder im studierfähigen Alter, ist die Chance, BAföG zu bekommen, erheblich höher als bei einem hohen oder bei zwei Einkommen.

Leistungen können auch unabhängig vom Einkommen erfolgen, wenn eine der folgenden Bedingungen erfüllt ist: Beginn des Studiums nach Vollendung des 30. Lebensjahres, fünfjährige Erwerbstätigkeit nach dem 18. Lebensjahr, insgesamt sechs Jahre Ausbildungs- und Berufstätigkeit (drei Jahre Berufsausbildung, drei Jahre Erwerbstätigkeit), Aufenthalt der Eltern ist nicht bekannt, oder sie sind nicht zum Unterhalt verpflichtet.

Wie hoch sind die BAföG-Leistungen?

Der derzeitige Förderungshöchstbetrag beträgt für Studierende, die nicht bei den Eltern leben, max. 585 €. Das ist der so genannte BAföG-Höchstsatz. Es gibt aber auch viele Studierende, die nur 100 oder 200 € pro Monat erhalten.

Eine Finanzierung des Auslandsaufenthaltes zum Studium ist möglich, wenn der Aufenthalt für das Studium förderlich ist und wenn Studienleistungen, die dort erbracht wurden, auf das hiesige Studium angerechnet werden können. In diesem Fall kommen folgende Leistungen hinzu: Auslandszuschlag je nach Land (zwischen 50 und 450 €, evtl. anfallende Studiengebühren bis zu 4.600 € pro Studienjahr, Zuschuss zu den Reisekosten, Krankenversicherung, zusätzliche Aufwendungen). Die Auslandsförderung ist ein Zuschuss und braucht später nicht zurückgezahlt zu werden. Mit der BAföG-Reform 2001 wurde die Auslandsförderung um einen wichtigen Punkt erweitert: Studierende, die in Deutschland zwei Semester absolviert haben, können für ein Studium in einem anderen EU-Land bis zum dortigen Abschluss nach den Inlandssätzen BAföG gefördert werden.

Ein Studium außerhalb der EU kann zunächst bis zu einem Jahr und maximal bis zu fünf Semestern gefördert werden.

Wie lange wird BAföG gezahlt?

BAföG wird nur für einen bestimmten Zeitraum bezahlt. Für die meisten Studiengänge an den Fachhochschulen beträgt die Förderungshöchstdauer sieben bis acht Semester, an den wissenschaftlichen Hochschulen neun bis zehn Semester.

Vom vierten (Fachhochschulen) bzw. fünften Semester (Universitäten) an wird BAföG nur noch gezahlt, wenn der Studierende eine Bescheinigung über die bestandene Zwischenprüfung oder den Nachweis vorlegt, dass ein entsprechender Leistungsstand erreicht ist. Damit wird kontrolliert, ob die BAföG-Stipendien im Sinne des Gesetzgebers verwendet wurden. Wer diese Bedingungen nicht erfüllt, verliert den Anspruch auf weitere Unterstützung.

Wer sein Studienfach wechselt, erhält nur dann eine Weiterförderung, wenn der Wechsel aus einem wichtigen Grund vorgenommen wurde und frühzeitig, nach Möglichkeit im ersten oder zweiten Semester, erfolgte.

Wann stellt man den BAföG-Antrag?

Diese Frage ist leicht zu beantworten: So früh wie möglich, da die Bearbeitung der Anträge gerade zu Beginn des Semesters längere Zeit in Anspruch nimmt. Auf alle Fälle sollte der Antrag vor Studienbeginn und spätestens in dem Monat gestellt werden, in dem die Ausbildung beginnt. Dies ist in der Regel der Oktober an den Universitäten oder der September an den Fachhochschulen (Beginn des Wintersemesters) sowie der April (Universitäten) oder März (Fachhochschulen) für das Sommersemester. Wer seinen Antrag verspätet stellt, erhält kein Geld rückwirkend.

Wie ist das mit der Rückzahlung des Darlehens?

Das Darlehen, das bis zum Studienabschluss angefallen ist, muss – sofern man nicht die genannten Vergünstigungen in Anspruch nehmen kann – voll zurückgezahlt werden, und zwar unverzinst.

Fünf Jahre nach Ende der Förderhöchstdauer (nicht nach Ende des Studiums) ist die erste Rate fällig. Die letzte Rate muss spätestens nach 20 Jahren gezahlt sein. Die monatliche Mindestrate beträgt derzeit 105 €, die an das Bundesverwaltungsamt (siehe unter *www.bundesverwaltungsamt.de*) überwiesen werden muss. Bei Wohnungswechsel muss die Adresse direkt mitgeteilt werden, weil ansonsten auf Kosten der Darlehensschuldner die neue Anschrift ermittelt wird (50728 Köln oder bafoeg@bva.bund.de).

Weil nicht alle fünf Jahre nach dem Studium einen gut bezahlten Arbeitsplatz gefunden haben, besteht für Schlechterverdienende die Möglichkeit, sich von der Rückzahlungsverpflichtung befreien zu lassen.

Wo erhält man weitergehende Informationen?

An allen Hochschulen gibt es BAföG-Ämter, in der Regel als Abteilung des Studentenwerkes. Sie geben auch gerne vor Studienbeginn Auskunft darüber, ob ein Antrag auf BAföG-Förderung Aussicht auf Erfolg hat. Die Adressen der Studentenwerke sind am Ende des Buches ab S. 301 aufgelistet. Setzen Sie sich mit dem jeweiligen Studentenwerk und hier dem Amt für Ausbildungsförderung in Verbindung.

Vorher sollte man aber folgende informative Broschüre gründlich durcharbeiten, die vom Bundesministerium für Bildung und Forschung herausgegeben wird: Ausbildungsförderung – BAföG, Bildungskredit und Stipendien. Sie kann als pdf-Datei auf der Homepage des Ministeriums (*www.bafoeg.bmbf.de*) heruntergeladen sowie per E-mail oder auf dem Postweg angefordert werden. Anschrift: Bundesministerium für Bildung und Forschung, Referat Publikationen/Internetredaktion, 11055 Berlin, Tel. 018 05 / 26 23 02, Fax 018 05 / 26 23 03, E-Mail: books@bmbf.bund.de. Informationen erhält man auch über die vom Bildungsministerium eingerichtete kostenfreie BAföG-Hotline: 08 00 / 223 63 41.

Auf der Homepage des Ministeriums ist auch ein BAföG-Rechner eingerichtet, mit dem die ungefähre Höhe eines möglichen Förderungsanspruches errechnet werden kann. Man sollte aber, um sicherzugehen, keinesfalls auf eine persönliche Beratung in einem Amt für Ausbildungsförderung verzichten.

Für Begabte und Geschickte: Stipendienmöglichkeiten

Es gibt in Deutschland Einrichtungen, so genannte Begabtenförderungswerke, die Stipendien an geeignete Studierende vergeben. Außerdem fördern sie Doktorarbeiten.

Die Begabtenförderungswerke erhalten jährliche staatliche Zuschüsse. Derzeit sind es rund 75 Mio. €, womit ca. 14.000 Personen in den Genuss eines Stipendiums kommen, was aber weniger als einem Prozent aller Studierenden entspricht.

Die wichtigsten Begabtenförderungswerke, was die Anzahl der Stipendien anbelangt, sind die sechs politischen Stiftungen, die je einer Partei weltanschaulich nahe stehen. Wir betonen »nahe stehen«, weil sie nicht, wie viele glauben, zur jeweiligen Partei gehören, sondern mehr oder weniger unabhängig sind. Im Einzelnen handelt es sich um die Konrad-Adenauer-Stiftung (CDU), die Friedrich-Ebert-Stiftung (SPD), die Friedrich-Naumann-Stiftung (FDP), die Hanns-Seidel-Stiftung (CSU), die Heinrich-Böll-Stiftung (Grüne) und die Rosa-Luxemburg-Stiftung (PDS). Daneben gibt es noch die Studienstiftung des Deutschen Volkes und den Konfessionen nahe stehende Förderungswerke wie Cusanuswerk-Bischöfliche Studienförderung (Katholische Kirche), Evangelisches Studentenwerk Villigst (Evangelische Kirche), das Förderwerk des Deutschen Gewerkschaftsbundes (Hans-Böckler-Stiftung) und der Arbeitgeber (Stiftung der Deutschen Wirtschaft – Studienförderwerk Klaus Murmann).

Im Folgenden soll kurz erläutert werden, nach welchen Prinzipien die Begabtenförderungswerke ihre Stipendien vergeben. Diese sind, unabhängig von den politischen oder weltanschaulichen Vorstellungen der jeweiligen Stiftung, sehr ähnlich. Die Förderwerke erhalten ihre Mittel überwiegend aus staatlichen Zuschüssen, entscheiden aber selbst über die Verwendung der Mittel. Da es sich schließlich um Steuergelder handelt, sind sie angehalten, diese so effektiv wie möglich einzusetzen. Um von einer der Stiftungen gefördert zu werden, muss man nicht Mitglied der Partei sein, die hinter ihr steht. Die Zugehörigkeit zu irgendeiner politischen Partei ist auf der anderen Seite aber auch kein Ausschlussgrund für eine Förderung. Bei den Kirchen nahe stehenden Stiftungen sollte man nicht nur der jeweiligen Religionsgemeinschaft angehören, sondern seinen Glauben auch praktizieren.

Alle Begabtenförderungswerke legen übereinstimmend Wert darauf, dass Personen gefördert werden, die nicht nur finanziell gefördert werden wollen, sondern auch an der Arbeit der Stiftung interessiert sind. So erwarten die Stiftungen, dass man entsprechende einführende und weiterführende Seminare besucht, Verbindungen zwischen den Stipendiaten unterhält, sich an der Bildungsarbeit aktiv beteiligt, sich später bei der Auswahl neuer Stipendiaten engagiert und sich generell auf Dauer der Stiftung verpflichtet fühlt.

Eine weitere Gemeinsamkeit: Die bis zur Bewerbung erbrachten Studienleistungen sind bei der Bewerberauswahl sehr wichtig, sie sind aber nicht der entscheidende Aspekt. Anders ausgedrückt, die Stiftungen suchen keine Fachidioten, sondern Menschen, die auch das Allgemeinwohl im Auge haben und einen Dienst an der Gesellschaft leisten. Wessen Biografie deutlich macht, dass es ihm oder ihr bislang in allererster Linie um das eigene Wohl und ohne Rücksicht auf Verluste um die eigene Karriere ging, hat wenig Chancen auf ein Stipendium.

Was Stipendiaten vorweisen sollten, kann vielfältig sein: Mitarbeit in der Jugendarbeit, im sozialen Bereich, in karitativen Organisationen, im Umweltschutz, in der kommunalen Politik, in der Hochschulpolitik, in Selbsthilfegruppen, in kirchlichen Organisationen, im Sport und bei vielem mehr. Natürlich wird nicht erwartet, dass man überall sein soziales, politisches oder kirchliches Engagement unter Beweis gestellt hat, aber es sollte schon deutlich werden, dass ein solches Interesse nicht nur theoretisch, sondern auch praktisch vorhanden ist.

Die Höhe der Stipendien ist überall ähnlich und entspricht etwa der BAföG-Förderung. Sie ist abhängig vom Einkommen und Vermögen der Eltern und des Studierenden. Zu einem Grundbetrag von max. 525 € pro Monat kommt bei den meisten Stiftungen noch ein so genanntes Büchergeld (ca. 80 € pro Monat) und für Verheiratete ein entsprechender Zuschlag hinzu (ca. 155 €), falls der Ehepartner bestimmte Einkommensgrenzen nicht überschreitet. Auch Auslandsaufenthalte zu Studienzwecken können finanziert und bei eigener Krankenversicherung Zuschüsse bis max. 45 € und zur Pflegeversicherung bis max. 8 € gewährt werden.

Wer kann sich wie für ein Stipendium bewerben?

Grundsätzlich jede(r) Studierende einer deutschen Hochschule, unabhängig vom gewählten Studienfach. Üblich ist die Eigenbewerbung. Aber auch der Direktor des Gymnasiums, Hochschullehrer und ehemalige Stipendiaten können geeignete Kandidaten benennen. Bei der Studienstiftung des Deutschen Volkes ist eine Eigenbewerbung nicht möglich. Vorschlagsberechtigt sind der Direktor der Schule nach dem Abitur und Hochschullehrer während des Studiums. Bei der Hans-Böckler-Stiftung ist ebenfalls eine Eigenbewerbung nicht möglich. Antragsberechtigt sind die im Deutschen Gewerkschaftsbund zusammengeschlossenen Einzelgewerkschaften, das heißt, man wendet sich erst einmal an eine dieser Gewerkschaften. Bei der Friedrich-Ebert-Stiftung ist ein Vorschlag durch Hochschullehrer sinnvoll, bei der Stiftung der Deutschen Wirtschaft erfolgt die Bewerbung über einen Vertrauensdozenten der Stiftung.

Die Bewerbung erfolgt entweder zu bestimmten Terminen, die weiter unten aufgeführt sind, oder kann jederzeit gestellt werden. Folgende Unterlagen werden üblicherweise erwartet: Ausgefüllte Formblätter (vorher anfordern), Lebenslauf, Kopie des Abiturzeugnisses, Immatrikulationsbescheinigung, Studienleistungen, zwei Gutachten von Hochschullehrern, Darstellung der wirtschaftlichen Situation.

Die eingereichten Unterlagen werden von der jeweiligen Stiftung im Hinblick auf die besonderen Förderrichtlinien durchgesehen. Es erfolgt eine Entscheidung, wer für nicht förderungswürdig erachtet wird (diese erhalten einige Wochen oder Monate später ihre Unterlagen mit einem netten Schreiben der Stiftung zurück) und wer in die engere Auswahl kommt. Dieser Kreis erhält eine Einladung zu einem Vorstellungsgespräch, zumeist in Form eines mehrtägigen Auswahlseminars in einer Bildungsstätte der Stiftung. Wer die erste Hürde übersprungen hat, muss sich jetzt einem harten Auswahlverfahren unterwerfen. Auch wenn es hierbei von Stiftung zu Stiftung Unterschiede gibt, ist das Verfahren ähnlich und besteht aus schriftlichen und mündlichen Prüfungen sowie Einzel- und Gruppengesprächen. An der Auswahl sind auch Professoren des Studienfaches vertreten, die vor allem bei dem Teil der Prüfung den Kandidaten auf den Zahn fühlen, wo es um die Studienleistungen und das fachliche Wissen geht. Nach Abschluss des Auswahlgesprächs geben die Prüfer eine Empfehlung ab, wer in den Kreis der Stipendiaten aufgenommen werden sollte. Üblich ist die Aufnahme für ein Jahr im Sinne einer Probeförderung. Über eine Weiterförderung wird später entschieden, wobei ein weiterhin erfolgreicher Studienverlauf eine wichtige Rolle spielt. Hierzu ist es üblich, dass die Stipendiaten der Stiftung einen Semesterbericht vorlegen. Im günstigen Fall wird man bis zum Ende der Förderhöchstdauer unterstützt. Diese orientiert sich am jeweiligen Studienfach und berücksichtigt einen Zeitrahmen, in dem man sein Studium abgeschlossen haben kann.

Die Kriterien, nach denen die Stipendiaten ausgesucht werden, sind ähnlich. Fachliche und persönliche Eignung für das gewählte Studium ist überall wichtig. Ebenso ein erfolgreicher Studienverlauf und entsprechende Leistungsbereitschaft. Hinzu kommen je nach Stiftung spezielle Kriterien, zum Beispiel politisches, soziales oder kirchliches Engagement.

Wer schließlich für eine Förderung ausgewählt wurde, wird während des ganzen Studiums durch so genannte Vertrauensdozenten an der Hochschule betreut, die sich auch um die Studienplanung kümmern. Hiervon ist die weitere Förderung abhängig.

Noch eine kleine Einschränkung: Die Begabtenförderungswerke berücksichtigen keine Studienanfänger, weil die Studienleistungen ein wichtiges Kriterium bei der Bewerberauswahl sind und Studienanfänger noch keine Leistungen vorweisen können. Üblich ist eine Bewerbung für das zweite oder dritte Semester.

Bleibt noch eine wichtige Frage offen, ob es sinnvoll ist, sich bei mehreren Begabtenförderungswerken gleichzeitig zu bewerben. Im Prinzip nein, höchstens bei zwei Stiftungen, falls man die Anforderungen und Kriterien von beiden Förderungswerken erfüllt.

Es folgt eine Übersicht über die wichtigsten Begabtenförderungswerke und vergleichbare Fördereinrichtungen. Die Bewerbungsvordrucke können in der Regel von der Homepage der jeweiligen Institution heruntergeladen werden.

Konrad-Adenauer-Stiftung

Anschrift:	Begabtenförderung und Kultur, Rathausallee 12, 53757 St. Augustin, Tel. 022 41 / 24 63 28, Internet: *www.kas.de*
Zielgruppe:	Deutsche und ausländische Studierende, die an einer deutschen Hochschule studieren
Höchstalter:	32 Jahre
Voraussetzungen:	Überdurchschnittliche Studienleistungen, gesellschaftliches Verantwortungsbewusstsein und staatsbürgerliches Engagement
Laufzeit der Förderung:	Jahresstipendien mit Verlängerungsmöglichkeit bis zum Ende der Förderhöchstdauer
Bewerbung:	Selbstbewerbung bei der Stiftung bis zum 15. Januar oder 1. Juli. Beigefügt werden müssen Zeugnisse, Leistungsnachweise, Gutachten eines Hochschullehrers, ausführlicher Lebenslauf.
Förderbeträge:	Grundstipendium bis 525 € monatlich (ausländische Studierende 588 €); zusätzlich 80 € Büchergeld (Deutsche).
Besonderheiten:	Die Stiftung hat ein Sonderprogramm für Studierende zur Förderung des journalistischen Nachwuchses. Tel. 022 41 / 24 62 89

Friedrich-Ebert-Stiftung

Anschrift:	Abteilung Studienförderung, Godesberger Allee 149, 53175 Bonn, Tel. 02 28 / 883-0, Fax 02 28 / 883-697, Internet: *www.fes.de*
Zielgruppe:	Deutsche und ausländische Studierende, unabhängig vom Studienfach, die an deutschen Hochschulen eingeschrieben sind; in der Regel keine Förderung von Zweitstudien und von kompletten Auslandsstudien.
Voraussetzungen:	Überdurchschnittliche Studienleistungen, staatsbürgerliches Verantwortungsbewusstsein, Eintreten für Demokratie, Solidarität gegenüber den Schwachen der Gesellschaft, friedliches Austragen von gesellschaftlichen Konflikten, Ablehnung von Willkür und Zwangsherrschaft
Bewerbung:	Selbstbewerbung oder Vorschlag durch Hochschullehrer. Keine festen Bewerbungstermine. Studierende an Universitäten können sich bis zum Abschluss des 4. Semesters (Medizinstudenten erst nach der ärztlichen Vorprüfung), FH-Studierende bis zum Abschluss des 2. Semesters bewerben.
Auswahl:	Vorabauswahl, Gespräch mit Vertrauensdozenten und ggf. mit einem Mitglied des Auswahlausschusses. Dieser Ausschuss fällt auch die Entscheidung. *Verpflichtungen:* Teilnahme an einem studienbegleitenden Seminarprogramm der Stiftung

Förderbeträge: Deutsche: Grundstipendium bis monatlich 525 €, Büchergeld 80 €. Ausländer: 615 € Grundförderung plus evtl. Pauschale für besondere Kosten (Bücher, Kleider, innerdeutsche Reisen u. Ä.) von 21 bzw. 38 €/Monat. Verheiratete oder Alleinerziehende erhalten einen Familienzuschlag von 155 €/Monat.

Friedrich-Naumann-Stiftung

Anschrift: Abteilung Wissenschaftliche Dienste und Begabtenförderung, Karl-Marx-Straße 2, 14482 Potsdam, Tel. 03 31 / 70 19-349, Fax 03 31 / 70 19-222, Internet: www.fnst.org

Zahl der Stipendiaten: (ca.) 600 Studierende

Zielgruppe: Deutsche und ausländische Studierende aller Fachrichtungen an deutschen wissenschaftlichen Hochschulen, Deutsche auch an Fachhochschulen.

Voraussetzungen: Überdurchschnittliche Studienleistungen, charakterliche Qualitäten, gesellschaftspolitisches Engagement aus liberaler Grundhaltung

Laufzeit der Förderung: Ein Jahr mit Verlängerungsmöglichkeit bis zur Förderungshöchstdauer; Deutsche können sich ab dem 2. Fachsemester bewerben, ausländische Studierende nach einer akademischen Zwischenprüfung (z. B. Vordiplom).

Bewerbung: Selbstbewerbung bei der Stiftung bis zum 31. Mai oder 30. November des jeweiligen Jahres

Förderbeträge: Deutsche: max. 525 € plus 80 € Büchergeld
Ausländer: max. 588 € plus 20 € Büchergeld
Ausländische Stipendiaten wird der Krankenversicherungsbeitrag erstattet plus evtl. Familienzuschlag für den mitreisenden Ehepartner und pro Kind.

Sonstiges: Keine Förderung von Zweitstudien

Hanns-Seidel-Stiftung

Anschrift: Lazarettstraße 33, 80636 München, Tel. 089 / 12 58-301, Fax: 089 / 12 58-403, Internet: www.hss.de

Zielgruppe: Deutsche und ausländische Studierende aller Fachrichtungen und Hochschulen (inkl. Fachhochschulen und inkl. Aufbaustudiengang Promotion). Vergeben werden Fachhochschulstipendien, Universitätsstipendien, Fachhochschul-/Universitätsstipendien Schwerpunkt Journalismus und Auslandsstipendien (für Ausländer in Deutschland i. d. R. über die Kulturaustauschprogramme der beiden beteiligten Länder)

Voraussetzungen: Überdurchschnittliche Schul- und Studienleistungen; persönliche Eignung (Affinität zu den Stiftungszielen); ehrenamtliches Engagement (früher und/oder heute) auf politischer oder hochschulpolitischer oder kirchlich-konfessioneller oder karitativer Ebene oder Verbandsebene (Berufsverbände, Vereine etc.); Eignung für journalistische Tätigkeiten (nur bei Bewerbung für ein Hochschulstipendium Schwerpunkt Journalismus)

Bewerbung: Eigenbewerbung bei der Stiftung, *Höchstalter:* 32 Jahre

Förderbeträge: Universität/Fachhochschule/Schwerpunkt Journalismus:
525 € monatlich plus 80 € Büchergeld
Auslandsstipendiatenförderung etwa 850 € plus div. Pauschalen

Heinrich-Böll-Stiftung

Anschrift:	Studienwerk, Rosenthaler Straße 40–41, 10178 Berlin, Tel. 030 / 285 34-400, Fax 030 / 285 34-409, Internet: www.boell.de
Zielgruppe:	Deutsche und ausländische Studierende aller Fachrichtungen und Hochschulen, einschließlich Fachhochschulen und Kunsthochschulen
Bewerbung:	Selbstbewerbung bis zum 1. März oder 1. September des jeweiligen Jahres
Verpflichtungen:	Teilnahme am studienbegleitenden Regional- und Seminarprogramm (Grundseminare, spezielle gesellschaftspolitische Seminare) und Mitarbeit an der politischen Bildungsarbeit der Heinrich-Böll-Stiftung; regelmäßige Zwischenberichte
Förderbeträge:	Max. 525 € Grundstipendium, 80 € Büchergeld für Deutsche; 588 € Grundstipendium für ausländische Studierende

Studienstiftung des Deutschen Volkes

Anschrift:	Mirbachstraße 7, 53173 Bonn, Tel. 02 28 / 820 96-0, Fax 02 28 / 820 96-84, Internet: www.studienstiftung.de
Zielgruppe:	Deutsche Studierende aller Fachrichtungen und Hochschulen, deren wissenschaftliche oder künstlerische Begabung und Persönlichkeit besondere Leistungen für die Allgemeinheit erwarten lassen
Voraussetzungen:	Hohe wissenschaftliche oder künstlerische Begabung, große Leistungsbereitschaft im Studium, Initiative, Kompetenz und Verantwortungsbewusstsein für Staat und Gesellschaft. Politische, wirtschaftliche, konfessionelle, weltanschauliche und soziale Aspekte spielen keine Rolle.
Laufzeit der Förderung:	Drei Semester, danach Entscheidung über die Weiterförderung bis zur Förderhöchstdauer
Bewerbung:	Keine Selbstbewerbung möglich, Vorschlag durch den Direktor der Schule nach dem Abitur oder durch Vorschlag eines Hochschullehrers während des Studiums
Förderbeträge:	525 € Grundstipendium, 80 € Büchergeld, ggf. Zuschüsse für Auslandsaufenthalt zu Studienzwecken. Außerdem werden Sprachkurse, Famulaturen, Praktika, Auslandsstudien, der Besuch von Fachtagungen und der Besuch der so genannten Sommeruniversität ideell und materiell gefördert.
Besonderheiten:	Die Studienstiftung bietet besondere Stipendienprogramme für die In- und Auslandsförderung zusätzlich zur normalen Förderung an.

Cusanuswerk – Bischöfliche Studienförderung

Anschrift:	Baumschulallee 5, 53115 Bonn, Tel. 02 28 / 63 14-07/-08, Fax 02 28 / 65 19 12, Internet: *www.cusanuswerk.de*
Zielgruppe:	Katholische Studierende aller Fachrichtungen. Das Cusanuswerk fördert besonders begabte Studentinnen und Studenten, die Stellung beziehen, ihren Glaubensweg ernst nehmen und sich für die Belange des Gemeinwohls einsetzen.
Voraussetzungen:	Sehr gute Studienqualifikationen, Immatrikulation an einer deutschen, staatlich anerkannten wissenschaftlichen Hochschule, einer Fach-, Kunst- oder Musikhochschule; deutsche Staatsangehörigkeit bzw. Berechtigung, nach dem BAföG Leistungen zu beziehen; mindestens ein Semester Studium bei Beginn des Auswahlverfahrens

Bewerbung:	Selbstbewerbung oder Vorschlag durch die Schule, die Studentengemeinde, Hochschullehrerinnen und Hochschullehrer oder ehemalige Stipendiatinnen und Stipendiaten. Bewerbungsschluss ist jeweils der 1. Oktober, für Studierende an Fachhochschulen zusätzlich der 1. April. Die Aufnahme erfolgt zum 1. April des darauf folgenden Jahres (in der FH-Förderung zusätzlich zum 1. Oktober). Im Laufe des Bewerbungsverfahrens bittet das Cusanuswerk um: ausführlichen Lebenslauf, Kopie des Abiturzeugnisses, Studienleistungen, Gutachten eines Mitarbeiters der Hochschulpastoral.
Förderbeträge:	Je nach wirtschaftlicher Lage der Unterhaltspflichtigen bis zu 525 € Grundstipendium sowie ein vom Elterneinkommen unabhängiges Büchergeld von 80 €, gegebenenfalls Familienzuschlag und Kinderbetreuungszuschläge, darüber hinaus Förderung von Studien, Sprachkursen, Praktika und Famulaturen im Ausland

Evangelisches Studienwerk

Anschrift:	Haus Villigst, Iserlohner Straße 25, 58239 Schwerte, Tel. 023 04 / 755-213, Fax 023 04 / 755-250, Internet: *www.evstudienwerk.de*
Zielgruppe:	Evangelische Studierende aller Fachrichtungen und Hochschulen, einschließlich Fachhochschulen
Voraussetzungen:	Zugehörigkeit zur evangelischen Kirche, überdurchschnittliche Leistungen im Studium, aktives Engagement im kirchlichen, sozialen oder politischen Bereich, deutsche Staatsangehörigkeit
Laufzeit der Förderung:	Variabel; die Bewerbung von Fachhochschulstudenten muss bis zum Beginn des 3. Semesters, von Universitätsstudenten bis zum Beginn des 5. Semesters erfolgen.
Bewerbung:	Nur Selbstbewerbung; übliche Unterlagen einschließlich zwei Gutachten von Hochschullehrern bis zum 1. März oder 1. September des jeweiligen Jahres
Förderbeträge:	Max. 525 € Grundstipendium, 80 € Büchergeld, Förderung des Auslandsstudiums sowie Förderung des praxisbegleitenden Studierens (Sozialsemester)

Hans-Böckler-Stiftung

Anschrift:	Mitbestimmungs-, Forschungs- und Studienförderungswerk des Deutschen Gewerkschaftsbundes, Bertha-von-Suttner-Platz 3, 40227 Düsseldorf, Tel. 02 11 / 77 78-0, Fax 02 11 / 77 78-120, Internet: *www.boeckler.de*
Zielgruppe:	Studierende aller Fächer an Universitäten und Fachhochschulen; ausländische Studierende müssen die Voraussetzungen laut § 8 BAföG erfüllen.
Voraussetzungen:	Überdurchschnittliche persönliche und fachliche Qualifikation, entsprechendes gewerkschaftliches und gesellschaftspolitisches Engagement
Bewerbung:	Bewerbung über eine der im DGB zusammengeschlossenen Einzelgewerkschaften zum 28. Februar oder 30. September eines jeden Jahres
Auswahl:	Gutachtergespräche mit Vertrauensdozenten, Fachdozenten und Stipendiatengruppen der Stiftung, Entscheidung über die Aufnahme aufgrund einer Empfehlung eines Auswahlausschusses durch den Vorstand der Stiftung
Förderbeträge:	525 € Grundstipendium, 80 € Büchergeld; außerdem organisiert die Stiftung ein Praktikantenprogramm.

Stiftung der Deutschen Wirtschaft –
Studienförderwerk Klaus Murmann

Anschrift: Haus der Deutschen Wirtschaft, Breite Straße 29, 10178 Berlin, Tel. 030 / 20 33-15 57, Fax: 030 / 20 33-15 55, Internet: *www.sdw.org*

Zielgruppe: Deutsche Studierende und nach § 8 BAföG förderungsberechtigte ausländische Studierende aller Fachrichtungen und Hochschultypen mit gründsätzlicher Eignung für Führungspositionen in Wirtschaft und Gesellschaft. Interessierte von Fachhochschulen bewerben sich im 1. oder 2., Studenten von Universitäten im 3. oder 4. Semester.

Bewerbung: Bewerbung von Studierenden über einen Vertrauensdozenten der Stiftung

Auswahl: Teilnahme an einem zweitägigen Assessmentcenter

Förderbeträge: Max. 525 € Stipendium, 80 € Büchergeld (einkommensunabhängig), Auslandssemester und Praktika können bezuschusst werden, Kranken-/Pflegeversicherung sowie Familienzulage sind möglich; daneben umfangreiche ideelle Förderung durch Seminare, Kolloquien und Ferienakademien und Anschluss an eine Stipendiatengruppe unter der Leitung eines Vertrauensdozenten.

Außer diesen großen und in ganz Deutschland tätigen Förderungswerken gibt es weitere Stiftungen, die Stipendien vergeben: 1. allgemein für Studierende, 2. für Studierende einzelner Fächer, 3. für Studierende an bestimmten Hochschulen, 4. für Studierende, die an einem bestimmten Hochschulort studieren, 5. für Studierende, die aus einer bestimmten Region stammen, 6. für Studierende einer bestimmten Konfession, 7. für Studierende, deren Eltern einer bestimmten Berufsgruppe angehören usw.

Diese vielen – zumeist kleineren – Stiftungen, von denen es einige hundert gibt und die in der Regel keine volle Studienförderung gewähren, sondern sachlich und zeitlich befristete Vorhaben wie zum Beispiel die Anfertigung einer Examensarbeit fördern, werden in folgendem Studienführer umfassend vorgestellt:

Dieter Herrmann/Angela Verse-Herrmann, *Geld fürs Studium und die Doktorarbeit. Wer fördert was?*, 1999 (5. Auflage in Vorbereitung). Er beantwortet alle Fragen zum Thema Studienfinanzierung.

Die Ochsentour: Studium und Jobben

Denjenigen, denen BAföG nicht zusteht, die keine Aussicht auf ein Stipendium haben und deren Eltern nicht in der Lage sind, jeden Monat rund 700 € für die Ausbildung ihrer Kinder auszugeben, bleibt nichts Anderes übrig, als in den Semesterferien oder auch während des Semesters zu arbeiten. So gehen mittlerweile rund 65 Prozent der Studierenden einer Erwerbstätigkeit nach, die in immer stärkerem Maße nicht ausschließlich in den Semesterferien, sondern in gleich hohem Umfang während des Semesters erfolgt.

Die Frage, wie man einen gut bezahlten Job bekommt, ist nicht einfach zu beantworten, da in Zeiten allgemeiner Arbeitslosigkeit auch studentische Jobs rar sind und es, je nachdem an welchem Ort man studiert, mehr oder weniger studentische Jobs gibt.

Um den Studierenden die Jobsuche zu erleichtern, haben die Arbeitsämter an den Hochschulorten eigene Arbeitsvermittlungen für Studierende eingerichtet, die Tagesjobs und längere Beschäftigungsverhältnisse sowohl für die Semesterferien als auch für die Vorlesungszeit vermitteln. Vor allem in den Semesterferien werden Aushilfskräfte vielerorts benötigt.

Im Allgemeinen ist es leichter, eine Arbeit zu finden, wenn fachliche Qualifikationen vorhanden sind. Gefragt sind derzeit vor allem Fähigkeiten im Tippen und Kenntnisse moderner Textverarbeitung. Aus diesem Grund ist ein entsprechender Kursus eine sinnvolle Investition nicht nur für die Jobsuche während des Studiums. Solche Qualifikationen werden auch von vielen Arbeitgebern nach dem Examen erwartet. Viele Hochschulen bieten ihren Studierenden kostenfreie Kurse an.

Was Studierende sonst alles tun oder, besser gesagt, tun müssen, um ihr Studium zu finanzieren, ist vielfältig und manchmal skurril: Arbeit im Restaurant oder Café, in der Fabrik und an der Tankstelle, als Zeitungsausträger, bei Umzügen und auf dem Bau, als Babysitter, Stadtführer, Aufpasser in Museen oder an der Kasse eines Supermarktes. In Hochschulstädten, in denen der Anteil der Studierenden an der Gesamtbevölkerung sehr hoch ist, gibt es kaum eine Tätigkeit, bei der man nicht ab und an auf Studenten trifft.

Auch an den Hochschulen gibt es studentische Jobs, die sowohl für den Geldbeutel als auch für die Ausbildung lohnend sind. Es handelt sich um so genannte Tutoren- oder studentische Hilfskraftstellen. Unter der Leitung eines Hochschullehrers darf man Hilfsarbeiten im Forschungs- und Lehrbetrieb ausführen. Solche Stellen sind sehr begehrt und entsprechend rar. Für Studienanfänger kommen sie kaum in Frage, da sie zumeist an Studierende vergeben werden, die einen Teil ihres Studiums erfolgreich abgeschlossen haben.

Mancher Euro lässt sich einsparen: Vergünstigungen für Studierende

Der Status als Student oder Studentin bringt eine Reihe von finanziellen Vorteilen. Manchen Zeitgenossen erscheinen diese Vergünstigungen so groß, dass sie von einer vom Staat privilegierten Gruppe sprechen. Diese Ansicht ist zweifellos einseitig und unhaltbar. Da Studierende im Gegensatz zu Auszubildenden keine Ausbildungsvergütung bekommen und bei vielen Studenten die Studienfinanzierung auf wackligen Beinen steht und selbst bei einer sicheren Finanzierung durch die Eltern die Abhängigkeit groß ist, brauchen Studierende Vergünstigungen, die andere Gruppen der Gesellschaft nicht benötigen.

Der Nachweis für alle Studierenden, dass sie Student oder Studentin sind, ist der Studentenausweis.

Mit diesem Ausweis sind eine Reihe von Vorteilen verbunden, die man erst einmal nicht vermuten würde:

- Man hat die Berechtigung, sich für ein studentisches Wohnheimzimmer oder Apartment zu bewerben, das preislich günstiger ist als Zimmer oder Wohnungen auf dem freien Wohnungsmarkt.
- Bei Vorlage des Studentenausweises kann man in der Mensa und in den Cafeterien der Hochschule preisgünstiger essen und trinken, als dies in einem Restaurant möglich ist.
- Der Studentenausweis berechtigt in vielen Städten, mit Bahn und Bussen sowie bei Heimfahrten zu einem studentischen Tarif zu fahren. Oder es wird die Berechtigung erworben, mit Zahlung des Sozialbeitrags (siehe S. 259) kostenfrei die Verkehrsmittel im und rund um den Hochschulort zu nutzen.
- An fast allen Hochschulorten gibt es für Studierende ermäßigte Preise für Theater, Konzerte, Museen und mancherorts auch fürs Kino.
- Wer einen Studentenausweis hat, kann sich einen Internationalen Studentenausweis ausstellen lassen, der viele Vorteile bei Reisen im Ausland bringt.

- Studierende können die Sporteinrichtungen der Hochschule kostenfrei oder gegen geringe Gebühr nutzen.
- Es gibt Kreditinstitute, die die Konten ihrer studentischen Kunden kostenfrei oder gegen geringere Gebühr führen.
- Manche Zeitungs- und Zeitschriftenverlage bieten preisgünstige Studentenabonnements an.
- Die studentische Kranken- und Pflegeversicherung ist preislich günstiger als die Tarife für Berufstätige.
- Wer ein bestimmtes Einkommen monatlich nicht überschreitet, erhält für das eigene Telefon eine ermäßigte Grundgebühr und eine Befreiung von den Rundfunk- und Fernsehgebühren.
- In manchen Städten besteht für Studierende die Möglichkeit, einen so genannten Sozialausweis zu beantragen, mit dem man innerhalb der Stadt weitere Vergünstigungen hat.

Wir dürfen auch eine Vergünstigung nicht vergessen, die so selbstverständlich ist, dass man sie nicht als Vergünstigung sieht: Die Tatsache nämlich, dass in einer Stadt Studenten studieren und leben, führt dazu, dass Geschäfte auf studentische Geldbeutel zugeschnittene Waren- und Dienstleistungen anbieten, die es in Orten ohne Studierende nicht gibt.

Standard genügt: Versicherungen für Studierende

Nach den gesetzlichen Bestimmungen müssen alle Studierenden krankenversichert sein. Dafür stehen vier Möglichkeiten offen:

1. Kostenlose Mitversicherung in der gesetzlichen Krankenversicherung der Eltern (oder des Ehepartners). Diese Möglichkeit der so genannten Familienversicherung besteht aber nur bis zum 25. Lebensjahr. Wehr-/Zivildienstzeiten etc. werden mit berücksichtigt.
2. Eigene studentische Krankenversicherung bei einem gesetzlichen Krankenversicherungsunternehmen. Die Kosten betragen pro Monat derzeit 46,60 €. Hinzu kommen Beiträge zur Pflegeversicherung von 7,92 €/Monat.
3. Mitversicherung in einer privaten Familienversicherung.
4. Eigene studentische Versicherung bei einem privaten Krankenversicherungsunternehmen. Die Kosten pro Monat sind abhängig von verschiedenen Faktoren, u. a. dem Eintrittsalter, dem gewählten Leistungsumfang, vom Geschlecht und von der Selbstbeteiligung. Hinzu kommt noch die Pflegeversicherung mit einem bundeseinheitlichen Tarif von 13,29 €.

Studierende müssen sich zu Beginn des Studiums entscheiden, ob sie sich für die Dauer des Studiums bei einer gesetzlichen Krankenversicherung oder privat versichern wollen. Diese Entscheidung gilt für die Dauer des Studiums und ist nicht widerrufbar.

Studierende, die während der Vorlesungszeit mehr als 20 Stunden pro Woche neben dem Studium einer unbefristeten Beschäftigung nachgehen, können studentische Tarife nicht in Anspruch nehmen und müssen die Arbeitnehmerbeiträge entrichten. Sie gelten nicht mehr als Studierende.

Ist die Tätigkeit befristet, so gilt der studentische Tarif immer dann noch, wenn die Beschäftigung 1. während der Vorlesungszeit auf nicht mehr als zwei Monate (50 Arbeitstage) oder 2. auf die vorlesungsfreie Zeit beschränkt ist.

Studierende sind im Rahmen der studentischen Unfallversicherung gegen Unfälle in der Hochschule, auf dem Weg zur Hochschule und auf dem Weg von der Hochschule nach Hause sowie (unter bestimmten Umständen) bei Familienheimfahrten versichert. Die Leistungen umfassen die Kosten der Heilbehandlung und der Rehabilitation sowie im schlimmsten Fall eine Rente.

Weitere Zwangsversicherungen bestehen normalerweise nicht. Lebensversicherungen, Haftpflicht-, Kfz-, Hausratversicherungen usw. sind freiwillig.

Der Ernst beginnt schon früher: Zwischen Einschreibung, Zimmersuche und Studienbeginn

Das glückliche Ende jeder erfolgreichen Bewerbung um einen Studienplatz ist der Zulassungsbescheid, der irgendwann per Post ins Haus kommt. In diesem Bescheid, der je nach Studienfach und Hochschule vier bis acht Wochen vor dem Semesteranfang verschickt wird, teilt die Hochschule oder die ZVS mit, wann und mit welchen Unterlagen die so genannte Immatrikulation, das heißt die Eintragung in die Liste der Studierenden, zu erfolgen hat.

Es gibt Hochschulen, bei denen es ausreicht, wenn man diese Unterlagen zur Zulassungsstelle schickt; die Immatrikulation erfolgt so praktisch per Post. Andere Hochschulen erwarten die persönliche Immatrikulation. Man muss dann mit den im Zulassungsbescheid genannten Unterlagen dort erscheinen. Auch die Einschreibung per Internet gibt es bereits.

An Unterlagen werden normalerweise erwartet:

- Personalausweis zum Nachweis der Identität
- Zulassungsbescheid (bei ZVS-Fächern oder zulassungsbeschränkten Fächern einer Hochschule)
- Original des Abiturzeugnisses und beglaubigte Kopie
- ausgefüllter Personalbogen der Hochschule, zuweilen mit Lebenslauf
- ein oder mehrere Passbilder
- Nachweis einer Krankenversicherung und Pflegeversicherung
- Nachweis über den eingezahlten Sozialbeitrag (wird verwendet für studentische Einrichtungen und für die Unfallversicherung)

Nachdem die vorgelegten oder geschickten Unterlagen geprüft worden sind, stellt jede Hochschule das so genannte Studienbuch aus. Dieses Studienbuch, in dem alle wichtigen Angaben der künftigen Studierenden vermerkt sind, ist ein Nachweis, dass man an dieser Hochschule angenommen worden ist. Künftig werden alle wichtigen Unterlagen über das Studium und die Studienleistungen in diesem Studienbuch gesammelt. Es begleitet die Studierenden während des gesamten Studiums und wird bei der Anmeldung zur Zwischenprüfung oder zum Examen wieder vorgelegt.

Bei kleinen Hochschulen erhält man häufig schon mit dem Studienbuch den Studentenausweis. Bei größeren Hochschulen, vor allem bei den großen Universitäten, dauert es einige Wochen, bis der Studentenausweis ausgehändigt werden kann.

Dieser Studentenausweis ist neben dem Studienbuch das wichtigste Dokument für die Studierenden. Er hat eine Reihe wichtiger Aufgaben. Bei Vorlage des Studentenausweises können verbilligte Fahrkarten für Bahn und Busse ebenso in Anspruch genommen werden wie reduzierte Eintrittspreise in Schwimmbädern, Konzert- und Theaterveranstaltungen sowie (in manchen Städten) fürs Kino. Darüber hinaus ist der Studentenausweis innerhalb der Hochschule eine Art Ausweis, den man beim Bücherausleihen in der Bibliothek, bei der Anmeldung zu Lehrveranstaltungen oder beim Zutritt zu Instituten vorweist.

Derzeit wird der Studentenausweis von Papier auf Chipkarten umgestellt, die über verschiedene Funktionen verfügen. Dann ist der Studentenausweis auch Zahlungsmittel. Auch sind auf ihm alle studienbezogenen Daten gespeichert. Damit kann man Bücher ausleihen, sich fürs nächste Semester zurückmelden, sich im Bus ausweisen, sich für Klausuren und Prüfungen anmelden und die Ergebnisse elektronisch abfragen und, falls genügend Geld aufgeladen ist, das Mensaessen bezahlen und Säumnisgebühren in der Universitätsbibliothek entrichten.

Spätestens nach der Einschreibung stellen sich die künftigen Studierenden die Frage, ob sie nun noch mal richtig Urlaub machen sollten. Bis zum Beginn der Lehrveranstaltungen sind es noch ein bis zwei Monate, da könnte man alles Mögliche unternehmen. Richtig, aber man könnte auch noch alles Mögliche an Studienvorbereitungen erledigen – und vielleicht dann noch wegfahren.

Jedenfalls sollte man sich spätestens jetzt die Studien- und Prüfungsordnungen der künftigen Studienfächer beschaffen (wenn man sie nicht schon bei der Entscheidung für das Studienfach zu Hilfe genommen hat). Wie bereits ausführlich erläutert (siehe S. 128), enthalten diese Ordnungen genaue Informationen, welche Lehrveranstaltungen in den einzelnen Ausbildungsabschnitten besucht werden müssen und welche Leistungsnachweise zu erbringen sind.

Diese Studien- und Prüfungsordnungen sagen aber nicht, welche konkreten Lehrveranstaltungen (Titel der Veranstaltung, Ort, Dozent) im kommenden Semester angeboten werden. Um diese Informationslücke zu schließen, beschafft man sich das Gesamtvorlesungsverzeichnis der Hochschule, das in allen Buchhandlungen der Stadt erhältlich ist und das vielerorts auch bereits über das Internet abgerufen werden kann. (Lehrveranstaltungen können aber noch nicht per E-Mail gebucht werden.) Das Vorlesungsverzeichnis enthält auf vielen Seiten (bei großen Universitäten mehrere hundert Seiten) eine Fülle an Informationen, die viele Studienanfänger eher irritieren, als dass sie hilfreich sind. Diejenigen, die tatsächlich nach vielem Durchblättern die Lehrveranstaltungen des künftigen Studienfaches gefunden haben, entdecken, dass in aller Regel dort nur der Titel der Veranstaltung, der Ort, wo die Veranstaltung stattfindet (Hörsaal oder Arbeitsraum), und der Name der Person, die diese Veranstaltung leitet, vermerkt sind.

Damit ist man kaum schlauer als vorher: Wer ein Studium der Philosophie beginnen möchte und den Hinweis »Übung für Anfänger« findet, kann damit ebenso wenig anfangen wie ein Architekturstudent mit der Information »Einführung in die Physik« oder ein künftiger Student im Fach Geschichte, dass für Studienanfänger die Veranstaltung »Einführung in die Geschichtswissenschaft« obligatorisch ist. Was aber verbirgt sich hinter solchen Begriffen? Welche speziellen Gebiete werden abgehandelt? Welchen Aufbau hat die Veranstaltung? Welche Vorkenntnisse werden benötigt? Wie bereitet man sich auf das Thema vor?

Diese und weitere Fragen beantworten die *Kommentierten Vorlesungsverzeichnisse*. In einem solchen kommentierten Vorlesungsverzeichnis, das sich jede/r beim Sekretariat des jeweiligen Studienfaches oder bei der Fachschaft beschaffen kann, finden sich die gewünschten weitergehenden Hinweise, anhand welcher Fachliteratur man sich auf die Lehrveranstaltung vorbereiten kann, wie und wo die Anmeldung erfolgt und an welchem Ort die erste Lehrveranstaltung stattfinden wird.

Der letzte Schritt durch das Dickicht der Anträge, Formulare und der übrigen behördlichen Regelungen ist die Erstellung des Stundenplanes. Sie werden jetzt sagen, dass Sie das an der Schule ja oft genug gemacht haben. Aber der Stundenplan an der Hochschule ist anders als in der Schule und bereitet selbst fortgeschrittenen Studierenden jedes Semester die gleichen Probleme, da im Gegensatz zur Schule der Stundenplan in den meisten Fächern nicht vorgegeben wird, sondern selbst zusammengestellt werden muss.

In den Studien- und Prüfungsordnungen des Faches ist aufgeführt, welche Lehrveranstaltungen üblicherweise im ersten Semester oder im ersten Studienabschnitt belegt werden müssen oder sollten. Im Vorlesungsverzeichnis beziehungsweise Kommentierten Vorlesungsverzeichnis steht, welche konkreten Lehrveranstaltungen im nächsten Semester angeboten werden. Nehmen wir einmal an, für ein Fach X wird erwartet, dass im ersten Semester zehn Lehrveranstaltungen à zwei Stunden = 20 Stunden pro Woche (im Uni-Deutsch Semesterwochenstunden) belegt werden sollten, um im Fahrplan zu bleiben. Wer sich anschließend die zehn Veranstaltungen heraussucht, die entsprechend dieser Vorgabe im nächsten Semester angeboten werden, erlebt die erste unangenehme Überraschung. Häufig überschneiden sich Lehrveranstaltungen, die man gerne besuchen möchte, zeitlich. Da bleibt nichts anderes übrig, als sich zwischen den beiden Veranstaltungen zu entscheiden und die Lehrveranstaltung, die in diesem Semester nicht möglich ist, im zweiten oder dritten Semester zu besuchen, falls sie irgendwann noch einmal angeboten wird.

Ein weiteres Problem ist der auseinander gerissene Stundenplan. Nachdem mit viel Mühe endlich die Veranstaltungen ausgewählt und auf dem Stundenplan eingetragen sind, entdeckt man, dass etwa am Montag Vormittag von 8 bis 10 Uhr eine Vorlesung stattfindet, die nächste Lehrveranstaltung jedoch erst um 16 Uhr beginnt. Oder dass am Freitag acht Stunden Unterricht bis in den späten Abend hinein auf dem Plan stehen, wo Freitag Mittag die Fahrt nach Hause auf dem Programm steht. Dann beginnt man erneut mit der Lektüre des Vorlesungsverzeichnisses und versucht, Lehrveranstaltungen zu finden, die zeitlich besser in den Stundenplan passen.

Vor allem die Erstsemester sind bei der Erstellung des Stundenplanes häufig überfordert. Um zu verhindern, dass bereits die ersten Schritte ins Studium mit Frustration verbunden sind, gibt es Unterstützung von verschiedener Seite. Die Dozenten bieten in den Wochen vor Beginn des Studiums zusätzliche Sprechstunden an, in denen auch die Frage der Stundenplanerstellung besprochen werden kann. Die studentischen Einrichtungen (Fachschaften, AStA) bieten spezielle Informationsveranstaltungen oder Einführungskurse an. Auch die Zentralen Studienberatungsstellen stehen mit Rat und Tat zur Seite.

Nachdem es nach mehreren Anläufen und mit Unterstützung gelungen ist, den Stundenplan für das erste Semester zu erstellen, folgt die Anmeldung zu den Lehrveranstaltungen. Die Art und Weise, wie man sich anmeldet, ist von Hochschule zu Hochschule, von Fach zu Fach sowie von Hochschullehrer zu Hochschullehrer verschieden.

Für Vorlesungen meldet man sich üblicherweise nicht an. Hier reicht es aus, wenn man sich in der ersten Woche des Semesters am angegebenen Ort zu der Zeit einfindet, die im Vorlesungsverzeichnis oder im Kommentierten Vorlesungsverzeichnis vermerkt ist. Bei Übungen, Seminaren und fachpraktischen Lehrveranstaltungen meldet man sich entweder direkt bei dem Dozenten an, der die Lehrveranstaltung durchführt, oder man trägt sich in eine Liste ein beziehungsweise findet sich zu einem bestimmten Termin zu einer Vorbesprechung ein.

Sie werden sicherlich fragen: Wozu dieses komplizierte und für den Studienanfänger schwer durchschaubare Anmeldungsverfahren? Das alles ist ein Ergebnis der Massenhochschule und der Autonomie der Hochschulen in Forschung und Lehre. Jeder/e Hochschullehrer/in entscheidet selbst, welche Lehrveranstaltungen er oder sie zu welcher Zeit anbietet und wie man sich hierfür anmeldet. Außerdem müssen Sie berücksichtigen, dass innerhalb weniger Tage Hunderte, an großen Universitäten Tausende von Studienanfängern an die Hochschulen strömen und mit den richtigen Informationen versorgt werden müssen. Vor dreißig oder vierzig Jahren war das völlig anders. Da konnte man am Schwarzen Brett lesen, welche Lehrveranstaltungen angeboten wurden und ging anschließend zum Professor, der genügend Zeit hatte, einem ausführlich einführende Ratschläge zu geben. Aber damals hatte eine Universität nicht 20.000 oder 30.000 Studierende, sondern 3.000 oder 4.000.

Dieses System hat aber auch einen großen Vorteil. Man lernt sehr früh, selbstständig zu arbeiten und zu entscheiden. Die Fähigkeit zu selbstständigem Arbeiten, egal was oder wo man studiert, ist eine der wichtigsten Bestandteile der Ausbildung. Je früher damit angefangen wird, desto leichter sind die Anforderungen zu bewältigen.

Natürlich spielt auch die Größe der Hochschule und die Zahl der Mitstudierenden im jeweiligen Fach eine wichtige Rolle. Bei einer Fachhochschule mit 100 Studienanfängern pro Jahr ist das System von Anmeldung, Information und Stundenplanerstellung sehr viel einfacher und mit weniger Formalitäten und Bürokratie verbunden als an einer Universität, an der jedes Semester zehn oder zwanzig Mal mehr Studierende ihre Ausbildung beginnen. In einem Fach, in dem es nur zehn oder zwanzig Studenten gibt, ist die Orientierung sehr viel leichter als in einem so genannten Massenfach, wo Tausende von Studierenden zur selben Zeit ausgebildet werden.

Nachdem die Immatrikulation, die Stundenplanerstellung und die Anmeldung zu den Lehrveranstaltungen abgeschlossen sind, ist es nicht verkehrt, sich anschließend schon mal mit den wichtigsten Örtlichkeiten vertraut zu machen. Ansonsten besteht die Gefahr, dass man in den ersten Wochen des Semesters ziellos umherirrt und die Räume im Labyrinth der Gebäude sucht. Einige Dinge, die vor dem ersten Studientag erkundet werden sollten: Wo befinden sich die Räumlichkeiten, in denen die Lehrveranstaltungen stattfinden? Wo sind – je nach Studienfach – die Bibliotheken, die Mensa, die Labors, Zeichensäle und die studentischen Einrichtungen? Wo werden Einführungsveranstaltungen angeboten?

Wenn Sie nicht bei Eltern, Verwandten oder Bekannten Ihre Unterkunft am Hochschulort bereits sicher haben, sollten Sie spätestens nach der Einschreibung Ausschau halten nach einem Zimmer oder einer kleinen Wohnung. Ansonsten laufen Sie Gefahr, bei Ihrem Studienanfang erst einmal in der Jugendherberge oder Notunterkünften des Studentenwerks nächtigen zu müssen.

Eine passende Unterkunft am Hochschulort zu finden, ist überall nicht einfach und vielerorts teuer. Immerhin wohnen nur 22 Prozent der Studierenden zu Hause und 78 Prozent in den eigenen vier Wänden. Dies hat jedes Semester eine große Nachfrage nach studentischem Wohnraum zur Folge.

Es gibt drei Arten von Unterkunft: Das Zimmer oder Apartment in einem der Studentenwohnheime der Hochschule, das Zimmer oder die Wohnung auf dem so genannten freien Wohnungsmarkt und die Wohngemeinschaft, abgekürzt WG.

Jede Hochschule hat studentische Wohnheime für einen Teil der Studierenden. Dort leben derzeit bundesweit etwa zwölf Prozent der Studierenden in (zumeist möblierten) Einzelzimmern oder in kleinen Apartments.

Soweit es sich bei den Hochschulen um geschlossene Komplexe am Rande der Stadt (Campus-Hochschule) handelt, liegen die Wohnheime in der Regel nahe beieinander auf dem Campus oder in dessen Nähe. Bei Hochschulen, deren Gebäude über die Stadt verstreut sind, befinden sich die Wohnheime zumeist in verschiedenen Stadtteilen.

Studentische Wohnheime haben Vorteile und Nachteile. Von Vorteil ist die Miete, die für Einzelzimmer (Größe ca. 10 bis 18 qm) zwischen 130 € und 180 €, für Apartments (Größe ca. 15 bis 25 qm) zwischen 150 und 210 € liegt und damit in aller Regel günstiger ist als die Miete für entsprechende Wohnmöglichkeiten bei privaten Vermietern (Zimmer ca. 140 bis 220 €, Kleinwohnungen ab 250 €). Von Vorteil ist auch, was vor allem für die Campus-Hochschulen gilt, dass der Weg zur Arbeit zu Fuß oder per Fahrrad problemlos möglich ist. Auf der anderen Seite ist das Wohnen Zimmer an Zimmer mit einigen Dutzend und mit bis zu Hunderten von Mitstudierenden, wo man außer Studenten kaum andere Leute trifft, nicht jedermanns Sache.

Wer lieber mit Menschen in einem Haus zusammenleben möchte, die aus verschiedenen sozialen Gruppen kommen und möglicherweise auch verschiedenen Berufen nachgehen, sollte sich ein Zimmer oder eine kleine Wohnung bei einem privaten Vermieter suchen. Neben der in der Regel höheren Miete (Einzelzimmer zwischen 150 und über 200 €, Kleinwohnungen ab 250 €, in Ballungsgebieten noch teurer) kommt als möglicher Nachteil hinzu, dass Studierende sich zusätzlich auch um alle Belange, die mit der Wohnung zusammenhängen, kümmern müssen. Wirklich unangenehm kann das werden, wenn – aus welchen Gründen auch immer (Standardthemen: Krach, Treppenputzen u. a.) – ein gespanntes Mieter-Vermieter-Verhältnis besteht.

Bei der Suche nach der Unterkunft gibt es Unterstützung von der Wohnungsvermittlungsstelle des Studentenwerks. Auch die studentischen Gremien helfen mit Rat und Tat. Außerdem gibt es überall in der Hochschule Schwarze Bretter, wo Wohnungssuchende Angebote finden können.

Wer sich für einen Platz im Studentenwohnheim entschieden hat, sollte sich bereits etwa sechs Monate vor Studienbeginn ebenfalls beim Studentenwerk der jeweiligen Hochschule (das Studentenwerk ist zuständig für die Wohnheimplätze) anmelden. Die Adressen der Studentenwerke finden Sie im hinteren Teil des Buches ab S. 301.

Für diejenigen, die einen privaten Vermieter vorziehen, ein Tipp: Am leichtesten lassen sich studentische Zimmer und Wohnungen kurz nach Ende der Lehrveranstaltungen finden. Dies sind die Monate August (für das nächste Wintersemester) und März (für das darauf folgende Sommersemester). In dieser Zeit geben die bisherigen Zimmerbesitzer, die ihr Studium beendet haben oder den Hochschulort wechseln, in größerer Zahl ihre bisherige Bleibe auf und suchen einen/e Nachmieter/in.

Eine weitere Möglichkeit des studentischen Wohnens ist die Wohngemeinschaft. Von dieser Wohn- und Lebensform macht derzeit etwa jede/r fünfte Studierende mindestens einmal im Studium Gebrauch. Wohngemeinschaft ist die engste und erfahrungsreichste Variante, sofern die Personen, die eine Wohngemeinschaft bilden, gut zusammenpassen. Macht man nach einigen Monaten die Erfahrung, dass dies nicht der Fall ist, stehen immer noch die Möglichkeiten eins und zwei offen.

Ein großes Problem bereitet es den behinderten Studierenden und den Studierenden mit Kindern, passenden Wohnraum zu finden. Es gibt zwar reservierte Wohnheimplätze für diesen Personenkreis, die jedoch bei weitem nicht ausreichen – immerhin haben sieben Prozent der Studierenden Kinder, vor allem im Krippenalter.

Für Studierende mit Kindern ist nicht nur die Wohnungssuche, sondern auch das Studium mit Schwierigkeiten verbunden, die andere Studierende nicht kennen. An allen Hochschulen gibt es deshalb für Behinderte und studentische Eltern Einrichtungen, die ihnen bei der Beschaffung von Wohnraum oder Krippenplätzen oder Kindergartenplätzen behilflich sind und sie in Studienfragen unterstützen.

Zur Einstimmung: Der Studienalltag in 18 Beispielen

Wer noch nicht das Vergnügen oder (gelegentlich) Missvergnügen hatte zu studieren oder wer dies vor sehr vielen Jahren getan hat, hat kaum oder im zweiten Fall keine aktuellen Informationen, wie ein Studium heutzutage abläuft und wie der Studienalltag aussieht. Aus diesem Grund haben wir 18 Musterstudenten ausgewählt, allesamt von der Idee beflügelt, erfolgreich die Klippen und Hürden des Studiums zu überwinden, und stellen sie vor.

Sophie, Bernhard, Franka, Christoph, Gudrun, Andrea, Pedro, Julia, Thorsten, Alexandra, Georg, Franziska, Jens, Michaela, Ulli, Carla, Oliver und Anne-Kathrin sind Studentinnen und Studenten, die vor etwa einem Jahr ihr Studium begonnen haben. Sie studieren unterschiedliche Fächer an verschiedenen Hochschulen. Wie leben sie? Womit finanzieren sie ihr Studium? Was haben sie von Montag bis Freitag in ihrem Studium so alles gemacht? Welche Studienleistungen mussten sie erfüllen? Und welche Vorstellungen verbinden sie mit ihrem Studium?

Das erste Jahr ist eines der wichtigsten im Studium, weil man etwa so lange braucht, um sich am Hochschulort und an der Hochschule einzuleben und umzusehen, ob das Studienfach, für das man sich entschieden hat, das richtige ist.

Obwohl die 18 Beispielstudenten verschiedene Fächer an unterschiedlichen Hochschulen studieren, ist ihr Studienalltag recht ähnlich. Je nachdem, ob sie Früh- oder Spätaufsteher sind, ob sie das Wochenende am Hochschulort oder woanders verbringen, beginnen ihre Lehrveranstaltungen während der Vorlesungszeit montags früher oder später und enden irgendwann am Freitag. So geht es Woche um Woche, Monat um Monat. Bis die Semesterferien beginnen.

Studierende besuchen je nach Studienfach nacheinander mehr oder weniger überfüllte Vorlesungen, Übungen, Seminare und fachpraktische Lehrveranstaltungen. Sie arbeiten in den Stunden, die zwischen den einzelnen Veranstaltungen liegen, in der Bibliothek, im Labor oder im Atelier. Mittags gehen sie zum Essen in die Mensa, trinken in den Pausen zwischen den Veranstaltungen einen Tee oder Kaffee. Abends bereiten sie sich auf die Veranstaltungen des nächsten Tages vor oder treffen sich mit Mitstudierenden, gehen zu einer Veranstaltung oder erholen sich von der Arbeit des Tages.

Vor Beginn des Semesters stellen sie ihren Stundenplan zusammen, melden sich für Lehrveranstaltungen an und suchen die Hochschullehrer in den Sprechstunden auf, um nähere Informationen zu den Lehrveranstaltungen zu bekommen und um mit ihnen Themen für Referate und sonstige Arbeiten abzusprechen.

Gegen Ende des Semesters stehen bei den meisten Studierenden Einzelprüfungen an und die Rückmeldung zum nächsten Semester.

Die vorlesungsfreie Zeit ist nicht frei vom Studium. Häufig hat man erst jetzt Zeit, die (schriftliche oder fachpraktische) Arbeit, die man für den Leistungsnachweis braucht, zu erledigen. Oder es stehen schriftliche oder mündliche Prüfungen an. Anschließend ist man froh, ein paar Wochen Zeit zu haben, zum Ausspannen, Verreisen oder zum Jobben.

Das studentische Leben ist eingebunden in den Kreislauf von Semesterplanung, Lehrveranstaltungen, Leistungsnachweisen, Mensaessen sowie Bücherlesen. Natürlich gibt es daneben ein vielfältiges Kultur- und Freizeitangebot an der Hochschule und in der Stadt. Aber die wenigsten Studierenden haben die Zeit, all diese Möglichkeiten wahrzunehmen; sie suchen sich gezielt einige Dinge heraus.

Die landläufige Vorstellung vom faulen lustigen Studenten, der gegen Mittag aufsteht, in der Cafeteria der Hochschule einen Plausch hält, anschließend die nächste Demo organisiert und nach erneutem Besuch der Cafeteria (Hörsaal C) überlegt, in welche Studentenkneipe es heute Abend geht, aus der er dann gegen 5 Uhr morgens herauswankt, ist ein Klischee, das mit der Realität nicht viel zu tun hat. Es mag zwar Studierende geben, die nach der Devise leben »Lieber Feste feiern als feste arbeiten« und sich den Zwängen des Studiums zumindest für eine Zeit entziehen. Diese Studierenden sind aber eine kleine Minderheit, für die andere keineswegs nur Bewunderung zeigen.

Das Studium ist, dies kann nicht oft genug gesagt werden, ein Full-Time-Job, sofern man es ernst nimmt. Über das Jahr gesehen, haben Studenten selten mehr als sechs bis acht Wochen pro Jahr frei, und sie kommen schnell auf eine wöchentliche Arbeitszeit von 40 bis 50 Stunden, in den Semesterferien auch mal auf nur 15 bis 20 Stunden, dafür aber im Semester ab und an sogar auf 70 bis 80 Stunden.

Ebenso falsch, wie das Studium zu verbummeln, ist aber auch das andere Extrem: arbeiten, arbeiten und nochmals arbeiten und über nichts Anderes nachdenken als über die nächste Prüfung. Das hält kaum jemand auf Dauer durch. Für ein gutes Studium ist die richtige Verbindung von Fleiß, Entspannung, Anregung und Muße ideal. Es dauert aber einige Zeit, bis man diese Balance gefunden hat.

Sophie, Lehramtsstudium

Beginnen wir mit Sophie. Sie ist 21 Jahre alt und hat direkt nach dem Abitur mit dem Studium begonnen. Sie studiert Deutsch und Französisch an einer Universität in der Nähe ihres Heimatortes und möchte später Lehrerin an einem Gymnasium werden. Auf sie wartet ein etwa fünf- bis sechsjähriges Studium einschließlich Praktika in der Schule, ein Erstes Staatsexamen, auf das ein zweijähriger Vorbereitungsdienst (Referendariat) und ein zweites Staatsexamen folgen. Sie hat gehört, dass man statt über einen Staatsexamensstudiengang an einigen Universitäten neuerdings auch über einen Bachelor- und anschließenden Masterstudiengang in den Lehrerberuf gelangen kann, hat sich aber für den Staatsexamensstudiengang entschieden, weil an der Hochschule, an der sie studieren möchte, Bachelor- und Masterstudiengänge nicht angeboten werden.

Den Studienplatz hat sie ohne Mühe bekommen, da ihre Fächer nicht zulassungsbeschränkt waren.

Sophie wohnt vorerst noch bei den Eltern. Sie möchte gerne irgendwann einmal mit ihrem Freund, der momentan eine Lehre macht, zusammenziehen. Hierfür fehlt ihr allerdings noch das nötige Geld. Sie hat keinen Anspruch auf BAföG, weil ihr Vater als Studiendirektor einer Schule entsprechend den BAföG-Bestimmungen zu viel verdient und seiner Tochter 350 € Taschengeld pro Monat zahlt (zum Thema BAföG siehe ausführlicher ab S. 263). Sophie hofft, in absehbarer Zeit einen Job zu finden oder ein Begabtenstipendium zu bekommen. Sie pendelt jeden Tag von ihrem Wohnort, zuerst mit dem Zug, anschließend mit dem Bus, zur 25 km entfernt liegenden Universität.

Sophie geht gerne ins Kino. Deshalb nutzt sie regelmäßig das Angebot des Studentischen Filmclubs, der jede Woche in der Vorlesungszeit einen neuen Film im großen Hörsaal der Universität vorführt.

Sophies Studium besteht aus drei Teilen: Französisch, Deutsch und das pädagogische Begleitstudium. Zu Beginn des Studiums hat sie eine Französisch-Einstufungsprüfung gemacht, in der ihr Kenntnisstand (Vokabular, Verstehen, Sprechen, Grammatik, Textwiedergabe) überprüft wurde. In den Teilbereichen, in denen ihre Kenntnisse nicht ausreichten, musste sie Förderkurse besuchen. Außerdem hielt sich Sophie viele Stunden im Sprachlabor auf, um ihren aktiven und passiven Wortschatz zu verbessern. Daneben hat sie zwei Übersetzungsübungen besucht, die am Ende des jeweiligen Semesters mit einer Prüfung abschlossen.

An Vorlesungen in Französisch hat sie die einführende Vorlesung in die französische Literaturwissenschaft sowie eine landeskundliche Vorlesung über das politische System Frankreichs besucht. Für die Vorlesungen war keine Prüfung vorgesehen.

Das Deutschstudium bestand in den ersten zwei Semestern aus vier Vorlesungen, die sie frei auswählen konnte. Sie hat sich dabei für Themen (Der Roman der Weimarer Republik, Große deutsche Übersetzer und Übersetzungstheoretiker, Einführung in die deutsche Literatur des Mittelalters, Das Bild der Frau in der deutschen Literatur des Mittelalters) entschieden, die in der Schule nur am Rande durchgenommen worden waren. Ferner besuchte sie zwei aufeinander aufbauende einführende Übungen in die Methoden und Epochen der Germanistik, die am Ende des Semesters mit einer Klausur abschlossen. Hinzu kam jeweils ein Proseminar in Sprachwissenschaft (Besonderheiten der deutschen Grammatik) und in Literaturwissenschaft (Fontanes Frühwerk). Für beide Proseminare musste sie ein schriftliches Referat anfertigen.

Schließlich hat sie eine Einführung ins Mittelhochdeutsche gemacht und kann jetzt Walther von der Vogelweide und Wolfram von Eschenbach (zwei bedeutende mittelalterliche Dichter) in der Originalsprache einigermaßen verstehen.

Sophie hielt sich in den Stunden zwischen den jeweiligen Lehrveranstaltungen häufig in der Bibliothek auf, um die literarischen Texte, die Gegenstand der Lehrveranstaltungen waren, zu lesen.

Im erziehungswissenschaftlichen Lehramtsbegleitstudium standen zwei Vorlesungen (Bedeutende Pädagogen des 19. Jahrhunderts, Waldorfpädagogik) und eine einführende Übung (Pädagogische Grundbegriffe) auf dem Stundenplan. Die Übung endete mit einer Klausur.

Bernhard, Wirtschaftswissenschaften

Bernhard studiert seit zwei Semestern Wirtschaftswissenschaften in einem so genannten »integrierten Studiengang« an einer Universität. Nur wenige Universitäten bieten solche Studiengänge an (siehe zu integrierten Studiengängen S. 41). Er ist 27 Jahre alt, hat nach dem Fachabitur erst einmal eine kaufmännische Lehre gemacht und anschließend vier Jahre in derselben Firma als Angestellter gearbeitet. Er ist verheiratet und Vater einer dreijährigen Tochter. Er hat sich für sein Studium entschieden, als er sah, wie begrenzt seine Aufstiegsmöglichkeiten ohne ein Hochschulstudium sind. Mehrere Male hatte er feststellen müssen, dass besser bezahlte und höher qualifizierte Jobs, um die er sich beworben hatte, an Hochschulabsolventen vergeben wurden.

Er hat sich für einen integrierten Studiengang entschieden, weil dieser ihm die Möglichkeit offen lässt, in dreieinhalb Jahren ein Fachhochschuldiplom oder in etwa fünf Jahren ein Universitätsdiplom zu erwerben, und weil er sich im Laufe des Studiums entweder stärker auf die Volkswirtschaftslehre oder auf die Betriebswirtschaftslehre spezialisieren kann. Mit seiner Fachhochschulreife konnte er ohnehin nicht an einer Universität beginnen. Der integrierte Studiengang ermöglicht es ihm aber, bei entsprechender Eignung und durch Brückenkurse in den Universitätsstudiengang zu gelangen. Aber das braucht er erst am Ende des Grundstudiums zu entscheiden.

Später möchte Bernhard in ein Unternehmen der gleichen Branche zurück und dort Leiter der Auslandsverkaufsabteilung werden. Aus diesem Grund möchte er während seines Studiums an der Universität Fremdsprachenkurse in Englisch, Französisch und, falls ihm das Studium hierzu genügend Zeit lässt, auch in Spanisch besuchen.

Bernhard hat Glück, dass sich seine Hochschule am Wohnort befindet und er mit seiner Familie bei seinen Eltern wohnen kann. Dadurch ist die Wohnung relativ preisgünstig, und seine Frau, die er während seiner Lehre kennen gelernt hat, kann ihrem Beruf nachgehen. Die Großeltern betreuen das Enkelkind, wenn Bernhard und seine Frau unterwegs sind.

Bernhard erhält kein BAföG, weil seine Frau ein regelmäßiges Einkommen hat. Er verdient aber Geld dazu, indem er in den Semesterferien in seiner alten Firma regelmäßig jobbt. Er weiß, dass während des Studiums zwar keine großen finanziellen Sprünge drin sind, hofft aber, dass sich das Studium später auch finanziell auszahlen wird.

Das Studium begann mit je zwei aufeinander aufbauenden einführenden Vorlesungen (je vier Stunden pro Woche) in den Teilbereichen Betriebs- und Volkswirtschaftslehre, die am Ende des zweiten Semesters mit Klausuren abgeschlossen wurden. Zwei weitere mehrstündige Vorlesungen beschäftigten sich mit statistischen Verfahren und Methoden. Statistik ist wichtig für die Strukturierung von Daten- und Zahlenmengen. Über beide Vorlesungen wurde nach einem Jahr eine Klausur geschrieben. In Mathematik stand im ersten Semester ein dreistündiger Kurs in Analysis, im zweiten Semester ein zweistündiger Kurs in Linearer Algebra auf dem Stundenplan. In beiden Veranstaltungen wurde je eine Klausur in den Semesterferien geschrieben. Ähnlich war es mit den beiden dreistündigen Übungen in Betrieblichem Rechnungswesen (Buchführung und Bilanzrechnen). Auch hier wurde am Ende des Semesters das Wissen in Form von Klausuren abgefragt. Fehlen noch die zweistündigen Vorlesungen in Rechtswissenschaft (Wirtschaftsrecht, Steuerrecht) und die dreistündige Einführung in die Datenverarbeitung für Wirtschaftswissenschaftler. In der vorlesungsfreien Zeit zwischen dem Sommer- und dem Wintersemester standen hierfür die Klausuren an.

In den beiden Semestern hat Bernhard pro Woche rund 25 Stunden den Unterricht besucht. Im nächsten Semester wird er mit Wirtschaftsenglisch und mit den sozialwissenschaftlichen Grundlagen der Wirtschaftswissenschaften beginnen.

Franka, Archäologie

Franka ist 22 Jahre alt und studiert im dritten Semester Klassische Archäologie und Ägyptologie. Dass sie etwas im geisteswissenschaftlichen Bereich studieren würde, wusste sie schon in der Schule. Trotzdem wollte sie nach 13 Schuljahren erst einmal Abstand gewinnen und etwas Praktisches tun. Aus diesem Grund meldete sie sich für ein Freiwilliges Soziales Jahr (FSJ) in einem Heim für schwer erziehbare Kinder. Nach diesem Abstecher entschied sie sich – auf Anraten ihres früheren Kunstlehrers – zunächst für den Magisterstudiengang Kunstgeschichte an einer Universität. Als Nebenfächer wählte sie Klassische Archäologie und Ägyptologie, da sie das Altertum faszinierte und sie sich sehr für die Museumsarbeit interessierte. Schon nach dem ersten Semester merkte sie, dass ihr ihre Nebenfächer viel mehr Spaß machten als ihr Hauptfach. Franka wählte ihr Hauptfach ab und stufte die beiden Nebenfächer zu zwei Hauptfächern hoch. Diese Möglichkeit besteht nicht an allen Unis in Deutschland. Aus diesem Grund hat sie sich den Schritt länger überlegt, da sie Schwierigkeiten bekäme, wenn sie später einmal die Uni wechseln wollte (sie müsste dann wieder ein weiteres Fach dazu nehmen und in diesem von vorne anfangen).

Finanziell sieht es bei Franka nicht rosig aus. Ihr Vater arbeitet als Computerfachmann bei der Stadtverwaltung ihrer Heimatstadt. Ihre Mutter ist von Geburt an stark sehbehindert und inzwischen fast ganz erblindet. Franka hat noch zwei Geschwister, die sich ebenfalls noch in der Ausbildung befinden. Außerdem leben die Eltern auf einem Bauernhof mit einer Vielzahl an Tieren, deren Unterhalt eine Menge Geld verschlingt. Alles in allem genug Gründe, um den BAföG-Höchstbetrag von 585 € zu beziehen. Der Großvater steuerte dann noch 150 € monatlich als Studienunterstützung bei.

Trotz aller finanziellen Bedenken wählte Franka ihren Studienort nach fachlichen Gründen aus. Da der gewählte Ort rund 600 km von zu Hause entfernt lag, suchte sie ihre Wohnung sorgfältig aus. Schließlich konnte sie bei der Entfernung nicht jedes Wochenende nach Hause fahren. Über einen Bekannten fand sie eine kleine Souterrain-Wohnung mit offener Küche, Bad, einem größeren und einem kleineren Raum. Die Wohnung war ihr zwar etwas teuer (300 € Kaltmiete), aber sie lag optimal, direkt an der Uni. Die Gegend gefiel ihr, die Nachbarn waren nett, und sie hatte ihr eigenes Reich. Die Studentenheime vor Ort wären zwar billiger gewesen, aber sie hätte trotz ihrer finanziellen und familiären Lage aufgrund langer Wartelisten erst in ein bis zwei Semestern ein Zimmer bekommen.

Die Wohnsituation änderte sich aber auch schnell. Im dritten Semester zog ihr Freund, der wie sie Ägyptologie studiert und im selben Semester ist, zu ihr. Die rund 40 qm wurden so etwas enger, aber die Miete halbierte sich. Zur selben Zeit nahm Franka während der Semesterferien an einer Ausgrabung in der näheren Umgebung ihres Studienortes teil. Dort entdeckte sie ihr besonderes Interesse an Keramik. Die Ausgrabungsleiterin bemerkte dies und bot ihr an, ein Praktikum im Städtischen Museum zu machen. Aus diesem Praktikum wurde schließlich eine bezahlte Aushilfsstelle. Einmal die Woche geht Franka nun neben ihrem Studium für einen Tag ins Museum. Sie hat so einen Job, der ihr monatlich ca. 200 € zusätzlich einbringt, und kann gleichzeitig etwas Berufserfahrung sammeln. Auch ihre Erfahrung im Umgang mit Kindern kann sie hier nutzbringend einsetzen, da das Museum in den Schulferien Kinderwochen veranstaltet, in denen spielerisch der Alltag der Römer erkundet wird.

Im ersten Semester besuchte Franka in der Archäologie eine Vorlesung (Das römische Forum), einen zweisemestrigen Einführungskurs (Einführung in das archäologische und wissenschaftliche Arbeiten, Teil 1) und eine Übung (Beschreibungsübung in der Sammlung der Universität, Teil 1) mit abschließender Hausarbeit. In der Ägyptologie besuchte sie eine Vorlesung (Geschichte des Alten Reiches), ein Proseminar (Einführung in die Methodik ägyptologischer Arbeit) und eine Übung (Mittelägyptisch I). In der Kunstgeschichte belegte sie eine Vorlesung (Deutsche romantische Malerei) und drei Proseminare (Einführung in das erste kunstgeschichtliche Referat, Bauformen – Kunstgeschichtliches Propädeutikum, Historische Materialkunde und Museumspraxis) mit abschließendem mündlichen Vortrag und einer Hausarbeit.

Zusätzlich zu den regulären Lehrveranstaltungen musste Franka zu Studienbeginn das Große Latinum und das Graecum nachholen, da sie beides nicht mit dem Abiturzeugnis nachweisen konnte. Im ersten Semester hieß das: jeden Mittwoch von 14 bis 19 Uhr Latein-Intensivkurs an der Uni. In einem Jahr musste nachgeholt werden, was andere in sieben Jahren (5. bis 11. Klasse) lernen. Insgesamt waren es also im ersten Semester: 20 Wochenstunden an Lehrveranstaltungen, fünf Wochenstunden Intensivkurs und unzählige Stunden an Vor- und Nachbereitung zu Hause und in der Bibliothek.

Im zweiten Semester besuchte Franka im Fach Archäologie dann eine Vorlesung (Alexandria and the archaeology of the Graeco-Roman Egypt), ein Proseminar (Mythen und Ikonographie) und mehrere Übungen (Beschreibungsübung in der Sammlung der Universität, Teil 2, Lektürekurs für Archäologen, Einführung in das archäologische und wissenschaftliche Arbeiten, Teil 2). Das Proseminar schloss mit einem mündlichen Referat, die Übungen mit einer schriftlichen Hausarbeit und einem mündlichen Referat ab. Im Fach Ägyptologie standen im zweiten Semester eine Vorlesung (Geschichte der 1. Zwischenzeit Ägyptens) und zwei Übungen (Mittelägyptisch II; Von einer Computer-Analyse ägyptischer Texte zu einem Thesaurus) an. Die Kunstgeschichte verschwand aus ihrem Veranstaltungskalender (mit Ausnahme des Proseminars »Historische Proportionskunde in einem Städtischen Museum«). Zusätzlich schlug der Lateinkurs mit seinen wöchentlich fünf Stunden rapide auf die Stimmung. Insgesamt waren es im zweiten Semester dann 18 Wochenstunden an Lehrveranstaltungen und fünf Stunden Intensivkurs. Das studienbegleitende Praktikum im Museum verschlang einen ganzen Tag (acht Stunden). Alles in allem blieb in diesen beiden ersten Semestern nicht viel Zeit für andere studentische Aktivitäten.

Christoph, Informatik

Christoph, 21 Jahre, ist Student der Informatik mit Schwerpunkt Wirtschaftsinformatik an einer Fachhochschule. Er hat sich nach dem Abitur ohne Zögern für dieses Studienfach entschieden, weil er schon an der Schule von dem Fach Informatik begeistert war. Er stand vor der Wahl eines praxisbezogenen Fachhochschulstudiums und eines stärker theoretisch ausgerichteten Universitätsstudiums. Er hat sich schließlich für das FH-Studium entschieden, weil er seine Begabung nicht so sehr theoretisch, sondern eher anwendungsbezogen einschätzt.

Eine Voraussetzung, um sich überhaupt bewerben zu können, war ein Grundpraktikum von sechs Monaten, das die Fachhochschule vor Beginn des Studiums vorgeschrieben hatte. Er absolvierte das Praktikum in einem Großhandelsunternehmen und durchlief dabei drei Abteilungen (Einkaufs-, Verkaufsabteilung, Betriebliches Rechnungswesen/EDV).

Zum Studium musste Christoph von zu Hause wegziehen, weil es in der Nähe seines Heimatortes keine Fachhochschule gab, an der man Informatik studieren konnte. Er fand nach vielem Suchen eine Zweizimmer-Wohnung, für die er 400 € pro Monat bezahlt. Besser gesagt, sein Vater bezahlt sie. Der betreibt eine gut gehende Software-Entwicklungs-Firma und hofft, dass sein Sohn später in das Unternehmen einsteigt. Aus diesem Grund hat sich Christoph auch für den Schwerpunkt Wirtschaftsinformatik entschieden, denn für die Leitung des Betriebes benötigt er auch gute Wirtschaftskenntnisse.

Christoph erhält zusätzlich pro Monat rund 750 € vom Vater, womit er zu den finanziell sehr gut gestellten Studenten gehört und sich auch den einen oder anderen Luxus, beispielsweise ein Auto, leisten kann. Auch seinem kostspieligen Hobby, dem Segelfliegen, geht er am Hochschulort weiter nach.

Auf ihn wartet ein siebensemestriges Studium und eine sechsmonatige Abschlussprüfung. Drei Semester sind für das Grundstudium vorgesehen, dann folgt die Zwischenprüfung. Es schließt sich als viertes Semester ein Praxissemester in einem Betrieb an und anschließend ein dreisemestriges Hauptstudium. Ist die Abschlussprüfung bestanden, hält er das Diplom (FH) in den Händen. Alles in allem veranschlagt er vier Jahre für das Studium.

In den ersten beiden Semestern hatte Christoph insgesamt 50 Stunden Unterricht pro Woche, davon 24 Stunden im ersten und 26 Stunden im zweiten Semester.

Beginnen wir mit den Vorlesungen. Im ersten und zweiten Semester hörte er vierstündige Vorlesungen über die Grundlagen der Betriebswirtschaftslehre, jeweils zweistündige einführende Vorlesungen in die Wirtschaftsinformatik sowie je zweistündige Vorlesungen in die Grundlagen der Volkswirtschaftslehre und der Rechtswissenschaft. Über VWL und Rechtswissenschaft wird er im nächsten Semester eine Klausur schreiben. Über die beiden BWL-Kurse hat er gegen Ende des zweiten Semesters eine Klausur geschrieben.

Hinzu kamen neun Übungen: vier Stunden Kostenrechnung im ersten Semester (Klausur am Ende des Kurses), vier Stunden Bilanzierung (Grundlagen der Bilanzierung und Buchführung) im zweiten Semester (Klausur ebenfalls am Ende des Kurses), je vier Stunden Programmiersprachen in beiden Semestern (Klausur am Ende des zweiten Semesters), ebenso vier Stunden Mathematik in beiden Semestern (Klausur in den Semesterferien zwischen zweitem und dritten Semester) sowie Statistik im zweiten Semester (zweistündig). In Statistik wird er nach dem Besuch einer vierstündigen Übung im nächsten Semester über den gesamten Stoff am Ende des dritten Semesters schriftlich geprüft werden.

Daneben hat er zwei doppelstündige Übungen in Fachenglisch besucht und eine zweistündige Klausur geschrieben. In diesen Kursen konnte er sich mit den englischen Wirtschafts- und EDV-Begriffen vertraut machen.

Gudrun, Medizin

Gudrun ist 21 Jahre alt und Medizinstudentin im ersten Studienjahr an einer bayerischen Universität. Ihr gelang es nicht auf Anhieb trotz guter Abiturnote einen Medizinstudienplatz über die ZVS zu bekommen, und sie schrammte knapp am NC vorbei. Sie trug sich mit dem Gedanken, im Ausland zu studieren, aber im darauf folgenden Sommersemester klappte es mit dem Studienplatz. Allerdings erhielt sie den nicht am Wunschort nahe ihres Heimatortes, sondern einige hundert Kilometer entfernt von diesem in Süddeutschland.

Zwischen Abitur und Studienbeginn hat sie ein einjähriges Praktikum im Krankenhaus gemacht, das ihr für das geforderte Krankenpflegepraktikum im Medizinstudium angerechnet wurde. Außerdem hat sie in dieser Zeit erkannt, dass die Entscheidung für dieses Studium richtig war.

Gudrun hatte Erfolg mit ihrer Bewerbung um ein Zimmer im Studentenwohnheim. Sie hat für 160 € Warmmiete ein Einzelzimmer bekommen. Das Wohnheim befindet sich in der Nähe der Klinischen Einrichtungen und nahe bei der Mensa, sodass sie die wichtigen Wege zu Fuß oder mit dem Fahrrad erledigen und auf ein eigenes Auto verzichten kann. Kostspielige Dinge kann sie sich ohnehin nicht leisten. Ihre Eltern können ihr monatlich 300 € zur Verfügung stellen. An BAföG erhält sie 250 €, sodass sie monatlich über insgesamt 550 € verfügt. Damit kann man keine großen Sprünge machen, zumal sie einmal pro Monat nach Hause fährt. Sie hat aber von einer Mitstudentin gehört, dass es im Laufe des Studiums möglich ist, durch Nachtwachen im Krankenhaus zusätzlich Geld zu verdienen. Bis dahin arbeitet sie einmal pro Woche als Bedienung in einem Café. Über ihren späteren Berufsweg hat sich Gudrun noch keine Gedanken gemacht. Die derzeit günstigen Berufsperspektiven stimmen sie generell optimistisch. Sie hätte Interesse, Fachärztin zu werden. Für welches Fachgebiet, weiß sie noch nicht genau.

Gudrun hat sich gleich zu Beginn des Studiums in der studentischen Selbstverwaltung engagiert. Sie ist Mitglied ihrer Fachschaft. Unter Fachschaft versteht man ein studentisches Gremium des Faches, das die Interessen der Studierenden vertritt. Gudrun organisiert Studentenstammtische und Diskussionsrunden.

Im ersten Semester hatte sie 28 Stunden Pflichtveranstaltungen pro Woche, im zweiten Semester 24 Stunden. Im ersten Semester besuchte sie zusammen mit den etwa 200 anderen neuen Medizinstudenten einführende Vorlesungen in Chemie, Physik und Biologie mit jeweils fünf Stunden (in Biologie zwei Stunden) pro Woche. Hinzu kam eine Einführung in die Allgemeine Anatomie und ein Seminar über Anatomische Demonstrationen.

Bei den praktischen Übungen, die in kleineren Gruppen abgehalten wurden, handelte es sich um einen Kurs »Medizinische Terminologie«, der sie mit den wichtigsten Fachbegriffen vertraut machte, um ein fünfstündiges chemisches Praktikum im Labor und um ein vierstündiges Biologiepraktikum. Diese fachpraktischen Lehrveranstaltungen fanden unter Leitung von Dozenten im Labor statt.

Auf dieses Wissen aufbauend standen im nächsten Semester fünfstündige Vorlesungen in Anatomie II und in Physiologischer Chemie I sowie dreistündige Vorlesungen in Anatomie III (Nervensystem) und in der Entwicklungsgeschichte auf dem Stundenplan. Hinzu kamen ein zweistündiges Seminar in Medizinischer Soziologie, ein dreistündiges Praktikum und ein Kurs über Medizinische Psychologie.

In den beiden Semestern hat Gudrun insgesamt acht Einzelprüfungen gemacht, in denen das erlernte Wissen in Klausuren abgefragt wurde.

Andrea, Sozialarbeit/Sozialpädagogik

Schon seit Jahren wollte Andrea, 21 Jahre alt, später in einem sozialen Beruf arbeiten. Ihr schwebt vor, im Bereich der sozialen Beratung für alte Menschen tätig zu werden, eine, wie sie glaubt, zukunftsträchtige Tätigkeit bei der immer größer werdenden Gruppe alter Menschen in Deutschland.

Ihr standen aufgrund des guten Abiturs mehrere Studienmöglichkeiten offen; sie hat sich schließlich nach zwei Praktika bei karitativen Organisationen unmittelbar im Anschluss an das Abitur für ein Studium der Sozialpädagogik an einer Fachhochschule entschieden. Die Praktika waren ohnehin nötig, da die Studienordnung der Hochschule mindestens neun Praktikumsmonate vor dem Studium vorschrieb. Den Studienplatz hat Andrea sofort bekommen.

Der Studienort ist etwa 80 km von zu Hause entfernt, sodass ein tägliches Pendeln zur Fachhochschule zu zeitaufwändig wäre. Deshalb hat sie ein Zimmer am Hochschulort gesucht. Bei den Studentenwohnheimen hat es nicht geklappt. Aber die Wohnheimverwaltung hat ihr in eineinhalb Jahren einen Wohnheimplatz in Aussicht gestellt. Bis dahin müsste die Warteliste, auf der sie steht, zusammengeschrumpft sein. Aus diesem Grund hat sie das Angebot einer Bekannten angenommen, ihr Zimmer für ein Jahr zu übernehmen, während diese ein Studienjahr im Ausland verbringt.

Die Finanzen von Andrea sind bescheiden. Ihre Eltern können ihr monatlich max. 400 € zur Verfügung stellen. Den Rest verdient sie sich durch Babysitting und gelegentliches Jobben in einem Restaurant hinzu.

Andrea ist hochschulpolitisch interessiert und hat sich an ihrer Hochschule einer studentischen Gruppe angeschlossen, die sich wöchentlich einmal trifft.

Ihr Studium ist darauf ausgerichtet, es nach einem drei- bis viersemestrigen Grundstudium, einer Zwischenprüfung, einem viersemestrigen Hauptstudium (einschließlich eines praktischen Studiensemesters) und einem rund halbjährigen Examen (Diplomarbeit) mit dem Diplom (FH) in Sozialpädagogik nach viereinhalb Jahren abzuschließen. Das Studium umfasst in den ersten Semestern etwa 25 Stunden Unterricht pro Woche. Hinzu kommen für das Selbststudium weitere 16 bis 18 Stunden in der Woche.

Das Studium selbst besteht aus theoretischen und fachpraktischen Lehrveranstaltungen. Auf dem Stundenplan standen in den ersten beiden Semestern einführende Vorlesungen und Übungen in den Teilgebieten der Sozialarbeit und Sozialpädagogik, in den Grundlagen der Sozialmedizin und medizinischen Rehabilitation, der allgemeinen Pädagogik (von der Pädagogik des Kindes bis zur Altenpädagogik), Philosophie, Politikwissenschaft einschließlich Sozialpolitik, Psychologie und Soziologie, des Rechts (Familienrecht, Sozialrecht, Arbeitsrecht) sowie der sozialwissenschaftlichen Methoden und Arbeitsweisen (einschließlich Statistik).

Zu diesen mehr theoretisch ausgerichteten Veranstaltungen kamen pro Semester etwa neun Stunden praxisorientierte Lehrveranstaltungen, in denen anhand von Fallbeispielen und Musteraufgaben versucht wurde, einen Einblick in die späteren Arbeitsgebiete zu vermitteln.

Daneben muss sie laut Studienordnung Veranstaltungen von benachbarten Fächern besuchen. Sie entschied sich für Lehrveranstaltungen aus dem Fach Kommunikationsdesign und wählte eine Vorlesung über die Theorien von Kommunikation.

Mit ihrem Spezialthema Altenarbeit hat sich Andrea nur am Rande beschäftigen können. Erst im Laufe des Hauptstudiums ist die Schwerpunktbildung und Spezialisierung, die sie anstrebt, möglich.

Pedro, Ingenieurwissenschaften

Pedro, 25 Jahre, stammt aus Lateinamerika und ist Stipendiat einer deutschen Stiftung, die ihm ein monatliches Stipendium über 610 € zur Verfügung stellt. Es ist für den Studiengang Bauingenieurwesen an einer westfälischen Universität eingeschrieben. Er möchte nach Abschluss seiner Ausbildung in seine Heimat zurückkehren und dort ein Unternehmen für Hoch- und Tiefbau gründen.

Die Stiftung erwartet, dass es in seinem Studium zügig vorangeht. Von Zeit zu Zeit muss er dort einen Bericht über die erbrachten Studienleistungen vorlegen.

Pedro konnte nicht sofort mit dem Fachstudium beginnen, sondern musste erst ein Jahr lang sein Deutsch verbessern. Er bestand anschließend die Deutsch-Aufnahmeprüfung. Hierzu besuchte er Intensivkurse der Universität und lernte auch einiges über die deutsche Mentalität und Lebensweise.

Er wohnt in einem Studentenwohnheim und zahlt für ein Miniapartment 170 € im Monat warm.

Pedro ist am Hochschulort in der Fußballmannschaft, die in der Verbandsliga spielt. Dadurch bessert er sein Stipendium etwas auf. Außerdem ist er Mitglied der Stipendiatengruppe.

Sein Studium bestand im ersten Jahr aus Vorlesungen, Übungen und fachpraktischen Lehrveranstaltungen (Praktika). In den Vorlesungen hatte er die Möglichkeit, sich einen Überblick über das Grundwissen und über die fachspezifischen Methoden des Faches zu verschaffen. Die Übungen ergänzten die Vorlesungen, indem sie den Lehrstoff vertieften und Aufgaben (einschließlich Lösungen) dargestellt wurden. In den Praktika lernte er fachspezifische Methoden bei der Durchführung von Experimenten und Messungen kennen.

Vorlesungen mit Übungen gab es zur Höheren Mathematik I und II, zur Technischen Mathematik I und II und zur Experimentalphysik I und II. Sie schlossen mit schriftlichen Einzelprüfungen ab.

Im ersten Semester standen noch eine Einführung in die Chemie für Maschinenbauer, Werkstoffkunde I sowie Technisches Zeichnen und Einführung in die Betriebswirtschaftslehre an. Auch hier musste ein schriftlicher Leistungsnachweis erbracht werden.

Zusätzlich standen im zweiten Semester Werkstoffkunde II, Maschinenelemente I, ein physikalisches Praktikum sowie Informatik I für Maschinenbauer auf dem Stundenplan. Auch bei diesen Veranstaltungen war ein schriftlicher Leistungsnachweis notwendig.

Am Ende des zweiten Semesters hat Pedro ein zweimonatiges Berufspraktikum in einem Industriebetrieb absolviert. Es ist der erste Teil eines insgesamt fünfmonatigen Praktikums, das er im Laufe des Studiums vorweisen muss.

Julia, Biologie

Für die 24-jährige Julia stand bereits seit der Mittelstufe fest, dass sie Biologie studieren und später einmal im Umweltschutz arbeiten möchte.

Julia wusste schon seit Jahren, dass man für das Biologiestudium einen ordentlichen Abiturschnitt benötigt. Ihrer reichte aber bei der ZVS nicht aus. Deshalb hat sie zuerst eine Ausbildung als Biologisch-Technische Assistentin (BTA) gemacht, ein Jahr gearbeitet, bis es schließlich über die Wartezeitquote klappte und ihr ein Studienplatz an einer Universität im nördlichen Rheinland zugewiesen wurde.

Julia wohnt nahe der Hochschule in einem Zimmer, das sie durch eine Annonce in der Lokalzeitung gefunden hat. Sie zahlt 240 € einschließlich Heizung, was ihren monatlichen Etat erheblich belastet. Sie erhält 500 € von den Eltern und regelmäßig von der Oma etwas zugesteckt. Der Antrag auf BAföG war erfolglos, da beide Elternteile berufstätig sind. Sie will es im nächsten Jahr noch einmal versuchen. Dann beginnen auch ihre beiden Schwestern mit dem Studium beziehungsweise mit einer Lehre. Dadurch werden die Freibeträge der Eltern erhöht.

Julia hat ein Hobby: Geige spielen. Ein Musikstudium kam für sie aber nie in Frage, weil sie ihr Hobby nicht zum Beruf machen wollte und sie ihre musikalische Begabung für nur mittelmäßig einschätzt. Sie ist aber Mitglied des Universitätsorchesters, das regelmäßig Aufführungen in der Universität und in der Stadt gibt. Für nächstes Jahr ist in den Semesterferien ein Auslandsauftritt bei einer Partneruniversität in England geplant.

In den ersten beiden Semestern hat Julia eine je fünfstündige Einführungsvorlesung in Biologie besucht, in der sie einen Überblick über die verschiedenen Teilbereiche des Faches (Zytologie, Stoffwechsel, Genetik und Fortpflanzung, Mikrobiologie, Botanik und Zoologie) gewinnen konnte.

Begleitend zur Vorlesung gab es ein jeweils dreistündiges biologisches Grundpraktikum.

Fachpraktische Lehrveranstaltungen besuchte sie in Mikrobiologie, Pflanzenanatomie und Entwicklungsgeschichte der Tiere. Ziel dieser Fachpraktika war es, den Studierenden einen Überblick zu verschaffen und sie mit den Arbeitstechniken des Faches vertraut zu machen.

An Vorlesungen hat sich Julia aus dem großen Angebot mehrere ausgesucht, die sich mit Fragen des Umweltschutzes und der Verhaltensforschung beschäftigten.

Daneben hat sie Lehrveranstaltungen (Vorlesungen und Übungen) in Chemie (Anorganische Chemie, Organische Chemie), Physik und Mathematik (Statistik und Biometrie) besucht, außerdem mehrstündige chemische und physikalische Praktika. Wenn Julia den Arbeitsaufwand für Chemie, Physik und Mathematik zusammenrechnet, dann hat sie hierfür fast die Hälfte der Zeit investiert.

Thorsten, Grafik und Design

Thorsten, 23 Jahre, hat nach der Mittleren Reife eine Grafikerlehre gemacht und anschließend auf der Fachoberschule seine Fachhochschulreife abgelegt. Er ist künstlerisch vielseitig begabt und studiert im zweiten Semester an einer Kunsthochschule Kommunikationsdesign. Er hatte die Qual der Wahl zwischen den Studiengängen Produktdesign und Kommunikationsdesign. Nachdem er in Erfahrung gebracht hatte, dass Produktdesigner eher in der Industrie, die anderen mehr in der Werbung oder bei den Medien arbeiten, entschied er sich für Kommunikationsdesign, da er später als Designer in der Werbung arbeiten möchte.

Es war nicht leicht, den anvisierten Studienplatz zu bekommen. Schon während der Zeit an der Fachoberschule hatte er eine Mappe mit künstlerischen Objekten bei mehreren Hochschulen eingereicht. Obwohl er ausgebildeter Grafiker und künstlerisch sehr begabt ist, haben ihn mehrere Hochschulen erst gar nicht zur eigentlichen Aufnahmeprüfung zugelassen. Bei der jetzigen Hochschule hat es geklappt. Allerdings musste er nach der Prüfung noch knapp ein Jahr warten, ehe er mit dem Studium beginnen konnte. In dieser Zeit ist er schon an den Hochschulort umgezogen und hat dort in einem grafischen Betrieb gearbeitet. Die Firma hat ihm angeboten, auch während des Studiums für sie zu arbeiten. Damit konnte er das Problem der Studienfinanzierung weitgehend lösen. Thorsten verdient sich das Geld für den Lebensunterhalt somit selbst. Das macht unabhängig, ist aber wegen der Doppelbelastung stressig. Deshalb plant er schon einmal ein Jahr länger für das Studium ein.

Er wohnt mittlerweile mit seiner Freundin zusammen. Dadurch verringern sich auch seine monatlichen Ausgaben, sodass er als Student finanziell gut über die Runden kommen kann.

Das Studium des Faches Kommunikationsdesign bestand im ersten Jahr aus Vorlesungen zur

Design- und Kommunikationstheorie und zu Marketingstrategien sowie zu juristischen Fragen. Hinzu kamen Übungen zu Grundlagen der Gestaltung und fachpraktische Veranstaltungen in Zeichnen (freies und angewandtes Zeichen), zu Schrift, Typographie, Fotografie, zu Layouttechniken, zu Werkstoffen sowie zu Repro- und Drucktechniken. Ergänzt wurde die Ausbildung durch technische Praktika in Drucksatz, maschinellem Druck und in Papierverarbeitung.

Alexandra, Übersetzen und Dolmetschen

Alexandra, 21 Jahre, hat einen deutschen Vater, und ihre Mutter ist gebürtige Iranerin. Sie hat die deutsche Staatsbürgerschaft. Da sie großes Interesse an Sprachen und Kulturen des Orients hat und sehr sprachbegabt ist, entschloss sie sich, nach dem Abitur einen Übersetzerstudiengang Arabisch/Persisch an einer Universität zu belegen. Später möchte sie entweder in einem deutschen Unternehmen arbeiten, das in arabische Länder Waren exportiert, oder Bücher übersetzen. So genau weiß sie das noch nicht.

Den Studienplatz erhielt sie ohne Mühe, weil die Studiengänge zulassungsfrei waren.

Sie hat nach langem Suchen ein Altbauzimmer gefunden, für das sie 200 € pro Monat hinblättert. Alles inklusive.

Alexandra hat Anspruch auf den BAföG-Höchstsatz von 585 €. Dadurch bleiben ihr nach Abzug der Miete noch 385 € pro Monat für den Lebensunterhalt. Da in ihrem Sozialbeitrag an das Studentenwerk ein Semesterticket für Bahnen und Busse des Großraums enthalten ist, kann sie jedes Wochenende mit der Bahn zu ihrem Freund fahren, der 40 km entfernt studiert. Alexandra ist damit, wie viele andere Studierende, eine Wochenendheimfahrerin. Freitags mittags verlässt sie den Studienort und reist am Montag morgens wieder an.

Wenn alles klappt, wird Alexandras Studium nach fünf bis sechs Jahren zu Ende sein und mit einem Diplom als Übersetzerin abschließen. Sie studiert drei Fächer: Arabisch, auf das etwa die Hälfte der Lehrveranstaltungen entfällt, Persisch (Anteil ca. 30 Prozent) und das Fach Wirtschaft. Sie hatte die Auswahl zwischen mehreren Sachfächern wie etwa Literatur, Politik und Soziologie.

Auf dem Stundenplan standen im ersten Semester insgesamt 20, im zweiten Halbjahr 23 Stunden Unterricht pro Woche. Hinzu kamen noch etliche Stunden Arbeit in der Bibliothek und pro Woche nochmals zehn bis 15 Stunden Lernen zu Hause.

Das Studium begann im Wesentlichen mit zwei- bis fünfstündigen Sprachübungen für Anfänger. Sprachkenntnisse wurden nicht vorausgesetzt, Alexandra brachte aber Grundkenntnisse in beiden Sprachen mit.

In Arabisch und Persisch besuchte Alexandra in den ersten beiden Semestern Grammatikkurse, Einführungen in die Sprache und Schrift, leichte Übersetzungsübungen von den Fremdsprachen ins Deutsche, Sprachlaborübungen und Konversationsübungen.

Hinzu kamen Vorlesungen über Geschichte, Kultur, Wirtschaft und Gesellschaft der arabischen Welt sowie zwei Einführungen – in die Betriebswirtschaftslehre und die Volkswirtschaftslehre.

In den nächsten zwei Semestern werden Sprachkurse für Fortgeschrittene, Interpretation und Übersetzung von umfangreicheren Fremdsprachentexten sowie Zeitungslektüre hinzukommen. Im fünften Semester steht die Zwischenprüfung an. Sie wird zwei Tage dauern und besteht aus einer schriftlichen und drei mündlichen Prüfungen.

Georg, Theologie

Georg, 22 Jahre, hat vor einem Jahr mit dem Theologiestudium an einer Theologischen Hochschule begonnen. Vorher hatte er seinen Zivildienst abgeleistet. Georg möchte nicht Priester, sondern Diplom-Theologe werden und später in der kirchlichen Erwachsenenbildung arbeiten. Für das Studium veranschlagt er etwa fünf bis sechs Jahre. Den Studienort konnte er sich aussuchen, da es keine Zulassungsbeschränkungen gab.

Georg wohnt im Haus eines älteren Ehepaars in der Souterrainwohnung und zahlt hierfür 240 €. Er kümmert sich um den Garten des Hauses und teilweise um den Einkauf. Dafür erhält er eine Mietreduzierung.

Georg hat, wie die meisten Studierenden, Geld nicht gerade üppig. Sein Vater verdient als Prokurist einer kleinen Firma nicht schlecht. Da er aber drei Kindern zur gleichen Zeit das Studium finanziert, kann er sie nicht mit mehr als je 550 € im Monat unterstützen.

Seit dem Studienbeginn engagiert sich Georg in der Hochschulgemeinde. Diese Einrichtung steht allen Studierenden offen. Angeboten werden Messen, Gebetsstunden und Meditationen, Beratung in Glaubens- und Lebensfragen sowie gemeinsame kulturelle und gesellige Veranstaltungen. Georg hilft dem Studentenpfarrer, solche Veranstaltungen zu planen und durchzuführen.

In seinen ersten beiden Semestern hat Georg kaum Lehrveranstaltungen in Theologie besucht, sondern mehrstündige Sprachkurse in Biblischem Hebräisch und in Altgriechisch. Da er keine Kenntnisse in den beiden alten Sprachen hatte, investierte er einschließlich Vor- und Nachbereitung rund 20 Stunden pro Woche. Hinzu kamen noch einige Stunden, um sich auf die jeweiligen Klausuren vorzubereiten. Das Latinum hatte er zum Glück schon während der Schulzeit abgelegt.

Neben den Sprachkursen hat Georg einige Vorlesungen zur christlichen Philosophie und Ethik sowie zur Kirchengeschichte gehört.

Leistungsnachweise waren aber fällig bei der Einführung ins Kirchenrecht (mündlich vorgetragenes Referat), bei der Einführung in die christliche Gemeindearbeit (schriftliche Hausarbeit) sowie bei der Einführung in die Kirchenmusik (Kurzvortrag).

Franziska, Architektur

Franziska, knapp 21 Jahre alt, hat Fachabitur und studiert im zweiten Semester Architektur an einer norddeutschen Fachhochschule. In etwa dreieinhalb Jahren wird sie, wenn alles klappt, die Hochschule mit einem Diplom verlassen. Sie hofft, dann eine Anstellung in einem Architektur- oder Ingenieurbüro zu finden.

Sie hat vor dem Studium zwei dreimonatige Praktika bei einer Baufirma und in einem Ingenieurbüro absolviert und vorher eine künstlerische Eignungsprüfung an der Hochschule bestanden. Das Praktikum hatte die Fachhochschule für alle künftigen Architekturstudenten vorgeschrieben.

Franziskas Eltern sind geschieden und beide berufstätig. Ihr Vater überweist ihr monatlich 350 €, die ihr den Lebensunterhalt sichern. Die Mutter zahlt ihr die 235 €, die das Einzimmerapartment mit eingebauter Küche monatlich kostet, und versorgt sie bei ihren Besuchen zu Hause mit Naturalien.

In den Semesterferien möchte sie künftig einige Wochen aushilfsweise in einem Architekturbüro arbeiten. Ihr geht es dabei weniger ums Geldverdienen als um die Berufserfahrung und die Kontakte, die man so schon für den Berufseinstieg knüpfen kann.

An der Hochschule engagiert sich Franziska in einer politischen Hochschulgruppe und hat es kürzlich geschafft, in den Allgemeinen Studentenausschuss, abgekürzt AStA, gewählt zu werden. Sie ist dort zuständig für den Hochschulsport.

Franziska hat zu Beginn ihres Studiums, das auf sieben Semester zuzüglich ein Semester Abschlussexamen angelegt ist, ihren Rahmenstudienplan für die ersten Semester erhalten. Danach sind wöchentlich rund 30 Stunden Lehrveranstaltungen vorgesehen. Hierzu gehörten in erster Linie einführende Vorlesungen und Übungen sowie spezielle fachpraktische Übungen, in denen ihre künstlerische und gestalterische Begabung weiter ausgebildet wurde.

In den beiden ersten Semestern besuchte sie Vorlesungen in Rechtslehre (vier Stunden), Architekturgeschichte (je zwei Stunden), Baubetrieb I (je zwei Stunden) sowie in Bauphysik und Baustofflehre (je zwei Stunden). Hinzu kamen Vermessungslehre, Darstellende Geometrie (je zwei Stunden), Baukonstruktion (je vier Stunden), Tragwerkslehre (jeweils zwei Stunden) und Bauökologie sowie EDV im zweiten Semester. Es fehlen noch die fachpraktischen Übungen in Freihandzeichnen und im Freien Gestalten (beide Veranstaltungen jeweils zweistündig).

Eine zentrale Veranstaltung war ein zweisemestriges sechsstündiges Seminar, in dem sie mit den Grundlagen des Entwerfens vertraut gemacht wurde.

Neben vier Teilnahmescheinen im ersten und drei Teilnahmescheinen im zweiten Semester, für die sie keine Prüfung machen musste (regelmäßige Anwesenheit und kontinuierliche Arbeitsleistung reichten aus), hat Franziska im ersten Semester zwei schriftliche Tests und zwei Übungsscheine, im zweiten Semester drei Übungsscheine und vier schriftliche Tests abgelegt.

Im nächsten Semester möchte sie an zwei Tagen pro Woche ein Baustellenpraktikum ableisten.

Jens, Sport (Diplom)

Jens, 23 Jahre alt, war immer schon sportlich hochaktiv. Nach dem Abitur und der Bundeswehrzeit hat er einen Studienplatz für Sport (Abschluss Diplom-Sportlehrer) bekommen. Hierfür musste er eine Aufnahmeprüfung bestehen, in der er seine sportliche Begabung in mehreren Sportarten (Mannschaftssport, Individualsportarten) unter Beweis stellen sollte.

Jens ist hauptsächlich Handballer und spielt mit seiner Mannschaft in der Zweiten Bundesliga. Dadurch gehört er zu den Hochleistungssportlern und erhält ein Stipendium von einer Sportstiftung. Zusammen mit dem, was er vom Verein bekommt, geht es ihm finanziell nicht schlecht. Aber er benötigt für das Pendeln zwischen Hochschule und Verein ein Auto, das einiges an monatlichen Kosten verursacht.

Er ist Realist und weiß, dass durch die Doppelbelastung Studium und Leistungssport das Studium sicherlich etwas länger dauern wird. Bis zum Abschluss des Studiums, so rechnet er sich aus, wird er Ende 20 sein, seine Sportkarriere allmählich beenden und dann als Trainer eines Handballvereins entweder in Deutschland oder irgendwo im Ausland seine zweite Karriere starten. Da diese Karriere aber unsicher ist, möchte er sich ein zweites Standbein schaffen und könnte sich auch vorstellen, als Sportjournalist bei einem Fernsehsender oder bei einer Sportzeitung zu arbeiten. Aus diesem Grund hat er vor, nach Abschluss des Studiums noch ein oder zwei Jahre Journalismus zu studieren. An der Hochschule versucht er sich bereits als Redakteur einer Studentenzeitung.

Jens wohnt mit seiner Freundin, die an einer benachbarten Hochschule studiert, in einer gemeinsamen Wohnung. Die Miete von 700 € teilen sie sich.

Wenn Jens die Unterrichtsstunden der beiden ersten Semester zusammenzählt, kommt er auf rund 40 Stunden und damit etwa 20 Stunden pro Semester. Bislang waren neun Leistungsnachweise notwendig, um in dem Zeitrahmen von fünf Jahren Studium (einschließlich Examen) zu bleiben, der für das Studium üblicherweise vorgesehen ist.

Auch sein Studium bestand bislang im Wesentlichen aus Vorlesungen, Übungen und fachpraktischen Lehrveranstaltungen, die in Vorlesungssälen, Übungs- und Seminarräumen sowie in diversen Sporthallen und im Schwimmzentrum stattfanden.

Im ersten Jahr besuchte er zwei Vorlesungen zu den anatomischen und den biomechanischen Grundlagen des Sports, zwei Vorlesungen zu den physiologischen Grundlagen des Sports, ein einführendes Seminar in die Grundlagen der Pädagogik, je eine Übung in die Grundlagen der Sportpädagogik und in die Psychologie des Sports sowie insgesamt drei Vorlesungen zu den historischen, philosophischen und gesellschaftlichen Grundlagen des Sports. Hinzu kamen zwei Veranstaltungen zur Didaktik (Unterrichtslehre) und zu den Methoden der Sportwissenschaft (Vorlesung: Allgemeine Trainings- und Bewegungslehre; Seminar: Didaktische Grundlagen des Sportunterrichts). Bei all diesen Veranstaltungen ging es in erster Linie um die Vermittlung theoretischen Wissens. Körperlich austoben konnte man sich in den vierstündigen Lehrveranstaltungen »Mannschaftsspiele«. Er konnte ein Mannschaftsspiel aus einer Gruppe von elf Sportarten auswählen und entschied sich für Volleyball. In den nächsten Semestern wird er noch Handball, Hockey und Fußball belegen. Aus der Gruppe Individualsport wählte er Leichtathletik und Schwimmen. Auch hierfür waren jeweils zweimal zwei Stunden pro Woche veranschlagt. Tennis und Judo werden im nächsten Semester auf dem Plan stehen.

Michaela, Musik

Michaela, 20, studiert im zweiten Semester an einer Musikhochschule Klavier mit dem Ziel der Künstlerischen Reifeprüfung (Konzertexamen), das sie in fünf Jahren erreicht haben will. Sie hätte für das Studium unter Umständen kein Abitur benötigt, aber die Eltern bestanden darauf. Sie hat das nicht so recht eingesehen, und entsprechend durchschnittlich waren die Noten, sieht man vom Fach Musik einmal ab. Das hatte aber für die Aufnahmeprüfung an der Hochschule keine Bedeutung.

Den Studienplatz hat sie in einem harten Auswahlverfahren, in dem sie sich gegen viele Konkurrenten durchsetzen musste, bekommen. Über zweieinhalb Stunden wurde sie vor mehreren Musikdozenten geprüft. Sie musste einige bekannte Stücke von bedeutenden Komponisten auf dem Klavier vorspielen, einfache Rhythmen und Melodien komponieren, ihr gutes Gehör unter Beweis stellen und wurde auch über Musikgeschichte und Musiktheorie befragt.

Michaela träumt wie alle ihre Mitstudierenden davon, eines Tages auf den großen Bühnen als Pianistin gefeiert zu werden. Dass dies ein langer und schwieriger Weg wird, ist allen schon zu Beginn des Studiums von vielen Seiten gesagt worden. Wer nach Ende des Studiums ein Engagement in einem Orchester bekommt, hat bereits Glück gehabt. Auch hier muss man sich allmählich hocharbeiten.

Nichtsdestotrotz plant Michaela ihre Karriere. Vor kurzem durfte sie bei einem Konzert in ihrer alten Schule mitspielen und soll bald die Möglichkeit haben, in einem Förderkonzert der Hochschule aufzutreten.

Finanziell ist sie nicht auf Rosen gebettet. Neben 390 € BAföG bezahlen die Eltern das Zimmer in einem Studentenwohnheim, in dem bevorzugt Musikstudierende untergebracht sind. Sonst wäre die Wohnungssuche schwer geworden, weil sie tagtäglich auf dem Klavier üben muss – womit nicht alle Vermieter und Nachbarn einverstanden sind.

Sie hofft aber, in ein oder zwei Semestern kleinere Engagements zu bekommen und damit die Kasse etwas aufzubessern.

Michaelas Klavierunterricht bestand in den ersten beiden Semestern aus Einzelunterricht, Gruppenunterricht, aus Seminaren und Vorlesungen. Pro Semester hat sie mehrere Scheine gemacht und musste zweimal ein anspruchsvolles Klavierstück vorspielen.

Die zwei Vorlesungen beschäftigten sich mit Musikgeschichte und mit musikwissenschaftlichen Theorien. Bei den Seminaren ging es um musikalische Formenlehre und Formenanalyse. Der

Gruppenunterricht umfasste einzelne Lehrveranstaltungen zur Kammermusik und Liedbegleitung, Tonsatz und Generalbassspiel, Hörerziehung, Instrumentenkunde, Interpretation moderner Musik sowie Aufführungspraktiken alter Musik.

Ein bisheriger Schwerpunkt des Studiums war die Ausbildung am Klavier in Form von Einzelunterricht durch eine Professorin der Hochschule.

Außerdem standen die Mitwirkung im Hochschulkammerchor und gelegentliche kleine Konzerte auf dem Stundenplan.

Ulli, Geschichte

Ulli, 24 Jahre, ist Student der Fächer Geschichte und Politikwissenschaft an einer Universität mit dem Ziel, ein Magister-Artium-Examen in etwa fünf Jahren abzulegen. So wie Michaela von ihrer Karriere als Pianistin träumt, glaubt er, zum Journalisten geboren zu sein. Schließlich hat er schon am Gymnasium regelmäßig Artikel für die Schülerzeitung geschrieben.

Er wollte eigentlich Journalistik studieren, hat aber keinen Studienplatz bekommen. Man hat ihm dann bei der Studienberatung empfohlen, dass er auch über ein Fachstudium und ein anschließendes Volontariat bei einer Zeitung Journalist werden könne. Er hat sich für diese beiden Fächer entschieden, weil er Interesse am politischen Journalismus hat und weil beide Fächer nicht zulassungsbeschränkt waren. Ulli war nach dem Abitur, das er wegen einer Ehrenrunde erst mit 20 Jahren schaffte, zwei Jahre freiwillig beim Bund und konnte in der Truppenzeitung auch einige kleinere Artikel veröffentlichen.

Anschließend war er sechs Monate Praktikant bei einer Lokalzeitung am gewünschten Hochschulort. Die Arbeit war zwar interessant, aber er musste die Erfahrung machen, dass aller Anfang schwer ist. Anstatt, wie er hoffte, gleich den politischen Leitartikel zu verfassen, durfte er über den 90. Geburtstag von Oma Schmitz und über die Jahresversammlung des Kaninchenzuchtvereins kleine Artikel schreiben, die anschließend aus Platzgründen vom Redakteur noch gekürzt wurden. Aber Ulli ließ sich nicht entmutigen und weiß jetzt, dass es etwas länger dauert, ehe man die großen Artikel schreiben kann. Die Arbeit hat einen weiteren Effekt gehabt: Er wurde freiberuflicher Mitarbeiter der Zeitung und geht jetzt zwei bis drei halbe Tage die Woche zu wichtigen Veranstaltungen, zu denen ihn die Zeitung schickt, und schreibt hierüber kleinere Artikel, für die er ein Honorar auf Zeilenbasis erhält.

Das Geld kann er auch gut gebrauchen, weil das Einkommen seiner Eltern BAföG verhindert und sie ihm monatlich nur 450 € zur Verfügung stellen können, da sie ein Haus abbezahlen.

Ulli wohnt mit drei weiteren Leuten in einer Wohngemeinschaft. Die ersten Monate hatte es einigen Ärger gegeben, weil er sich erst mit den Haushaltsarbeiten wie Putzen, Spülen, Kochen und Aufräumen anfreunden musste. Aber das ist mittlerweile kein Thema mehr. Die 4-Zimmer-Wohnung der WG kostet einschließlich gemeinsamer Küche und großem Balkon 700 €. Ullis Anteil beträgt 150 €, weil er das kleinste Zimmer in der WG bewohnt.

In den ersten beiden Semestern hat Ulli insgesamt fünf Vorlesungen, drei Übungen und drei Proseminare sowie einen Sprachkurs absolviert. Er konnte sich bei seinen Fächern Geschichte und Politikwissenschaft weitgehend selbst aussuchen, welche Veranstaltungen er belegte.

In Politikwissenschaft entschied er sich für je eine Vorlesung zum deutschen Regierungssystem und zu den deutsch-amerikanischen Beziehungen nach dem Zweiten Weltkrieg, für eine Anfängerübung in die Methoden und in die Schwerpunkte des Faches sowie für ein Proseminar zum Thema »Aktuelle Probleme der Politik«. Bei den beiden Vorlesungen wurde keine Prüfung am Ende des Semesters verlangt. Die Anfängerübung schloss mit einer schriftlichen Prüfung (Klausur) ab, für das Proseminar hat er ein Referat über das Thema »Politikverdrossenheit in der Bevölkerung« vortragen und später in schriftlicher Form abgeben müssen. Dieses Referat hat er in den Semesterferien anhand der Fachliteratur, die er in der Universitätsbibliothek durchsah, geschrieben.

Das Geschichtsstudium bestand im ersten Semester aus je einer Vorlesung zur Antike, zum Mittelalter und zur Neuzeit. In der Übung »Paläographie« hat er gelernt, mittelalterliche Urkunden zu lesen, zu übersetzen und zu datieren. Daneben belegte er ein einführendes Proseminar zur Geschichte und ein spezielles Proseminar zum Thema »Die Hanse«. Bei zwei der drei Vorlesungen hat Ulli zu Semesterende ein kurzes Prüfungsgespräch absolviert und auch bestanden. Der Leistungsnachweis bei der Übung bestand in einer Klausur, in der Fragen zu einer bestimmten Kaiserurkunde gestellt wurden. Proseminar 1 endete ebenfalls mit einer Klausur, während er für das zweite Proseminar eine etwa fünfzehnseitige Hausarbeit abliefern musste. Auch diese Hausarbeit schrieb er in den Semesterferien, sodass ihm neben seinem Zeitungsjob keine Zeit für Urlaub oder dergleichen blieb. Teilnehmen konnte er aber an einer historischen Exkursion zu einer Mittelalterausstellung, die ihm wichtige Anregungen für sein Geschichtsstudium gab.

Neben den Lehrveranstaltungen in seinen beiden Fächern besuchte Ulli im ersten Semester freiwillig einen vierstündigen Sprachkurs in Französisch, um seine Französischkenntnisse, die für die Lektüre der Fachliteratur wichtig sind, aufzufrischen.

Das dritte Semester verlief ähnlich wie die ersten beiden, nur mit dem Unterschied, dass er den Schwerpunkt stärker auf das Politikstudium legte. In diesem Fach besuchte er drei Vorlesungen (Einführung in die politische Theorie und Ideengeschichte, Frühe demokratische Bewegungen, Stationen zur deutschen Wiedervereinigung), zwei Proseminare (Das deutsche Parteiensystem nach der Wiedervereinigung, Das politische System Großbritanniens), eine Übung zur EU-Integration sowie freiwillig eine einführende Vorlesung in die Volkswirtschaftslehre, weil er im ersten Semester gemerkt hatte, dass Wirtschaft und Politik eng miteinander verbunden sind und politische Entscheidungen oft wirtschaftliche Gründe haben.

Die Übung schloss – nachdem er hier auch ein mündliches Kurzreferat gehalten hatte – mit einer Klausur ab. Ein Proseminar wurde ebenfalls mit einer Klausur beendet, für das zweite Proseminar muss er noch bis zum Beginn des nächsten Semesters ein Referat vorlegen.

Das Geschichtsstudium bestand im dritten Semester aus zwei Vorlesungen (Zeitalter der Staufer, Die Sowjetunion 1917–1991) und einem Proseminar zur Sozialgeschichte in Deutschland im 19. Jahrhundert. An Prüfungen standen für die Vorlesungen zwei Prüfungsgespräche und ein Referat über die Bismarck'sche Sozialgesetzgebung an.

Carla, Psychologie

Karla, 21 Jahre, studiert seit einem Jahr Psychologie mit dem Studienziel Diplom und mit dem Wunsch, später als Psychologin im Bereich Kinder- und Jugendpsychologie zu arbeiten. Entweder will sie in einer entsprechenden Einrichtung arbeiten oder eine eigene Praxis eröffnen. Sie ist auf eine sitzende Tätigkeit später angewiesen, weil sie seit der Kindheit schwerbehindert ist. Psychologie ist das Studienfach, auf das derzeit für jeden Studienplatz drei bis vier Bewerber kommen, mit einem entsprechend hohen NC. Carla hatte die Möglichkeit, einen Sonderantrag wegen ihrer Behinderung zu stellen, und bekam, weil sie in der Oberstufe sehr häufig in der Schule fehlte, eine Verbesserung ihrer Abiturnote, was es ihr ermöglichte, beim dritten Versuch den begehrten Studienplatz zu bekommen. In der Zwischenzeit hatte sie ein einjähriges Praktikum bei einer Sozialstation abgeleistet, was ihr für die Praktika des Studiums anerkannt wird. Sie wohnt in einem Studentenwohnheim und dort in einer speziellen Behindertenwohnung. Betreut wird sie dort von Zivildienstleistenden.

Ihr Studium finanziert sie mit BAföG.

Die Ausbildung ist so angelegt, dass nach einem viersemestrigen Grundstudium mit Diplomvorprüfung ein weiteres viersemestriges Hauptstudium folgt, das mit der Diplomprüfung abschließt (bestehend aus einer Diplomarbeit, vier schriftlichen und vier mündlichen Prüfungen). Insgesamt dauert das Studium damit etwa fünf bis sechs Jahre.

Die Lehrveranstaltungen bestehen aus Vorlesungen, Übungen, Seminaren (erst im Hauptstudium) und fachpraktischen Lehrveranstaltungen.

In den beiden ersten Semestern hat Carla nacheinander fünfstündige Vorlesungen in Allgemeiner Psychologie I und II (Lern-, Gedächtnis-, Denk-, Motivations- und Wahrnehmungspsychologie) gehört. Auch in den anderen Teilbereichen der Psychologie, Persönlichkeitspsychologie, Entwicklungspsychologie, Sozialpsychologie und Biopsychologie hat sie sich einen Überblick verschafft. Dabei hat sie festgestellt, dass für Psychologie auch eine naturwissenschaftliche Grundbegabung notwendig ist. Eine Vorlesung und zwei Übungen in der so genannten Psychologischen Methodenlehre haben ihr gezeigt, dass Mathematik und Statistik wichtige Bereiche des Psychologiestudiums sind. Neben diesen mehr theoretischen Lehrveranstaltungen nahm sie an drei Praktika teil, die angeboten werden, um den Studierenden praktische Erfahrungen in der systematischen Datensammlung und in der wissenschaftlichen Erkenntnis zu psychologischen Fragen zu vermitteln. Unter Leitung von Dozenten hat sie in einer Gruppe von Studenten systematische Verhaltensbeobachtung eingeübt und in den beiden anderen Übungen gelernt, wie man psychologische Experimente plant, durchführt und auswertet.

Nach dem ersten Semester hatte sie »nur« eine Klausur zu schreiben. Am Ende des zweiten Semesters fielen bereits drei Klausuren an, u. a. eine in Mathematische Methoden und in Statistik.

Oliver, Jura

Kommen wir zu unserem nächsten Neustudenten, Oliver, der mit 21 Jahren vor knapp einem Jahr ein Jurastudium begonnen hat. So richtige Berufsvorstellungen hat Oliver noch nicht. Vielleicht wird er einmal Rechtsanwalt.

Oliver war froh, dass er überhaupt einen Studienplatz bekommen hat. Bei einem Abiturschnitt von 3,2 machte es ihm nichts aus, in der Provinz zu landen. Er möchte zwei Semester dort bleiben und anschließend an eine andere Universität wechseln.

Aus diesem Grund hat er auch nicht sonderlich viel Zeit und Mühe für die Wohnungssuche aufgewendet und das erstbeste Zimmer genommen. Hauptsache, es kostet nur 130 €. Dass die Gemeinschaftstoilette auf halber Treppe liegt, stört ihn ebenso wenig wie das Urteil seiner Freunde, dass er in einer Bruchbude hause.

Auch bei Oliver könnten die Finanzen besser sein. Seine Eltern überweisen monatlich 400 €. Darum nahm er einen Job bei einer Tankstelle an: Samstag vormittags Autos waschen und nachmittags an der Kasse arbeiten. Das bringt monatlich immerhin zusätzlich 300 €. Damit kann er sich ein Auto leisten und regelmäßig ins Kino gehen.

Seine Ausbildung wird etwa sieben bis acht Jahre dauern. Nach einem etwa fünfjährigen Studium und einem achtmonatigen Examen folgt ein zweijähriger juristischer Vorbereitungsdienst. Erst wenn er das zweite Staatsexamen bestanden hat, darf er sich Volljurist nennen.

Olivers erste Semester bestanden praktisch nur aus Vorlesungen und Arbeitsgemeinschaften, in denen das in der Vorlesung Gehörte vertieft wurde. Außerdem hat er sich fast täglich in der Bibliothek aufgehalten und juristische Fachliteratur, vor allem Rechtskommentare, gewälzt. All das diente dazu, ihn einführend mit den wichtigsten Gebieten des deutschen Rechts vertraut zu machen.

Das erste Semester bestand aus je vierstündigen Vorlesungen zum Allgemeinen Teil des Bürgerlichen Rechts, zum Allgemeinen Schuldrecht sowie zum Staatsrecht I. Jeweils begleitend zu diesen Vorlesungen hat er zweistündige Arbeitsgemeinschaften besucht.

Im zweiten Semester besuchte er Vorlesungen im Besonderen Schuldrecht (vier Stunden), im Strafrecht I (Allgemeiner Teil, vier Stunden), im Strafrecht II (Strafen und Maßnahmen, zwei Stunden), im Staatsrecht II (vier Stunden) sowie im Staatsrecht III (einschließlich Völker- und Europarecht).

Neben den Vorlesungen gab es zweistündige Arbeitsgemeinschaften zum Strafrecht und zum Besonderen Schuldrecht sowie eine Anfängerübung zum Bürgerlichen Recht.

In beiden Semestern besuchte er zwei zweistündige Lehrveranstaltungen, die sich mit den Methoden und Grundlagen des Rechts befassen. Zur Auswahl standen Römische und Deutsche Rechtsgeschichte, Verfassungsgeschichte und Rechtsphilosophie.

Oliver hat in den beiden ersten Semestern keine Einzelprüfungen machen müssen. Die stehen erst in den nächsten Semestern an. Dann muss er aber in kurzer Zeit drei schwere Einzelprüfungen in Form von Referaten bewältigen.

Anne-Kathrin, Geographie

Anne-Kathrin, 21 Jahre, befindet sich im dritten Semester ihres Geographiestudiums an einer großen deutschen Universität. Sie wohnt noch bei ihren Eltern in einer etwa 20 km vom Hochschulort entfernt liegenden Kleinstadt. Jeden Tag außer Freitag, an dem sie frei hat, pendelt sie mit Bus und Bahn an ihr Institut, was sie fast zweieinhalb Stunden täglich kostet. Zum Glück gibt es ein Semesterticket, sodass Anne-Kathrin bei der Rückmeldung zum neuen Semester zwar jetzt 200 € ans Studentenwerk überweisen muss, dafür aber ein halbes Jahr (für ein Semester) jeden Monat über 60 € an Fahrtkosten spart.

Neben Kost und Logis geben ihre Eltern ihr noch ein Taschengeld von 250 €, mit dem sie sich auch ihre Arbeitsmaterialien und Bücher finanzieren muss. Um Geld zu sparen, kopiert sie sich die meisten Bücher, verbringt aber deshalb auch viele ihrer Freistunden in einem Copyshop.

Anne-Kathrin weiß schon jetzt, dass sie nach dem vierten Semester, wenn sie ihr Vordiplom abgelegt hat, die Uni wechseln wird. Den Schwerpunkt innerhalb der Geographie, für den sie sich entschieden hat, wird in ihrem Institut nicht angeboten. Außerdem wollte sie sowieso bald von zu Hause ausziehen und einmal eine andere Universität kennen lernen. Ihr neuer Wohnort steht schon fest, da ihr Wunschschwerpunkt, Fremdenverkehrsgeographie, nur an wenigen deutschen Hochschulen angeboten wird. Aber nur eine kommt für sie in Frage, schließlich darf sie nicht mehr als drei Stunden Bahnfahrt von ihrem Heimatort und damit ihrem Freund entfernt sein.

Im Grundstudium musste sich Anne-Kathrin noch nicht für eine Richtung entscheiden, wie es an vielen anderen Unis üblich ist. In den ersten Semestern belegte sie einführende Vorlesungen und dazugehörige Tutorien in Physischer Geographie, Anthropogeographie und Kartographie. Außerdem nahm sie an einigen Veranstaltungen verschiedener Nebenfächer teil, um einmal hineinzuschnuppern. Im Laufe ihres Grundstudiums musste sie sich für zwei Nebenfächer entscheiden. Anne-Kathrin hat sich inzwischen für Volkswirtschaftslehre und Politologie entschieden.

Im zweiten Semester kamen einige theoretische Fächer wie Empirie und Statistik hinzu. Zudem besucht Anne-Kathrin noch einen Spanischkurs, da Fremdsprachen in ihrem zukünftigen Beruf gefordert werden. Sie würde gerne später bei einem Reiseveranstalter oder in einem Fremdenverkehrsamt arbeiten.

An ihrem Studium gefällt ihr am meisten die Interdisziplinarität. Sie beschäftigt sich genauso mit Wirtschaft wie mit Botanik, Geologie oder Ethnologie. Erst im Hauptstudium wird sie sich schwerpunktmäßig mit der Fremdenverkehrsgeographie beschäftigen.

Ihre Freizeit verbringt sie mit ihren Freunden und spielt einmal die Woche Skat in einem Verein. Zusätzlich verdient sie sich noch ein wenig Geld durch Babysitten in Familien, bei denen sie schon während der Schulzeit die Kinder gehütet hat. In den Semesterferien arbeitet sie in einer Fabrik, wo sie zwar nicht viel Neues lernt, aber genug verdient, um die zahlreichen kleinen Exkursionen, die im Grundstudium in das Umland oder durch halb Deutschland führen, zu finanzieren.

An diesen achtzehn Beispielen erkennt man, dass der Studienalltag unabhängig von den Fächern und Hochschulen in den wichtigen grundsätzlichen Zügen für alle Studierenden sehr ähnlich ist:

- Pro Woche und Semester muss man etwa 20 bis 30 Stunden Zeit für die Lehrveranstaltungen aufwenden.
- Neben den Lehrveranstaltungen muss genügend Zeit in die Vorbereitung der Lehrveranstaltungen, in die Nachbereitung des Erlernten und in die anstehenden Einzelprüfungen investiert werden.
- Jedes Studium hat theoretische und fachpraktische Anteile. Ein rein theoretisches oder nur praktisches Studium gibt es eigentlich nicht.
- Das Studium der ersten Semester ist darauf ausgerichtet, ein breites Fundament an Wissen und an Fertigkeiten zu legen. Spezialwissen baut sich erst später auf das Basiswissen auf. Aus diesem Grund haben Studiengänge einer Fächergruppe im Grundstudium ähnliche Lehrinhalte.
- Zu jedem Studienfach gehören Lehrveranstaltungen, die mit dem gewählten Fach auf den ersten Blick wenig zu tun haben. Ob es sich dabei um historische Kurse im Architektur-, Klavier- oder Grafikstudium, um alte Sprachen im Theologie- oder Geschichtsstudium oder um Chemie- und Physikkurse in der Biologie handelt oder um Mathematik und Statistik bei Betriebswirtschaftslehre, jedes Studienfach bezieht verwandte oder benachbarte Fächer in die Ausbildung mit ein.
- Jede Hochschule bietet vielfältige Lehrveranstaltungen zur Allgemeinbildung, zu aktuellen oder fächerübergreifenden Themen sowie zum Erwerb von Fremdsprachenkenntnissen an, die sich generell an alle Studierenden richten.
- An Hochschulen gibt es ein reichhaltiges Angebot an kulturellem und geselligem Studentenleben. Auch dies gehört im weitesten Sinne zum Studium.

Verzeichnis der verwendeten Materialien

Steigender Bildungsgrad, in: *Informationsdienst des Instituts der deutschen Wirtschaft Köln*, Nr. 29, vom 15. Juli 2004.

Dieter Herrmann, Angela Verse-Herrmann, *Studieren, aber wo ? Der Städtecheck: Alle deutschen Hochschulen im Überblick*, 5. Auflage, Eichborn 2005.

Dieter Herrmann, Angela Verse-Herrmann, *Geld fürs Studium und die Doktorarbeit. Wer fördert was?*, 4. Auflage, Eichborn 1999 (5. Auflage in Vorbereitung).

Wolfgang Isserstedt u. a., *Die wirtschaftliche und soziale Lage der Studierenden in der Bundesrepublik Deutschland 2003. 17. Sozialerhebung des Deutschen Studentenwerks durchgeführt durch HIS Hochschul-Informations-System – Ausgewählte Ergebnisse*, hrsg. vom Bundesministerium für Bildung und Forschung, 2004.

Helmut E. Klein, *Abiturientenausbildung der Wirtschaft. Die praxisnahe Alternative zur Hochschule*, hrsg. vom Institut der deutschen Wirtschaft Köln, 12. Auflage, Deutscher Instituts-Verlag 2003.

Angelika Selbach, Verena Waldhausen, Dirk Werner, *Attraktive Ausbildungsangebote von Betrieben*, hrsg. vom Institut der deutschen Wirtschaft Köln/Projekt AusbildungPlus, Deutscher Instituts-Verlag 2003.

Studien- und Berufswahl 2004/2005, hrsg. von der Bund-Länder-Kommission für Bildungsplanung und Forschungsförderung und der Bundesagentur für Arbeit, 2004.

Uwe Peter Zimmer, *Handbuch Berufswahl. Die wichtigsten Ausbildungsberufe und ihre Zukunft 2004/2005*, Eichborn 2004.

Zukunft von Bildung und Arbeit. Perspektiven von Arbeitskräftebedarf und -angebot bis 2015. Bericht der Bund-Länder-Kommission für Bildungsplanung und Forschungsförderung (BLK) an die Regierungschefs von Bund und Ländern, hrsg. von der BLK, 2002.

ZVS-Info für das Wintersemester 2004/2005, 2004.

Zum Nachschlagen

Für BAföG und Unterkunft: Adressen der Studentenwerke

Die Studentenwerke sind zuständig für alle sozialen Belange der Studierenden. Zu ihren Aufgaben gehören die Vergabe von eigenen Wohnheimzimmern, Apartments und Wohnungen, Vermittlung von Privatzimmern und Wohnungen auf dem freien Wohnungsmarkt, Unterhaltung von Mensen und Cafeterien und die Betreuung von besonderen Gruppen, zum Beispiel von Studierenden mit Kindern und Behinderten. Wer einen Platz in einem Studentenwohnheim sucht, sollte bereits mehr als ein halbes Jahr vor dem Studienbeginn die Bewerbung starten. Vielerorts bestehen Wartelisten, oder die Zimmer werden verlost. Bewerbung für das Wintersemester: in der Regel bis spätestens 15. Juni, für das Sommersemester bis 15. Dezember. Schreiben Sie die Wohnheimverwaltung des für Sie zuständigen Studentenwerks unter der unten angeführten Adresse an.

Der ideale Zeitraum für die Suche nach einem Zimmer oder einer entsprechenden Wohnung auf dem freien Wohnungsmarkt ist die vorlesungsfreie Zeit, da Studierende im Falle eines Ortswechsels oder bei Studienabschluss meistens zum Ende der Vorlesungszeit ihre Räumlichkeiten aufgeben. Also, Suche im August und September oder im März unter Zuhilfenahme der Wohnraumvermittlung des Studentenwerks.

Bei den Studentenwerken ist zudem eine andere wichtige Abteilung zu finden: das Amt für Ausbildungsförderung. Hier kann schon vor Studienbeginn in Erfahrung gebracht werden, ob ein Antrag auf BAföG Aussicht auf Erfolg haben wird oder nicht. Nicht vergessen: Ein BAföG-Antrag sollte nicht erst im ersten Studienmonat gestellt werden, sondern mehrere Wochen zuvor, da die Mitarbeiter des Studentenwerks erfahrungsgemäß zu Studienbeginn besonders überlastet sind. Das BAföG wird *nicht rückwirkend* gezahlt.

Nachfolgend die Adressen der Studentenwerke. Sie verschicken auf Anfrage Informationsmaterialien (Wohnheime, Kinderbetreuungseinrichtungen usw.). Die Serviceangebote für Studierende sind bei den meisten Studentenwerken auch über Internet einzusehen. Entweder haben sie eine eigene Homepage, oder man geht über die Homepage der jeweiligen Hochschule.

Studentenwerk Aachen
(Zuständigkeitsbereich: Aachen, Jülich)
Turmstraße 3
52072 Aachen
Tel. 02 41 / 88 84-0
Fax 02 41 / 88 84-1 25
Internet: www.studentenwerk-aachen.de

Studentenwerk Augsburg
(Zuständigkeitsbereich: Augsburg, Kempten)
Eichleitnerstraße 30
86159 Augsburg
Tel. 08 21 / 59 84 90-1
Fax 08 21 / 59 62 50
E-Mail: studentenwerk@stw.uni-augsburg.de
Internet: www.uni-augsburg.de/stw

Studentenwerk Berlin
Hardenbergstraße 34
10623 Berlin
Tel. 0 30 / 31 12-0
Fax 0 30 / 31 12-2 02
E-Mail: infopoint@studentenwerk-berlin.de
Internet: www.studentenwerk-berlin.de

Studentenwerk Bielefeld
(Zuständigkeitsbereich: Bielefeld, Detmold, Lemgo, Minden)
Universitätsstraße 25
33615 Bielefeld
Tel. 05 21 / 1 06-41 19
Fax 05 21 / 1 06-64 46
E-Mail: studentenwerk@uni-bielefeld.de
Internet: www.studentenwerk-bielefeld.de

Akad. Förderungswerk Bochum – Studentenwerk (Zuständigkeitsbereich: Bochum, Gelsenkirchen)
Universitätsstraße 150
44801 Bochum
Tel. 02 34 / 3 22 10 10
Fax 02 34 / 32 14 42 26
E-Mail: akafoe@akafoe.de
Internet: www.akafoe.de

Studentenwerk Bonn
(Zuständigkeitsbereich: Bonn, St. Augustin, Rheinbach)
Nassestraße 11
53113 Bonn
Tel. 02 28 / 7 37-1 99
Fax 02 28 / 7 37-1 04
E-Mail: studentenwerk@uni-bonn.de
Internet: www.uni-bonn.de/studentenwerk/index.html

Studentenwerk Braunschweig
(Zuständigkeitsbereich: Braunschweig, Buxtehude, Hildesheim, Holzminden, Lüneburg, Wolfenbüttel, Wolfsburg, Suderburg)
Katharinenstraße 1
38106 Braunschweig
Tel. 05 31 / 3 91-48 07
Fax 05 31 / 3 91-48 48
E-Mail: info@sw-bs.de
Internet: www.sw-bs.de

Studentenwerk Bremen
(Zuständigkeitsbereich: Bremen, Bremerhaven)
Bibliothekstraße 3
28359 Bremen
Tel. 04 21 / 22 01-0
Fax 04 21 / 22 01-1 95
Internet: www.studentenwerk.bremen.de

Studentenwerk Chemnitz-Zwickau
Thüringer Weg 3
09126 Chemnitz
Tel. 03 71 / 5 62 -81 00
Fax 03 71 / 5 62 -81 02
E-Mail: stuwe.info@swcz.smwk.sachsen.de
Internet: www.tu-chemnitz.de/stuwe/stud_werk.html

Studentenwerk Clausthal
Gerhard-Rauschenbach-Straße 4
38678 Clausthal
Tel. 0 53 23 / 72 72-00
Fax 0 53 23 / 72 72-49
E-Mail: studentenwerk@tu-clausthal.de
Internet: www.tu-clausthal.de/sw

Studentenwerk Darmstadt
(Zuständigkeitsbereich: Darmstadt, Dieburg)
Alexanderstraße 4
64283 Darmstadt
Tel. 0 61 51 / 16-22 10
Fax 0 61 51 / 16-38 57
E-Mail: stw@studentenwerkdarmstadt.de
Internet: www.studentenwerkdarmstadt.de

Studentenwerk Dortmund
(Zuständigkeitsbereich: Dortmund, Iserlohn, Fernuniversität Hagen)
Vogelpothsweg 85
44227 Dortmund
Tel. 02 31 / 7 55 36-00 / -01
Fax 02 31 / 75 40 60
E-Mail: info@stwdo.de
Internet: www.stwdo.de

Studentenwerk Dresden
(Zuständigkeitsbereich: Dresden, Görlitz, Zittau)
Fritz-Löffler-Straße 18
01069 Dresden
Tel. 03 51 / 46 97 50
Fax 03 51 / 4 71 81 54
E-Mail: studwerk.dd@t-online.de
Internet: www.studentenwerk-dresden.de

Studentenwerk Düsseldorf
(Zuständigkeitsbereich: Düsseldorf, Krefeld, Mönchengladbach)
Universitätsstraße 1
40225 Düsseldorf
Tel. 02 11 / 81-1 32 98
Fax 02 11 / 81-1 52 99
E-Mail: StwDus@studentenwerk-duesseldorf.de
Internet: www.studentenwerk-duesseldorf.de

Studentenwerk Erfurt-Ilmenau
(Zuständigkeitsbereich: Erfurt, Ilmenau, Nordhausen, Schmalkalden)
Nordhäuser Straße 63
99089 Erfurt
Tel. 03 61 / 7 37-18 00
Fax 03 61 / 7 37-19 90
E-Mail: swe-i@swe.ph-erfurt.de
Internet: www.studentenwerk-erfurt-ilmenau.de

Studentenwerk Erlangen-Nürnberg
(Zuständigkeitsbereich: Ansbach, Eichstätt, Erlangen, Ingolstadt, Neuendettelsau)
Langemarckplatz 4
91054 Erlangen
Tel. 0 91 31 / 80 02-0
Fax 0 91 31 / 80 02-18
E-Mail: stw.orb@rzmail.uni-erlangen.de
Internet: www.uni-erlangen.de/studentenwerk/index.htm

Studentenwerk Essen-Duisburg
Reckhammerweg 1
45141 Essen
Tel. 02 01 / 8 20 10-0
Fax 02 01 / 8 20 10-19
E-Mail: gf@stw.essen-duisburg.de
Internet: www.studentenwerk.essen-duisburg.de

Studentenwerk Frankfurt am Main
(Zuständigkeitsbereich: Frankfurt/Main, Oberursel, Oestrich-Winkel, Offenbach)
Bockenheimer Landstraße 133
60325 Frankfurt am Main
Tel. 0 69 / 79 82-30 01
Fax 0 69 / 79 82-30 57
Internet: www.studentenwerk-frankfurt-main.de

Studentenwerk Halle
(Zuständigkeitsbereich: Bernburg, Dessau, Halle/Saale, Köthen, Merseburg)
Wolfgang-Langenbeck-Str. 5
06120 Halle
Tel. 03 45 / 6 84 70
Internet: www.studentenwerk-halle.de

Studentenwerk Hamburg
Von-Melle-Park 2
20146 Hamburg
Tel. 0 40 / 4 19 02-0
Fax 0 40 / 4 19 02-1 00
E-Mail: studentenwerk@studentenwerk-hamburg.de
Internet: www.studentenwerk-hamburg.de

Studentenwerk Hannover
(Zuständigkeitsbereich: Hannover, Nienburg)
Jägerstraße 3–5
30167 Hannover
Tel. 05 11 / 76 88-0 22
Fax 05 11 / 76 88-9 49
E-Mail: info@studentenwerk-hannover.de
Internet: www.studentenwerk-hannover.de

Studentenwerk Frankfurt/Oder
(Zuständigkeitsbereich: Cottbus, Eberswalde, Frankfurt/Oder, Senftenberg)
Paul-Feldner-Straße 8
15230 Frankfurt (Oder)
Tel. 03 35 / 5 65 09-0
Fax 03 35 / 5 65 09-99
E-Mail: gf@studentenwerk-frankfurt.de
Internet: www.studentenwerk-frankfurt.de

Studentenwerk Freiburg
(Zuständigkeitsbereich: Freiburg, Furtwangen, Offenburg, Villingen-Schwenningen)
Schreiberstraße 12–16
79098 Freiburg
Tel. 07 61 / 21 01-1
Fax 07 61 / 38 30 30
E-Mail: swfr@studentenwerk.uni-freiburg.de
Internet: www.studentenwerk.uni-freiburg.de

Studentenwerk Freiberg
(Zuständigkeitsbereich: Freiberg, Mittweida)
Petersstr. 5 (Studentenhaus »Alte Mensa«)
09599 Freiberg
Tel. 0 37 31 / 26 24 21
Fax 0 37 31 / 26 24 22
E-Mail:
studentenwerkfreiberg@swfg.smwk.sachsen.de
Internet: www.studentenwerk.tu-freiberg.de

Studentenwerk Gießen
(Zuständigkeitsbereich: Friedberg, Fulda, Gießen)
Otto-Behaghel-Straße 23–27
35394 Gießen
Tel. 06 41 / 4 00 08-0
Fax 06 41 / 4 00 08-109
E-Mail: studentenwerk@studwerk.uni-giessen.de
Internet: www.uni-giessen.de/studentenwerk

Studentenwerk Göttingen
Platz der Göttinger Sieben 4
37073 Göttingen
Tel. 05 51 / 39-0
Fax 05 51 / 39-51 86
E-Mail: info@studentenwerk-goettingen.de
Internet: www.studentenwerk-goettingen.de

Studentenwerk Greifswald
(Zuständigkeitsbereich: Greifswald, Neubrandenburg, Stralsund)
Am Schießwall 1–4
17489 Greifswald
Tel. 0 38 34 / 86 17 00
Fax 0 38 34 / 86 17 02
E-Mail: studwerk@mail.uni-greifswald.de
Internet: www.uni-greifswald.de/~studwerk

Studentenwerk Heidelberg
(Zuständigkeitsbereich: Heidelberg, Heilbronn)
Marstallhof 1–5
69117 Heidelberg
Tel. 0 62 21 / 54 26 40
Fax 0 62 21 / 54 27 41
E-Mail: gf.stw@urz.uni-heidelberg.de
Internet: www.rzuser.uni-heidelberg.de/~cr2/index.htm

Studentenwerk Hohenheim
(Zuständigkeitsbereich: Esslingen, Geislingen/Steige, Göppingen, Hohenheim)
Kirchnerstraße 5
70599 Stuttgart
Tel. 07 11 / 4 59-27 82
Fax 07 11 / 4 59-42 35
E-Mail: swho@uni-hohenheim.de
Internet: www.studentenwerk-hohenheim.de

Studentenwerk Jena-Weimar
(Zuständigkeitsbereich: Jena, Weimar)
Philosophenweg 22
07743 Jena
Tel. 0 36 41 / 93 05 00
Fax 0 36 41 / 93 05 02
E-Mail: stw@stw.uni-jena.de
Internet: www.uni-jena.de/stw-jena-weimar

Studentenwerk Kaiserslautern
Erwin-Schrödinger-Straße
67663 Kaiserslautern
Tel. 06 31 / 2 39 23
Fax 06 31 / 2 05-31 92
Internet: www.uni-kl.de/studentenwerk

Studentenwerk Karlsruhe
(Zuständigkeitsbereich: Karlsruhe, Pforzheim)
Adenauerring 7
76131 Karlsruhe
Tel. 07 21 / 69 09-0
Fax 07 21 / 69 09-2 92
E-Mail: studentenwerk@uni-karlsruhe.de
Internet: www.studentenwerk-karlsruhe.de

Studentenwerk Kassel
(Zuständigkeitsbereich: Kassel, Witzenhausen)
Wolfhager Straße 10
34117 Kassel
Tel. 05 61 / 8 04-25 50
Fax 05 61 / 8 04-35 20
E-Mail: verwaltg@studentenwerk.uni-kassel.de
Internet: www.uni-kassel.de/stw

Studentenwerk Koblenz
(Zuständigkeitsbereich: Koblenz, Höhr-Grenzhausen, Remagen)
Universitätsstr. 1
56070 Koblenz
Tel. 02 61 / 28 71 10-0
Fax 02 61 / 28 71 10-1
E-Mail: info@studentenwerk-koblenz.de
Internet: www.studentenwerk-koblenz.de

Kölner Studentenwerk
(Zuständigkeitsbereich: Gummersbach, Köln)
Universitätsstraße 16
50937 Köln

Tel. 02 21 / 94 26 5-0
Fax 02 21 / 94 26 5-1 15
E-Mail: info@kstw.de
Internet: www.Koelner-Studentenwerk.de

Studentenwerk Konstanz
(Zuständigkeitsbereich: Isny, Konstanz, Weingarten)
Universitätsstraße 10
78464 Konstanz
Tel. 0 75 31 / 88-39 46
Fax 0 75 31 / 88-39 99
E-Mail: studentenwerk.konstanz@uni-konstanz.de
Internet: www.uni-konstanz.de/studentenwerk

Studentenwerk Leipzig
Goethestraße 6
04109 Leipzig
Tel. 03 41 / 9 65 95
Fax 03 41 / 9 65 96 84
E-Mail: swl@www.uni-leipzig.de
Internet: www.uni-leipzig.de/~swl/

Studentenwerk Magdeburg
(Zuständigkeitsbereich: Magdeburg, Stendal, Wernigerode)
Johann-Gottlob-Nathusius-Ring 5
39106 Magdeburg
Tel. 03 91 / 67 03
Fax 03 91 / 67 11 5 55
E-Mail: Studentenwerk-Magdeburg@swmd.uni-magdeburg.de
Internet: www.studentenwerk-magdeburg.de

Studentenwerk Mainz
(Zuständigkeitsbereich: Bingen, Mainz)
Staudingerweg 21
55128 Mainz
Tel. 0 61 31 / 39-0
Fax 0 61 31 / 39-2 49 07
Internet: www.studentenwerk-mainz.de

Studentenwerk Mannheim
L 7,8
68161 Mannheim
Tel. 06 21 / 2 92-0
Fax 06 21 / 2 92-29 40
E-Mail: swma@swm.uni-mannheim.de
Internet: www.studentenwerk-mannheim.de

Studentenwerk Marburg
Erlenring 5
35037 Marburg
Tel. 0 64 21 / 2 96-0
Fax 0 64 21 / 1 57 61
Internet: www.uni-marburg.de/stw

Studentenwerk Münster
Bismarckallee 5
48151 Münster
Tel. 02 51 / 8 37-0
Fax 02 51 / 8 37 92 07
Internet: www.uni-muenster.de/studentenwerk

Studentenwerk München
(Zuständigkeitsbereich: Benediktbeuern, Freising, Weihenstephan, München)
Leopoldstraße 15
80802 München
Tel. 0 89 / 3 81 96-0
Fax 0 89 / 3 81 96-1 33
E-Mail: stuwerk@studentenwerk.mhn.de
Internet: www.studentenwerk.mhn.de

Studentenwerk Oberfranken
(Zuständigkeitsbereich: Amberg, Bayreuth, Coburg, Hof, Münchberg, Weiden)
Universitätsstraße 30
95447 Bayreuth
Tel. 09 21 / 55 59 00
Fax 09 21 / 55 59 99
E-Mail: post@swo.uni-bayreuth.de
Internet: www.swo.uni-bayreuth.de

Studentenwerk Oldenburg
(Zuständigkeitsbereich: Elsfleth, Emden, Oldenburg, Wilhelmshaven)
Uhlhornsweg 49–55
26129 Oldenburg
Tel. 04 41 / 7 98-27 09
Fax 04 41 / 7 98-26 15
E-Mail: swo@uni-oldenburg.de
Internet: www.studentenwerk-oldenburg.de

Studentenwerk Osnabrück
(Zuständigkeitsbereich: Osnabrück, Vechta)
Ritterstraße 10
49074 Osnabrück
Tel. 05 41 / 3 31 07-0
Fax 05 41 / 3 31 07-31
E-Mail: studentenwerk@uni-osnabrueck.de
Internet: www.studentenwerk.uni-osnabrueck.de

Studentenwerk Niederbayern/Oberpfalz
(Zuständigkeitsbereich: Deggendorf, Landshut, Passau, Regensburg)
Albertus-Magnus-Straße 4
93053 Regensburg
Tel. 09 41 / 9 43-22 01
Fax 09 41 / 9 43-19 37
E-Mail: stwno@studentenwerk.uni-regensburg.de
Internet: www.studentenwerk.uni-regensburg.de

Studentenwerk Paderborn
(Zuständigkeitsbereich: Paderborn, Soest, Höxter, Meschede)
Warburger Straße 100
33098 Paderborn
Tel. 0 52 51 / 60-1
Fax 0 52 51 / 60-34 39
E-Mail: info@studentenwerk-pb.de
Internet: www.studentenwerk-pb.de

Studentenwerk Potsdam
(Zuständigkeitsbereich: Brandenburg, Potsdam, Wildau)
Friedrich-Ebert-Straße 4
14467 Potsdam
Tel. 03 31 / 37 06-0
Fax 03 31 / 37 06 1 25
E-Mail: post@studentenwerk-potsdam.de
Internet: www.studentenwerk-potsdam.de

Studentenwerk Rostock
(Zuständigkeitsbereich: Rostock, Warnemünde, Wismar)
St.-Georg-Straße 104–107
18055 Rostock
Tel. 03 81 / 4 59 26 00
Fax 03 81 / 4 59 26 38
E-Mail: gf@studentenwerk-rostock.de
Internet: www.studentenwerk-rostock.de

Studentenwerk im Saarland e.V.
(Zuständigkeitsbereich: Homburg, Saarbrücken)
Universität, Gebäude 28
66123 Saarbrücken
Tel. 06 81 / 3 02-28 00
Fax 06 81 / 3 02-28 90
Internet: www.studentenwerk-saarland.de

Studentenwerk Schleswig-Holstein
(Zuständigkeitsbereich: Eckernförde, Flensburg, Heide/Holst., Kiel, Lübeck)
Westring 385
24118 Kiel
Tel. 04 31 / 88 16-0
Fax 04 31 / 80 54 16
E-Mail: Studentenwerk.S-H@t-online.de
Internet: www.uni-kiel.de/stwsh

Studentenwerk Siegen
(Zuständigkeitsbereich: Siegen)
Herrengarten 5
57072 Siegen
Tel. 02 71 / 7 40-1
Fax 02 71 / 7 40-49 71
E-Mail: info@studentenwerk.uni-siegen.de
Internet: www.uni-siegen.de/~stw

Studentenwerk Stuttgart
(Zuständigkeitsbereich: Ludwigsburg, Stuttgart)
Höhenstraße 10
70736 Fellbach
Tel. 07 11 / 9 57 44 10
Fax 07 11 / 9 57 44 00
E-Mail: Studentenwerk.sws@t-online.de
Internet: www.sws-internet.de

Studentenwerk Trier
Universitätsring 12 a
54296 Trier
Tel. 06 51 / 2 01-0
Fax 06 51 / 2 01-39 18
E-Mail: studwerk@uni-trier.de
Internet: www.uni-trier.de/uni/swt/swt.html

Studentenwerk Tübingen
(Zuständigkeitsbereich: Reutlingen, Rottenburg, Sigmaringen, Trossingen)
Wilhelmstraße 15
72074 Tübingen
Tel. 0 70 71 / 29-7 38 30
Fax 0 70 71 / 29-38 36
E-Mail: studentenwerk@studentenwerk.uni-tuebingen.de
Internet: www.stw-tue-nt.swt.uni-tuebingen.de

Studentenwerk Ulm
(Zuständigkeitsbereich: Aalen, Biberach, Neu-Ulm Schwäbisch Gmünd, Ulm)
James-Franck-Ring 8
89081 Ulm
Tel. 07 31 / 5 02-01
Fax 07 31 / 5 02-38 31
Internet: www.uni-ulm.de/uni/studentenwerk

Studentenwerk Vorderpfalz
(Zuständigkeitsbereich: Germersheim, Landau, Ludwigshafen, Worms)
Im Fort 7
76829 Landau
Tel.0 63 41 / 91 79-0
Fax 0 63 41 / 8 40 69
E-Mail: Studentenwerk-Vorderpfalz@t-online.de

Hochschulwerk Witten/Herdecke e.V.
Alfred-Herrhausen-Straße 50
58455 Witten
Tel. 0 23 02 / 9 26-8 40
Fax 0 23 02 / 9 26-8 39
E-Mail: hsw@uni-wh.de
Internet: www.hochschulwerk.de

Studentenwerk Würzburg
(Zuständigkeitsbereich: Aschaffenburg, Bamberg, Schweinfurt, Würzburg)
Am Studentenhaus
97072 Würzburg
Tel. 09 31 / 80 05-0
Fax 09 31 / 80 05-214
Internet: www.studentenwerk-wuerzburg.de

Hochschul-Sozialwerk Wuppertal – Studentenwerk
Max-Horkheimer-Straße 15
42119 Wuppertal
Tel. 02 02 / 4 39-25-61/-62
Fax 02 02 / 4 39-25 68
E-Mail: hsw@uni-wuppertal.de
Internet: www.hsw.uni-wuppertal.de

Abkürzungsverzeichnis

AkdBK ➔ Akademie der Bildenden Künste
BA ➔ Bachelor of Arts
BEng ➔ Bachelor of Engineering
BSc ➔ Bachelor of Science
D ➔ Diplom
EvH ➔ Evangelische Fachhochschule
FH ➔ Fachhochschule
FHKuG ➔ Fachhochschule für Kunst und Gestaltung
FHNordak ➔ Fachhochschule Elmshorn/Nordakademie
FHS ➔ Fachhochschule für Sozialarbeit und Sozialpädagogik
FHT ➔ Fachhochschule für Technik
FHTW ➔ Fachhochschule für Technik und Wirtschaft
FHW ➔ Fachhochschule für Wirtschaft
FU ➔ Freie Universität Berlin
H ➔ Hochschule
HdK ➔ Hochschule der Künste
HfBK ➔ Hochschule für Bildende Künste
HfGest ➔ Hochschule für Gestaltung
HTW ➔ Hochschule für Technik und Wirtschaft
HTWK ➔ Hochschule für Technik, Wirtschaft und Kultur
HU ➔ Humboldt-Universität zu Berlin
IHI ➔ Internationales Hochschulinstitut
KathFHS ➔ Katholische Fachhochschule für Sozialwesen
KHB ➔ Kunsthochschule Berlin
MedU ➔ Medizinische Universität
MA ➔ Master of Arts
MEng ➔ Master of Engineering
MSc ➔ Master of Science
RheinFH ➔ Rheinische Fachhochschule Köln
TFH ➔ Technische Fachhochschule
TH ➔ Technische Hochschule
TU ➔ Technische Universität
TUBergAk ➔ Technische Universität Bergakademie
U ➔ Universität
UBw ➔ Universität der Bundeswehr
ZVS ➔ Zentralstelle für die Vergabe von Studienplätzen